Edouard de Lehen, Jakob Brucker

Der Weg zum inneren Frieden

Dritte Auflage

Edouard de Lehen, Jakob Brucker

Der Weg zum inneren Frieden
Dritte Auflage

ISBN/EAN: 9783744628426

Hergestellt in Europa, USA, Kanada, Australien, Japan

Cover: Foto ©Lupo / pixelio.de

Weitere Bücher finden Sie auf **www.hansebooks.com**

Der

Weg zum innern Frieden.

Der

Weg zum innern Frieden.

— ·—·—

Unserer lieben Frau vom Frieden

geweiht

von dem

Vater von Lehen,

Priester der Gesellschaft Jesu.

———

Nach der vierten Auflage aus dem Französischen übersetzt

von

P. J. Brucker,

Priester derselben Gesellschaft.

Dritte Auflage.

Mit bischöflicher Approbation.

Freiburg im Breisgau.

Herder'sche Verlagshandlung.

1872.

Strassburg: Agentur von **B. Herder**, 15, Domplatz.

Das Lehr- und Erbauungsbuch des ehrw. Pater v. Lehen ist ein zuverläßiger Wegweiser auf der Bahn des Heils und wird demnach in seiner dem katholischen Volke zugänglich gemachten deutschen Uebersetzung mit verdienter Anerkennung bestens empfohlen.

Straßburg, den 3. April 1872.

† **Andreas,**
Bischof von Straßburg.

Vorwort des Verfassers.

Das vorliegende Buch soll christlichen Seelen die rich=
tigen Mittel an die Hand geben, um den innern Frieden
zu bewahren oder, wenn er verloren war, wieder zu er=
langen. Das Hauptverdienst desselben ist, daß es in
einem Bande viele heilsame Belehrungen zusammenfaßt,
welche sich in verschiedenen, vortrefflichen, geistlichen Werken
finden, und welche alle besonders dahin zielen, den Seelen
den inneren Frieden zu sichern. Dieses ist ja das hohe
Gut, das uns der Heiland schon bei seinem Eintritte in
die Welt verkündigen ließ, und das die fast unumgäng=
liche Bedingung zu unserem Fortschritte in der Tugend
bildet: „Friede den Menschen, die eines guten Willens
sind!" [1]

Da aber die Bewahrung des innern Friedens für
uns von so großer Wichtigkeit ist, so läßt es sich auch
leicht erklären, warum der böse Feind so viele Anstren=
gungen macht, um uns dieses Gut zu rauben. Leider
gelingt ihm dieß nur zu leicht; denn in dem Menschen

---

[1] Luk. II. 14.

selbst, in den Verirrungen seines Geistes und in seinen ungeordneten Neigungen liegt schon mehr als ein Keim innerer Störung und Unruhe. Kann diese Anlage entweder durch Irreleitung des Verstandes oder durch Abwendung des Willens von Gott sich ausbilden, so begreift sich leicht, von welcher innern Zerrissenheit das Herz des Menschen heimgesucht werden muß. Die erste Bedingung zum innern Frieden ist also die Beseitigung aller in der Erkenntniß des Menschen vorhandenen Hindernisse, dann aber die einfache, kindliche Hingebung an den göttlichen Willen bei allen Wechselfällen dieses Lebens. Für beides haben wir eine doppelte Kenntniß nöthig: die unserer Pflichten und die der Wege, auf denen Gott die Seelen zur Heiligkeit führt. Der Mangel an dieser Kenntniß ist es vor Allem, woraus unzählige Aengstlichkeiten und innere Störungen entspringen.

Allein mit einer solchen Aufklärung ist noch nicht Alles gethan: auf dem Wege der Vollkommenheit begegnen uns unversehens tausend Zwischenfälle, die uns leicht außer Fassung bringen können. Bald sind es Fehler, in die wir unvermuthet fallen; bald ist es der Gedanke an die Verdorbenheit und das Elend unserer Natur; bald sind es Versuchungen, bald sind es Leidenschaften, die sich mächtig in unserem Herzen regen; bald sind es die Fehler des Nächsten, die unsere Geduld auf die Probe stellen. Dieses Alles macht uns leicht muthlos: Muthlosigkeit aber ist die gefährlichste Klippe für alle Seelen, die zwar guten Willen haben, aber dabei noch schwach und unerfahren sind. Soll demnach diese Arbeit ihren

Zweck vollständig erreichen, so muß sie auf alle vorkommende Ursachen der innern Beunruhigung eingehen und jeder durch das entsprechende Mittel zu begegnen suchen.

Um diese Aufgabe mit möglichster Ordnung und Klarheit zu lösen, haben wir das Buch in vier Theile eingetheilt, von denen jeder nach einer andern Seite hin dem Zwecke des Ganzen zu genügen sucht.

Der erste Theil handelt von der Ergebung in den Willen Gottes und in die Fügungen der Vorsehung und ist besonders reich an Trost für Alle, die Gott durch Leiden prüft. Die drei letzten Kapitel desselben sind theils den Werken Fenelons und theils denen des Paters de la Colombière entnommen.

Der zweite Theil soll einen klaren und vollständigen Begriff geben; erstens von der wahren Frömmigkeit, als der sicheren Grundlage des innern Friedens; zweitens von den Haupttäuschungen, welche diesen Frieden gefährden; drittens von den wesentlichen Bedingungen eines ernstlichen Fortschrittes in der Tugend, und viertens von dem Wege, auf welchem Gott gewöhnlich die Seelen zur Vollkommenheit führt. Die Werke des heiligen Franz von Sales und die Fenelons dienten uns bei Bearbeitung dieses Theiles als Leitfaden, und außerdem haben wir manche schöne Gedanken den Manuscripten eines erfahrenen Seelenführers entlehnt.

Der dritte Theil geht mehr auf das Einzelne ein und bespricht die verschiedenen Mittel, wie wir in allen unseren Versuchungen und in den geistlichen Gebrechen, denen wir hienieden nun einmal nicht entgehen können, den Seelenfrieden und das Gottvertrauen bewahren können. Dieser Theil enthält Abschnitte aus verschiedenen Werken, z. B. aus dem „geistigen Kampf", aus der „Abhandlung über die christliche Hoffnung" vom Pater Gaud, aus den „Abhandlungen über die Muthlosigkeit und über die Versuchungen" vom Pater Michel. Fenelons Schriften entnahmen wir besonders diejenigen Stellen, in welchen von dem Gebete die Rede ist.

Der vierte Theil endlich handelt von den Skrupeln und sagt den Skrupulanten, was sie zu thun haben, um wieder zur Ruhe zu kommen; hoffentlich wird er aber auch den Seelen, welche nicht an dieser gefährlichen Krankheit leiden, manches Nützliche und Tröstliche darbieten. Diesem Abschnitte liegt mutatis mutandis das mit Recht geschätzte Werk Duguet's über die Skrupeln zu Grunde. Zahlreiche Zusätze, die wir aus den bewährtesten Quellen schöpften, vervollständigen das Ganze. Alle Zusätze und Abänderungen stehen hier zwischen Anführungszeichen und sind deshalb leicht von dem wörtlichen Texte Duguet's zu unterscheiden, wie wir denn auch in den drei anderen Theilen unseres Werkes Anführungszeichen gesetzt haben, sobald eine Stelle einem andern Werke entnommen war, als das ganze Kapitel. Aengstliche Seelen können den Aussprüchen Duguet's um so mehr Glauben schenken, weil derselbe einer Schule angehörte, die sonst mit Recht einer übertriebenen Strenge angeklagt wird.

Am Schlusse dieses Buches folgen noch verschiedene Gebetsmethoden, welche uns, wie die Erfahrung lehrt, unsere geistlichen Uebungen sehr erleichtern.

Die Zusammenstellung so vieler Auszüge aus verschiedenen Werken muß natürlich der Einheit des Styles schaden und häufige Wiederholungen veranlassen. Dieß würden zwei große Fehler sein, wenn es sich bei diesem Werke um literarische Vollkommenheit handelte. So aber geht der Zweck vor Allem, und da wir die Stellen aus den verschiedenen Werken deßwegen wörtlich anführen wollten, um ihnen ihre ganze maßgebende Autorität zu lassen, so wird man die gedachten Unvollkommenheiten nicht schwer empfinden. Hätten wir Etwas dazu beigetragen, daß die eine oder andere Seele in ihren Unruhen getröstet würde, so wollten wir gern den Vorwurf der mangelhaften Form auf uns nehmen; hoffen wir doch vertrauensvoll, daß diejenigen, welchen dieses Buch nützlich gewesen, auch für die Seele desjenigen beten werden, dessen Worte ihnen Trost und Licht gebracht haben!

Wir selbst legen es in die Hände des heiligen Joseph und bitten ihn, daß er es dem Schutze Mariens anempfehle. Möge die Trösterin der Betrübten, Allen, welche diese Zeilen lesen, den Frieden des Herzens erflehen.

Vorwort des Uebersetzers.

Das Buch, welches wir hiermit den frommen Seelen Deutschlands darbieten, hat in Frankreich in kurzer Zeit vier Auflagen erlebt. Eine solche Verbreitung hat es mit Recht verdient, da sich nicht leicht eine ascetische Schrift finden wird, die so vielen Bedürfnissen der Seele entspricht und das innere Leben so praktisch darlegt.

Der Verfasser war einer jener Männer, denen Gott alle Eigenschaften gibt, um Andere zu leiten. Er verband die Erfahrung eines einsichtsvollen Weltmannes mit der Bildung und der Frömmigkeit eines Religiosen. Einer alt= adeligen Familie aus der Bretagne entsprossen, und von Jugend auf zur Achtung für Ehre und Gerechtigkeit er= zogen, widmete er seine erste Bildungszeit dem Studium der Rechtswissenschaft. Gott aber hatte andere Absichten für ihn. Er leitete die Schritte des frommen Jünglings in das Heiligthum; nur dort konnte dessen Seele die Nahrung finden, die sie wünschte. Nachdem er sich in den schönen Wissenschaften ausgebildet und die juristischen Studien voll= endet, sodann in beiden Fächern die Doktorwürde erhalten hatte, trat er in die Gesellschaft Jesu. Zu damaliger Zeit war dieser Orden in Frankreich noch nicht gesetzlich aner= kannt; die meisten französischen Jesuiten mußten daher ihre religiöse und wissenschaftliche Bildung im Auslande suchen. Demzufolge ward der junge von Lehen nach Savoyen geschickt, um dort seine Studien zu absolviren. Hier galt er in jeder Hinsicht als ein Muster eines vortrefflichen Religiosen. Was man vorzüglich an ihm ehrte, war eine große Vorliebe für das innere Leben; diejenigen, welche ihn näher kannten, vermutheten schon damals den zukünftigen Novizenmeister in ihm. Wirklich wurde ihm nach der Profession für eine Reihe von Jahren, im Elsaß und in Amiens das wichtige Amt anvertraut, die Novizen der Gesellschaft heranzubilden. Dieß bot ihm nicht bloß Gelegenheit, seine Kenntniß des geistlichen Lebens zu verwerthen, sondern auch seine Erfahrungen auf diesem Gebiete täglich zu bereichern. Die Summe dieser Erfahrungen legte er in seinem „Weg zum innern Leben" nieder. Das Buch läßt wohl ahnen, mit welcher Einsicht, Klugheit und Sorgfalt der Verfasser dem schwierigen Werke der Seelenleitung obgelegen haben mag. Er selbst gestand eines Tages im vertraulichen Gespräche, daß er manchmal ganze Bände durchsuche, um einige Zeilen zu finden, welche den Bedürfnissen einer ihm anvertrauten Seele entsprechen könnten. Dieß that er nicht bloß, weil er seiner Liebe gemäß gern das Beste und Passendste zur Belehrung bot, sondern auch, weil er, um sicher zu gehen, seine Entscheidungen immer auf die Autorität bewährter Geisteslehrer stützen wollte.

Pater von Lehen starb zu Angers im 62. Jahre seines Alters.

Schon lange hatte er gewünscht, sein Werk in's Deutsche übersetzt zu sehen, um auch in Deutschland mancher für ihr Heil besorgten Seele dienen zu können. Da aber das Buch in seiner ersten Gestalt wegen vieler Wiederholungen und wegen mangelhafter Form wenig Anklang in Deutschland finden würde, so haben wir dasselbe nicht einfach übersetzt, sondern ihm durch Abkürzung und Vereinfachung eine gefälligere Form zu geben gesucht.

Möge dieses Buch denn auch in seiner neuen Gestalt so viel Gutes wirken, als es in der alten schon gestiftet hat!

Vorwort zur zweiten Auflage.

Gott hat dieses Buch reichlich gesegnet; die erste Auflage wurde in kurzer Zeit vergriffen. Manche Seelen haben daraus Erleuchtung, Trost und Frieden geschöpft. Dafür sei dem Geber alles Guten gedankt. Der Uebersetzer wird dadurch ermuthigt auf diesem Gebiete fortzuarbeiten um bald den frommen Seelen Deutschlands einen neuen Band darbieten zu können, dessen Lesung von dem verehrungswürdigen P. v. Lehen immer auf's Wärmste anempfohlen wurde.

Am Feste des heiligen Joseph,
Patrons des innern Lebens.

Vorrede zur dritten Auflage.

Zwei Jahre sind es ungefähr, daß dieses bescheidene Buch zum ersten Mal erschien. Die nun nothwendig gewordene dritte Auflage ist wohl der deutlichste Beweis der günstigen Aufnahme, die ihm überall geworden. Wenn auch Schriften ihre Erfolge haben, so hat diese einen um so bedeutenderen zu verzeichnen, als die jüngst erlebten Ereignisse einen derartigen keineswegs erwarten ließen, und es ist gewiß erfreulich und tröstlich zu sehen, wie sich mitten durch das geräuschvolle Weltgetümmel und laute Kriegsgeschrei, die schüchterne Stimme, die den „Weg zum inneren Frieden" weist, nicht nur nicht spurlos verhallte, sondern sich sogar Bahn zu brechen wußte.

Viele Tagesblätter haben dieses Buch besprochen, und der Uebersetzer hat nicht wenige Schreiben erhalten, die sich anerkennend darüber aussprechen; was diese und jene loben ist eben die faßliche Anstellungsweise der Theorie, so wie das Gründliche des praktischen Theiles; zwei Vorzüge, derer sich eben nicht alle Schriften erfreuen, welche die Frömmigkeit zum Gegenstande gewählt haben; während nämlich eine Gattung derselben im Ungewissen läßt, in was eigentlich die wahre Frömmigkeit besteht, zeigen die Anderen dieselbe in einem so strahlenden Glanze, daß sie der menschlichen Schwäche geradezu unerreichbar erscheint.

Das ist eben das Verdienst des ehrw. Autors P. von Lehen, daß er nicht von Allen das gleiche Maß von Vollkommenheit fordert; er weiß die menschliche Schwachheit zu berücksichtigen und das Wesentliche von dem Unwesentlichen in der Frömmigkeit trefflich zu unterscheiden; auf diese Weise flößt er auch den Schwächsten Muth ein, hinzutreten zum Gnadenquell, um zu kosten, wie süß es ist dem Herrn zu dienen.

Möge der Gott des Friedens dieser neuen Auflage, wie den Vorhergehenden, seinen Segen verleihen, damit Alle, die den „Weg zum inneren Frieden" suchen, ihn finden und auf demselben wandeln mögen.

Am Feste der sieben Schmerzen Mariä 1872.

Inhaltsverzeichniß.

～～～～

Erster Theil.
Von der Ergebung in die Fügungen der göttlichen Vorsehung.

Zweiter Theil.

Von der wahren Frömmigkeit, als der unentbehrlichen Grundlage des inneren Friedens, und von den Wegen, auf denen Gott die Seelen zur Vollkommenheit und zum Frieden führt.

Dritter Theil.

Von den Mitteln, bei seinen geistigen Gebrechen den Frieden zu bewahren.

Vierter Theil.

Von den Skrupeln.

Anhang.

Erster Theil.

Von der Ergebung in die Fügungen der göttlichen Vorsehung.

————

Erstes Kapitel.

Von der liebevollen Leitung der Menschen durch die göttliche Vorsehung, und vom Glück derjenigen, welche sich dieser göttlichen Vorsehung ganz anheim stellen.

Nichts in der Welt geschieht ohne Gottes Anordnung oder Zulassung. Nichts, sagt der heilige Augustinus, geschieht im Laufe unseres Lebens durch Zufall; Gott greift überall ein. Schon durch den Mund des Propheten Isaias sagt er: „Ich bin der Herr, und es ist kein anderer; der ich das Licht bilde und die Finsterniß schaffe, der ich Frieden gebe und das Uebel schaffe." [1] „Kommt ein Unglück, das nicht der Herr gethan?" [2] sagt Amos. „Glück und Unglück," fügt Sirach bei, „Leben und Tod, Armuth und Reichthum kommen von Gott." [3]

Nun wirst Du mir vielleicht erwidern, dieses gelte wohl von Tod und Krankheit, von Kälte und Hitze und von

————

[1] Is. XLV. 7.   [2] Am. III. 6.   [3] Eccl. XI. 14.

allen Ereignissen, welche in der willenlosen Natur ihren Ursprung nehmen, nicht aber von dem, was von dem freien Willen des Menschen abhängt. Denn, wirst Du sagen, wenn Jemand Uebles von mir redet oder mir mein Vermögen raubt oder mich verfolgt und mißhandelt, wie kann ich denn hierin den Willen Gottes sehen, da doch Gott eine solche Handlungsweise verbietet? Folglich, so ist Dein Schluß, kann ich solche Vorfälle nur dem Willen und der Unwissenheit oder Bosheit eines Menschen zuschreiben. Allein Gott selbst spricht sich über diesen Punkt klar und deutlich aus, und auf sein eigenes heiliges Wort hin müssen wir glauben, daß auch bei dem, was der Willkür des Menschen überlassen scheint, doch nichts ohne göttliche Zulassung geschieht; denn die Juden, welche ihre Gefangenschaft lieber einer andern Ursache, als der Fügung Gottes zuschreiben wollten, mahnt der Prophet Jeremias: „Wer darf sagen, daß Etwas geschehe ohne des Herrn Befehl, und daß nicht Böses wie Gutes komme aus dem Munde des Allerhöchsten?" [1]

Deshalb, wenn man uns um unseren guten Namen bringt, wenn man uns unser Vermögen raubt, wenn man uns mißhandelt oder auf sonst eine Art beleidigt, so müssen wir Alles dem Willen Gottes zuschreiben. Gottes Hand ist es, die uns heimsucht; Alles ist das Werk seiner Vorsehung.

Aber, wendest Du von Neuem ein, alle diese Handlungen sind ja sündhaft; wie kann denn Gott sie wollen? Wie kann er Antheil daran nehmen? Gott, seinem Wesen nach die Heiligkeit selbst, kann doch mit der Sünde Nichts gemein haben. Hierauf antworte ich: „Bei jeder bösen

---

[1] Jer. Klag. III. 37 und 42.

Handlung eines Menschen muß man zwei Dinge wohl unter=
scheiden, nämlich: a. die Handlung selbst oder die äußer=
liche Bewegung, b. die Verirrung des Willens, der von
dem göttlichen Gesetze abweicht." Schlägt oder verläumdet
Dich Jemand, so mußt Du einerseits die Bewegung des
Armes oder der Zunge und anderseits die böse Absicht,
welche dieser Bewegung zu Grunde liegt, unterscheiden. Die
Bewegung an sich ist nicht sündhaft, und so kann Gott ihr
Urheber sein. Dies ist er ja auch wirklich; denn kein Ge=
schöpf hat Leben und Bewegung aus sich selbst, sondern
alle erhalten es von Gott, der in ihnen und durch sie
wirkt. Die böse Absicht hingegen ist ganz Sache des
menschlichen Willens, und sie allein macht die Sünde aus.
An dieser nimmt Gott keinen Antheil; er läßt sie aber
zu, um dem freien Willen des Menschen keine Gewalt an=
zuthun.

Gott betheiligt sich demnach an den schlechten Hand=
lungen der Menschen nur insofern, als er bei der äußern
Bewegung mitwirkt; der bösen Absicht, die der That zu
Grunde liegt und die ganze Sache unseres Willens ist,
bleibt er durchaus fremd. Du hast Deine Ehre, Dein Ver=
mögen mißbraucht. Gott will, daß Du diese Güter ver=
lierst; aber er nimmt nicht den geringsten Antheil an der
Sünde des Verläumders oder des Diebes, die sie Dir rauben.
Ein Beispiel wird die Sache anschaulicher machen. Der
Richter verurtheilt einen Verbrecher gerechter Weise zum
Tode; nun trifft es sich aber, daß der Scharfrichter ein
persönlicher Feind des Verurtheilten ist, und so vollzieht er
den Ausspruch des Richters nicht aus Pflicht, sondern aus
Haß und Rachsucht. Offenbar hat der Richter keinen An=
theil an der Sünde des Scharfrichters, die nicht in seiner
Absicht lag; er wollte nur Gerechtigkeit geübt sehen. Ebenso

betheiligt sich Gott an der bösen Absicht des Verläumders
oder Diebes durchaus nicht, sondern diese böse Absicht ist
die persönliche Sache des Menschen. Wie schon gesagt, will
Gott Dich verdemüthigen und Dich Deiner zeitlichen Güter
berauben, um Dich dadurch zu bessern und tugendhafter
zu machen; allein diese Absicht Gottes, welche seiner un=
endlichen Güte so sehr entspricht, und die er auch durch
tausend andere Mittel in Ausführung bringen könnte, hat
Nichts mit der Sünde des Menschen, dessen er sich als
Werkzeug bedient, gemein. Auch ist es in der That nicht
die Sünde, welche Dich bemüthigt oder in Armuth und
Elend stürzt, sondern der Verlust Deiner Ehre und Deines
Vermögens; denn die Sünde selbst schadet nur dem, der
sie begeht. So müssen wir stets unterscheiden, was Gott
durch den Menschen wirkt, und was der böse Wille des
Menschen hinzufügt.

Der heilige Gregorius zeigt uns dieselbe Wahrheit an
einem andern Beispiele. Ein Arzt hat Blutegel verordnet;
diese Thiere wollen nur ihren Durst stillen und dem Kran=
ken wo möglich alles Blut bis auf den letzten Tropfen
aussaugen; der Arzt will aber nur das unreine Blut ent=
fernen und den Kranken dadurch heilen. Die Blutegel
sind nur sein Werkzeug, und deren Blutsaugen hat also
gar Nichts mit den Absichten des Arztes gemein. Gott
bedient sich der Menschen, wie der Arzt der Blutegel. Der
Kranke macht sich keine Sorgen über die unersättliche Gier
dieser Thiere; er betrachtet sie nicht als seine Feinde; er
sucht im Gegentheil seinen Ekel vor ihrem widerlichen An=
blick zu besiegen; ja, er thut selbst Alles, damit sie recht
anbeißen und ruhig fortsaugen; denn er weiß wohl, daß
sie es nicht länger thun werden, als der Arzt es will und
für nützlich hält. Ebenso sollen auch wir nicht auf die

Leidenschaften derjenigen achten, denen Gott Macht wider uns gegeben hat; wir sollen nicht an ihre bösen Absichten denken und in unserem Herzen keine Abneigung gegen sie aufkommen lassen; denn wir wissen ja, daß so feindselig auch ihre persönlichen Absichten sein mögen, sie doch stets nur Werkzeuge sind, deren sich ein allgütiger, allweiser und allmächtiger Gott zu unserem Heile bedient, und denen er nicht mehr Gewalt über uns gibt, als es uns nützlich und heilsam ist. Unser eigener Vortheil sollte uns demnach an= treiben, uns eher ihrer Macht freiwillig auszusetzen, als uns derselben zu entziehen; denn es ist ja nicht ihre eigene Macht, sondern die des Herrn. Keines von allen Geschöpfen ohne Ausnahme kann uns Etwas anhaben, wenn ihm nicht von Oben Gewalt wider uns gegeben ist.

Alle wahrhaft von Gott erleuchteten Seelen waren von dieser Glaubenswahrheit fest überzeugt; die Geschichte des frommen Job gibt uns ein schönes Beispiel davon. Job hat alle seine Kinder verloren, er ist um den Besitz seines ganzen Reichthums gekommen; von dem höchsten Gipfel irdischen Glücks ist er in den tiefsten Abgrund menschlichen Elends hinabgesunken, und was spricht er? — „Der Herr hat es gegeben; der Herr hat es genommen. Wie es dem Herrn gefallen hat, also ist es geschehen; der Name des Herrn sei gebenedeit!" [1] „Siehe," sagt der heilige Augu= stinus, „wie dieser fromme Mann das große Geheimniß der Vorsehung verstanden hat; er sagt nicht, der Herr hatte mir meine Kinder und meine Reichthümer gegeben, und der Teufel hatte sie mir genommen! Sondern er spricht: der Herr hat es gegeben; der Herr hat es genommen. Wie es dem Herrn gefallen hat, und nicht: wie es dem Teufel

---

[1] Job I. 21.

gefallen hat, also ist es geschehen!" — Nicht weniger tref=
fend ist das Beispiel des ägyptischen Joseph. Seine Brüder
haben ihn aus Haß und Neid verkauft, und doch schreibt
er Alles der göttlichen Vorsehung zu. „Gott hat mich,"
sagt er, „nach Aegypten gesandt, daß ihr erhalten werdet
auf Erden und Speise habet, um leben zu können. . . . .
Nicht durch euren Rath bin ich hieher gesandt worden,
sondern nach Gottes Willen." [1] David, von Semei ver=
folgt und beschimpft, sieht gleichfalls die Hand der Vor=
sehung in dem empörenden Betragen seines aufrührerischen
Unterthanen; zweimal hält er die Entrüstung seiner treuen
Diener, die ihn rächen wollen, mit den Worten zurück:
„Lasset ihn fluchen; denn der Herr hat ihm befohlen, daß
er David fluche. Lasset ihn fluchen nach dem Befehle des
Herrn!" [2] Und Jesus Christus selbst, der Heilige der
Heiligen, unser Heiland und Erlöser, der vom Himmel
herabstieg, um durch sein Wort und Beispiel uns zu lehren,
sagt er nicht zu Petrus, der ihn in unbesonnenem Eifer
abhalten will, sein Leiden zu beginnen und sich den Hän=
den seiner Feinde zu überliefern: „Soll ich den Kelch nicht
trinken, den mir der Vater bereitet hat?" [3] — So schreibt
Jesus die Schmach und Schmerzen seines bittern Leidens
nicht denen zu, welche die unmittelbaren Urheber desselben
waren, nicht den Juden, die ihn verklagten, nicht dem
Judas, der ihn verrieth, nicht dem Pilatus, der ihn ver=
urtheilte, nicht den Henkern, die ihn unter den fürchterlich=
sten Mißhandlungen zum Tode schleppten, nicht den Teu=
feln, die diese Unglücklichen zu dem entsetzlichsten Gottes=
morde aufhetzten, sondern er sieht in Allem nur Gott,

---

[1] Gen. XLV. 5, 7 und 8.   [2] II. Kön. XVI. 10 und 11.
[3] Joh. XVIII. 11.

und zwar nicht als strengen Richter, sondern als lieben=
den Vater.

Daher müssen wir unsere Verluste, unsere Schicksale,
unsere Leiden und Verdemüthigungen nicht den bösen Gei=
stern oder den Menschen zuschreiben, sondern Gott, ihrem
wahren Urheber. Wir dürfen deshalb nicht sagen: „Dieser
oder Jener ist an meinem Unglück, an meinem Verderben
Schuld." Nein, unsere Leiden sind nicht das Werk eines
Menschen; sie sind Gottes Werk, und dieses gereicht uns
zur größten Beruhigung; denn Alles, was Gott unser all=
gütiger Vater thut, das ist voll unendlicher Weisheit und
dient den heiligsten und erhabensten Zwecken.

Alle seine Werke, sagen die heiligen Väter, sind mit
Berücksichtigung der Umstände so vollkommen, daß sie nicht
vollkommener, und so gut, daß sie nicht besser sein könnten.
Darum müssen wir auch, wie der heilige Basilius es em=
pfiehlt, uns recht von dem Gedanken durchdringen lassen,
daß wir das Werk eines guten Meisters sind, der mit un=
endlich weiser Vorsehung allezeit für uns als für seine
Geschöpfe besorgt ist. Unter seiner liebevollen Obhut stößt
uns nicht nur Nichts zu, was gegen seinen Willen wäre
oder uns schaden könnte, sondern es ist auch Alles, was
über uns kommt, so gut, daß es sich gar nicht besser denken
ließe. „Groß sind die Werke des Herrn und ausgesucht
nach seinem ganzen Wohlgefallen." [1] Am wunderbarsten
zeigt sich seine Weisheit in der vollkommenen Angemessen=
heit aller seiner Mittel zu dem Zwecke, dem sie dienen.
Und wie seine Weisheit von seiner Liebe nicht getrennt sein
kann, so schickt er uns auch Nichts zu, das zu hart oder
verletzend für uns wäre. „Allmächtiger Herrscher," ruft

---

[1] Psalm CX. 2.

der Weise aus, „Du richtest mit Sanftmuth und regierest uns mit großer Nachsicht."[1] Unendlich ist seine Macht; Nichts kann ihm widerstehen, und doch läßt er uns nicht die unumschränkte Gewalt seiner Allmacht fühlen, sondern behandelt uns mit unendlicher Milde. Er nimmt auf die natürliche Beschaffenheit, die Anlagen, die Eigenthümlichkeiten jedes Einzelnen Rücksicht und weist Jedem die Stelle an, wo er sein Heil am besten wirken kann. Ja, wir dürfen sagen, daß er uns Achtung und Ehrerbietung beweist, weil er in uns seine lebendigen Ebenbilder anerkennt, denen er nicht wie Sklaven, in gebieterischem Tone befehlen, sondern mit Schonung und aller erdenklichen Rücksicht begegnen will. Sieht er sich genöthigt, uns zu unserem eigenen Besten mit Krankheit, Trübsal oder Leiden heimzusuchen, so thut er wie ein guter Arzt, der mit dem Messer heilen muß; ein solcher sucht nicht mehr Schmerzen zu verursachen, als zur Heilung unumgänglich nöthig sind; mit der schonendsten Vorsicht verbindet er unsere Wunden und so viel als immer möglich versüßt er uns die bittere Arznei.

Mit Einem Worte, Gott prüft uns nur, wenn es zur Erreichung der edelsten und heiligsten Zwecke, zu seiner Ehre, zu unserem Heile und zu unserer Vervollkommnung nothwendig ist. Was er aber uns zuschickt, das ist stets unseren Kräften, Fähigkeiten und Bedürfnissen gerade so angemessen, wie der Handschuh der Hand, die ihn trägt; oder wie die Scheide dem Degen, der darin geborgen ist; sonach muß Alles zu unserer Vervollkommnung beitragen, wenn wir nur den Absichten der Vorsehung entsprechen wollen.

---

[1] Weish. XII. 18.

Darum dürfen wir bei den Trübsalen, die manchmal über uns hereinbrechen, nicht ungeduldig werden. Wie er dem Weltmeere Schranken setzt, so daß die Wogenmasse, die ganze Länder zu vernichten droht, an dem beweglichen Sandkorn des Gestades sich brechen muß, so gibt es auch keine Leiden, keine Versuchungen, denen Gott nicht Maß und Ziel gesetzt hätte, damit sie uns zum Heile statt zum Verderben dienen. In der That sind die Trübsale ein wesentlicher Theil der uns dargebotenen Heilsmittel. „Silber und Gold wird im Feuer geprüft, Gottes Lieblinge aber im Ofen der Demüthigung."[1] Es ist nothwendig, daß wir Versuchungen haben, und wenn wir uns weigerten, sie anzunehmen, so wären wir unsere eigenen Feinde. Wir sind in Gottes Hand, was der Marmorblock unter der Hand des Künstlers ist. Um eine schöne Statue zu schaffen, muß der Bildhauer den Meißel an den Marmorblock setzen: er muß ihn behauen und glätten, daß die Splitter weithin fliegen. Gott will aus uns sein Ebenbild machen; darum müssen wir still halten und uns seiner Meisterhand überlassen. Jeder seiner Streiche ist vollkommen kunstgerecht und führt unsere Heiligung näher herbei. „Das ist der Wille Gottes, eure Heiligung,"[2] sagt der heilige Paulus. Sie ist der einzige Beweggrund bei Allem, was Gott über uns verfügt. O was würde er nicht zu seiner Ehre und zu unserem Heile in uns wirken, wenn wir ihn nur machen ließen! Weil die Himmelskörper ohne allen Widerstand den über sie herrschenden Gesetzen folgen, ist ihr Lauf so wunderbar regelmäßig und folgenreich. Würden sie einmal jenen erhabenen Gesetzen nicht Folge leisten, so würde alsbald die entsetzlichste Verwirrung im

---

[1] Sir. II. 5.   [2] I. Theff. IV. 3.

Univerſum entſtehen. Gerade ſo verhält es ſich mit unſe=
rem Willen; beugt ſich dieſer vor dem Willen Gottes, ſo
bleibt Alles im Menſchen wohlgeordnet, und die Kräfte
ſeiner Seele, wie die Glieder ſeines Leibes, ſtehen in der
vollkommenſten Harmonie; weicht aber unſer Wille von
dem Willen Gottes ab, ſo entſteht im ganzen Menſchen
nur Unordnung und Zerrüttung. Bekanntlich iſt auch un=
ſere ganze Vollkommenheit in nichts Anderem gelegen, als
in der Gleichförmigkeit unſeres Willens mit dem Willen
Gottes. Je mehr wir uns dem göttlichen Willen unter=
werfen, deſto mehr ſchreiten wir voran; widerſetzen wir uns
ihm, ſo gehen wir rückwärts. Die heilige Thereſia ſagt
zu ihren geiſtlichen Töchtern: „Wenn ihr dem Gebete ob=
lieget, ſo nehmet euch dabei nichts Anderes vor, als daß
ihr euch alle Mühe geben wollt, um euren Willen ganz
dem göttlichen gleichförmig zu machen. Seid verſichert,
daß es keine größere Vollkommenheit gibt, als dieſe Gleich=
förmigkeit, und daß diejenige, welche am eifrigſten darnach
ſtrebt, die reichſten Gnaden von Gott erhalten und am
ſchnellſten im innern Leben voranſchreiten wird.‘ Glaubet
mir, dies iſt das Geheimniß; auf dieſem Punkte allein
beruht unſer Heil.“ Es wird uns erzählt, daß die ſelige
Soncino, eine heiligmäßige Kloſterfrau aus dem Orden der
Dominikanerinnen, einſt in einer Viſion die Wonne der
Seligen im Himmel ſchaute. Da ſah ſie, wie die Seelen
der Auserwählten, je nach ihren Verdienſten, in einen der
neun Engelchöre verſetzt waren. Unter dem Chor der Se=
raphim bemerkte ſie Einige, die ſie auf Erden gekannt hatte.
Auf die Frage, wodurch dieſe einen ſo hohen Grad der
Seligkeit erlangt hätten, wurde ihr geantwortet: „Durch
die Gleichförmigkeit und vollkommene Vereinigung ihres
Willens mit dem Willen Gottes!“ — Gelangen wir aber

im Himmel durch diese Gleichförmigkeit zu dem höchsten Grade der Glorie, welcher den Seraphim zu Theil geworden ist, so müssen wir daraus schließen, daß diese Tugend uns hienieden zur höchsten Stufe der Gnade erhebt, und daß sie die Grundlage zu der erhabensten Vollkommenheit ist, die wir auf Erden erreichen können.

Die Unterwerfung unseres Willens ist auch in der That das Opfer, welches Gott am wohlgefälligsten ist und welches ihn am meisten ehrt; sie ist der vollkommenste Akt der Liebe, die erhabenste und verdienstlichste Tugend, und es unterliegt keinem Zweifel, daß wir durch diese Unterwerfung uns jeden Augenblick unvergleichliche Gnadenschätze erwerben und in kurzer Zeit unaussprechlich reiche Verdienste für die Ewigkeit. Ein merkwürdiges Beispiel hievon gibt uns die berühmte Lebensgeschichte eines frommen Ordensmannes. Dieser unterschied sich im Aeußern gar nicht von seinen Brüdern, und doch hatte er einen so hohen Grad von Vollkommenheit und Heiligkeit erreicht, daß die bloße Berührung seines Gewandes schon die Kranken heilte. Da sagte einst sein Oberer zu ihm: „Du betest, fastest und wachest nicht mehr, als alle übrigen Bewohner dieses Klosters und wirkest dessenungeachtet so viele Wunder. Darüber bin ich sehr erstaunt und wünsche die Ursache davon zu wissen." Der fromme Ordensmann antwortete hierauf: „Ich bin am allermeisten über diese Wunder erstaunt und weiß nicht, was daran Schuld sein mag; doch wenn ich einen Grund vermuthen sollte, so wüßte ich nur diesen, daß ich mir stets alle Mühe gab, zu wollen, was Gott will, und Gott hat mir die Gnade verliehen, meinen Willen so innig mit dem seinigen zu verschmelzen, daß ich im Großen wie im Kleinen Nichts ohne seinen besonderen Antrieb thue. Das Glück erhebt mich nicht, und das Un=

glück beugt mich nicht nieder; denn ich nehme alles mit Gleichmuth aus der Hand Gottes an, ohne je Etwas zu prüfen; ich verlange nicht, daß die Dinge so gehen, wie ich es natürlicher Weise wünschen könnte, sondern einzig und allein, wie Gott es will, und alle meine Gebete erstreben nur ein Ziel, nämlich: daß der Wille Gottes in mir und in allen Geschöpfen vollkommen erfüllt werde." — „Wie," versetzte ganz erstaunt der Obere, „geriethest Du nicht in Aufregung, als letzthin einer unserer Feinde unsere Scheune mit unserem ganzen Vorrath an Getreide und Vieh nieder= brannte?" — „Nein, mein Vater," erwiderte der heilige Ordensmann, „es ist im Gegentheil meine Gewohnheit, Gott für solche Unfälle zu danken; weil ich fest überzeugt bin, daß er sie nur zu seiner größten Ehre und zu unserem Besten zuläßt. Deshalb mache ich mir keine Sorgen dar= über, ob wir wenig oder viel zu unserem Unterhalte be= sitzen; denn ich weiß, daß Gott, wenn wir auf ihn ver= trauen, uns mit einem Stück Brod so gut als mit einer ganzen Scheune voll Frucht ernähren kann, und so bin ich immer zufrieden und froh, mag da kommen, was da will." — Der Obere bewunderte eine so vollkommene Gleichförmigkeit mit dem Willen Gottes und ein so vollkommenes Gott= vertrauen und war fortan nicht mehr erstaunt, diesen Ordens= mann Wunder wirken zu sehen.

Wir sehen hieraus, daß die Gleichförmigkeit mit Gottes Willen uns nicht nur heilig, sondern auch schon auf Erden ganz glücklich macht; sie verleiht uns den vollkommensten Frieden, den wir in diesem Leben genießen können und macht die Erde zum Paradiese. König Alphons der Große hatte diese Wahrheit sehr richtig aufgefaßt. Als man ihn einst fragte, welchen Menschen er für den glücklichsten der Welt halte, antwortete er: „Denjenigen, welcher sich ganz der Leitung Gottes übergibt und welcher Alles, Freude und Leid, aus Gottes Hand annimmt." — Gott selbst sagt durch den Mund des Propheten Isaias: „O daß Du in Acht genommen meine Gebote, dann wäre Dein Frieden wie ein Strom geworden?"[1] Und in demselben Sinn spricht Eliphaz zu Job: „Also ergib Dich ihm und habe Frieden. Dann wirst Du ob des Allmächtigen über=fließen von Lust und zu Gott Dein Antlitz erheben."[2] So sangen auch die heiligen Engel bei der Geburt des Heilandes: „Ehre sei Gott in der Höhe und Friede den Menschen auf Erden, die eines guten Willens sind![3] Wer anders aber ist eines guten Willens, als der, dessen Willen dem unendlich guten Willen, das heißt dem Willen Gottes gleichförmig ist?

Der gute Wille oder die Gleichförmigkeit mit dem Willen Gottes ist also die Bedingung jenes beseligenden inneren Friedens, der, nach dem Ausspruche des heiligen Paulus, „allen Begriff übersteigt."[4] Sollen wir den Frie=den genießen, so darf sich Nichts unserem Willen wider=setzen; Alles muß uns nach Wunsch gehen. Ein solches Glück ist aber hienieden nur dem vorbehalten, dessen Wille ganz mit dem Willen Gottes übereinstimmt. Alles, was ein solcher will, geht auf das Genaueste in Erfüllung; denn er will ja nur, daß Gottes Wille geschehe.

Ich glaube fest, sagt der beredte Salvianus, daß Nie=mand auf der Welt glücklicher ist, als die Gerechten; denn ihnen stößt nie Etwas zu, das sie nicht wünschen. — „Aber sie werden doch verdemüthigt und verachtet?" — Freilich, allein sie wollen es sein. — „Sie sind arm?"

---

[1] If. XLVIII. 18.   [2] Job XII. 21. 25. u. 26.   [3] Luk. II. 14.   [4] Phil. IV. 7.

— Ja, aber sie sind es gerne. — Folglich sind sie stets glück=
selig; denn sie können doch weder glücklicher noch zufriedener
sein, als wenn sie so sind, wie sie sein wollen. Darum
sagt auch schon Salomon: „Den Gerechten betrübt Nichts,
was ihm auch widerfährt;" [1] Nichts stört den Frieden
seiner Seele, weil Nichts ihm wider seinen Willen geschieht.

Damit ist jedoch keineswegs gesagt, daß der Mensch
in einem solchen glücklichen Zustande keinen Schmerz mehr
empfinde. Wir fühlen allerdings noch unsere Leiden, auch
wenn wir mit dem Willen Gottes gleichförmig geworden
sind; aber wir fühlen sie nur noch in dem niederen Theile
unserer Seele, und sie stören nicht den höheren, edlern
Theil, in welchem der Friede Gottes wohnt. Es geht einer
wahrhaft gottergebenen Seele gerade wie dem göttlichen
Heilande, der, obwohl von Geißelhieben zerfleischt und an's
schmachvolle Kreuzesholz geheftet, doch nicht aufhörte, selig
zu sein. Gleichsam versenkt in das Meer aller Schmerzen,
die man nur erdulden kann, strömte sein göttliches Herz
dennoch von unendlicher Freude über.

Es kann freilich nicht in Abrede gestellt werden, daß
für unsere Natur die Begriffe Leiden, Verdemüthigung,
Schmach und Armuth mit dem Begriff Glück in einem,
ich möchte fast sagen unvereinbaren Gegensatze stehen, und
daß es deshalb ein Wunder der Gnade ist, wenn wir uns
inmitten solcher Uebel dennoch glücklich fühlen; aber dieses
Wunder tritt unfehlbar bei allen den Seelen ein, die sich
ganz und in allen Dingen der Erfüllung des göttlichen
Willens hingeben. Die Ehre Gottes verlangt, daß Alle,
welche sich großmüthig seinem Dienste weihen, sich auch
darin zufrieden und glücklich fühlen.

---

[1] Spr. XII. 21.

Vielleicht fragt sich aber jetzt manche Seele: wenn dem so ist, wie läßt sich dann das Wort Jesu Christi erklären, da er spricht: „Wenn mir Jemand nachfolgen will, so verläugne er sich selbst und nehme sein Kreuz auf sich und folge mir nach." [1] Die Antwort ist nicht schwer: wenn unser göttlicher Meister hier verlangt, daß wir uns selbst verläugnen und ihm das Kreuz nachtragen, so macht er sich anderswo verbindlich, uns nicht nur das ewige Leben, sondern auch schon hienieden das Hundertfache von Allem zu geben, dem wir aus Liebe zu ihm entsagen. [2] Ja, noch mehr. Er verspricht uns, selbst das Kreuz mit uns zu tragen, denn sonst könnte er nicht sagen: „Mein Joch ist süß, und meine Bürde ist leicht." [3] Wenn wir also nicht empfinden, wie süß das Joch Jesu und wie leicht die Bürde seines Kreuzes ist, so kann dieß nur daher kommen, daß wir sein Joch und seine Bürde noch nie recht und ganz auf uns genommen, unserer natürlichen Anschauungsweise noch nicht gänzlich entsagt und noch nicht gelernt haben, alle Dinge nur im Lichte des Glaubens zu betrachten; denn der Glaube würde uns lehren, „bei Allem Dank zu sagen," wie es nach dem Worte des großen Völkerapostels „Gottes Wille in Bezug auf uns alle ist." [4] Dieser Glaube wäre für uns eine unversiegbare Quelle jener unaussprechlichen Freude, die wir nach dem Ausspruche desselben Apostels stets haben sollen: „Freuet euch allezeit im Herrn, abermal sage ich, freuet euch!" [5]

Ein denkwürdiges Beispiel für diese Wahrheit erzählt uns Tauler. Dieser fromme Priester wünschte nämlich

[1] Matth. XVI. 24. [2] Matth. XIX. 29. Mark. X. 20. u. Luk. XVIII. 29 u. 30. [3] Matth. XI. 30. [4] I. Thess. V. 18. [5] Phil. IV. 4.

sehnlichst, recht große Fortschritte in der Tugend zu machen, und da er sich in seiner Bescheidenheit nicht auf sein eigenes Wissen verließ, so flehte er während acht Jahren in inbrünstigem und demüthigem Gebete zu Gott, er möge ihm doch einen Seelenführer senden, der ihm den kürzesten und sichersten Weg zu Gottes Wohlgefallen zeige. Als er nun eines Tages den Wunsch lebhafter als je empfand und mit erneutem Eifer Gott um Erhörung anflehte, rief ihm plötzlich eine Stimme zu: „Gehe hinaus, auf den Stufen, die zur Kirche führen, wirst Du denjenigen finden, welchen Du suchest!" Tauler gehorchte nnd ging hinaus; aber an der bezeichneten Stelle erblickte er Niemanden als einen armen Bettler, der schmutzig und barfuß, in elende Lumpen gehüllt, dastand und eher geeignet schien, das Mitleiden der Vorübergehenden zu erregen, als sie im innern Leben zu unterweisen. Dessenungeachtet sprach Tauler ihn an und wünschte ihm einen guten Tag. — „Ich danke Dir für Deinen Gruß," antwortete der Bettler; „allein ich kann mich nicht erinnern, je einen schlechten Tag gehabt zu haben." — „Gut!" nahm Tauler wieder das Wort, „so wünsche ich, daß Gott Dir zu den guten Tagen, die Du stets gehabt hast, noch alles mögliche Glück schenke!" — „Ich danke Dir," erwiederte der Bettler, „aber wisse, daß ich nie unglücklich gewesen bin und daß mir in meinem ganzen Leben noch kein Mißgeschick begegnet ist." — „Wollte Gott," sagte Tauler hierauf ganz erstaunt, „daß Du mit all Deinem Glücke auch noch die ewige Seligkeit erlangst! Aber ich muß gestehen, daß mir der Sinn Deiner Worte nicht recht klar ist." — „Du wirst noch mehr staunen," versetzte der Bettler, „wenn ich Dich versichere, daß ich stets selig war und es noch bin." — „Ich gestehe," antwortete Tauler, „daß Deine Worte mich in Erstaunen setzen und

mir räthselhaft sind; sei doch so gut und sprich Dich deut=
licher gegen mich aus!" — Da gab der Bettler ihm fol=
gende Erklärung: „Ich habe Dir gesagt, daß ich nie einen
schlechten Tag hatte; denn unsere Tage sind nur dann schlecht,
wenn wir sie nicht dazu verwenden, Gott durch unsere Unter=
würfigkeit die schuldige Ehre zu geben; sie sind dagegen
immer gut, sobald wir sie der Verherrlichung und dem Lobe
Gottes weihen, und Dieses können wir stets mit seiner
Gnade, mag auch über uns kommen, was da will. Ich bin,
wie Du siehst, ein armer, kranker Bettler, der keine Stütze,
keine Heimat hat, der allein die Welt durchwandert und
überall viel Elend erduldet. Leide ich nun Hunger, weil
Niemand mir Etwas gibt, so lobe ich Gott. Bin ich ob=
dachlos dem Regen, Hagel und Winde ausgesetzt, erstarren
meine Glieder vor Frost, weil meine spärlichen Lumpen
mich nicht vor der Kälte schützen können, so danke ich Gott
dafür. Verachten mich die Menschen, weil ich arm und elend
bin, so lobe und preise ich die göttliche Majestät. In einem
Worte, was mir auch Herbes und Naturwidriges zustößt,
ob mich die Menschen freundlich aufnehmen oder mit harten
Worten von sich weisen, Alles gibt mir Anlaß, Gott zu
loben; mein Wille bleibt stets in allen Dingen mit dem
Willen Gottes vereinigt, und für Alles preise ich seinen
heiligen Namen. So ist für mich ein jeder Tag ein guter;
denn nicht die Widerwärtigkeiten und Leiden, sondern unsere
Ungeduld bringt uns schlechte Tage; warum anders aber
sind wir ungeduldig, als weil unser Wille sich empört, an=
statt sich pflichtgemäß zu unterwerfen und Gott stets nach
Kräften zu loben und zu preisen?

„Ich habe Dir ferner gesagt, ich sei nie unglücklich ge=
wesen und es sei mir in meinem ganzen Leben noch kein
Mißgeschick begegnet, und Du selbst magst sogleich urtheilen,

ob ich die Wahrheit gesagt habe oder nicht. Alle Menschen schätzen sich doch gewiß sehr glücklich, wenn die Dinge so gut gehen, daß sie es gar nicht besser wünschen könnten. Mir aber, wie ich hier bin, wird dieses Glück immer zu Theil. Das wundert Dich; allein dessenungeachtet ist dem so, wie Du es sogleich selbst einsehen wirst. Du weißt, daß Nichts mit uns geschieht, was Gott nicht will, und daß das, was er will, immer das Beste für uns ist. Daraus geht hervor, daß ich mich stets glücklich schätzen soll, mag nun Gott schicken oder zulassen, was er will. Und wie sollte ich mich auch nicht glücklich schätzen, da ich doch vollkommen überzeugt bin, daß Alles, was geschieht, gerade das Nützlichste und Zweckmäßigste für mich ist!"

Tauler von Bewunderung über die hohe Weisheit dieses Bettlers hingerissen, bat denselben, er möge ihm jetzt doch auch sagen, wie er diese seine Grundsätze, die ihn so glücklich machten, praktisch in Anwendung bringe. „Indem ich mit Gott lebe, wie ein Kind mit seinem zärtlichsten Vater," antwortete der Bettler. Ich vergesse nie, daß dieser allweise und allmächtige Vater wohl weiß, was für seine Kinder am Besten ist, und daß er es ihnen stets gibt. Mag nun das, was geschieht, der sinnlichen Natur widerstreben oder schmeicheln, mag es in den Augen der Menschen ruhmvoll oder schmählich erscheinen, mag es süß oder bitter, der Gesundheit zuträglich oder nachtheilig sein, ich nehme es in der Ueberzeugung an, daß es im gegenwärtigen Augenblick das Beste für mich ist, und ich bin damit so zufrieden, daß nichts Anderes mich glücklicher machen könnte. Auf diese Weise ist Alles Glück für mich, und für Alles ohne Ausnahme danke ich dem lieben Gott!"

„Aber Du hast mir drittens noch gesagt, Du seist selig," erwiderte Tauler, „bitte, erkläre mir doch auch noch das." „Ja," sagte der Bettler, „Derjenige ist gewiß selig zu preisen, dessen Wille immer und in allen Stücken ungehindert in Erfüllung geht, und dessen Wünsche stets volle Befriedigung finden. Allerdings kann kein Mensch, solange er auf der Welt lebt, diese Glückseligkeit vollkommen erlangen; das ist den Heiligen im Himmel vorbehalten, deren Vereinigung mit dem Willen Gottes die höchste Vollendung erreicht hat. Aber wisse, daß wir berufen sind, schon hienieden Theil daran zu nehmen, und zwar durch die Gleichförmigkeit unseres Willens mit dem Willen Gottes. Dem Willen dessen, der nur will, was Gott will, tritt nie ein Hinderniß in den Weg; alle seine Wünsche stimmen mit dem Wohlgefallen Gottes überein und müssen deshalb stets unfehlbar in Erfüllung gehen; er ist folglich selig, und diese Seligkeit genieße ich. Der Wille des Herrn macht mein ganzes Glück und meine ganze Wonne aus. Alles was, Gott thut, macht mich so glücklich, daß ich mich tausendmal mehr darüber freue, als ein Anderer sich über die vollkommene Befriedigung seiner natürlichen Neigung freuen kann."

Und Tauler staunte von Neuem über die hohe Weisheit des armen Bettlers.

„Mein liebes Kind, spricht der Herr, Du weißt, daß ich Dein Schöpfer, Dein Erlöser, und Dein Gott bin; Du weißt, daß Dein Leib und Deine Seele in meiner Hand ruhen; daß ich Dir Alles gebe, die Luft, die Du einathmest, das Brod, von dem Du Dich nährest, und daß auf meinen Befehl die Elemente, die Gestirne und selbst die Engel Dir dienen, daß ich Himmel und Erde für Dich erschaffen habe. [1] Und noch nicht genug; Du weißt sogar, daß ich Dich liebe und aus Liebe zu Dir zum Erdenwurme wurde, [2] daß ich

---

[1] Deut. IV.   [2] Pf. 7. „Ich bin ein Wurm und kein Mensch!"

in einem Stalle geboren werden und an einem Kreuze sterben wollte, und dieses alles Deiner Sünden wegen. Wie kannst Du nun denken, daß ich Dir Böses will? Was kannst Du noch mehr von mir verlangen, nachdem ich Dich in meinem Blute gewaschen, mit meinem Fleische gespeist und Dir so meinen Leib und meine Seele, mein Leben und meine Gottheit gegeben habe. Wie hätte ich Dir je einen sicherern Beweis geben können, daß ich die liebevollsten Absichten mit Dir habe?

Glaube also nie, daß ich Dich hasse, wenn ich Dir Leiden schicke, oder daß ich Dich unter der Last erdrücken will. Die Trübsale sind Beweise meiner Liebe, jener Liebe, die Dir das Dasein gab; sie fließen Dir aus jener Hand zu, die für Dich ans Kreuz genagelt worden. Glaubst Du, Du könntest einen sicherern Weg finden, als den der Leiden, da ich, Dein Herr und Gott, auf diesem Wege in meine Herrlichkeit eingehen mußte? Weißt Du nicht, daß die Menschen im Schweiße ihres Angesichts arbeiten und sich tausend Gefahren aussetzen müssen, um sich zeitliche Güter zu erwerben? Siehst Du nicht, wie irdische Kronen nur Demjenigen zu Theil werden, der muthig gekämpft und den Sieg errungen hat? Wenn Du mit mir leidest, wirst Du Dich auch einst mit mir erfreuen, und wenn Du meine Schmerzen theilest, so wirst Du auch meine Herrlichkeit theilen, sonst aber nicht.

Wenn ich ein höheres, kostbareres Gut auf Erden wüßte, als Leiden, so würde ich es Dir verleihen, ich hätte es selbst für mich erwählt, als ich unter den Menschen auf dieser Welt wandelte; da ich aber weiß, daß Nichts sicherer und rascher zum höchsten Gipfel des Glückes führt, als das Kreuz, so reiche ich es Dir mit derselben Liebe, mit der ich es für mich selbst ergriffen. Ich bin es, der Dir diese

Schwierigkeiten in den Weg legt; darum gib Niemanden sonst die Schuld; denn ich allein habe Alles so gefügt. Klage nicht das Schicksal an; Du würdest gegen Dein Gewissen handeln, weil Du wohl weißt, daß Nichts bei mir von ungefähr geschieht. Klage weder feindliche Elemente, noch die Gestirne des Himmels an. Sie sind ohnmächtige Geschöpfe, willenlose Werkzeuge in meiner Hand, welche sie nach meinem Wohlgefallen lenkt. Klage auch nicht über die Welt und die höllischen Geister; ihr böser Wille kann Dir nicht schaden; denn ihre Macht ist meiner Herrschaft unterworfen, und sie können dieselbe nur insoweit gebrauchen, als ich es ihnen erlaube. Mir allein sollst Du also Alles zuschreiben, was die Geschöpfe Dir Uebles zufügen. Deine Krankheiten, Deine Bedrängnisse, Deine Trübsale und Widerwärtigkeiten sind Dir von dem gesandt, der Dich erschuf und der Dich in seinem Herzen und in seinen Händen gezeichnet trägt.[1] Es sind Liebkosungen meines himmlischen Vaters, wie er sie gewöhnlich seinen geliebten Kindern zu Theil werden läßt; es sind Dornen aus meiner Krone, Splitter meines heiligen Kreuzes, die er unter sie, als unter seine Lieblinge vertheilt; es ist der Kelch, aus dem er mich aus vollen Zügen und mehr, als alle Andern trinken ließ, weil ich das erstgeborne und das theuerste seiner Kinder bin!"

Wer wollte auf diesen göttlichen Liebesruf nicht gern bereitwilligst antworten: „O mein Vater, mein Herr und mein Gott, mir geschehe nach Deinem göttlichen Wohlgefallen! Deinen Anregungen, Deiner Leitung zu folgen, sei fortan mein einziges Bestreben! Ich will leiden, weil Du es willst: ich will so leiden, wie Du es willst, obwohl es

[1] Is. XLIX. 16.

mir anders leichter wäre; ja, o Herr, ich unterwerfe mich mit vollkommener Ergebung Deinem heiligen Willen; ja, Vater, ich lobe und preise Dich von ganzem Herzen; denn also ist es vor Dir wohlgefällig gewesen![1] So groß ist mein Vertrauen auf Deine Güte und Deine unendliche Liebe, daß ich nichts für besser halten kann, als was Du willst. Du hast mich erschaffen, damit ich zur höchsten Glückseligkeit gelange, und ich bin fest überzeugt, daß Alles, was Du mir sendest, mich diesem Ziel entgegenführt. Selbst wenn Du mich nicht zur ewigen Seligkeit berufen hättest, so würde ich doch keinem andern Willen, als dem Deinen folgen; denn dieser göttliche Wille macht mein ganzes Glück aus, ohne ihn kenne ich keine Freude im Himmel und auf Erden."

So sprechen alle Seelen, welche sich ganz der Leitung der göttlichen Vorsehung hingegeben haben. Sie sind zu der Ueberzeugung gelangt, daß diese Vorsehung die Grund- und Hauptursache aller Weltereignisse ist, daß sie Jahre und Jahreszeiten, Fruchtbarkeit und Dürre, Regen und Sonnenschein anordnet, daß sie mit unumschränkter Macht alle Schicksale der Menschen von Anfang bis zu Ende bis in ihren kleinsten Einzelnheiten lenket, so daß sie jede, auch die geringste Begebenheit unseres Lebens wendet und gestaltet, wie es ihr gefällt. Könnten Seelen, welche von diesen Gesinnungen durchdrungen sind, je glauben, daß Etwas, was ihnen aus Gottes Hand zufließt, ihnen schädlich wäre? „Gott ist so gut," sagt der heilige Dionysius, „daß er, der allein Nichts für sich selbst bedarf, doch nach außen hin ohne Unterlaß unendlich viel Gutes hervorbringt. Er ist so herrlich und wunderbar, daß der durch die unaus-

---

[1] Matth. IX. 26.

sprechliche und unerreichbare Fülle seiner Güte alle Dinge zu ihrer Vollkommenheit führt." — Und Philo, der Jude, fügt noch bei: „Gott wird nie müde, Gutes zu thun; er läßt keine Gelegenheit dazu unbenützt vorübergehen." Was könnten wir also Schlimmeres befürchten? Dürfen und sollen wir nicht vielmehr alles Gute hoffen?

Zweites Kapitel.

In welchen Dingen wir uns den Anordnungen der göttlichen Vorsehung unterwerfen sollen.

Die erste Frage ist jetzt, worin wir uns dem Willen Gottes unterwerfen sollen. Ich antworte: „In allen Dingen." Die Hauptpunkte, die alles Uebrige in sich schlie= ßen, wollen wir etwas näher ins Auge fassen. Um mit dem Unbedeutensten anzufangen, so sollen wir uns in jede Witterung fügen, Hitze und Kälte, Regen und Hagel, Sturm und Ungewitter müssen wir ruhig und willig an= nehmen. Statt ungeduldig oder zornig zu werden, wenn das Wetter uns nicht behagt, sollen wir nicht nur mit jedem Wetter, wie es Gott uns schickt, zufrieden sein, son= dern, wenn uns eine Witterung recht beschwerlich fällt, mit den drei Jünglingen im Feuerofen ausrufen: „Kälte und Hitze, Eis und Schnee, Blitze und Wolken, preiset den Herrn, lobet und verherrlichet ihn in Ewigkeit." — Die leblose Natur ehrt den Herrn durch die Erfüllung seines heiligsten Willens unbewußt; wir müssen ihn verherrlichen, indem wir bewußter Weise in die natürlichen Vorgänge ein= stimmen. Oft ist auch das Wetter, das uns so unangenehm ist, einem Andern höchst willkommen; es vereitelt unser Vorhaben, aber es begünstigt die Pläne vieler unserer Mit=

menschen. Und wenn dem nicht so wäre, wissen wir denn nicht, daß jedes Wetter zur Ehre Gottes gereicht und seinem heiligen Willen entspricht? Sollte uns dies nicht genügen? — Im Leben des heiligen Franziskus von Borgia lesen wir ein schönes Beispiel der Gleichförmigkeit mit dem Willen Gottes. Dieser Heilige besuchte einst ein Kloster seines Ordens und kam erst spät Abends dort an. Da Alles schlief, so mußte er bei der strengsten Kälte und während eines heftigen Schneegestöbers sehr lange vor der Thüre warten. Endlich hört man sein Klopfen, man öffnet und entschuldigt sich tausendmal, daß man ihn bei einem solchen Wetter so lange draußen habe stehen lassen. Allein der Heilige antwortete: „Es hat mir den süßesten Trost gewährt, zu denken, daß es Gott war, der so heftig auf mich schneien ließ!"

Diese Gleichförmigkeit ist Gott so wohlgefällig, daß sie oft selbst auf das zeitliche Wohl sichtlichen Einfluß hat. Dies beweist die Geschichte jenes frommen Landmanns, dessen bei den ersten Vätern der Wüste Erwähnung geschieht; seine Felder trugen immer mehr als alle andern, und als seine Nachbarn ihn fragten, woher dies komme, so antwortete er: „Wundert euch nicht über den reichen Ertrag meiner Saaten; ich habe immer auch gerade das Wetter, welches ich wünsche." Erstaunt über diese Worte, drangen sie in ihn mit der Bitte, er möge ihnen doch erklären, wie das möglich sei. „Dies kommt daher," erwiederte der fromme Landmann, „weil ich nie ein anderes Wetter wünsche, als dasjenige, welches Gott will; und da ich Alles will, was ihm gefällt, so verleiht er mir auch eine Ernte, so gut und so reichlich, wie ich sie nur wünschen kann."

II. Wir sollen uns in allen öffentlichen Landplagen, in Krieg, Hungersnoth, Pest, u. s. w. dem Willen Gottes unterwerfen und seine göttliche Gerechtigkeit in tiefster

Demuth anbeten. So streng uns auch die Strafgerichte des Herrn scheinen, so müssen wir uns doch sagen, daß ein unendlich gütiger Gott solche Geißeln nicht über uns hereinbrechen ließe, wofern es nicht vielen Seelen zum größten Besten gereichte. Wie viele Seelen wurden nicht durch Trübsale gerettet, während sie auf jedem andern Weg zu Grunde gegangen wären? Wie viele Seelen bekehren sich nicht in der Stunde der Prüfung von ganzem Herzen zu Gott und sterben in wahrer Reue über ihre Sünden? So ist das, was wir als eine Züchtigung und als eine Strafruthe Gottes betrachten, oft eine ganz besondere Gnadenwirkung seiner unendlichen Barmherzigkeit.

Was uns persönlich angeht, so müssen wir uns recht von dem trostreichen Gedanken durchbringen lassen, daß alle Haare unseres Hauptes gezählt sind, und daß keines derselben ohne den Willen unseres himmlischen Vaters von unserm Haupte fällt. Dies will sagen, daß man uns nicht das Geringste anhaben kann, ohne daß Gott es will oder zuläßt. Im Lichte dieser Wahrheit werden wir leicht erkennen, daß wir zur Zeit allgemeiner Bedrängniß weder mehr noch weniger zu befürchten haben, als zu jeder andern; denn Gott kann uns ebenso gut inmitten allgemeiner Bedrängiß von jedem Unheil bewahren, als er uns in Noth und Elend stürzen kann, wenn Alles um uns her ruhig und glücklich ist. Wir haben also nichts Anderes zu thun, als die Gnade und die Huld Gottes, des Allmächtigen, auf uns herabzurufen, und dieses können wir am besten und sichersten durch die Gleichförmigkeit unseres Willens mit dem Willen Gottes. Seien wir also stets bereit, Alles sogleich gern und freudig aus Gottes Hand anzunehmen; diese Gesinnung vermag Alles über sein göttliches Herz. Gerührt von unserer demüthigen und vertrauensvollen Ergebung, wird er uns entweder die Drangsale, die wir so großmüthig angenommen haben, zum größten Verdienste und Heile gereichen lassen, oder er wird uns ganz damit verschonen. Ein merkwürdiges Beispiel hievon liefert uns die Geschichte Attilas des berühmten Hunnenkönigs, der nicht mit Unrecht „Gottesgeißel" genannt wurde. Dieser wilde Länderstürmer war mit gewaltiger Heeresmacht in Gallien eingebrochen; schon hatte er die Städte Rheims, Cambrai, Besançon, Aurerre und Langres seine ganze Wuth fühlen lassen und stürmte nun auf Troyes los. Entsetzen ergriff alle Bewohner dieser Stadt; aber ihr Bischof, der heilige Lupus, verzagte nicht. In festem Vertrauen auf den Schutz des Himmels ging er, das Kreuz voran und von seiner Geistlichkeit begleitet, in vollem Ornate dem Hunnenfürsten entgegen und fragte ihn: „Wer bist Du?" — „Ich bin die Geißel Gottes," antwortete Attila. Darauf der heilige Bischof: „Die Geißel Gottes sei uns willkommen!" Und er befahl, dem wilden Eroberer die Thore der Stadt zu öffnen. Dieses geschah; allein Gott, der die Herzen der Menschen nach seinem Wohlgefallen lenkt, besänftigte dermaßen die wilde Raubgier der Hunnen, daß sie durch die Stadt zogen, ohne auch nur den geringsten Schaden anzurichten. Und hiezu bemerkt Rodriguez, daß, obwohl Attila wirklich eine Geißel Gottes war, er es nach dem Willen Gottes doch nicht für Jene sein sollte, die ihn als solche mit so großer Ergebung empfingen.

III. Die Eltern sollen in der Zahl und im Geschlecht der ihnen von Gott geschenkten Kinder den Willen des Herrn erkennen und sich demselben unterwerfen. So lange frischer lebendiger Glaube die Menschen beseelte, galt eine zahlreiche Familie als ein Segen und als eine Gabe des Himmels, und die Eltern sahen Gott noch mehr für den

Vater ihrer Kinder an, als sich selbst. Jetzt aber, wo der Glaube beinahe erloschen ist, und wo man fast ganz ohne Gott lebt, da trägt man auch die menschlichen Familien= sorgen ohne Gedanken an Gott. Die menschlichen Hülfs= mittel aber, so umfassend und gesichert sie auch scheinen, bleiben stets beschränkt, und daher kommt es, daß selbst die bemitteltsten Eltern oft nicht ohne Schrecken ihre Familie sich mehren sehen und ihre Kinder bloß als eine Plage be= trachten, die ihnen das Dasein verbittern. O wie ganz anders würde man urtheilen, wenn man sich recht von dem Gedanken durchdringen wollte, daß Gott mit väterlicher Fürsorge über Alle wacht, die sich mit kindlicher Zuversicht seiner Vorsehung anheimstellen!

Willst Du einen Beweis davon haben, so mache nur diese vertrauensvolle Hingebung zu der Gesinnung Deines Herzens, und Du wirst bald an Dir selbst erfahren, was der heilige Paulus von dem Gott aller Güte sagt: „Gott ist mächtig, jede Gnade im Ueberfluß Euch zu geben: da= mit ihr in Allem vollkommen genug habet und reich zu jedem guten Werke seid. [1]

Du hast nur für Eines zu sorgen, daß Du Deine Kinder zu Kindern Gottes heranbildest; dieses sei das Ziel aller Deiner Wünsche, aller Deiner Bemühungen. Du mußt den Muth haben, Dir selbst jedes andere ehrgeizige Streben zu untersagen. Dann kannst Du Dich mit vollem Vertrauen auf die zärtliche Fürsorge des himmlischen Vaters verlassen, mögen Deiner Kinder auch noch so viele sein. Gott wird über sie wachen, selbst Alles zu ihrem Glücke leiten. Je vollkommener Du allen weltlichen Ansprüchen für Deine Kinder entsagst und ihre Zukunft in Gottes

---

[1] II. Cor. IX. 8

Hände niederlegſt, deſto wunderbarer wird er für ſie ſorgen und Dir allen Kummer ihretwegen erſparen.

IV. Wir ſollen uns bei allen zeitlichen Verluſten an Geld und Gut in den Willen Gottes ergeben. In dieſer Geſinnung müſſen wir auch alle nöthigen Zahlungen leiſten, ſelbſt wenn ſie uns ungerecht erſcheinen und uns ſehr ſchwer fallen, wie zum Beiſpiel Summen für Waaren, die wir zum zweiten Mal bezahlen müſſen, weil wir die erſte Zah= lung nicht genügend beweiſen können, Schulden eines An= dern, deſſen Bürgen wir ſind, Steuern, Abgaben aller Art u. ſ. w. Wenn derjenige, der berechtigt iſt, das Geld von uns zu fordern, von ſeinem Rechte Gebrauch macht, ſo geſchieht dies nur, weil Gott es ſo zuläßt; Gott ſelbſt, müſſen wir uns ſagen, verlangt dieſe Summe von mir, und ihm geben wir ſie auch wirklich, wenn wir bei der Zahlung die Abſicht haben, ihm durch unſere Ergebung in ſeinen heiligen Willen wohlzugefallen. Wie viele Gnaden werden nicht dem zu Theile, der in dieſem Geiſte handelt! Willſt Du einen ſchwachen Begriff davon haben, ſo denke Dir zwei Perſonen: die eine bezahlt in vollkommener Ueber= einſtimmung mit dem göttlichen Willen eine Summe an den, der die Macht, wenn auch nicht vielleicht das Recht hat, ſie zu fordern; die andere gibt aus freien Stücken ein Almoſen von gleichem Werthe. Du weißt wie viele Ver= dienſte und Gnaden uns das Almoſengeben erwirkt; aber wiſſe, daß die erſte Perſon doch noch mehr Verdienſt hat; denn ſie bringt ihr Geld zum Opfer nicht zu Gunſten eines ſelbſt gewählten Armen, ſondern im Geiſte der Gleich= förmigkeit mit dem Willen Gottes, und dieſe Handlung iſt reiner und Gott wohlgefälliger, als ein Almoſen, weil ſie von jedem Eigenwillen frei iſt. Wenn nun ſchon das Almoſen nach dem Zeugniß der heiligen Schrift und nach der Erfahrung aller Jahrhunderte den wohlthätigen Familien zum größten Segen gereicht, so dürfen wir mit Recht von solchen unfreiwilligen Opfern noch viele reichere Früchte erwarten.

V. Wir sollen uns in der Armuth und allen ihren Beschwerlichkeiten dem Willen Gottes unterwerfen. Dies wird uns nicht schwer fallen, wenn wir recht von dem Gedanken durchdrungen sind, daß Gott über uns wacht, wie ein Vater über seine Kinder, und daß er uns nur deswegen der Dürftigkeit preisgibt, weil es so am besten für uns ist. So aufgefaßt erscheint uns die Armuth in einem ganz anderen Lichte; wir fühlen uns nicht mehr arm, sobald wir die Entbehrungen, welche unsere dürftigen Verhältnisse uns auferlegen, als heilsame Arzneien unseres himmlischen Arztes und Vaters betrachten.

Wenn ein mächtiger Fürst seinen kranken Sohn einer strengen, aber nöthigen Cur unterwirft, wird dann der junge Prinz glauben, er sei arm, weil man ihm nur spärliche und geringe Kost reicht? Wird er sich Sorgen für die Zukunft machen? Oder wird es irgend Jemanden einfallen, ihn für dürftig zu halten? Gewiß nicht. Und wir, sind wir nicht die Kinder des Allerhöchsten, die Miterben Jesu Christi? — Was könnte uns fehlen? .... Ja, kühn können wir behaupten, daß wir auf Alles, was Gott besitzt ein Anrecht haben, sobald wir durch Liebe und Vertrauen seine wahren Kinder sind. Dann gehört Alles uns allein; es ist nicht gut für uns, daß wir Alles genießen; oft ist es selbst rathsam, daß wir Vieles entbehren. Diese Entbehrungen sind nur Heilmittel für uns, hüten wir uns deshalb, daraus zu schließen, daß wir je an dem, was uns nützlich ist, Mangel leiden könnten; glauben wir stets mit unerschütterlichem Vertrauen, daß unser allmäch=

tiger Vater uns immer unfehlbar Alles geben wird, was
uns in der Zukunft nöthig oder wahrhaft zuträglich sein
kann. Hat nicht der göttliche Heiland selbst gesagt: „Wenn
Ihr, die Ihr böse seid, Euren Kindern gute Gaben zu geben
wisset, wie viel mehr wird Euer Vater, der im Himmel
ist, denen Gutes geben, die ihn darum bitten?[1] Die
Lehre von der Vorsehung Gottes ist eine unumstößliche
Wahrheit unseres heiligen Glaubens, und unsere Zweifel
über diesen Punkt, unsere eiteln Sorgen und Befürchtungen
für die Zukunft sind, wenn wir sie nicht gewissenhaft aus-
schlagen, um so strafbarer und um so beleidigender für
Jesus Christus, da dieser göttliche Heiland uns gerade
hierüber in mehreren Stellen der heiligen Schrift die aus-
drücklichsten Verheißungen hinterlassen hat.[2] Er hat uns
sein Wort gegeben und zwar unter der einzigen Bedingung,
daß wir zuerst das Reich Gottes und seine Gerechtigkeit
suchen, und dieses Streben zu unserem größten, wichtigsten
und einzigen Geschäfte machen, das heißt, daß wir alle
anderen Dinge auf dieses eine zurückführen, bei Allem nur
das Gelingen dieses einen Unternehmens im Auge haben
und zu diesem Zwecke alle unsere Pflichten treu erfüllen.
Unter dieser Bedingung entledigt uns Gott aller anderen
Sorgen; er selbst nimmt alle unsere Bedürfnisse und die
unserer Angehörigen auf sich, und er wird mit desto größerer Liebe für Alles sorgen, je vertrauensvoller und hin-
gebender wir uns in seine Arme werfen, und je vollkommener wir uns der Gleichförmigkeit mit seinem heiligen
Willen befleißen.

VI. Wir sollen uns im Glücke und Unglücke, in Ehre

---

[1] Matth. VII. 11. [2] Matth. VI. 24—34. Luk. VII.
22—32.

und Verdemüthigung, in Ruhm und Schmach dem Willen Gottes unterwerfen und Alles bereitwillig aus seiner Hand annehmen, weil Alles dazu dienen muß, Gott durch unsere Ergebung die schuldige Ehre zu erweisen, und unser ewiges Heil zu befördern. Als David aus Jerusalem flüchtete, um der Verfolgung seines Sohnes Absalon zu entgehen, ließ der Hohepriester Sadoc ihm die Arche des Bundes nachtragen, damit sie dem Könige in einer so drohenden Gefahr zum Schutze und Schirme und ein Unterpfand seiner glücklichen Rückkehr werde. David aber sprach zu Sadoc: „Trage die Lade Gottes wieder in die Stadt zu= rück; werde ich Gnade in den Augen des Herrn finden, so wird er mich zurückführen und sie mich mit ihrem Zelte sehen lassen; spricht er aber zu mir: „Du mißfällst mir," so bin ich bereit; er thue, was in seinen Augen gut ist." [1] Und doch handelte es sich um seine höchsten irdischen Gü= ter, nämlich darum, ob er auf dem Throne bleiben oder ein armes und verlassenes Leben führen solle. Wie er, so sollen auch wir sprechen, möge nun über uns kommen, was da will. Wir dürfen uns nicht damit entschuldigen, daß wir einer so erhabenen und vollkommenen Ergebung nicht fähig seien; Gott selbst bewirkt dieselbe in uns, wenn wir nur seiner Gnade nicht widerstehen. Cassianus erzählt uns von einem heiligen Greise, der diese Wahrheit wohl eingesehen hatte. In Alexandrien umringte ihn einst eine ganze Schaar von Ungläubigen, die ihn mit Schmach über= häuften, ihn schlugen, stießen und auf alle mögliche Weise beschimpften; er aber blieb ganz ruhig, schweigend und duldend wie ein Lamm; nur als man ihn höhnisch fragte, welche Wunder Christus gewirkt habe, antwortete er: „Das

---

[1] II. Kön. XV. 25—26.

Wunder, welches Jesus Christus soeben gewirkt hat, ist, daß ich bei euren Beschimpfungen nicht zornig, ja nicht einmal aufgeregt worden bin."

VII. Unsere Gleichförmigkeit mit dem Willen Gottes muß sich auch auf alle natürlichen Fehler des Leibes und der Seele erstrecken, so dürfen wir uns zum Beispiele weder betrüben noch beklagen, ja es nicht einmal bedauern, daß wir kein so gutes Gedächtniß, keinen so durchbringenden Verstand, kein so gebildetes und gediegenes Urtheil haben, als Andere; denn dieses hieße, sich darüber beklagen, daß Gott uns nur wenig gegeben hat. Haben wir denn dasjenige verdient, was er uns verliehen? Ist nicht das Wenige, was wir besitzen, ein freies Geschenk seiner Gnade und Barmherzigkeit, für welches wir ihm den größten Dank schuldig sind? Woher haben wir es überhaupt verdient, daß er uns ins Dasein rief? — Allein wir sollen es nicht nur nicht bedauern, daß wir nur wenig haben, sondern auch nicht mehr wünschen, als Gott uns gegeben hat. Was Gott für genug erachtet, das ist auch wirklich genug für uns. Wie der Arbeiter, je nach der Arbeit, ein entsprechendes Werkzeug nimmt, so ertheilt auch Gott uns nach den Absichten, die er mit uns hat, die verschiedenen Geistesanlagen. Der gute Gebrauch dessen, was wir von ihm erhalten haben, das ist für uns das Wichtige. Bedenken wir auch noch, wie es für manche ein wahres Glück ist, bloß mittelmäßige Talente zu besitzen. Mit dem Wenigen, das Gott ihnen verliehen, retten sie ihre Seele; hätte der Schöpfer sie mehr begünstigt, so wären sie verloren gegangen: denn große Geistesgaben erzeugen oft Stolz und Eitelkeit und werden dadurch für Viele zum Anlasse ihres Verderbens.

„Du hast nicht so viel Verstand als ein Anderer,"

sagt der Pater du Sault, „folglich bist Du nicht so gelehrt und nicht so tüchtig zu den Geschäften: das betrübt und grämt Dich, und im Stillen gibst Du Dich eitlen Wünschen hin: o, wenn ich nur hätte, was Dieser oder Jener hat; wenn ich nur wüßte, was er weiß; wenn ich nur wäre, was er! — Ach! mein lieber Freund, Du weißt nicht, was Du verlangst: mit den geringen Anlagen, die Gott Dir gegeben hat, wirst Du den Himmel gewinnen; hättest Du mehr, so würdest Du Dich in die Hölle stürzen. Darauf hat Gott Rücksicht genommen, als er Deinen Leib und Deine Seele bildete und als er Dich so, wie Du bist, und nicht anders erschuf. Füge Dich also mit vollkommener Ergebung in den Willen Deines himmlischen Vaters, der Dich so zärtlich und so innig liebt, und der selbst Alles zu Deinem größten Heile so angeordnet hat; sage ihm, wie sehr Du wünschest, in Allem seinem göttlichen Willen gleichförmig zu werden, und sprich in Vereinigung mit seinem göttlichen Sohne von ganzem Herzen: „Ja, mein Vater, ja, mein Herr und Gott; weil es Dir wohlgefällig ist, daß ich arm und verdemüthigt sei, so verlange ich nichts Anderes; zu sein, wie Du mich haben willst, das ist das Vollkommenste für mich; mein Wille hat seinen Ruhepunkt erreicht, wenn er sich in dem Deinigen gereinigt!"

VIII. Ebenso müssen wir uns auch bei allen körperlichen Leiden dem Willen des Herrn ergeben. Gott schickt uns diese oder jene Krankheit; er schickt sie uns zu dieser oder jener Zeit; er läßt sie so und so lange dauern; er verknüpft sie mit diesen oder jenen Umständen: in allen diesen Punkten müssen wir vollkommen mit der göttlichen Anordnung übereinstimmen, ohne irgend welche Aenderung herbeizuwünschen, aber auch ohne die vernünftigen Mittel zu unserer Heilung zu vernachläßigen; denn Gott selbst will,

2**

daß wir dieselben gebrauchen. Wenn unsere Natur ungeduldig werden und sich empören will, so müssen wir diese
Regungen unterdrücken und uns selbst sagen: wie, ich elendes Geschöpf wage es, mich gegen meinen Herrn und
Schöpfer zu empören und seinen stets gerechten und anbetungswürdigen Anordnungen zu widerstreben! — Der
heilige Bonaventura erzählt uns, daß ein Ordensbruder
des heiligen Franziskus von Assisi während einer ungemein
schmerzlichen Krankheit des Heiligen in aller Einfalt zu
ihm sagte: „Lieber Vater, bitte doch Gott, er möge ein
wenig milder mit Dir verfahren; denn seine Hand scheint
mir gar zu schwer auf Dir zu liegen." Als der Heilige
diese Worte hörte, seufzte er laut und sprach: „Wenn ich
nicht wüßte, daß Du dieses aus Einfalt gesagt, ohne etwas
Böses dabei zu denken, so möchte ich Dich nie mehr vor
mir sehen, weil Du so verwegen warst, an dem Strafgerichte des Herrn über mich etwas auszusetzen." Dann warf
er sich trotz seiner Schwäche und seiner heftigen Schmerzen
von seinem ärmlichen Lager mit Gewalt auf die bloße Erde
und küßte den Boden seiner Zelle, indem er ausrief: „O
mein Gott, ich danke Dir für alle Schmerzen, die Du
mir sendest; ich bitte Dich inständig, mir noch hundertmal
mehr zu schicken, wenn Du es für gut findest; ich werde
voll Freude sein, wenn Du mich schlägst, ohne meiner auch
nur in etwas zu schonen; denn die Erfüllung Deines heiligen Willens ist der größte Trost, der mir zu Theil werden kann."

In demselben Sinne sagt auch der heilige Ephrem:
„Die ungebildetsten Menschen wissen, was ihre Lastthiere zu
tragen im Stande sind, und legen ihnen nichts über ihre
Kräfte auf, um sie nicht zu überladen; der Töpfer weiß,
wie lange sein Thon im Ofen bleiben muß, bis er zum

Gebrauche geeignet ist: wäre es somit nicht die größte Thorheit, wenn wir behaupten wollten, Gott, die Liebe und Weisheit selbst, lege uns zu schwere Bürden auf und prüfe uns zu lange in dem Feuer der Trübsal? Seien wir deswegen ganz unbesorgt, unser Leib wird nicht länger und nicht stärker gebrannt werden, als es nothwendig ist."

Damit aber ängstliche Seelen nicht die vollkommenen Gesinnungen der Heiligen mit dem, wozu Alle verpflichtet sind, verwechseln und sich darüber Skrupel machen, so bemerken wir hier nur Folgendes. Jedes Leiden, von welcher Art es auch sei, kann auf zweierlei Weise betrachtet werden: erstens als eine Wirkung des Willens oder der Zulassung Gottes und zweitens als ein Uebel für uns oder für unsern Nächsten. Von dem ersten Standpunkte aus sind wir verpflichtet, uns in den Willen Gottes zu ergeben, das heißt, für gut zu finden, daß Gott dieses Leiden schickt oder zuläßt; wer dieses nicht thut, widersetzt sich der göttlichen Vorsehung, die Alles mit unendlicher Weisheit leitet und fügt. Insofern wir aber das Leiden als ein Uebel für uns oder für unseren Nächsten betrachten, sind wir nicht verpflichtet, es zu wollen. Gott befiehlt, daß wir uns seinem Willen unterwerfen, der das Leiden zuläßt; aber er gebietet uns nicht, daß wir das Leiden selbst wollen und wünschen; oft will er sogar, daß wir Alles thun, was in unseren Kräften steht, um es abzuwenden. So will er z. B., daß wir alle vernünftigen Mittel zu unserer Wiedergenesung gebrauchen, wenn er uns eine Krankheit schickt. Und wenn wir das Leiden nicht von uns abhalten können, so ist es uns nicht verboten, uns darüber zu betrüben; ja manchmal dürfen wir uns selbst den Tod wünschen, um von unseren Schmerzen befreit zu werden, wenn wir nur dabei nicht ungeduldig werden und nicht murren; denn die christliche

Ergebung soll und muß stets unsern Kummer und unsere
Thränen beherrschen und mäßigen. So lange also diese
Ergebung die Oberhand hat, ist es keine Sünde, wenn
man zu sterben wünscht, sei es nun, um den Trübsalen
dieses Lebens zu entgehen, oder um, wie Elias und andere
Heilige, die Unterdrückung der Diener Gottes und die Ver=
folgungen der heiligen Kirche nicht länger mitanzusehen,
oder um von seinen geistlichen Gebrechen, der Quelle so
vieler Fehler, befreit zu werden, oder endlich um besto
schneller die Anschauung Gottes zu genießen.

IX. Wir sollen uns in Betreff unseres Todes und
alles dessen, was sich darauf bezieht, dem Willen Gottes
unterwerfen. Wir müssen sterben: so lautet der unwiderruf=
liche Urtheilsspruch des ewigen Richters; wir müssen an
dem Tage, zu der Stunde, auf die Art und Weise, wie
Gott es will, sterben, und diesen Tod mit allen seinen Um=
ständen sollen wir annehmen, weil es gewiß derjenige ist,
der Gottes Ehre am meisten befördert. Die heilige Ger=
trudis bestieg einst mit einigen ihrer Ordensschwestern eine
kleine Anhöhe. Bei dieser Gelegenheit glitt ihr Fuß aus,
und sie fiel. Mit der liebenswürdigsten Heiterkeit stand sie
wieder auf und sprach: „O mein Jesus! wie glücklich wäre
ich gewesen, wenn ich durch diesen Sturz schneller zu Dir
gelangt wäre!“ Ihre Gefährtinnen erstaunten sehr über
diese Worte und fragten die Heilige, ob sie sich nicht fürchte,
ohne die heiligen Sakramente zu sterben. Sie antwortete:
„Gewiß wünsche ich von ganzem Herzen, dieselben in mei=
nen letzten Augenblicken zu empfangen; allein ich ziehe den
Willen Gottes selbst diesem Troste vor; denn ich glaube,
daß man sich nicht besser und sicherer zum Tode vorbereiten
kann, als wenn man sich in Alles, was Gott will, ergibt.
Deshalb wünsche ich mir keinen andern Tod, als den, durch

welchen Gott mich zu sich rufen will, und ich erwarte mit festem Vertrauen, daß Gott in seiner Barmherzigkeit mir in jeglicher Todesart beistehen wird.

X. Wir sollen uns dem Willen Gottes hingeben, wenn er uns irgend ein äußeres Heiligungsmittel entzieht. Du verlierst, zum Beispiele, einen Seelenführer oder einen Freund, der Dich bisher geleitet und zum Guten angehal= ten und ermuthigt hat; es ist Dir, als wenn Du Dich ohne ihn nicht mehr aufrecht erhalten könntest. Diesem Gefühle liegt allerdings etwas Wahres zu Grunde; Du bist wirklich nicht im Stande, allein voranzuschreiten; fremde Hülfe ist Dir unentbehrlich; deshalb hatte die Vorsehung Dir diesen Freund und Führer zur Seite gegeben. Aber, liebt denn Gott Dich jetzt weniger, als zur Zeit, wo er Dir diese Stütze gab? Ist er nicht mehr Dein Vater? Könnte ein solcher Vater je seine Kinder verlassen? Er hat Dich zu einem bestimmten Grad der Vollkommenheit berufen; einen Theil des Weges hast Du schon zurückgelegt, und der Führer, dessen Verlust Dir so schmerzlich ist, hat Dich allerdings bis dahin glücklich und sicher geleitet; allein wer sagt Dir, daß er ebenso geeignet wäre, Dich auf der zweiten Hälfte Deines Weges zu lenken und zu führen? — Und hat nicht Christus selbst zu seinen Aposteln gesagt: „Es ist Euch gut, daß ich hingehe; denn wenn ich nicht hingehe, so wird der Tröster nicht zu Euch kommen." [1] Wie könntest Du es nach diesen Worten noch wagen, den Verlust Deines Freundes und Führers, so vortrefflich und heilig er auch sein mag, als einen Nachtheil oder Schaden für Deine Seele zu betrachten? — Aber, erwiderst Du mir, wer weiß, ob dieser Verlust nicht eine Strafe meiner

---

[1] Joh XVI. 7.

Untreue ist? — Ich will annehmen, es sei dem so; allein dieses ändert nichts an der Sache; denn die väterliche Zucht= ruthe gereicht dem fügsamen Kinde zum Segen und zur Besserung. Willst Du den strafenden Arm Gottes ent= waffnen, willst Du das Herz Deines himmlischen Vaters rühren und ihn gleichsam zwingen, Dich mit neuen Gna= den zu überhäufen, so nimm seine Züchtigung willig an, und zum Lohne Deiner zuversichtlichen Ergebung in seinen heiligen Willen wird dieser Gott aller Güte Dir entweder einen andern noch vorzüglichern Führer geben, oder er selbst wird in seiner unendlichen Güte und Barmherzigkeit Dir Freund und Führer sein; er wird Dir, wie den Aposteln, seinen heiligen Geist senden; sein Licht wird Dich erleuch= ten und die Salbung seiner Gnade Dir wunderbare Kraft verleihen.

Ein anderes Beispiel: Du hast Dein ganzes Leben dem Gebete und den guten Werken gewidmet; Deine täg= lichen Andachtsübungen sind die Nahrung und Stütze Dei= ner Seele. Allein eine Krankheit zwingt Dich, dieselben zu unterbrechen; schon kannst Du nicht mehr täglich, ja selbst nicht mehr Sonntags dem heiligen Meßopfer beiwoh= nen; Du mußt die heilige Kommunion entbehren; bald wird Deine Schwäche Dir sogar das Gebet unmöglich machen. Beklage Dich nicht, fromme Seele, Du bist zu der Ehre berufen, Dich mit Deinem göttlichen Heilande von „einer Speise" zu nähren, „die mancher Andere nicht kennt," [1] durch deren Genuß Dir aber Deine Krankheit zum sichern Heilungsmittel wird. Höre, was der Herr zu seinen Jüngern sagt: „Meine Speise ist, daß ich den Willen dessen thue, der mich gesandt hat." [2] Dieselbe Speise ist Dir

---

[1] 1 Joh. IV. 32.   [2] Joh. IV. 34.

jetzt dargeboten, und bedenke wohl: nur durch sie allein ist es uns gegeben, für den Himmel zu leben; selbst das Gebet verliert seine Wirksamkeit, wenn die heilige Speise es nicht befruchtet und belebt; denn unser göttlicher Meister sagt ausdrücklich: „Nicht ein Jeder, der zu mir sagt: „Herr, Herr! wird in das Himmelreich eingehen; sondern wer den Willen meines Vaters thut, der im Himmel ist, der wird in das Himmelreich eingehen." [1] Nun weißt Du, daß Gott es ist, der Dir Deine Krankheit schickt; er selbst dispensirt Dich von Deinen geistlichen Uebungen oder untersagt sie Dir vielmehr. Mache Dir also keine Sorgen darüber; richte Deine ganze Aufmerksamkeit auf das, was er jetzt dafür von Dir verlangt: er will, daß Du lernst, in Allem seinen heiligen Willen zu erfüllen und dem Deinigen zu entsagen; dieses soll von nun an Dein tägliches Brod sein, deshalb gibt Gott Dir so oft Gelegenheit dazu. Wie vieles Widerwärtige, wie viele Opfer legt Dir Dein Kranksein nicht auf! Es stört Dich in Deinen Plänen; es verursacht Dir größere Ausgaben; eine Arznei widersteht Dir; eine Ungeschicklichkeit, eine Nachläßigkeit verletzt Dich; kurz tausend Kleinigkeiten schmerzen Dich. Wie viele Gelegenheiten also, wo Du Dir sagen kannst: „Gott will es so!" . . . Mache es Dir zur Pflicht, keine dieser Gelegenheiten unbenützt zu lassen; dann wird Deine Krankheit Dich auf das Engste und Innigste mit dem vereinigen, der gesagt hat: „Wer den Willen Gottes thut, der ist mein Bruder, meine Schwester, meine Mutter." [2]

Ein anderes Beispiel: eines unserer hohen Feste ist nahe; Du bereitest Dich mit dem größten Fleiße darauf vor; Dein Eifer und Deine Andacht scheinen Dir schon ein

---

[1] Matth. VII. 21.   [2] Marc. III. 35.

Vorgeschmack der geistlichen Tröstungen, welche Dich am Tage selbst erwarten. Das Fest kommt; aber Du bist nicht mehr derselbe: an die Stelle der frommen Gefühle und Anmuthungen ist die trostloseste Trockenheit getreten; Du bist nicht im Stande, auch nur einen guten Gedanken zu fassen. Betrübe Dich darüber nicht; mache, um dies zu ändern, keine Anstrengung, die Dich aufregen könnte: Gott schickt Dir dieses Kreuz, und Du weißt, daß Alles, was von ihm kommt, gut und denen, die sich kindlich darein fügen, heilsam und segensreich ist. Nimm also Deinen Seelenzustand ruhig aus seiner Hand an; sammle Dich, so gut Du kannst, in seiner heiligen Gegenwart; unterwirf Dich ihm, wie der Kranke dem Arzte, von dem er Heilung und Gesundheit erwartet, und sei fest überzeugt, daß nie eine geistige Tröstung Dir so heilsam gewesen ist, als diese Dürre und Trostlosigkeit, die Du so ruhig und ergeben erträgst. — Nicht was wir fühlen, sondern unser guter Wille macht unsere Seele für die Gnade Gottes empfäng=lich: ein Willensakt aber läßt das Gefühl oft unberührt. Es kann geschehen, daß er uns fühlbar wird; allein das gibt dem Akte des Willens vor Gott keinen größern oder geringern Werth. Selbst wenn Deine Gefühle und Em=pfindungen mit Deinem Willen im größten Widerspruche stehen, so thut dieses nichts zur Sache, so lange Du die=selben mißbilligst. Vergiß es also nie: die Wirksamkeit des Gebetes hängt nicht davon ab, ob man fühlt oder nicht. Dasselbe gilt von dem Wirken Gottes in der mensch=lichen Seele; es ist geräuschlos und fast unbemerkbar. Wie die Nahrungsstoffe, die wir den irdischen Speisen entlehnen, sich ohne unser Wissen in unserem ganzen Körper verbrei=ten und in allen unseren Gliedern die erschöpften Lebens=kräfte ersetzen und vermehren, ohne daß wir irgendwie füh=

len oder unterscheiden, wie dieses geschieht, so wirkt auch
Jesus Christus, diese himmlische Speise, die uns zur Nah=
rung und Stärkung unserer Seele gegeben ist, auf geheime
und verborgene Weise in unserem Innern. Aber leider
wollen wir immer Alles fühlen! Sobald das Fühlbare
oder eine gewisse innere Befriedigung fehlt, sind wir gleich
entmuthigt, oder wir suchen uns gleichsam dieses Gefühl
abzuzwingen, indem wir mit der größten Mühe und Gei=
stesanstrengung stundenlange Gebete verrichten. Allein alle
diese Bemühungen machen uns nicht empfänglicher für die
Gnade Gottes; sie hindern im Gegentheil ihr Wirken;
denn sie nehmen unsere Seele zu sehr in Anspruch oder
regen dieselbe zu sehr auf. Die heilige Katharina von
Siena fragte einst den Heiland, warum er sich den Patri=
archen und Propheten des alten Bundes und den ersten
Christen so überreichlich geoffenbaret habe, und warum er
dieses jetzt viel seltener thue. Da antwortete ihr Jesus:
„Die Heiligen der frühern Jahrhunderte waren nicht mit
sich selbst beschäftigt und nicht voll Eigenliebe; sie kamen
zu mir als wahre Jünger; sie wandelten in meiner heili=
gen Gegenwart, stets bereit, meine Worte und meine Ein=
gebungen zu hören und zu befolgen; sie ließen sich bearbei=
ten und bilden, wie das Gold im Feuerofen; ihre Seele
war vor mir, wie die Leinwand unter der Hand des Ma=
lers; ich konnte frei das Gesetz der Liebe in ihre Herzen
schreiben; aber jetzt wollen die Christen Alles selbst sagen,
Alles selbst thun, immer selbst reden, als wenn ich sie we=
der hörte noch sähe, und dadurch sind sie beständig in so
großer Geschäftigkeit und Aufregung, daß sie mich nicht in
ihrer Seele wirken lassen.“ In seinem Evangelium warnt
uns der Heiland ebenfalls vor dieser Verirrung, indem er
sagt: „Wenn ihr betet, sollt ihr nicht viel reden, wie die

Heiden, die da meinen, daß sie erhört werden, wenn sie viele Worte machen. Seid also nicht wie sie: denn euer Vater weiß schon vorher, was ihr braucht, ehe ihr ihn darum bittet." [1]

XI. Wir sollen die Leiden, die wir uns selbst durch unsere Sünden zuziehen, mit Ergebung in den Willen Gottes ertragen. In Folge einer Unmäßigkeit wirst Du, zum Beispiele, unwohl oder sogar ernstlich krank; Du hast unvernünftige Ausgaben gemacht, Dein Geld an Kleidern und Eitelkeiten verschwendet: dafür mußt Du Dich jetzt einschränken und Dir Entbehrungen auferlegen. Deine Nachlässigkeit in Erfüllung Deiner Pflichten, Deine Unvorsichtigkeit, Deine Verläumdungen, Dein Zorn, Dein mürrisches Wesen oder Dein schlechter Charakter verursachen Dir Unannehmlichkeiten, Nachtheile in Deinen Verhältnissen, Verdemüthigungen, Kränkungen; dazu kommen noch Geistesplagen: Du machst Dir Vorwürfe über Dein Betragen; Du bist aufgeregt, niedergeschlagen; der Kopf ist Dir ganz von trüben Gedanken eingenommen; Du fühlst in Dir ein Unbehagen, eine innere Beklemmung, die Dich ermüdet und der Du Dich doch nicht erwehren kannst. Gott hat Deine Sünde nicht gewollt; aber er will, zu Deinem Besten, daß sie diese Leiden zur Folge hat. Nimm dieselben also aus seiner Hand an, und sei überzeugt, daß die demüthige Ergebung das sicherste Mittel ist, um Dir die Gnade Gottes wieder zu erwerben, ja selbst um sie in Dir zu vermehren. Dann hören Deine Fehler auf, Dir nachtheilig zu sein; sie werden so zu sagen zu einem Denkmal Deiner Beharrlichkeit im Dienste Gottes. Ein Beispiel soll Dir dieses klar machen. Gesetzt, Du wolltest zu Fuß die

---

[1] Matth. VI. 7 u. 8.

Reise nach Rom machen; aber die Wege sind schlecht, Du siehst nicht gut, Du bist schwächlich, oder Du hast die üble Gewohnheit, nicht Acht zu geben, und so fällst Du fast bei jedem Schritte. Doch dessenungeachtet lässest Du den Muth nicht sinken: ohne Zögern stehst Du jedesmal gleich wieder auf, und, anstatt mit ärgerlichem Grübeln und fruchtloser Aufregung die Zeit zu verlieren, setzest Du im Gegentheil augenblicklich Deinen Weg fort, fest entschlossen, nach Rom zu gelangen, koste es, was es wolle, und wirklich, Du gelangst zum Ziele. Ist es nun nicht wahr, daß Deine Standhaftigkeit um so größer, um so heldenmüthiger ist, je mehr Hindernisse Du überwunden hast, und je öfter Du gefallen bist? — Gerade so ist es im Dienste Gottes.

XII. Wir sollen uns in den innern Leiden, in den Versuchungen, Zweifeln, Finsternissen, Aufregungen, Trostlosigkeiten und in allen andern Schwierigkeiten des geistigen Lebens dem Willen Gottes übergeben. Welcher Ursache wir auch dieselben zuschreiben mögen, Gott ist und bleibt doch immer ihr erster Urheber. Du meinst zum Beispiele, diese Leiden kommen von Dir selbst: in diesem Falle ist entweder die Unwissenheit Deines Verstandes oder die Empfindsamkeit Deines Herzens oder Deine ungezügelte Einbildungskraft oder irgend eine Deiner verdorbenen Neigungen die Quelle derselben; aber steige höher hinauf und sieh, woher diese Mängel kommen; liegt ihr Ursprung nicht in dem Willen Gottes, der Dich nicht mit größerer Vollkommenheit begabt, sondern Dich allen diesen Mängeln unterworfen und Dir damit zu Deiner Heiligung die Pflicht auferlegt, alle schlimmen Folgen derselben geduldig zu ertragen, bis er selbst Deinen Leiden ein Ende macht? Wenn Gott nur mit einem Strahl seines himmlischen Lichtes

Deinen Geist erleuchtet und nur einen Tropfen seines
Gnadenthaues in Dein Herz gießt, so wirst Du sogleich
gestärkt und getröstet sein. Oder Du meinst, Deine innern
Leiden kommen von dem bösen Feinde; aber deshalb mußt
Du doch Gott als den ersten Urheber derselben anerkennen.
Die Geschichte des frommen Job beweist uns, daß der
Teufel nichts wider uns vermag, wenn Gott ihm keine
Gewalt über uns ertheilt. Wenn sich die Versuchung zu
Haß und Neid im Herzen Sauls regte, so sagt die heilige
Schrift: „Es plagte ihn ein böser Geist vom Herrn." [1]
Wie kann dieser Geist böse sein, wenn er vom Herrn
kommt? Und wenn er böse ist, wie kann er von dem
Herrn kommen? — Böse ist er durch die boshafte Absicht
des Teufels, der den Menschen nachstellt, um sie zu ver=
derben, und doch kommt er von dem Herrn, weil Gott die
Nachstellungen des bösen Feindes zu unserem Heile zuläßt.
Allein noch mehr: unser Glaube in Uebereinstimmung mit
den Lehren der Heiligen sagt uns, daß Gott oft selbst und
unmittelbar uns seine Erleuchtungen, Tröstungen und fühl=
baren Gnadenwirkungen entzieht, und zwar aus Absichten,
die seiner unendlichen Weisheit und Güte entsprechen. Wie
viele laue und in Erfüllung ihrer Pflichten nachlässige
Seelen sind nicht in den Tagen der innern Angst und
Bedrängniß zu sich gekommen und haben in Trostlosigkeit
und Verlassenheit ihren frühern Eifer wiedergefunden! Wie
viele andere Seelen fanden in den innern Leiden Anlaß
und Mittel zur Ausübung der erhabensten Tugenden!
Welchen Heldenmuth und welche Vollkommenheit erreichten
nicht durch diese Prüfungen die Tugenden einer heiligen
Theresia, eines heiligen Franziskus von Sales, eines heili=

---

[1] I. Kön. XVI. 14.

gen Ignatius! Wunderbare Wege der göttlichen Vorsehung, die mit unendlicher Liebe und Sorgfalt über das Wohl ihrer Kinder wacht, die sie scheinbar verläßt, um die einen aus ihrer Lauheit zu erwecken, und die andern im Geiste der Demuth, der Selbstverläugnung, des Gottvertrauens, des Gebetes und der Ergebung zu erhalten und zu bestärken! Laſſen wir uns alſo nicht irre machen, wenn manchmal innere Leiden unſere Seele hart bedrängen; ſondern machen wir es wie ein Kranker, der den Arzt befragt, die angerathenen Heilmittel gebraucht und dann ruhig abwartet, bis es Gott gefällt, ihm die Geſundheit wieder zu ſchenken.

Bloſius erzählt uns von einem heiligen Manne, der beſtändig von Verſuchungen, von Troſtloſigkeit und Dürre heimgeſucht war, der aber den Werth dieſer innern Leiden wohl erkannte. Als er einſt, von Kummer überwältigt, bitterlich weinte, erſchienen ihm Engel, um ihn zu tröſten; er aber verzichtete auf ihre Tröſtungen, indem er ſprach: „Ich verlange keine Erleichterung, denn mein größter und einziger Troſt iſt die Erfüllung des göttlichen Willens!"

Derſelbe Bloſius ſagt uns auch, daß Jeſus Chriſtus einſt der heiligen Brigitta erſchienen und ſie gefragt habe, warum ſie ſo traurig und niedergeſchlagen ſei. Die Heilige antwortete: „Es plagen mich viele ſchlechte Gedanken, ſo daß ich erzittere vor Deinen Strafgerichten." Hierauf erwiderte ihr der Heiland: „Du haſt einſt gegen meinen Willen an den Eitelkeiten der Welt Gefallen gefunden; darum iſt es gerecht, daß Du jetzt gegen Deinen Willen von eiteln und ſchlechten Gedanken verſucht wirſt; auch iſt es recht, daß Du vor meinen Strafgerichten zitterſt, nur mußt Du dabei ſtets auf mich, Deinen Gott und Herrn, vertrauen. Sei überdies feſt überzeugt, daß die böſen Ge danken, denen man widersteht, und die man nach Kräften ausschlägt, der Seele hienieden als Fegfeuer dienen und ihr reichliche Gelegenheit bieten, sich Verdienste für den Himmel zu sammeln. Kannst Du aber einen schlechten Gedanken nicht aus dem Sinn schlagen, so mißbillige ihn, und warte dann geduldig, bis er von selbst aufhört.

Viele Personen wandten sich in ihren Seelenleiden an Tauler, und er selbst gibt uns an, was er ihnen antwortete. Wenn ihm Jemand seinen beklagenswerthen Zustand, seine beständigen geistigen Prüfungen schilderte, so sagte er: „Alles geht ganz gut: gerade das, worüber Du am meisten klagst, ist für Dich die größte Gnade Gottes." Wenn aber Jemand einwendete, er glaube im Gegentheile, seine Leiden seien eine Strafe seiner Sünden, so erwiderte er: „Sei es nun wegen Deiner Sünde oder nicht, glaube, daß Dir dieses Kreuz von Gott kommt; darum umfasse es mit Liebe, danke dem Herrn und ergib Dich ganz in seine Hand." Und wenn ihm endlich Jemand sagte, er fühle sich innerlich ganz von Trockenheit und Widerwillen verzehrt, so antwortete er: „Leide dieses mit Geduld, und Du wirst mehr Gnade erhalten, als wenn Du die Gefühle der zärtlichsten und eifrigsten Andacht empfändest."

XIII. Wir sind jetzt an dem letzten und vielleicht schwierigsten und empfindlichsten Punkte: wir sollen nämlich selbst die Tugend, die Gnade und die ewige Glorie nur in dem Maße wollen, als Gott sie uns geben will, und uns nicht mehr wünschen, als er uns verleiht. Durch unsere Treue die uns bestimmte Stufe der Vollkommenheit zu erreichen, das sei unser ganzes Bemühen. Nicht allen ist es gegeben, sich zu derselben Höhe emporzuschwingen. So ist es, zum Beispiel sicher, daß wir, trotz der gewissenhaftesten Mitwirkung mit der Gnade, doch nie so rein, so demüthig, so

vollkommen werden können, als die allerseligste Jungfrau
Maria. Wer wird die Gnade und Seligkeit der Apostel
erreichen? Wer wird die vollendete Heiligkeit und Tugend
des heiligen Joseph erlangen? Oder wer könnte dem heiligen Johannes dem Täufer gleichkommen, ihm, den der
göttliche Heiland selbst den Größten unter den Menschen-
kindern nennt? In diesem Punkte, wie in allen andern,
müssen wir uns deshalb ganz dem Willen Gottes unterwerfen, damit sich an uns das Wort des Herrn erfülle:
„Dein Name wird sein: mein Wille in ihm!"[1] Wenn
wir also lesen oder hören, daß Gott in kurzer Zeit gewisse
Seelen zur höchsten Vollkommenheit geführt und mit außerordentlichen Gnaden beschenkt, so müssen wir über unser
Herz wachen, damit nicht ein ungestümes Verlangen nach
denselben Gnaden in uns rege werde und unsere vollkommene Gleichförmigkeit mit dem Willen Gottes dadurch
keine Störung leide; ja wir sollen uns bei solchen Gelegenheiten nur noch inniger an den allerliebenswürdigsten
Willen des Herrn anschließen und im Gefühle unbeschränkter Ergebung zu ihm sprechen: „O mein Gott, ich lobe
und preise Dich, daß Du Dich diesen auserwählten Seelen
mit so unendlicher Liebe und Freigebigkeit geoffenbaret und
mitgetheilt hast; die Ehre, welche Du ihnen erweisest, ist
so groß, daß kein Mensch sie würdig zu schätzen vermag:
allein höher noch als alle Erleuchtungen, Süßigkeiten und
außerordentliche Gnaden Deiner Heiligen schätze ich die Erfüllung Deines heiligen Willens. Er geht mir über Alles
und darum flehe ich nur um eine Gnade: gib, daß ich keinen eigenen Willen mehr habe; daß mein Wille sich in
dem Deinigen verliere und mit ihm ganz verschmolzen sei.

---

[1] Jf. LXII. 3.

Mögen andere Dich um tausend Gnaden bitten; ich kenne fortan nur ein Gebet: verleihe mir, daß ich stets Deiner Leitung folge, Deinen Absichten entspreche und Deinen Willen vollziehe, damit ich so zu einem vollkommenen Werkzeuge Deiner Ehre werde. Mache mit mir, in mir und durch mich für Zeit und Ewigkeit Alles, was Du willst!"

Diese Ergebung ist Gott so wohlgefällig, daß er deswegen David einen Mann nach seinem Herzen nennt: „Ich habe," sagte er, „einen Mann nach meinem Herzen gefunden, der meinen Willen stets thun wird." [1] Und in der That war das Herz Davids in Gottes Hand wie ein weiches Wachs, das ohne Widerstand jede Form annimmt, die man ihm geben will. „Bereit ist mein Herz, o Gott, bereit ist mein Herz!" [2]

Es ist gut, sich einige Stellen der heiligen Schrift einzuprägen, die man als Ausdruck dieser Tugend stets wiederholen kann. Diese Stellen sind: „Herr, was willst Du, daß ich thun soll?" [3] Siehe, ich bin bereit, in Allem Deinen Willen zu thun. „Dein bin ich," [4] verfüge über mich nach Deinem göttlichen Wohlgefallen. „Ich suche nicht meinen Willen." [5] — „Meine Speise ist, den Willen dessen zu thun, der mich gesandt hat; damit ich seine Werke vollbringe." [6] „Ja, Vater, denn so ist es vor Dir wohlgefällig gewesen! [7] — „Dein Wille geschehe, wie im Himmel also auch auf Erden." [8] Der Heiland selbst empfahl einst der heiligen Katharina von Genua, bei dieser Bitte des Vaterunsers besonders zu verweilen. Fällt es uns aber schwer, den Willen Gottes zu erfüllen, weil unsere ungeordneten

---

[1] I. Kön. XIII. 14 u. Apstgsch. XIII. 22.   [2] Pf. LVI. 8 u. CVII. 1.   [3] Apstgsch. IX. 6.   [4] Pf. CXVIII. 94.   [5] Joh. V. 30.   [6] Joh. IV. 34.   [7] Matth. XI. 26.   [8] Matth. VI. 10.

Neigungen sich empören, so rufen wir nun mit David aus: „Soll meine Seele Gott nicht unterworfen sein?" Von ihm habe ich alles Gute empfangen, „von ihm kommt mein Heil." O, seinen Befehlen will ich gehorchen; „denn er selbst ist mein Gott und mein Heiland;" und wenn auch meine verdorbene Natur sich weigert, das zu thun, was er mir befiehlt, so „ist er meine Zuflucht und ich werde nicht wanken." [1] Oder sprechen wir mit dem Heiland in seiner Todesangst: „Vater, nicht mein, sondern Dein Wille geschehe." [2] Hierüber sagt der heilige Leo der Große: „Dieses Wort, das aus dem Munde Christi, unseres göttlichen Hauptes, hervorging, ist das Heil aller Glieder; es hat alle Gläubigen unterrichtet, alle Bekenner begeistert, alle Blutzeugen gekrönt. Ihr Alle, Kinder der Kirche, die Ihr um einen so hohen Preis erlöset und ohne alles Verdienst von euerer Seite gerechtfertigt worden seid, vernehmet dieses Wort, und wenn der Versucher Euch hart bedrängt, so diene es Euch zu einer sichern Schutzwehr, damit Ihr über die verdorbene Natur sieget und mit Muth die Trübsal ertraget!" —

Fügen wir zum Schlusse dieses Kapitels noch hinzu, daß wir in Gleichförmigkeit mit dem Willen Gottes auch die innern Kämpfe annehmen sollen, welche diese Gleichförmigkeit uns kostet. Oft ist der Wille fest entschlossen, sich dem Willen Gottes zu fügen, und er thut es auch, der Verstand aber beschäftigt sich mit allerlei Gedanken über das, was da kommen könnte. Man sagt sich zum Beispiele: wenn ich jetzt krank würde, wenn ich diese Stelle bekäme, wenn man mich dorthin schickte, so wäre dieses gut oder nicht gut für mich, so müßte ich diesen Plan aufgeben, so

---

[1] Pf. LXI. 2.   [2] Luk. XXII. 42.

Lehen, 3. Aufl.   3

könnte ich jenes Vorhaben ausführen, so wäre es mir mög=
lich, Dieses oder Jenes nach meiner Neigung zu thun
u. s. w. Wir müssen aber der Natur diese Befriedigung ab=
schneiden: wir haben aus Liebe unsern Willen Gott zum
Opfer gebracht, indem wir uns die Freiheit zu widerstehen
und zu wählen untersagten; bringen wir dem Herrn in
demselbem Geist der Liebe auch unsern Verstand zum Opfer
dar und entsagen wir gromüßthig allen unnützen Gedanken,
Plänen und Urtheilen, um uns der göttlichen Vorsehung
in allen Dingen unbedingt anheimzustellen.

Aber zu unserem Troste sei es gesagt: der Widerwille
und das Widerstreben unserer verdorbenen Natur gegen
Alles, was ihr weh thut, ist kein Hinderniß unserer voll=
kommenen Ergebung in den göttlichen Willen. Beherzigen
wir das Wort des heiligen Franziskus von Sales: „Wenn
Etwas nicht nach unserem Willen geht, so müssen wir uns
von ganzem Herzen darein fügen, obwohl wir natürlicher
Weise wünschten, daß es anders gekommen wäre;“ denn
hierin besteht gerade der Kampf.

Drittes Kapitel.
Warum und wie wir uns in den Willen Gottes ergeben sollen. [1]

Die Lehre der göttlichen Vorsehung ist eine von den
trostreichen Wahrheiten der Offenbarung; den sie sagt uns,
daß außer der Sünde Nichts auf Erden ohne den Willen
Gottes geschieht. Was aber das Trostreichste dabei ist,

---

[1] Dieses und das folgende Kapitel sind den Werken des be la
Colombière entnommen.

findet seinen Grund darin, daß selbst die Leiden und Wi=
derwärtigkeiten, die Gott uns schickt, für uns nützlich und
heilsam sind. Wir sehen dieses nicht leicht ein, da Gott
gern, um seine Zwecke zu erreichen, ganz andere Wege ein=
schlägt, als die menschliche Klugheit es räth. Das beweisen
viele Beispiele, die uns zeigen, wie er selbst in blos zeitli=
chen Dingen das Unglück zum größten Glücke gereichen läßt.
Joseph wird verkauft, in die Sclaverei geschleppt und in
den Kerker geworfen; er beweint ein scheinbares Unglück,
allein es ist sein Glück; seine Leiden sind eben das, was
ihn auf den Thron Aegyptens führt. Saul verliert die
Eselinnen seines Vaters; vergebens sucht er sie weit und
breit in der Umgegend und ist ärgerlich über die verlorene
Zeit und die vergebliche Mühe; aber wer hat sich je einen
unvernünftigern Kummer gemacht, als er; denn durch Got=
tes Weise Fügung dient diese kleine Widerwärtigkeit dazu,
ihn dem Propheten zurückzuführen, der ihn auf Befehl des
Herrn zum Könige seines Volkes salben soll. Wie groß
wird nicht demnach einst unsere Beschämung sein, wenn
wir vor dem Angesichte Gottes erscheinen und dann klar
einsehen, in welch' liebevoller Absicht uns der Herr dieses
oder jenes Kreuz schickte, für das was wir ihm so wenig Dank
wußten! Ich habe meinen einzigen, in der Blüthe seiner
Jahre dahingerafften Sohn so schmerzlich beweint; ach!
hätte er noch einige Monate, noch einige Jahre länger ge=
lebt, so wäre er unter der Hand eines Feindes gefallen
und in der Todsünde dahingestorben. Ich konnte mich nicht
trösten, daß Nichts aus dieser Heirath wurde; hätte aber
Gott sie geschehen lassen, so würde Kummer und Elend
Dein Loos sein. Die Krankheit, in der Du so oft unge=
duldig wurdest, hat Dein Dasein um dreißig bis vierzig
Jahre verlängert. Du hast Dein ewiges Heil dieser Be=

3*

schämung zu verdanken, die Dich so viele Thränen gekostet hat. Ohne den Verlust dieser Geldsumme wäre Deine Seele verloren gegangen. Warum bekümmern und betrüben wir uns also? Gott hat die Leitung unseres Schicksals übernommen, und wir machen uns Sorgen! Wir vertrauen unsere Gesundheit und unser Leben einem Arzte an, den wir für geschickt halten; er verordnet die schmerzlichsten Operationen; er brennt, er schneidet, er nimmt ein Glied ab, und wir lassen Alles mit uns machen, sind ihm dankbar und belohnen ihn auf das Reichlichste; weil wir denken: er würde uns diese Schmerzen nicht verursachen, wenn es nicht nothwendig wäre. Ein so ehrenvolles Vertrauen setzen wir in einen Menschen, und Gott wollen wir es versagen? Ist es nicht, als wenn wir an seiner Weisheit zweifelten, oder als wenn wir befürchteten, er möchte uns irre führen?

Wenn wir Alles wüßten, was Gott weiß, so würden wir gewiß auch Alles wollen, was er will und mit heißen Thränen selbst ihn um jene Leiden anflehen, um deren Abwendung wir ihn jetzt so sehr bitten. Darum sagt der Heiland auch uns Allen in der Person der beiden Söhne des Zebedäus: O ihr blinden Menschen, ich habe Mitleiden mit Euerer Unwissenheit; „Ihr wißt nicht, um was Ihr bittet;"[1] laßt mich für Euer Wohl sorgen; legt Euer Schicksal in meine Hand nieder; ich weiß besser als Ihr selbst, was Euch nothwendig ist; wenn ich bis jetzt Euren Ansichten und Wünschen nachgegeben hätte, Ihr wäret schon längst rettungslos verloren.

Willst Du Dich aber recht überzeugen, daß Gott in Allem, was er zuläßt, in Allem, was Dir begegnet, wirklich nur Dein Bestes und Dein ewiges Heil im Auge hat,

---

[1] Matth. XX. 22.

so erinnere Dich nur an Alles, was er schon für Dich ge=
than hat. Schwere Trübsale suchen Dich jetzt heim; allein
bedenke, daß er, der Dir diese Leiden sendet, sein ganzes
Leben für Dich, für Deine Rettung, in Armuth und Schmer=
zen zubringen wollte, daß er Dir einen seiner Engel zur
Seite gegeben hat, um Dich auf allen Deinen Wegen zu
schützen und zu leiten, daß er auf dem Altare ohne Unterlaß
für Dich betet und sich täglich tausendmal für Dich opfert,
daß er keine größere Freude kennt, als mit Dir sich zu unter=
halten und sich auf das innigste mit Dir zu vereinigen.
Welcher Undank also, wenn Du ihm nach so vielen Beweisen
der Liebe noch mißtrauest und noch zweifelst, ob er Dich zu
Deinem Nutzen oder zu Deinem Schaden heimsucht. — „Aber
er schlägt mir so tiefe Wunden, und seine Hand ruht so
schwer auf mir." Was hast Du von einer Hand zu fürch=
ten, die für Dich durchbohrt und ans Kreuz geheftet werden
wollte? — „Er führt mich auf steilen dornigen Pfaden." —
Unglücklicher! wenn es aber keinen andern gibt, um in den
Himmel zu gelangen, willst Du denn lieber ewig verloren
gehen? Hat denn nicht Dein Heiland vor Dir und aus
Liebe zu Dir den Weg der Leiden betreten? „Er reicht
mir einen Kelch voll Bitterkeit." — Das ist wahr; allein
bedenke wohl, daß es Dein Erlöser ist, der ihn Dir reicht.
Wie könnte er, der Dich so innig, so unendlich, so göttlich
liebt, sich entschließen, Dir weh zu thun und strenge mit
Dir zu verfahren, wenn es nicht äußerst nützlich und sogar
dringend nothwendig für Dich wäre? Dieser Gedanke allein
müßte uns schon bestimmen, selbst die scheinbar unerträg=
lichsten Fügungen der göttlichen Vorsehung nicht nur willig
anzunehmen, sondern auch lieb zu gewinnen und uns voll=
kommen in den Willen Gottes zu ergeben.

„Wer könnte mich zwingen, Etwas zu thun, was ich

nicht will?" sagte einst ein heiligmäßiger Mann. Um mich dahin zu bringen, müßte man Gott selbst zwingen; denn so lange Gott Alles thut, was er will, so lange bin ich unfehlbar vollkommen frei, weil ich Nichts will, als was er thut. Will er mich krank haben, so ist mir die Krankheit lieber, als die Gesundheit. Will er, daß ich arm sei, so möchte ich nicht reich sein. Soll ich der Auswurf der Menschen sein, so bin ich zufrieden und suche meinen ganzen Ruhm in der Verachtung der Welt. Soll ich hier, oder wo anders leben, soll ich meine Tage in der Ruhe oder im Drange der Geschäfte zubringen, soll ich in der Blüthe meiner Jahre oder im späten Alter dahinsterben — ich könnte wirklich nicht sagen, was mir von diesen Dingen das Liebste wäre; sobald aber Gott seine Wahl treffen und mir sagen wird, was nach seinem Herzen ist, so wird mein Herz sich dorthin neigen und dort seine Glückseligkeit finden.

Aber ist diese Vollkommenheite bloß ein unerreichbares Ideal, das unsere Einbildungskraft uns vorführt, oder kann es wirklich Menschen geben, auf die Glück und Unglück den gleichen Eindruck macht? Gewiß gibt es solche; ich selbst kenne Seelen, welche in Krankheit und Gesundheit, in Armuth und Reichthum gleich zufrieden sind und sogar Mangel und Leiden dem Ueberflusse und Wohlsein vorziehen.

Uebrigens gibt es nichts Wahreres, als was ich Dir noch sagen will: je mehr wir uns dem Willen Gottes gleichförmig machen, desto mehr kommt Gott dem unsrigen zuvor. Sobald wir nur mehr darnach streben, ihm zu gehorchen, so ist er selbst immer mehr darauf bedacht, unsere Wünsche zu befriedigen: er erhört nicht nur unsere Gebete, sondern er kommt ihnen sogar zuvor; er selbst durchforscht die tiefsten Falten unseres Herzens und schaut dort jene geheimen Wünsche, die wir aus Liebe zu ihm unterdrücken. Diese alle erfüllt er reichlicher, als wir zu hoffen wagen. Mit einem Wort, das Glück einer wahrhaft gottergebenen Seele ist beständig, unveränderlich, ewig. Keine Furcht trübt ihre Seligkeit, weil kein Unfall ihr Etwas anhaben kann. Ich stelle mir eine solche Seele vor, wie einen Menschen auf einem Felsen mitten im Weltmeer: ohne Zagen sieht er die angeschwollenen Wogen auf sich losstürmen; er zählt sie und betrachtet mit Lust, wie sie nacheinander ohnmächtig vor seinen Füßen zerschellen; ob die Wellen ruhig spielen oder ob sie sich im Sturme brausend bäumen, ob sie sich zu seiner Rechten oder zu seiner Linken thürmen, er bleibt stets unbewegt, denn der Fels auf dem er steht, ist fest und unerschütterlich.

Jetzt müssen wir noch sehen, wie man diese beglückende Gleichförmigkeit erlangen kann. Die erste Bedingung dazu ist fortgesetzte, häufige Uebung, und da große Gelegenheiten ziemlich selten sind, so besteht das ganze Geheimniß darin, daß wir die kleinen täglichen Gelegenheiten benutzen. Die Treue hierbei setzt uns bald in den Stand, selbst die größten Unfälle mit unerschütterlicher Standhaftigkeit zu ertragen. Jedem von uns begegnen täglich tausend kleine Unannehmlichkeiten, bald bringt sie der Zufall, bald sind wir selbst oder Andere schuld daran. Unser ganzes Leben ist eine unaufhörliche Kette solch kleiner Widerwärtigkeiten, daher tausend unwillkürliche Regungen der Abneigung, des Neides, der Ungeduld, der Furcht, tausend vorübergehende Verdrießlichkeiten, tausend kleine Beängstigungen, die wenigstens für einen Augenblick den Frieden der Seele stören. Es entschlüpft Dir zum Beispiele eine Aeußerung, die Du gerne zurücknehmen möchtest; man sagt Dir ein verletzendes Wort; Du wirst schlecht oder langsam bedient; ein Kind läßt Dir keine Ruhe; ein lästiger Besuch hält Dich auf; man stößt Dich aus Unachtsamkeit; ein vorüberfahrender Wagen bespritzt Dich; das Wetter behagt Dir nicht; Deine Arbeit gelingt Dir nicht nach Wunsch; es zerbricht Dir Etwas; Dein Kleid zerreißt oder bekommt Flecken — bei solchen Kleinigkeiten kann man freilich noch keine heroische Tugend ausüben, aber wenn wir nur wollten, so könnten wir durch dieselben unfehlbar zu der erhabensten Vollkommenheit gelangen. Eine Seele, welche treu und standhaft Gott diese kleinen Leiden aufopfert und dieselben aus der Hand der Vorsehung annimmt, sammelt sich nicht nur zahlreiche Verdienste und gelangt nicht nur unmerklich zu einer sehr innigen Vereinigung mit Gott, sondern sie wird auch in kurzer Zeit im Stande sein, die traurigen und schmerzlichen Ereignisse des menschlichen Lebens muthig zu ertragen.

Diese so leichte und doch so nützliche und Gott so wohlgefällige Uebung ist das erste Mittel, um zur Gleichförmigkeit mit dem Willen Gottes zu gelangen. Außer demselben können wir aber noch ein anderes Mittel anwenden. Schwere Prüfungen schickt uns Gott nicht alle Tage; aber täglich können wir ihm sagen, daß wir bereit sind, dieselben anzunehmen, wenn es ihm gefällt. Wenn Gott Dir Deinen Sohn, Deinen Mann nehmen wollte, wenn er es zuließe, daß dieser Prozeß, dieses angelegte Geld für Dich verloren ginge, so müßtest Du Deine ganze Seelenstärke aufbieten, um einen so harten Schlag zu ertragen. Du weißt nicht, was Gott hierüber beschlossen hat; allein komme seiner Anordnung zuvor, ergib Dich schon jetzt in Alles, was Gott Dir schicken kann; entsage oft in seiner heiligen Gegenwart jedem Wunsche, jedem Verlangen, Dein Vermögen, Deine Gesundheit oder Deinen guten Namen zu bewahren und zu vermehren, und betheuere ihm, daß Du bereit bist, ihm Alles zum Opfer zu bringen. Denke gleich Morgens nach, was Dir im Laufe des Tages Schlimmes zustoßen kann: vielleicht bringt man Dir die Nachricht eines Schiffbruchs, eines Bankrotts, einer Feuersbrunst; vielleicht wirst Du auf unerhörte Weise beschimpft, auf's Empfindlichste beschämt; vielleicht raubt Dir der Tod Dein Theuerstes auf dieser Welt; vielleicht stirbst Du selbst eines plötzlichen, unnatürlichen Todes. Ergib Dich zum Voraus in alle diese Leiden, im Fall Gott sie zulassen will. Zwinge Deinen Willen, in dieses Opfer einzustimmen, und lasse nicht nach in Deinen Bemühungen, bis derselbe vollkommen bereit ist, Alles zu wollen, was Gott will, und Nichts von dem zu wollen, was Gott nicht will.

Bei dieser letzteren Uebung ist jedoch ein Unterschied zu machen zwischen den Leiden, die wir ganz natürlich voraussehen können, deren Möglichkeit uns gleichsam von selbst ins Auge fällt, und zwischen denen, die wir uns nur vorstellen und so zu sagen herbeirufen müssen, weil ihre Möglichkeit nicht so nahe liegt. Was die ersteren anbelangt, so ist es immer gut, dieselben zum Voraus für den Nothfall anzunehmen. Und sollte man im Augenblick den Muth dazu nicht in sich fühlen, so müßte man sich doch ganz ruhig sagen: Wenn diese Prüfung über mich käme, so hoffe ich von der göttlichen Güte die nöthige Gnade, um dieselbe standhaft und ergeben zu ertragen, und so schwach ich mich auch jetzt fühle, so nehme ich mir doch vor, mit Hülfe dieser Gnade in der Stunde der Trübsal mich ganz in den Willen meines Herrn und Schöpfers zu ergeben.

Anders verhält es sich mit den Leiden, die wir absichtlich uns vorstellen und gleichsam herbeirufen, um uns daran

3**

zu gewöhnen, sie anzunehmen; denn diese Uebung ist nicht immer ohne Gefahr und ist nicht für alle Seelen gut. Sie kann jenen sehr nützlich sein, welche genug Fortschritte in der Gleichförmigkeit mit dem Willen Gottes gemacht haben, um schweren Trübsalen ohne Aufregung entgegenzusehen. Allein für Seelen, welche noch nicht genug Kraft besitzen, um das Kreuz ruhig und fest ins Auge zu fassen, wäre es eine Tollkühnheit, einen Feind zu reizen, den zu bekämpfen sie zu schwach sind, und dessen Angriffe die Vorsehung ihnen deshalb erspart. Jesus Christus verbietet uns die unruhige Sorge für die Zukunft. Diejenigen also, welche ihrer Un= vollkommenheit und Schwäche wegen der Zukunft nicht ohne Bangen entgegensehen können, sollen ihre Blicke davon ab= wenden und auf nichts Einzelnes eingehen, sondern sich für Alles insgesammt blindlings der göttlichen Vorsehung in die Arme werfen. Ihnen gilt besonders, was Fenelon so schön sagt:

„Die Kreuze, die wir uns selbst machen, indem wir uns traurigen Vermuthungen über die Zukunft hingeben, kommen nicht von Gott. Im Gegentheile, wir versuchen ihn, wenn wir seinen Anordnungen vorgreifen und unsere Fürsorge an die Stelle seiner Vorsehung setzen wollen. Unsere falsche Weisheit trägt uns immer bittere Früchte, und Gott läßt es so zu, um uns zu beschämen, wenn wir uns seiner väterlichen Leitung entziehen. Die Zukunft ist noch nicht unser, wer weiß, ob sie je unser sein wird, und ist dieses der Fall, so gestaltet sie sich vielleicht ganz anders als wir es uns einbilden. Verschließen wir also unser Auge vor dem, was Gott uns verbirgt und in seinen un= ergründlichen Rathschlägen noch vorenthält. Beten wir an, ohne zu sehen, schweigen wir und bleiben wir im Frieden!"

Das Kreuz des gegenwärtigen Augenblicks bringt immer

die nothwendige Gnade mit sich und wird dadurch gelin=
dert: wir erkennen in demselben die·Hand Gottes; sie läßt
sich deutlich fühlen. Aber das Kreuz, welches uns ängst=
liche Vermuthungen wegen der Zukunft erzeugt, ist nicht
der göttlichen Anordnung gemäß; wenn wir es herbeirufen,
so gehen wir über den Willen Gottes hinaus; wir sehen
dann nur das Kreuz, nicht aber die Gnade, die es erträg=
lich und leicht macht. Dieses ängstliche Schauen in die Zu=
kunft ist schon eine Untreue, welche uns die Gnade entzieht.
Darum ist an einem solchen Kreuze Alles so bitter, so un=
erträglich, so schwarz, so hoffnungslos, und die Seele,
welche aus Neugierde von der verbotenen Frucht kosten
wollte, findet in ihrem Innern nur noch Tod und Aufruhr
ohne jeglichen Trost. Dahin kommt es, wenn man nicht
auf Gott vertraut und es wagt, seine Geheimnisse, auf die
er so eifersüchtig ist, zu durchforschen. „Jedem Tag genügt
seine Plage,"[1] sagt uns der Heiland selbst; die täglichen
Leiden gereichen uns zu unserem Heile, wenn wir nur
Gott machen lassen. Wer sind wir, um ihn zu fragen:
„Warum thust Du dieses?" Er ist der Herr, und das
genügt; er ist der Herr, er thue Alles, was in seinen Au=
gen gut ist. Er erhöhe oder erniedrige, er züchtige oder
tröste, er verwunde oder heile, er tödte oder mache lebendig;
er ist immer der Herr; wir sind nur das Werk seiner All=
macht, ein Spielball in seiner Hand. Was liegt an allem
Andern, wenn nur er verherrlicht wird und sein heiliger
Wille sich in uns erfüllt! Geben wir uns selbst auf! ent=
fernen wir jedes eigennützige Streben, dann wird der Wille
des Herrn, der sich stets in Allem offenbart, auch jeden
Augenblick in Allem unser Trost sein, und dieses selbst,

---

[1] Matth. VI. 34.

wenn es auf unsere eigenen Kosten geht. Der Widerspruch
der Menschen, ihre Unbeständigkeit, ja sogar ihre Ungerech=
tigkeiten erscheinen uns nur noch als Wirkungen der un=
veränderlichen Weisheit, Gerechtigkeit und Güte Gottes;
wir sehen überall nichts mehr als Gott allein, der sich
unter den irdischen Dingen, unter den Schwächen der ver=
blendeten und verkehrten Menschen verbirgt.

„So wird die trügerische Gestalt dieser Welt, die wie ein
Schattenbild zerrinnt, für uns zum Spiegel der Herrlichkeit
und zu einem Gegenstande des Lobes Gottes.“ Doch kommen
wir jetzt auf die wirklichen Prüfungen und Leiden zurück.

Wenn Dich ein Unglück trifft, so verliere keine Zeit mit
eitlen Klagen über die Menschen oder über das Schicksal,
sondern eile sogleich zu dem göttlichen Meister, wirf Dich
zu seinen Füßen nieder und bitte ihn um die Gnade, Dein
Kreuz standhaft zu tragen. Ein Schwerverwundeter wird,
wenn er vernünftig ist, nicht seinem Mörder nacheilen, son=
dern sogleich den Arzt aufsuchen, der ihn heilen kann. Und
wolltest Du auch in Deinen Leiden zuerst den Urheber der=
selben suchen, so müßtest Du doch stets zu Gott gehen,
denn nur er kann die Ursache derselben sein.

Gehe also zu Gott, aber gehe schnell zu ihm, gehe
gleich zu ihm. Dieses sei Dein Erstes! Trage ihm so zu
sagen den Pfeil zurück, mit dem er Dich verwundet hat;
bringe ihm die Strafruthe wieder, mit der er Dich gezüch=
tigt hat. Küsse tausendmal die Hände Deines gekreuzigten
Heilandes, jene Hände, die Dich geschlagen und Dir das
Weh verursacht haben. Wiederhole oft, was er selbst im
höchsten Schmerze ausrief: „Vater, nicht mein, sondern
Dein Wille geschehe!“ [1] Tausendmal preise ich Dich und

---

[1] Luk. XXII. 42.

danke Dir, daß Dein Wille an mir in Erfüllung geht. Stände es in meiner Macht, Dir zu widerstehen, so würde ich mich Dir dennoch freiwillig unterwerfen. Das Leiden, das Du mir sendest, nehme ich mit allen seinen Umständen und mit allen seinen Folgen an. Ich klage nicht, weder über meine Schmerzen, noch über die Personen, welche mir dieselben verursachen, noch über die Art und Weise, wie sie über mich kamen, noch über Zeit und Ort ihres Eintritts. Ich bin versichert, daß Du Alles so gewollt hast, und ich möchte lieber sterben, als mich Deinem heiligsten Willen auch nur in der geringsten Sache widersetzen. „Dein Wille geschehe!" Ja, mein Gott, möge dieser Wille heute und immerdar, in Zeit und Ewigkeit sich an mir erfüllen. Dein Wille geschehe, aber er geschehe, wie im Himmel also auch auf Erden!

Viertes Kapitel.

Vom Nutzen der Leiden der Gerechten und von deren Nothwendigkeit für die Sünder.

Hast Du schon eine Mutter am Krankenbette ihres Kindes gesehen, während dieses operirt wurde? Mit tausend Liebkosungen sucht sie des Kindes Thränen zu stillen, aber dem Arzte wehrt sie nicht, zu schneiden und zu brennen. Gibt aber die Mutter zu, daß man ihren Liebling einer solchen Pein unterwirft, wer könnte dann zweifeln, ob sie dem Kinde heilsam und nothwendig sei? Würde die Mutter sie zulassen, wenn nicht die Gesundheit des Kindes davon abhinge und wenn nicht demselben längere und heftigere Schmerzen erspart werden sollten?

Ich denke dasselbe, wenn ich Dich leiden sehe. Du

beklagſt Dich, daß man Dich mißhandelt, beſchimpft, an=
ſchwärzt, verläumdet, ungerecht Deiner Güter beraubt. Dein
Heiland (in dieſem Namen liegt noch mehr Liebe und Zärt=
lichkeit, als in dem Namen Mutter), Dein Heiland ſieht,
was Du leideſt. Er, der Dich in ſeinem Herzen trägt; er
der ſo ausdrücklich ſagt, daß, wer Dir weh thut, ſeinen
Augapfel verletzt — er ſelbſt läßt es zu, daß Du leideſt,
obwohl er es ſo leicht hindern könnte, und Du könnteſt noch
zweifeln, daß dieſe vorübergehende Prüfung Dir zum wahren
Glücke gereicht!

Erinnere Dich auch noch, was alles Dein Heiland ge=
than hat, um uns vor offenbar nutzloſen Leiden zu bewahren.
Alle Leiden nach dem Tode haben keinen Werth, kein Ver=
dienſt für die ewige Herrlichkeit; in der Hölle leidet man
nur, um zu leiden. Was hat nun nicht Jeſus Chriſtus
gethan, um uns vor dieſen fruchtloſen Peinen zu ſchützen?
Er hat die von uns verdienten Leiden auf ſich genommen;
er hat all ſein Blut vergoſſen und iſt am Kreuze geſtorben;
er hat ſich freiwillig dem Zorne ſeines Vaters und der
Wuth der Juden überliefert, und das Alles nicht nur, um
uns den ewigen Flammen der Hölle zu entreißen, ſondern
auch, um uns die geringſten Leiden im Fegfeuer zu erſparen.
Für alle unſere Fehler hat er Genugthuung geleiſtet, und
keine Schuld zu zahlen uns übrig gelaſſen: im Gegentheil
hat er ſeiner Kirche noch einen unerſchöpflichen Schatz von
Verdienſten überlaſſen, damit wir täglich daraus ſchöpfen
und der göttlichen Gerechtigkeit für unſere täglich erneuten
Fehler genug thun können. Dieſe unendliche Liebe Gottes
ſpricht in meinen Augen mehr als alle möglichen Beweiſe
für den Nutzen der Leiden. Ja, wenn auch der heilige
Geiſt diejenigen, die hienieden leiden, nicht glücklich ge=
prieſen hätte; wenn auch nicht jede Seite der heiligen

Schrift die Vortheile der Leiden anrühmte; wenn endlich noch die Erfahrung nicht zeigte, daß dieselben der gewöhnliche Antheil der wahren Freunde Gottes sind, so würde ich sie deßhalb nicht für weniger nützlich halten. Denn ich weiß, daß unsere Leiden von Gott kommen; derselbe Gott also, der, um uns im künftigen Leben auch den geringsten Schmerz zu ersparen, hienieden selbst alles Erdenkliche leiden wollte, reicht mir den Kelch, den ich auf Erden leeren soll; das zu wissen ist mir genug. Wer soviel gelitten, um mir Leiden zu ersparen, läßt mich jetzt nicht leiden, um sich ein grausames oder nutzloses Vergnügen zu verschaffen.

Wenn ich sehe, daß ein Christ sich im Leiden der Klage hingibt, so sage ich zu mir selbst: „Dieser Mann beweint sein Glück; er fleht um Reichthum, und er sollte Gott danken, daß er arm ist." Ich bin fest überzeugt, daß ihm nichts Glücklicheres hätte begegnen können, als gerade das, was ihn so trostlos macht. Hiefür habe ich tausend Gründe. Und wüßte ich Alles, was Gott weiß, und sähe ich zugleich in der Zukunft die segensreichen Folgen dieser Leiden, wie würde ich dann erst in meiner Ueberzeugung bestärkt werden!

Allein ich höre Jemanden fragen: „Was nützt mir diese Krankheit, die mich hindert, meinen geistlichen Uebungen nachzukommen? — oder der Verlust all meiner Güter, der mich in Verzweiflung stürzt? — oder jene Verdemüthigung, die mich muthlos macht und die mein ganzes Inneres in die größte Verwirrung und Aufregung bringt?" Allerdings beugt uns oft ein unvorhergesehenes Unglück im ersten Augenblick nieder, so daß wir nicht im Stande sind, gleich den rechten Gebrauch davon zu machen. Aber warte nur ein wenig, und Du wirst bald sehen, wie Gott Dich durch Dein Leiden auf große Gnaden vorbereitet. Ohne

dasselbe wärest Du vielleicht nicht gerade schlechter geworden, allein Du hättest nie den Dir bestimmten Grad der
Heiligkeit erreicht. Du hattest Dich ganz dem Dienste
Gottes hingegeben, allein Du hattest es noch nicht zu dem
Entschlusse gebracht, ihm diesen oder jenen eitlen Ruhm
vor der Welt zum Opfer zu bringen. Blieb nicht die
Neigung zur Tändelei, zur Eitelkeit, zur äußern Pracht
noch in Deinem Herzen zurück? Hattest Du den Wunsch
nach Reichthum und Ehre für Deine Kinder ganz aufgegeben? Oder machte nicht vielleicht eine ganz weltliche
Freundschaft Gott noch Dein Herz streitig? Du hattest
also noch einen Schritt zu thun, um zur vollkommenen
Freiheit zu gelangen; es handelte sich vielleicht nur noch
um eine Kleinigkeit; allein Du hattest einmal dieses letzte
Opfer noch nicht bringen können, und doch — wie vieler
Gnaden beraubtest Du Dich durch dieses an sich geringfügige Hinderniß? Es handelte sich, wie gesagt, nur noch
um eine Kleinigkeit; aber Nichts ist schwerer und kostet mehr,
als das letzte schwache Band zu zerreißen, das die Seele
noch an die Welt und an sich selbst fesselt. In diesem unvollkommenen Zustand fühlt die Seele allerdings theilweise,
wo es fehlt; allein vor dem bloßen Gedanken an das
Opfer schreckt sie schon zurück, weil das Uebel zu nahe am
Herzen liegt und nur durch ein gewaltsames und schmerz-
liches Mittel gehoben werden kann. Daher mußtest Du
plötzlich überrascht werden. Als Du am wenigsten daran
dachtest, führte eine geschickte Hand den Streich und trieb
das Messer tief durch das gesunde Fleisch in die kranke
Stelle; wie lange hättest Du ohne diese kräftige Operation
noch dahinsiechen können! — Die Krankheit, die Dich an
ein Schmerzenslager fesselt, der Bankrott, der Dich ins
Elend stürzt, die Verdemüthigung, die Dich mit Schmach

und Schande bedeckt, der Tod dieser Person, die Du so sehr beweinst: dieses Alles bringt in einem Augenblick zu Stande, was alle Deine Betrachtungen nie vermocht, und was alle Deine Seelenführer vergeblich versucht haben.

Und wenn Dein Mißgeschick, der Absicht Gottes gemäß, auf Dich wirkt, Dir alle Geschöpfe verleidet und Dich dahin bringt, daß Du Dich endlich dem Schöpfer ohne Rückhalt in die Arme wirfst, so bin ich versichert, daß Du Gott mehr dafür danken wirst, als Du ihn vorher um Abwendung desselben angefleht hattest; Du wirst in Deinem Leiden die größte Wohlthat des Herrn erkennen, neben der alle übrigen Dir gering erscheinen werden. Den zeitlichen Segen, den Gott bisher Dir und Deiner Familie verlieh, hattest Du als eine besondere Wirkung seiner Güte betrachtet; jetzt siehst Du aber klar ein und fühlst es tief, daß Gott Dir nie mehr Liebe bewies, als gerade damals, wo er Alles zu vernichten schien, was er selbst zu Deinem zeitlichen Glücke gethan hatte. War er freigebig gegen Dich, als er Dir Reichthum, Ehre, Gesundheit und Kinder schenkte, so ist er verschwenderisch gegen Dich jetzt, wo er Dir alle diese Güter raubt!

Ich rede hier nicht von dem Verdienste der Geduld: es ist sicher, daß wir oft in einem Tag der Trübsal mehr für den Himmel gewinnen, als in Jahren des Glücks, wenn wir sie auch noch so heilig zugebracht haben; denn ich muß offen gestehen, daß ich dem Guten, das man im Glücke ausübt, nicht traue, und ich glaube, daß man sich auf die Tugenden eines Glücklichen dieser Welt nicht sehr verlassen kann.

Der große Völkerapostel rühmt sich nur seiner Ketten, seiner Martern und Schiffbrüche: seine Gebete, sein apostolisches Wirken bringt er nicht in Erwähnung; denn es ge-

hören schon beharrliche Kämpfe gegen sich selbst, außer=
ordentliche Gnaden und die größte Wachsamkeit dazu, um
sich bei solchen heiligen Werken der Eigenliebe zu erwehren.

Das Glück macht uns irdisch gesinnt und verweichlicht
uns. Es ist viel, wenn ein Glücklicher dieser Welt sich
noch die Mühe gibt, ein= oder zweimal im Tage an Gott
zu denken: die ihn umgebenden irdischen Güter beschäftigen
seinen Geist auf so angenehme Weise, daß er darüber leicht
alles Andere vergißt. Die Trübsal, im Gegentheil, mit
ihren düstern, trostlosen Gedanken lenkt unsere Blicke ganz
natürlich nach Oben; durch den Gedanken an den Himmel
suchen wir unsere Bitterkeit zu mildern. Allerdings können
wir in jeder Lage und unter allen Verhältnissen Gott ver=
herrlichen; allerdings ehrt das fromme Leben eines glück=
lichen Christen den Herrn überaus; allein wie viel mehr
ehrt ihn nicht der, welcher im Leiden seinen heiligen Namen
preist! Der Erste gleicht dem pünktlichen und getreuen Höf=
ling, der seinem Fürsten immer nachgeht, ihm in den Rath
und in die Kammer folgt, alle Vergnügen und Feste des
Hofes mitmacht; der andere aber gleicht dem tapfern Feld=
herrn, der mitten unter tausend Gefahren und mit Auf=
opferung seines eigenen Blutes für seinen König Städte
erobert, Schlachten gewinnt, den Waffenruhm seines Herrn
unter feindliche Nationen trägt und die Grenzen des Reiches
erweitert. Wird der Fürst nicht dem Feldherrn mehr Dank
wissen als dem Höfling.

Wenn der Reiche, wenn der Glückliche seine Güter mit
Dank von Gott empfängt und recht benützt, so ehrt er gewiß
den Herrn: wenn aber Jemand, den die Vorsehung aller
seiner Güter beraubt und mit Trübsalen aller Art heim=
sucht, dennoch Gott treu bleibt und ihm willig auf der
harten Bahn der Leiden nachfolgt, so offenbart sich an ihm

die Kraft der göttlichen Gnade auf viel vollkomenere Weise.

Urtheile nun selbst, welches der Lohn derer sein wird, die den Heiland im Leiden verherrlicht haben. Welche Glorie erwartet beim Empfange im Himmel den Christen, dessen Leben hienieden eine Kette von Leiden war, der so zu sagen mit Blut und Wunden bedeckt, vor seinem Gott erscheint, seinem Herrn in Allem nachgefolgt ist und der treue Leidens= gefährte des göttlichen Dulders war! Erst in der Ewig= keit erkennnen wir, mit welch unendlicher Liebe uns Gott geliebt hat, indem er uns Gelegenheit verlieh, so reichlichen Lohn zu erwerben; dann werden wir uns Vorwürfe machen, daß wir uns auf Erden über das beklagt haben, was für uns eine Quelle ewiger Wonnen ist. Warum soll dies nicht schon jetzt unsere Gesinnung sein? Warum sollten wir nicht schon hienieden Gott für die Schmerzen preisen, für die wir ihm im Himmel ewig danken werden? Warum sollten wir das Loos der Glücklichen dieser Erde beneiden, da sie selbst uns einst um unsere Leiden beneiden werden?

Der heilige Augustin kann nicht genug bewundern, daß Gott in seiner Allmacht, in seiner unendlichen Glückselig= keit und in seiner vollkommenen Unabhängigkeit von allen Geschöpfen dennoch durch ein ausdrückliches Gebot diese Ge= schöpfe nöthigen wollte, ihn zu lieben, das heißt sich selbst des größten Glückes theilhaftig zu machen; ich aber be= wundere die Güte Gottes noch mehr darin, daß er nicht nur seinen Feinden eine für sie so beseligende Pflicht auf= erlegt, sondern daß er sie selbst gleichsam dazu zwingt, der= selben nachzukommen.

Ja, durch die Leiden zwingt Gott selbst die verdorben= sten Menschen, seine Freundschaft wieder zu erlangen. Welch anderer Weg könnte sie auch in Gottes Arme zurückführen?

Das Wort Gottes, der Gebrauch der heiligen Sakramente, die gewöhnlichen Gnaden erhalten die christlichen Seelen auf dem Pfad der Tugend. Aber ein Mann, der mit häuslichen und öffentlichen Geschäften überladen ist, eine Frau welche Sklavin der Vergnügungssucht und der Eitelkeit geworden ist, überhaupt ein Christ, der sein Leben in der Gottvergessenheit und in der Sünde zugebracht hat, der muß leiden, oder er geht ewig zu Grunde.

Ich kenne die Wirksamkeit des göttlichen Wortes, ich weiß, daß es durchdringender ist, als ein zweischneidiges Schwert; aber dennoch sehen wir täglich, wie oft es in die verhärteten Herzen der Menschen nicht einbringt, und wie der Sünder ihm widersteht. Wie viel ist nicht schon geprebigt worden gegen jene immer wachsende Prunksucht, die den täglichen Unterhalt von Reich und Arm verschlingt, gegen jene Spielsucht, welche uns Zeit und Geld raubt, womit wir den Himmel gewinnen könnten? Aber welchen Eindruck machen denn all diese ernsten Mahnungen auf den Geist derer, denen das Spiel förmlich zum Geschäft geworden ist, oder welche die unsinnigsten Summen für Kleiderpracht verschwenden? Die Einen vergessen im Augenblick wieder, was sie gehört haben; die Andern erinnern sich nur daran, um darüber zu spotten; Einige fühlen sich sogar beleidigt und finden, daß sie alle Ursache haben, sich über den Prediger zu beklagen. Was kann nun Gott thun, um solche Menschen auf den Pfad der Pflicht zurückzuführen? Es gibt für sie kein Mittel mehr, als die Armuth: durch bittere Noth müssen sie gezwungen werden, ihren eitlen Schmuck zu verkaufen und fortan durch Arbeit ihre Familie zu ernähren. Gehe hin und predige jener Frau, die auf ihre Schönheit und auf den ihr gezollten Beifall so eitel ist, vom Gebet und von der Zurückgezogenheit.

Glaubst Du, daß Deine Ermahnungen ihr gefallen werden, oder daß sie Dich auch nur anhört? Soll ihre Seele gerettet werden, so muß eine Krankheit sie entstellen oder eine öffentliche Schmach sie für immer aus den weltlichen Gesellschaften verbannen.

Wann willst Du diesem Reichen und diesem Wohllüstling von Bekehrung reden? Er denkt nicht daran, das Wort Gottes zu hören, und noch viel weniger wird er Dich rufen lassen und Dich um ernste Ermahnungen bitten. Und gesetzt, er liehe Deinen Worten ein geneigtes Ohr, wie könnte denn ein ernster, religiöser Gedanke in einem Geiste Platz finden, der voll ist von Bildern irdischer Vergnügungen und weltlicher Angelegenheiten? Die Gnade selbst, die so erfinderisch ist, um sich gleichsam in die Seelen einzuschleichen, findet keinen Eingang in solche Herzen. Sollen wir aber am ewigen Heile dieser Menschen verzweifeln? Gibt es denn kein Mittel mehr, um sie dem Abgrund des Verderbens zu entreißen? Doch, der Herr hat noch ein Mittel, durch das er seine Auserwählten zu sich ruft, wenn sie, von Glück verblendet, ihm den Rücken gewandt haben. Dieses letzte Rettungsmittel ist die Trübsal, eine Krankheit, der plötzliche Tod eines theuren Anverwandten, ein Vermögensverlust u. s. w. Welches werden die Früchte der Trübsal sein? Sie wird durch heilsamen Schmerz die gottentfremdete Seele zur Reue stimmen, wird ihr die verlockendsten Vergnügungen verleiden, wird sie zum Bewußtsein ihrer Ausschweifungen und Laster bringen und wird sie endlich in die Arme wahrer, religiöser Freunde führen. Die Seele erkennt ihr Uebel, sie forscht nach dessen Quelle, nach dessen Heilmitteln; jetzt kannst Du ihr von Sünde, Bekehrung und Beicht reden; bald fühlt sie sich in die glückliche Nothwendigkeit einer ernstlichen Lebensänderung versetzt, weil es ihr so zu sagen unmöglich wird, in der Sünde länger zu verharren.

Dieses alles beweist uns hinlänglich, daß wir unter allen Bedingungen der Trübsal freudig entgegengehen sollten; denn sie macht den Gerechten noch gerechter und zwingt den Sünder gleichsam zur Buße. Nur diejenigen haben Ursache sich zu betrüben, auf deren verhärtetes Herz die Trübsal ihre heilsame Wirkung verfehlt, und die im Feuerofen der Leiden nicht besser oder noch schlimmer werden. Eine solche unbeugsame Verstockung ist das sicherste und augenscheinlichste Zeichen der Verwerfung. Ein Christ, der ein gottloses Leben führt, und den der Herr nicht züchtigt, der soll erzittern, wenn noch ein Funken von religiösem Gefühl in ihm lebt; aber ein Sünder, den Gott schlägt, und der sich nicht beugt unter der Zuchtruthe, den kann man zu den Verworfenen zählen.

Fünftes Kapitel.

Von dem guten Gebrauch der Leiden.[1]

Wir lassen uns schwer davon überzeugen, daß es eine Güte Gottes ist, diejenigen, die er liebt, zu züchtigen. Warum, sagt man, hat Gott ein Vergnügen darin, uns leiden zu sehen? Könnte er uns denn nicht gut und vollkommen machen, ohne uns zuerst in Schmerz und Elend zu stürzen? Gewiß könnte er es; denn bei ihm ist kein Ding unmöglich. In seiner allmächtigen Hand hält er alle Herzen der Menschen und wandelt sie um, wie es ihm gefällt. Allein

---

[1] Dieses Kapitel ist den Werken Fenelon's entnommen. Siehe auch: Nachfolge Christi II. B. 11. u. 12. Hptst.; III. B. 47. u. 49. Hptst.

Gott, der uns ohne Leiden retten könnte, hat dies nicht gewollt, wie er auch die Menschen den Schwächen der Kindheit und dem allmähligen Heranwachsen unterwerfen wollte, statt daß er sie in der vollen Kraft des Mannesalters erschuf. Er ist der Herr: wir haben nur zu schweigen und seine unendliche Weisheit anzubeten, ohne sie ergründen zu wollen. Alles, was wir wissen, ist, daß wir nur vollkommen werden können, wenn wir demüthig, uneigennützig, losgeschält von uns selbst sind und Alles bloß auf Gott beziehen.

Ohne ein Wunder ist es nicht möglich, daß die Gnade uns losschält von uns selbst, uns unsere Eigenliebe entreißt, und dabei uns nicht wehe thut. Wenn eine von sich selbst eingenommene Seele in einem Augenblick aller Eitelkeit abstürbe, so wäre dieses ein ebenso großes Wunder, als wenn ein Kind sich zu Bett legte und als dreißigjähriger Mann wieder aufstünde. Wunder wirkt aber Gott nicht alle Tage, weder im natürlichen noch im übernatürlichen Leben.

Gott verbirgt sein Wirken unter einem fast unmerklichen Fortschritte. Was er thut, geschieht nicht nur nach und nach, sondern auch oft durch einfache und angemessene Mittel, so, daß die menschliche Weisheit weniger den Finger Gottes erblickt und den Erfolg eben den Mitteln, die ganz natürlich scheinen, zuschreibt; würden wir beständig Wunder im Wirken Gottes sehen, wo wäre dann das Verdienst des Glaubens? Gott will aber, daß wir hienieden glauben, ohne zu schauen.

Daß wir aber hienieden im Glauben leben, hat einen doppelten Zweck. Der Gerechte wird dadurch geprüft, denn er muß im Dunkel dieses Lebens der eigenen Vernunft entsagen, und der Sünder, der in seiner Vermessenheit es

nicht verdient, das Licht zu schauen, wird dadurch verblen=
det: er sieht die Werke Gottes und versteht sie nicht. Das
wahre Verständniß verdient nur der, welcher seinem eigenen
Verstande mißtraut; die stolze Wahrheit der Menschen ist
nicht würdig, in die Rathschläge Gottes einzudringen.

Gott will also das Wirken der Gnade im Dunkel des
Glaubens verbergen und läßt sie deshalb langsam und
schmerzlich wirken. Er bedient sich der Unbeständigkeit und
Undankbarkeit der Menschen, so wie der Enttäuschungen
und des Ueberdrusses, den man bei allen irdischen Genüssen
findet, um uns von den Geschöpfen und den trügerischen
Freuden dieser Welt loszuschälen. Er entäußert uns von
uns selbst, indem er uns durch unzählige Rückfälle in die=
selben Fehler unsere Schwäche und Verdorbenheit hand=
greiflich macht. Alles dieses kommt uns ganz natürlich
vor, und durch diese lange Reihe von scheinbar ganz natür=
lichen Mitteln läutert er uns nach und nach, wie an einem
langsamen Feuer. Man möchte sich schon recht gern auf
einmal von der Flamme reiner Gottesliebe verzehren lassen;
aber was würde uns eine so schnelle Vernichtung des eige=
nen Ich und seiner Fehler kosten? Nur unsere grenzenlose
Eigenliebe läßt uns wünschen, in einem Augenblicke und
mit so wenig Kosten vollkommen zu werden.

Warum empören wir uns also über die lange Dauer
unseres Kreuzstandes? Nur, weil wir an uns selbst
hangen. Aber gerade diese Anhänglichkeit an uns selbst
will Gott ausrotten, denn so lange wir von uns selbst
eingenommen sind, kann sich das Werk Gottes in uns nicht
vollenden. Ueber was haben wir uns also zu beklagen?
Unser Unglück ist, daß wir an den Geschöpfen und noch
viel mehr an uns selbst hangen; darum trifft Gott eine
ganze Reihe von Vorkehrungen, die unser Herz nach und

nach von den Geschöpfen lostrennen und uns endlich von uns selbst losschälen. Dies ist eine schmerzhafte Operation, allein unsere eigene Verdorbenheit macht dieselbe nothwendig, und sie ist es auch, wodurch dieselbe schmerzlich wird. Sind alle unsere Glieder gesund, so schneidet und brennt der Wundarzt nicht; er thut uns nur weh, wenn die Wunde recht tief und das Fleisch recht faul ist. Je mehr Schmerzen er uns also verursacht, desto sicherer ist es, daß der Schaden gefährlich war. Ist es nun grausam von dem Wundarzte, wenn er zuschneidet, so lange es nothwendig ist? Gewiß nicht, er thut es nur uns zu Liebe; seinen einzigen Sohn würde er nicht anders behandeln.

Gerade so handelt Gott mit uns: nur gezwungen thut er uns weh: sein Vaterherz will uns nicht betrüben; allein er muß dennoch tief in das gesunde Fleisch einschneiden, um den verborgenen Schaden an unserem Herzen zu heilen. Er muß uns das entreißen, was wir zu sehr lieben, und durch dessen Werthschätzung wir ihn beeinträchtigen. Er verfährt mit uns, wie die Mutter mit ihrem kleinen Kinde; sie fürchtet seine Thränen nicht, wenn sie ihm das Messer nimmt, mit dem es sich tödtlich verwunden könnte. Wir weinen, wir verlieren allen Muth, wir schreien Ach und Weh, wir wollen uns gegen Gott wehren, wie die Kinder, die sich mit Händen und Füßen gegen ihre Mutter sträuben. Aber Gott läßt uns weinen und heilt uns. Er sucht uns nur heim, um uns zu bessern. Selbst wenn er uns ganz niederzuschmettern scheint, so thut er es nur zu unserem Besten und um uns die Leiden zu ersparen, die wir uns selbst zufügen würden. Hätte uns Gott das gelassen, was wir beweinen, so hätte es uns ewige Thränen gekostet; das, was wir verloren glauben, war verloren, als wir es zu besitzen wähnten. Gott hat es nur in Sicherheit gebracht, um es uns bald in der Ewigkeit wieder zu geben. Gott nimmt uns das, was wir lieben, um uns eine reinere beständigere und geregeltere Liebe dafür einzuflößen, uns den ewigen Besitz desselben in seinem Schooße zu sichern und um uns hundertmal mehr Gutes zu thun, als wir selbst es nur wünschen können.

Nichts geschieht auf Erden ohne den Willen Gottes. Gott thut Alles, er ordnet Alles, er leitet Alles, er verleiht jedem Geschöpf Alles, was er besitzt. Er hat die Haare unseres Hauptes, die Blätter jedes Baumes, die Sandkörner am Meeresufer, die Wassertropfen in dem Ocean gezählt. Bei der Schöpfung des Weltalls hat seine Weisheit auch das letzte Sonnenstäubchen gemessen und gewogen. Er ist es, der uns jeden Augenblick neuen Lebensodem einhaucht: er hat unsere Tage gezählt und hält in mächtiger Hand die Schlüssel der Grabespforten, um sie zu öffnen und zu schließen. Was uns am auffallendsten vorkommt, ist Nichts in seinen Augen; einige Lebensjahre mehr oder weniger sind vor ihm kein Unterschied. Was liegt daran, ob die sterbliche Hülle, dieser Leib von Staub ein wenig früher oder später der Verwesung anheimfalle?

O wie kurzsichtig und trügerisch ist unser Urtheil! Es stirbt ein Jüngling in dem Frühling seiner Jahre dahin; wir entsetzen uns: „Welch furchtbarer Verlust!“ heißt es. Aber wen trifft denn der Verlust? Was hat der Dahingeschiedene verloren? Einige Jahre voll Eitelkeit, voll Täuschung, voll Gefahren eines ewigen Todes. Gott nimmt ihn hinweg aus der Mitte der Sünder; schnell hat er ihn der verdorbenen Welt und der eigenen Schwäche entrissen. Was verlieren diejenigen, denen der Verstorbene theuer war? Sie verlieren das Gift weltlichen Glückes; sie erwachen aus ihrem ununterbrochenen Freudentaumel; sie werden ihrer

langen Gottes= und Selbstvergessenheit entrissen; sie ge=
winnen durch die Kraft des Kreuzes das Glück der Ent=
sagung. Durch einen Schlag rettet Gott den Sterbenden
und führt die Angehörigen zur Losschälung, auf daß sie
fortan muthig an ihrem ewigen Heile arbeiten. — O, wie
wahr ist es also, daß Gott unendlich gut, daß er unendlich
liebevoll ist, daß sein Vaterherz Mitleid hat mit unsern
wirklichen Leiden, selbst in dem Augenblicke, wo seine Blitze
uns niederzuschmettern drohen und uns die Versuchung
kommt, über seine Strenge zu klagen!

Welchen Unterschied finden wir jetzt zwischen zwei Per=
sonen, die vor hundert Jahren gelebt haben! die eine starb
zwanzig Jahre vor der andern; jetzt sind beide schon lange
todt. Die Trennung, die ihnen damals so lang und so
hart schien, kommt uns jetzt wie Nichts vor und war auch
wirklich nur eine sehr kurze. Bald wird das Getrennte
vereinigt werden, so daß kein Gedanke an die kurze Tren=
nung mehr bleibt. Wir thun als wären wir unsterblich,
oder als sollten wir Jahrhunderte lang leben. Welche Thor=
heit! wie schnell eilen nicht die Sterbenden alle Tage den
Gestorbenen nach! Wer nur zwei Tage nach seinem Freunde
dieselbe Reise antritt, kann nicht annehmen, daß er weit
von dem Andern entfernt bleibt. Das Leben fließt dahin,
wie ein Strom. Die Vergangenheit ist nur noch ein Traum;
die Gegenwart entflieht in demselben Augenblicke, da wir
sie festzuhalten wähnen und stürzt sich in den Abgrund der
Vergangenheit. Die Zukunft wird es nicht anders machen;
auch sie wird reißend schnell verschwinden. Tage, Monate
und Jahre drängen und treiben sich wie die Wellen eines
Stromes, von denen die eine die andere jagt. Noch wenige
Augenblicke, und Alles ist dahin! Die Prüfungsstunde,

4*

die Leidensnacht, die uns ewig zu dauern schien, wie kurz wird sie uns vorkommen, wenn Alles vorüber ist!

Nur unsere Eigenliebe macht uns schwach und so empfindlich. Der Kranke auf seinem Schmerzenslager zählt Stunde um Stunde; die Nacht will ihm kein Ende nehmen, und doch ist sie so kurz wie alle andern Nächte. Wir übertreiben unsere Leiden aus Feigheit: sie sind groß, aber unsere Empfindlichkeit macht sie noch viel größer. Das rechte Mittel, sie abzukürzen, besteht darin, daß wir uns muthig Gott überlassen. Allerdings leiden wir; allein Gott will es so, um uns zu läutern und uns seiner würdig zu machen. Die Welt lächelte uns so freundlich zu, und dieses Glück vergiftete unser Herz. Hätten wir bis zum furchtbaren Augenblicke des Todes so dahinleben mögen, in dieser Sinnlichkeit, in diesen Lustbarkeiten, in dieser Pracht, in diesen eiteln Freuden, in diesem Triumphe unseres Stolzes, in der Liebe zur Welt, zur Feindin Christi, in dieser Scheu vor dem Kreuze, das doch allein uns heiligen kann? Die Welt wird uns den Rücken drehen, wird uns undankbar vergessen, uns verkennen, uns zu dem zählen, was nicht mehr ist. Wer könnte sich darüber wundern, daß die Welt immer Welt, d. h. immer ungerecht, trügerisch und treulos ist! Und doch schämen wir uns nicht, eine solche Welt zu lieben und wünschen vielleicht, sie jetzt noch lieben zu können. Dieser abscheulichen Welt entreißt uns Gott; er will uns aus ihren fluchwürdigen Sklavenketten erlösen, um uns zur seligen Freiheit jener Seelen zu führen, die Allem entsagt haben, und das macht uns trostlos! Wenn wir uns die Geringschätzung seitens dieser verächtlichen und verabscheuungswürdigen Welt so nahe gehen lassen, so sind wir unsere eigenen Feinde. Was uns gut ist, wollen wir nicht, und was uns Unheil bringt, darnach seufzen wir! Welch unwürdige Ursache so vieler Thränen und so vieler Schmerzen!

Wenn Gott mich so recht an der empfindlichsten Stelle verdemüthigt, um so besser! Bete die Hand an, die Dich schlägt, kein Wort komme über Deine Lippen, als: ich habe es verdient! Der Kelch ist bitter, aber mit meinem Heilande muß ich ihn bis auf die Hefe leeren. Christus starb für seine Mörder; er hat mich gelehrt, meine Beleidiger zu lieben, zu segnen und für sie zu beten.

Verdoppeln wir unsere Gebete zur Stunde des Kampfes, der Aufregung und der Versuchung. In dem Herzen unseres am Kreuze sterbenden Erlösers finden wir die Kraft um Diejenigen zu lieben, die unser Stolz hassen möchte.

Ein Kreuz, das wir lieben, ist nur ein halbes Kreuz, weil die Liebe Alles versüßt; nur wer arm an Liebe ist, ist reich an Leiden. Glücklich die Seele, die viel und recht leidet! Wie unglücklich wäre ich, wenn ich nicht mit Christus leiden würde, da ich nur hienieden bin, um durch das Kreuz geläutert zu werden.

Gott prüft durch Krankheit und äußerliche Noth: wir müssen aus Allem Nutzen ziehen! Jedes Kreuz, das Gott uns schickt, ist uns nothwendig. Wir leiden viel, nur weil wir an Vielem hangen, von dem uns Gott losschälen muß. Wir widerstehen und verzögern das Werk Gottes in uns; wir stoßen die heilende Hand zurück, und so muß Gott immer wieder von Vornen anfangen; wir kämen weit wohlfeiler weg, wenn wir Gott ganz mit uns machen ließen.

Das Kreuz ist nie fruchtlos, wenn man es im wahren Opfergeist annimmt. Selig, wer zu Allem bereit ist und nie sagt: Es ist zu viel! Selig, wer nicht auf sich selbst, sondern auf den Allmächtigen baut, wer nicht mehr Tröstungen wünscht, als Gott geben will, und wer sich nur von seinem Willen nährt!

Das Kreuz ist ein so sicheres Zeichen der Barmherzig= keit und eine so reiche Gnadenernte für treue Seelen, daß wir, trotz dem Sträuben der Natur, doch im Glauben darüber frohlocken sollen. Wir finden den Frieden, wenn wir uns dem Herrn ergeben und ihm auch die reinsten Freuden zum Opfer bringen. Gott treibt die Seele bis zum Aeußersten, um sie von Allem loszuschälen, was nicht er selbst ist. Was bleibt uns übrig, als muthig das dar= gebotene Kreuz zu umfassen und uns kreuzigen zu lassen. Wenn er genug gekreuzigt hat, dann tröstet er; aber nicht wie die Geschöpfe, deren Trost nur die Eigenliebe nährt, sondern auf wahre und bleibende Weise.

In der Ergebung in Gottes Willen und in der Ent= behrung jeglichen äußeren Trostes seinen Frieden finden, das ist eine große Gnade; dadurch lernen wir in der Prü= fung ausharren, ohne den Muth zu verlieren. Gott hat alles Recht, über seine Geschöpfe zu verfügen, und in unserer Sündhaftigkeit verdienen wir jede Verdemüthigung und jedes Kreuz: diese beiden Gedanken sollen in der Prüfung unsere Stärke sein. Lassen wir nun Gott walten; die Menschen vermögen Nichts: wenn Alles verloren scheint, ist oft Alles gewonnen. Gott will mit eigener Hand uns niederwerfen und mit eigener Hand uns auch wieder aufrichten.

Glücklich, wer leidet, wenn er nur recht leidet und die göttliche Gerechtigkeit sühnt! Was Alles schulden wir nicht dieser Gerechtigkeit, und welche Leiden hätten wir nicht streng genommen verdient? Statt ewiger Peinen schickt uns Gott einige Stunden der Krankheit; statt des Verlustes der Anschauung Gottes, statt der Wuth und Verzweiflung der höllischen Geister sendet der Allbarmherzige uns einige kurze Leidenstage, wo wir ruhig die Hand anbeten, die uns aus Liebe schlägt! Solche Kreuze verdienen Dank und keine Klagen. Unser Herz muß uns sagen, daß es Gnaben sind. Hätte Gott uns selbst mit Aussatz geschlagen, so würde er noch immer uns schonen; denn wie viel furchtbarer ist nicht der Aussatz des Stolzes, der Sünde und der Selbstvergötterung!

Ein selbstgewähltes Kreuz ist fast Nichts; Gott allein versteht sich auf unsere Erziehung durch die Selbstverläugnung.

Das Kreuz, das Gott uns schickt, bricht unsern Stolz nicht ohne uns; wir müssen das Unsrige thun: nur wenn wir ruhig vor Gott unserem eigenen Willen entsagen, kann die Gnade uns wahrhaft demüthigen und läutern.

Geben wir nur uns selbst und unsere Eigenliebe auf. So lange wir an uns selbst hangen bleiben, sind wir den Widersprüchen der Menschheit, ihrer Bosheit und Ungerechtigkeit ausgesetzt; unsere Launen vertragen sich nicht mit den Launen Anderer, unsere Leidenschaften widerstreben den Leidenschaften Anderer. Jeder unserer Wünsche ist eine verwundbare Stelle, an der uns die Menschen nur anzugreifen brauchen, um uns zu verletzen. Nur in der Selbstverläugnung ist unser Friede, und unser Frieden wird stets um so vollkommener sein, je vollkommener wir uns selbst entäußern.

Zweiter Theil.

Von der wahren Frömmigkeit, als der unentbehrlichen Grundlage des innern Friedens, und von den Wegen, auf denen Gott die Seelen zur Vollkommenheit und zum Frieden führt.

Viele Seelen haben einen sehr guten Willen; allein es fehlt ihnen der richtige Begriff von der Frömmigkeit, und dies ist ihrem innern Frieden, und ihrem Fortschritte in der Vollkommenheit äußerst nachtheilig. Darum ist es ganz dem Zwecke dieses Buches gemäß, wenn wir jetzt im zweiten Theile

1. den richtigen Begriff der wahren und gründlichen Frömmigkeit aufstellen;

2. kurz die Wege und Mittel angeben, durch die Gott meistens die Seelen zur Heiligung führt;

3. die wichtigsten Täuschungen und Irrthümer bezeichnen, die uns dabei hindernd in den Weg treten.

Erstes Kapitel.
Worin die wahre, gründliche Frömmigkeit besteht, und worin wir das Beispiel der Heiligen nachahmen sollen.

Wir reden hier nicht mit denjenigen, welche zwei Herren dienen wollen und unter dem Scheine äußerlicher

Frömmigkeit sich allen weltlichen Vergnügungen hingeben, sondern einzig zu denen, welche den aufrichtigen Willen haben, Gott allein anzuhangen. Von diesen wissen viele wenigstens praktisch nicht, worin der Dienst des Herrn besteht, und auf welchem Wege sie sicher und leicht ihren Pflichten nachkommen können. Entweder vernachläſſigen sie das Wichtigſte im geiſtigen Leben und hängen sich an Kleinigkeiten, die ihre Einbildung ihnen als Pflichten vormalt, oder sie vergessen, in welch traurigem Zuſtande uns die Erbſünde verſetzt hat und bemühen sich um ein unerreichbares Ideal der Vollkommenheit, das ihnen nur Muthloſigkeit, Traurigkeit und Niedergeſchlagenheit bereitet. Beides hindert jeden Fortſchritt in der Tugend, und das langjährige Streben vieler Seelen läßt sich daher in das Wort des Apoſtels zuſammenfaſſen: „Wir haben die ganze Nacht gearbeitet und nichts gefangen." [1] Ja, sie haben wirklich Nachts gearbeitet, denn keine Erleuchtung von Oben leitete ihre Bemühungen, und bei dem Streben nach Vollkommenheit, wie bei jedem anderen Unternehmen reicht der gute Wille ohne wahre Einſicht und richtiges Verſtändniß nicht hin. Wir wollen daher vor Allem einen ebenſo klaren, als kurzen Begriff von der wahren Frömmigkeit geben, welche die Seele durch die Vereinigung mit Gott hienieden zum Frieden und dort oben zum ewigen Heile führt. Dieser Begriff gründet sich auf die richtige Erkenntniß unſeres Verhältniſſes zu Gott und der daraus hervorgehenden Pflichten. Gott iſt unſer Schöpfer und dadurch unſer Herr und Meiſter. Er kann mit vollem Rechte nach seinem Wohlgefallen über uns und über alles Unſrige, über unſere Gedanken, Wünſche, Handlungen u. ſ. w. verfügen.

---

[1] Luk. V. 5.

Allein in seiner Güte wollte er nicht nur Herr, sondern Vater und Heiland für uns sein, und hieraus ergeben sich schon unsere Pflichten gegen ihn. Unsere erste Pflicht ist die gänzliche Unterwerfung unter seine Oberherrschaft und unter sein Gesetz. Das Geschöpf muß immer bereit sein, sich selbst zu verleugnen, d. h. seine Neigungen und Wünsche dem Willen Gottes zum Opfer zu bringen; denn es hat ja nur das Dasein erhalten, um den Willen seines Schöpfers zu erfüllen. Deshalb sagt der heilige Franziskus von Sales: „Die Frömmigkeit ist nichts Anderes als die Geneigtheit und Bereitwilligkeit, Alles zu thun, was man als Gott wohlgefällig erkennt."

Unsere zweite Pflicht gegen Gott, als gegen unsern Vater und Heiland, ist die Liebe und das Vertrauen. Von dieser Pflicht weichen die ängstlichen Seelen nur zu oft ab, indem sie in Gott nur einen harten und strengen Herrn erblicken. Eine solche Ansicht widerstrebt der Wahrheit und der Ehre Gottes und ist überdies für die betreffenden Seelen eine Quelle innerer Beängstigungen und Unruhen.

Aus dem Gesagten ergibt sich leicht das Wesen der wahren Frömmigkeit. Wer Gott mit unbeschränkter Hingebung dient, wer ihm seine Eigenliebe opfert, und dieß mit liebendem Vertrauen auf die göttliche Güte thut, der ist wahrhaft fromm; denn er wird alle seine Pflichten erfüllen. Er wird den Herrn durch Liebe, Anbetung, Gebete, Gleichförmigkeit mit dem göttlichen Willen und Geduld in allen Leiden ehren; ebenso wird er allen Regeln der christlichen Gerechtigkeit und Liebe nachkommen und so auch seine Pflichten gegen den Nächsten erfüllen; endlich wird er auch die Verpflichtungen gegen sich selbst nicht versäumen, sondern großmüthig gegen seine ungeordneten Leidenschaften kämpfen und sich bemühen, in seiner Seele wieder jene schöne Ordnung herzustellen, welche die Sünde zerstört hat.

Dieß ist in wenigen Zeilen der Begriff der wahren Frömmigkeit, dem alles Folgende nur zur Erweiterung und näheren Entwicklung dienen kann. Allein es ist leicht begreiflich, daß man diesen Begriff der Vollkommenheit in verschiedenem Grade in sich verwirklichen kann; denn es ist ein sehr großer Unterschied zwischen dem niedrigsten Grade der Selbstverleugnung, welcher nur in der Enthaltung von jeglicher Todsünde besteht, und jener Vollkommenheit, die selbst in den unwichtigsten Dingen jede unvollkommene Regung überwindet. Den Weg bis zu dieser letzten Stufe zurückzulegen, ist selbst für die größten Heiligen die Aufgabe eines ganzen Lebens gewesen. Nur langsam schreitet man auf dieser Bahn voran, und nicht Allen ist es gegeben, das Ziel zu erreichen, obwohl Alle demselben zustreben sollen. Wenn der Heiland uns sagt: „Seid vollkommen, wie Euer Vater im Himmel vollkommen ist," so heißt dieß: strebet ohne Unterlaß nach jener Vollkommenheit, die so vorzüglich ist, daß Ihr Euch nie werdet sagen können: ich habe sie erreicht.

Auf dem Wege zur Vollkommenheit finden sich zwei Klippen. Die erste ist die Feigheit. Viele Christen sind zufrieden mit sich selbst, weil sie thun, was streng genommen zum Heile nothwendig ist. Sie bekümmern sich wenig darum, Gott auch auf vollkommenere Weise ihre Liebe und Unterwerfung zu zollen und denken nicht daran, wie sehr sie sich dadurch der Gefahr aussetzen, bald sogar ihre wichtigsten Pflichten zu vernachlässigen und das Heil ihrer Seele zu gefährden. Zu Diesen reden wir hier nicht; denn sie muß man durch ernste und eindringliche Ermahnungen

aus ihrem trägen Schlummer aufwecken und braucht sie ge=
wiß nicht vor übertriebenem Eifer zu warnen. -

Die zweite, noch weit gefährlichere Klippe sind die
irrigen Begriffe, welche aufrichtig fromme Seelen sich zu
oft von ihren Pflichten machen. Solche Seelen sind häufig
in einer fast vermessenen Unwissenheit befangen: die wirk=
lichen Anforderungen, die der Dienst Gottes an sie stellt,
verkennen sie und machen dafür Ansprüche an' sich selbst,
die weit über ihre Kräfte und über die Absichten Gottes
hinausgehen. Es ist daher sehr nothwendig, solche Täu=
schungen zu beseitigen, welche auf die unheilvollsten Irr=
wege führen können, alle Anstrengungen fruchtlos machen
und überdies den Seelen den innern Frieden rauben, den
ihr guter Wille ihnen sichern sollte. Wir werden demnach
in den nächsten vier Kapiteln die Irrthümer derjenigen
aufdecken, die statt des göttlichen Gesetzes ein Gebilde ihrer
eigenen Einbildungskraft als Richtschnur der Vollkommen=
heit ansehen und deßwegen sich selbst ebenso unvernünftige,
als unausführbare Vorschriften machen.

Sind diese leider so sehr verbreiteten falschen Begriffe
berichtigt, so zeigen wir dann noch in den letzten Kapiteln
des zweiten Theils, worin die Bedingungen zu unserem
geistlichen Fortschritte bestehen, und auf welchen Wegen
Gottes Vorsehung die Seelen gewöhnlich zur Vollkommen=
heit führt. — Zu allererst folgen aber hier einige höchst
wichtige Bemerkungen über die irrigen Vorstellungen, die
man sich oft von dem Leben der Heiligen und der so sehr
anempfohlenen Nachahmung ihrer Tugenden macht; denn
diese Punkte sind eine der reichsten Quellen der oben be=
sprochenen Irrthümer. Die unvollständige und unver=
ständige Weise, auf die man nicht selten das Leben der
Heiligen schreibt, trägt freilich nicht wenig dazu bei, den

Lesern falsche Ansichten beizubringen; denn man erzählt darin meistens unnachahmliche wunderbare Dinge, deren Glanz uns fesselt, und mit denen wir dann das Wesen der Heiligkeit verwechseln, obwohl sie nur zufällige Folgen derselben sind.

Gott hat durch gewisse Heilige sichtbare Wunder gewirkt, um sie zur Ehre seiner Kirche mit Ruhm vor den Menschen zu krönen; auch hat er ihre Seele mit außergewöhnlichen Gnaden überhäuft, und hierauf beruhen gewisse auffallende Thaten in ihrem Leben; allein dieses Alles ist es nicht, was ihre Heiligkeit ausmacht. Viele Andere haben sich durch ein mühevolles, verborgenes Leben nicht weniger Verdienste vor Gott gesammelt. Bellarmin, der lange geistlicher Führer im römischen Collegium war, während der heilige Aloysius von Gonzaga sich daselbst befand, sagte oft: es lägen in der Gruft dieses Hauses mehrere junge Ordensbrüder, die trotz ihrer Verborgenheit jenem Heiligen an Vollkommenheit nicht nachstünden. Die Heiligkeit hängt also nicht von außerordentlichen Gnaden ab; denn diese sind nicht eine Folge des Verdienstes, sondern bloß eine Wirkung des göttlichen Willens. Dem Einen verleiht der Herr solche auffallende Vorzüge, von dem Andern aber verlangt er ein stilles und gewöhnliches Leben. Wenn wir also das Leben der Heiligen lesen, so müssen wir uns nicht den Schwärmereien der Einbildungskraft überlassen, welche sich nur von dem Außerordentlichen angezogen fühlt. Wir setzen uns sonst der Gefahr aus, entweder im vermessenen Ehrgeize das Gelesene in uns verwirklichen zu wollen, oder uns dem Kleinmuth und der Muthlosigkeit hinzugeben, weil wir verzweifeln, je zu etwas Aehnlichem zu gelangen; gerade als wenn wir außer dem Wunderbaren nichts von den großen Helden des Christenthums lernen könnten.

Das, was wir an den Heiligen nachahmen sollen, ist im Gegentheil ganz unabhängig von dem Wunderbaren, das sich in ihrem Leben vorfindet. Wir sollen uns ein Vorbild nehmen an den Tugenden, die sie geübt, an der Treue, womit sie mit der empfangenen Gnade, was sie auch immer von ihnen verlangen mochte, mitgewirkt haben, an der Großmuth, womit sie ihre Eigenliebe opferten, um den göttlichen Einsprechungen zu folgen, und endlich an dem heldenmüthigen Kampfe gegen die ungeordneten Neigungen, welche die Erbsünde in ihnen, wie in uns, zurückgelassen hatte. Hier nun kommen wir auf einen sehr allgemeinen Irrthum zu sprechen. Man stellt sich die Heiligen oft schon während ihres irdischen Lebens so vor, wie sie jetzt im Himmel sind, das heißt in dem vollen Glanze der Glorie und Reinheit; man betrachtet sie fast als ganz andere Menschen, denen die Schwächen und Verdorbenheit unserer Natur fremd waren, und die folglich nur wollen durften, um ohne Kampf die heldenmüthigsten Tugenden auszuüben. Wenn man uns daher aufmuntert, ihnen nachzufolgen, so entschuldigen wir uns mit den Worten: ja, das waren auch Heilige! wie wenn diese Eigenschaft sie zu ganz anderen Wesen oder zu Engeln machte. Bei einigem Nachdenken sehen wir allerdings leicht selbst ein, daß dem nicht so sein kann; allein praktisch bleiben wir dennoch bei unserer irrigen Ansicht, die sich oft genug in unserer Rede- und Handlungsweise ausspricht. Die meisten Legenden bestärken uns darin, weil darin die Kämpfe, Schwächen und Fehler der Heiligen mit Stillschweigen übergangen oder doch kaum berührt sind, so gewährt man uns doch keinen Einblick in ihr Inneres; man zeigt uns nicht das Elend und die Ohnmacht der Natur, denen sie, wie wir, und vielleicht mehr, als wir, unterworfen waren, die sie aber muthiger und standhafter, als wir, bekämpften.

Und doch sollte man uns gerade dieses vor die Augen führen, um uns in der Versuchung zu trösten, um uns neuen Muth zu verleihen und um uns durch Beispiele zu belehren, die wir nicht nur nachahmen können, sondern auch nachzuahmen verpflichtet sind. Wir müssen die Heiligen kämpfen und wanken sehen; wir müssen den großen Völker=apostel hören, der über die Empörungen des aufrührerischen Fleisches klagt und von der ungestümen Wuth seiner Leidenschaften hart bedrängt ausruft: „Ich Unglücklicher! wer wird mich von dem Leibe dieses Todes befreien?"[1] wir müssen der Schwäche des Apostelfürsten gedenken, der seinen Meister dreimal verleugnete: dann werden wir er=kennen, daß noch nicht Alles verloren ist, selbst wenn wir in eine schwere Sünde fallen sollten. Nur dürfen wir auch Pauli Zuversicht auf Gottes Gnade, dürfen Petri demuthsvolle Reue und großmüthige Buße, sowie sein un=begrenztes Gottvertrauen nicht vergessen; von den andern Heiligen, deren Leben uns so vielerlei zu lernen gibt, gar nicht zu reden!

Ja, was der heilige Apostel Jakobus von dem gott=begnadigten Propheten Elias sagt, das gilt von allen Hei=ligen: sie sind Menschen, wie wir, den Leiden unterworfen, wie wir. Auch sie fühlten in sich den ewigen Kampf zwi=schen Fleisch und Geist, jene traurige Folge der Sünde unserer Stammeltern. Viele unter ihnen waren lange Jahre in den Ketten ihrer Leidenschaften gefangen, und selbst nach ihrer Bekehrung war der harte Kampf gegen dieselben das tägliche Brod ihres ganzen Lebens. Nicht

---

[1] Röm. VII. 24.

immer wurde ihnen voller Sieg zu Theil; denn „wir Alle fehlen in vielen Dingen,“ [1] sagt uns der nämliche Apostel. Kleine Fehler entschlüpften allerdings ihrer Schwachheit. Nur wußten sie die Fehler, welche ihnen entschlüpften, schnell wieder gut zu machen, und ihr Herz blieb gerade vor Gott; sie suchten den Herrn mit wahrer Großmuth, und sie beharrten mit seiner Gnade in dem festen Vorsatze, ihm nichts abzuschlagen, was er auch verlangen möge. Diese Großmuth ist es, die wir nachahmen sollen. Ohne Zweifel werden wir mehr und größere Fehler begehen, als die Heiligen, und es werden uns auch keine so hohen Gnaden zu Theil werden wie ihnen; allein dafür haben wir auch keine so große Rechenschaft abzulegen. Gott verlangt nur, daß wir den uns verliehenen geringeren Gnaden mit derselben Treue entsprechen, mit der die Heiligen die ihnen geschenkten hohen Gnaden benützten. Thun wir dieß, so sind wir wahre Nachahmer der Heiligen, obwohl wir ihnen an Tugend und Verdienst weit nachstehen; dann verwerthen wir das uns anvertraute Talent, und das ist es, was der Herr von uns fordert.

Alle Christen sind zur Vollkommenheit und Heiligkeit berufen; allein nicht Allen hat Gott denselben Grad und dieselbe Art von Heiligkeit bestimmt. Die Kirche selbst sagt uns, daß nicht zwei Heilige einander gleich sind, und folglich ist auch die Gnade eines Jeden verschieden, wie der Beruf. Dasselbe lehrt uns Christus in der Parabel von den ungleich vertheilten Talenten, wo der Hausvater von jedem Knechte den der anvertrauten Summe entsprechenden Gewinn verlangt und sie gleichen Lohnes würdig erklärt, obgleich sie ihm nicht gleich große Schätze aufweisen können.

---

[1] Jak. III. 2.

So darf auch in geistiger Beziehung derjenige, welcher wenig empfangen, aber das Empfangene treu verwerthet hat, mit demselben Vertrauen vor Gott hintreten, wie der mehr Begünstigte, der reichere Gaben zu bringen hat. Wie sehr würde nicht der erstere die Absichten des Hausvaters mißkennen, wenn er sich verpflichtet glaubte, mit seinem einen Talente so viel zu gewinnen, als ein Anderer mit zwei! Wie unvernünftig wäre er, wenn er dieselben Unternehmungen beginnen und in Allem so verfahren wollte, als der, welchem eine beträchtlichere Summe anvertraut worden! Wofern er aber im Ganzen mehr seine Eigenliebe, als die Ehre und den Nutzen seines Herrn im Auge hielte, und Eifersucht und geheimen Aerger darüber empfände, daß Andere durch die Güte seines Herrn mehr begünstigt worden, so hieße dieß den Ehrgeiz mit seinem ganzen Gefolge von Lastern und Gefahren von den irdischen Dingen ins geistige Leben übertragen; das wäre eine Täuschung, vor welcher man sich nicht genug bewahren kann.

Kraft der überreichlichen Verheißungen Gottes dürfen allerdings Alle zuversichtlich von ihm die gewöhnlichen Gnaden erwarten, die ihnen zur Erfüllung der allgemeinen Christenpflichten und der besonderen Standespflichten nothwendig sind. Außerdem kann jede Seele durch Gebet und treue Mitwirkung mit den schon verliehenen Gnaden von der unendlichen Freigebigkeit Gottes so viele neue Gnaden erlangen, als den Absichten, die der Herr mit ihr hat, entsprechend sind. Auch soll keine Seele der Güte Gottes eigenwillig dadurch Schranken setzen, daß sie sich weigert, so weit voranzuschreiten, als Gott sie führen will. Allein es wäre eine sträfliche Vermessenheit, jene außerordentlichen Gnaden und Vorzüge zu beanspruchen, welche Gott den Heiligen gewährt hat. Diese Heiligen selbst hielten sich solcher Gnaden ganz unwürdig. Die christliche Demuth verträgt sich nicht mit solchen ehrgeizigen Plänen und noch weniger mit der Eifersucht, die gewisse Seelen so sehr aufregt, wenn sie sehen, daß Andern große Gnaden zu Theil werden, die Gott ihnen selbst versagt. Es ist also eine Selbsttäuschung und eine Verblendung der Eigenliebe, wenn man vermessene Ansprüche macht auf die besondern Vorzüge der Heiligen, auf ihre himmlischen Erleuchtungen und die unaussprechlichen Tröstungen, die ihnen das Gebet zur Freude machten, während es für uns bei unsern Zerstreuungen und Schwächen oft ein sehr mühsames Geschäft ist.

Daran denken gewisse Personen nicht genug; sie geben sich nicht zufrieden mit dem, was sie vernünftiger Weise mit der ihnen verliehenen Gnade zu thun im Stande sind; sie wollen mit dem heiligen Aloysius ohne Zerstreuung beten, mit der heiligen Theresia jeder Empörung des Fleisches fremd bleiben, mit der heiligen Katharina von Siena bei der heiligen Kommunion von glühender Gottesliebe entflammt sein, und ihr Unvermögen, diese eiteln Chimären zu verwirklichen, stürzt sie bald in Ueberdruß und in Niedergeschlagenheit; dann lassen sie das, was sie können, weil sie nicht können, was sie wollen. So kommt man in dem Gedanken, man strebe nach der Heiligkeit, endlich so weit, daß man selbst seine strengsten Pflichten nicht mehr erfüllt. Der einfache Grund dieser Verirrungen liegt darin, daß man den im geistigen Leben so unentbehrlichen Grundsatz der Mäßigung außer Acht läßt, trotz der eindringlichen Mahnung des Apostels: „Seid weise in Mäßigung!“ [1] Man würde ein Kind auslachen, wenn es die seinen Kräften angemessene Arbeit liegen ließe, um zu thun, was es einen

---

[1] I. Röm. XII. 3.

Riesen thun sieht, und doch machen es die Seelen, von denen wir sprechen, nicht besser.

Wenn man nur einmal recht begreifen wollte, worin die Nachahmung der Heiligen besteht!

Zweites Kapitel.

Wir müssen Gott nach seinem Willen und nicht nach unsern Vorurtheilen und Launen dienen.

Gott nach seinem Willen und nicht nach unsern Vorurtheilen und Launen dienen, heißt: das Gesetz befolgen, welches Gott uns gegeben hat, und nicht dasjenige, welches unsere Einbildungskraft dem göttlichen unterschieben möchte; es heißt die Gedanken Gottes uns aneignen und den unsrigen, die so oft damit im Widerspruche stehen, entsagen. Dieses recht einzusehen, ist hoch nothwendig, weil es die sichere Grundlage alles geistlichen Fortschritts und alles inneren Friedens bildet. Allein eine solche Einsicht fehlt leider vielen Seelen, die mehr guten Willen als Verstand und Erfahrung haben, und sie geht besonders den Skrupulanten ab. Die meisten Beängstigungen, welche letztere sich machen, beruhen auf dem Gedanken an nicht vorhandene Verpflichtungen, die sie sich selbst auferlegen, statt sich mit dem göttlichen Gesetze, wie es in den Geboten Gottes und der Kirche enthalten ist, zu begnügen. Das Schlimmste dabei ist, daß sie ebenso eigensinnig, als unkundig sind und sich über ihre irrigen Begriffe von der wahren Frömmigkeit nicht belehren lassen wollen. Nach ihrer Ansicht besteht die Frömmigkeit in gewissen äußeren Uebungen; diese sind allerdings gut und lobenswerth, allein sie bleiben immer Mittel und Nebensachen. Allein die Seelen, von welchen die Rede ist, legen auf dieselben solches Gewicht, daß sie darüber oft beträchtliche und freiwillige Fehler übersehen, die zu bessern sie sich gar keine Mühe geben. Nicht selten machen sie es sich auch zur strengen Pflicht, gewisse Akte auszuüben und sich in gewisse Stimmungen und Seelenzustände zu versetzen, die mit unseren irdischen Zuständen unvereinbar sind, wie sie denn überhaupt trotz ihrer eigenen täglichen Erfahrung zu vergessen scheinen, zu welcher Schwäche und Ohnmacht uns der Sündenfall unserer Stammeltern verurtheilt hat. So meinen sie zum Beispiele, sie könnten und sollten es dahin bringen, alle Zerstreuungen im Gebete, alle Regungen der Fleischeslust, alle unfreiwilligen bösen Gedanken und Empfindungen von sich fern zu halten; denn sie bilden sich ein, um Gott recht zu dienen, dürfe man keine Versuchung mehr in sich fühlen, während wir doch im Gegentheile meistens um so mehr vom Bösen angefochten werden, je eifriger wir uns bemühen, es in uns zu bekämpfen. Sie scheinen nicht zu wissen, daß sie zwei Menschen in sich tragen: den alten, sündigen, der nur auf Verderbniß und Bosheit sinnt und in hartnäckiger Fehde mit uns liegt, — und den neuen, aus der Gnade wiedergebornen, der gezwungen ist, mit dem ersteren zu leben, dessen ganze Verdorbenheit zu fühlen, seine anhaltenden Anfechtungen zu erdulden und nur durch beständige innere Kämpfe in der Tugend voranzuschreiten.

In Folge ihrer Unwissenheit oder vielmehr ihrer irrigen Vorstellungen schaffen sich skrupulöse Seelen eine Religion, die praktisch durchzuführen rein unmöglich ist. Sie setzen sich dadurch selbst der Gefahr zu verzweifeln aus, weil es ihnen trotz all ihrer Anstrengungen nicht gelingen kann, die chimären Pflichten, die ihre Einbildung ihnen vorspiegelt, zu erfüllen. Im wunderlichsten Widerspruche schlagen sie aber gleichzeitig Gott das ab, was er am dringendsten von

ihm verlangt: nämlich das Opfer ihrer unsinnigen Ein=
bildungen, und die Unterwürfigkeit gegen ihren Seelen=
führer. So schmachten sie Jahre lang in einem beklagens=
werthen Zustande. Sie strengen sich sehr an und leiden
noch viel mehr, aber ohne allen Erfolg; denn sie machen
keine Fortschritte und haben kein Verdienst, weil fast all
ihrem Thun der Eigenwille zu Grunde liegt und es vor
Gott werthlos macht. Sie dienen Gott nicht nach seinem
Willen; sie machen sich im Gegentheile von ihm die falscheste
und beleidigendste Vorstellung. Bald sehen sie in ihm einen
harten, schrecklichen Herrn, der stets die Geißel schwingt,
um sie in seinem Zorne zu züchtigen; bald vergleichen sie
ihn mit den Herrn dieser Erde, die nicht auf den guten
Willen sehen, sondern nur durch vollkommene Dienstleistun=
gen zufrieden zu stellen sind und keine Nachsicht haben mit
dem armen Knechte, der trotz allem guten Willen ihre
Wünsche nicht befriedigen konnte. Denke Dir nun einen
geschäftigen, aber ungeschickten Diener, der stets auf den
Füßen ist, aber immer nur um gerade etwas Anderes zu
thun als das, was man ihm sagt, und stets seinem eigenen
Kopfe folgt, statt auf die Befehle seines Herrn zu achten.
Könnte sein Herr so mit ihm zufrieden sein? Dieß ist
aber das treue Bild jener Seelen, deren Selbsttäuschung
wir hier zu heilen suchen. Der erste Schritt, den sie machen
sollen, um aus ihrem unglücklichen Zustande herauszu=
kommen, ist der, daß sie mit Eifer und daß sie mit größter
Gelehrigkeit, unter der Leitung ihres Führers, dahin arbeiten,
zur Kenntniß ihrer wirklichen Pflichten und zu einem rich=
tigen Begriffe von der wahren Frömmigkeit zu gelangen.
Insbesondere müssen sie es sich recht klar machen, wie seit
dem ersten Sündenfalle der Zustand des Menschen auf
Erden beschaffen ist, damit sie so unterscheiden lernen, was

uns möglich ist, und was wir nicht hindern können. Sie müssen einsehen, daß wir durch die Erbsünde fast alle Macht nicht nur über die sichtbare Schöpfung, sondern auch über unsere eigenen Seelenkräfte verloren haben; daß das, was uns einst unterthan war, jetzt fast über uns herrscht, und daß zu allen diesen Feinden in uns sich von außen noch der Teufel gesellt, um uns zu verführen. Nur unser freier Wille bleibt uns, mit dem wir, unterstützt von der göttlichen Gnade, in Kämpfen und Prüfungen nach und nach das Verlorene wieder erlangen können. Vor der Hand sollen wir aber die schlimmen Folgen unseres Elendes und die tausend Mühen des unaufhörlichen inneren Krieges er= tragen und in kindlicher Zuversicht auf Gottes Barmherzig= keit und in demüthigem Mißtrauen auf unsere eigenen schwachen Kräfte beharrlich unsere Bemühungen fortsetzen, um dem Widersacher zu widerstehen und den Anforderungen Gottes Genüge zu leisten. Ich sage, im demüthigen Miß= trauen auf unsere eigenen Kräfte; denn wenn wir auf uns selbst vertrauen würden, so könnte nur Entmuthigung unser Loos sein, da wir zu oft fühlen müßten, wie ohnmächtig wir sind.

Wir können hier nicht im Einzelnen auf all die Täu= schungen eingehen, denen die eben besprochenen Seelen auf dem Wege der Tugend ausgesetzt sind. Ebenso wenig ist es uns möglich, alle vermeintlichen Pflichten zu besprechen, mit denen sie sich überladen und das Gesetz Gottes ent= stellen. Die meisten dieser Schwierigkeiten klären sich von selbst auf, wenn man sich nur die Mühe geben will, über das, was wir sagen, ein Wenig nachzudenken. Nur von drei Gegenständen sei hier ausführlicher die Rede, theils weil sie im christlichen Leben so häufig vorkommen, theils weil sie an sich von größter Wichtigkeit sind: ich meine die heiligen Sakramente der Buße und des Altars und das Gebet. Diese drei Uebungen, welche uns das Gebot Gottes vorschreibt, sollten den Seelen zum größten Troste gereichen; allein nur zu Viele machen sich eine wahre Pein daraus, indem sie sich dabei ich weiß nicht was alles für eingebildete Verpflichtungen auferlegen, so daß sie immer in beständiger Angst und Aufregung leben und nicht selten zuletzt der Verzweiflung anheimfallen. Wir halten es demnach für nothwendig, hier die richtigen Grundsätze aufzustellen, nach denen Jeder dann selbst seine falschen Ansichten berichtigen kann.

Drittes Kapitel.

Von dem Sakramente der Buße und von dem Frieden und der Beruhigung, die man in dem Empfange desselben finden kann.

Gott hat das heilige Bußsakrament eingesetzt, um uns zu jener Gewissensreinheit zu führen, ohne welche kein Heil und keine Vollkommenheit möglich ist. Er wollte uns durch dasselbe die heiligmachende Gnade wiedergeben oder sie in uns vermehren, wenn sie nicht verloren war, und wollte so allen Seelen Ruhe und Frieden verleihen. Die Beicht ist für uns eine Arznei, die man nur dann nimmt, wenn sie nothwendig oder nützlich wird; sie ist keine gewöhnliche Nahrung, an die man täglich mehrmals zu denken hat.

Warum ist aber dieses Sakrament für gewisse Seelen der Anlaß zu unaufhörlichen steten Beängstigungen und Aufregungen? Warum beschäftigen sie sich damit, als wenn es ihre einzige Lebensaufgabe wäre? Nur darum, weil sie die göttliche Vorschrift durch unsinnige Vorurtheile verdrehen, weil sie das Heilmittel in Gift verwandeln; weil sie sich Verpflichtungen auferlegen, denen nachzukommen rein unmöglich ist.

Um die von dieser unheilvollen Krankheit befallenen Seelen zu heilen und um die Uebrigen vor ähnlichen Mißgriffen zu bewahren, stellen wir jetzt bestimmt und einfach die Regeln auf, die beim Empfange des heiligen Bußsakramentes zu beobachten sind. Wir gehen dabei die fünf Stücke durch, die nach dem Katechismus zu einer guten Beicht gehören.

I. Das Sündenbekenntniß oder die Beicht selbst. — Wir unterscheiden hier vor Allem die nothwendige und die blos nützliche und Jedem freigestellte Anklage.

1. Die nothwendige Anklage. — Was muß man beichten? Jede Todsünde, die sicher ist, nebst deren Zahl, so weit man sich vernünftiger Weise daran erinnern kann, und denjenigen Umständen, welche die Art der Sünde verändern, wie wenn z. B. ein Diebstahl in einer Kirche begangen worden ist. Umstände, welche die Sünde nur vergrößern, wie z. B. die Größe der entwendeten Summe u. dgl., ist man nach dem einstimmigen Urtheile gelehrter und von der Kirche bestätigter Theologen nicht verpflichtet zu beichten; es genügt, wenn man die etwaigen Fragen des Beichtvaters hierüber beantwortet. Wenn man nicht gewiß weiß, ob man eine Sünde wirklich begangen hat, und man gibt diesen Zweifel an, so hat man schon mehr gethan, als wozu man strenge verpflichtet ist. Wer an Skrupeln leidet, thut in diesem Falle besser zu schweigen. — Eine Sünde, die man vergessen hat, ist dennoch nachgelassen, nur muß man die schweren Sünden, wenn man daran denkt, in der nächsten Beicht anklagen. — Man braucht auch nie auf eine Sünde zurückzukommen, über die man sich in einer gültigen Beicht angeklagt hat.

Dieses ist ganz genau Alles, wozu Gott den Sünder für sein Bekenntniß verpflichtet. Wir schieben also nur unsere eigenen Vorurtheile dem Gesetze Gottes unter, wofern wir es uns zur Pflicht machen, eine ganze Litanei von läßlichen Sünden, von nähern Umständen und Geschichten herzusagen; dies Alles vollständig anzugeben ist rein unmöglich. Daher tausend Beängstigungen und Skrupeln, die blos darauf beruhen, daß wir aus baarer Unmöglichkeit einen Theil dessen ausgelassen haben, was wir ohne alle Sünde ganz freiwillig hätten übergehen können.

2. Die nützliche Anklage. — Ihr Gegenstand ist die läßliche Sünde. Allerdings ist es weder zur Vollständigkeit des Bekenntnisses, noch zur Nachlassung dieser Sünden nothwendig, daß man sie beichtet, und sie auslassen kann deshalb nie Grund zu vernünftiger Besorgniß bieten; allein im Allgemeinen ist die Anklage derselben doch Allen nützlich; Jene, welche so glücklich sind, keine Todsünden zu begehen, müssen, wenn sie beichten wollen, die läßlichen Sünden bekennen, weil sie sonst keinen Gegenstand zur Anklage hätten. Es ist demnach eine heilsame Uebung die läßlichen Sünden zu beichten. Aber heißt das, man müsse dieselben mit ängstlicher Genauigkeit zusammensuchen und mit übertriebener Umständlichkeit herzählen, wie so viele fromme Seelen es thun? — Gewiß nicht; diejenigen, welche oft die heiligen Sakramente empfangen, werden im Gegentheil einen weit größeren Nutzen aus der Beicht ziehen, wenn sie aus der Menge ihrer unvermeidlichen täglichen Unvollkommenheiten eine kleine Anzahl mehr hervortretender und mehr freiwilliger Fehler auswählen und zwar ganz besonders jene, welche aus einer ungeordneten Lieblingsneigung oder aus irgend einem mehr hervortretenden Hange, wie zum Beispiel aus Abneigung, Eifersucht, Liebe zu Be-

quemlichkeit, Ehrgeiz u. s. w. hervorgehen. Ueber diese Fehler klage man sich an und das nicht mit kleinlicher Aengstlichkeit, sondern mit jener Großmuth, die keine be= schönigende Ausdrücke wählt, sondern die sich selbst wie einen Feind behandelt, den man weder verläumden, noch schonen will. So erhält unsere Beicht einen geraden, frei= müthigen und bestimmten Charakter; man sagt kurz und einfach den Fehler, um den es sich handelt und läßt alle Entschuldigungen, alle Anhängsel und Geschichten weg. Diese Methode zu beichten hat unter vielen andern Vor= zügen auch den, daß sie die besondere Aufmerksamkeit der Seele auf die wichtigsten und gefährlichsten Fehler lenkt, nämlich auf jene, deren Quelle ein sündhafte Neigung des Herzens ist, und die man nur zu gern unangetastet lassen möchte. Gerade diese Fehler sind ein ernstliches Hinderniß an unserem geistigen Fortschritt und können selbst unser ewiges Heil gefährden, da sie unmerklich zur Todsünde führen. Fehler der Uebereilung oder der bloßen Schwäche schaden der Seele viel weniger, und es ist deshalb auch viel weniger nützlich, dieselben zu beichten.

Bei all' Diesem vergesse man aber nie und nimmer, daß die Anklage oder Verschweigung der läßlichen Sünden Jedem ganz freisteht, und daß man sich demnach nie über diesen Punkt zu beunruhigen hat, man mag ausgelassen haben, was man will.

3. Wie kann man die Todsünde von der läßlichen Sünde unterscheiden? — Um die so eben gegebenen Re= geln in Anwendung zu bringen, wird man mir erwiedern, muß man die Todsünde von der läßlichen zu unterscheiden wissen, und das ist schwer. Allerdings ist unter gewissen Umständen die Scheidungslinie nicht leicht zu bestimmen. Allein ich meine, wer wahrhaft christlich lebt, müßte doch

in den meisten Fällen diesen Unterschied nicht so sehr schwierig finden, und dann kann man sich ja im Falle eines Zweifels zur größeren Beruhigung über die betreffende Sünde anklagen, obwohl man streng genommen nicht dazu verpflichtet ist. Für ängstliche, skrupulöse Seelen ist es gewöhnlich besser, wenn sie über ihre Zweifel schweigen, doch ist hierin, wie in Allem, die Anleitung ihres geistlichen Führers maßgebend für sie.

Hier folgen nun einige allgemeine Regeln, nach denen sich in den meisten Fällen leicht entscheiden läßt, ob eine Sünde schwer oder läßlich ist.

Zu einer Todsünde gehören drei Stücke: 1. Eine wichtige Sache; eine Scherzlüge zum Beispiel, oder ein eitler, selbstgefälliger Gedanke sind zu einer Todsünde noch nicht hinreichend. 2. Volle Erkenntniß des Bösen, das heißt das überlegte Bewußtsein, daß das, was man thut, eine schwere Sünde ist; dieses schließt alle Fälle aus, wo man in der Uebereilung sündigt oder wo die Seele ihrer geistigen Kräfte nicht mächtig genug ist, wie zum Beispiel im Halbschlummer u. dgl. 3. Volle Zustimmung des Willens in das, was der Verstand als eine Todsünde erkannt hat; sobald diese Zustimmung unvollkommen geblieben ist, oder sobald wir uns nur eine gewisse Unentschlossenheit ein gewisses Zögern oder eine Nachlässigkeit im Kampfe wider die Versuchung vorzuwerfen haben, so ist die Sünde blos läßlich.

Wenn aber diese drei wesentlichen Bedingungen der Todsünde sich in einer sonst gottesfürchtigen Seele wirklich vorfinden, so ruft dieses in ihrem Innern eine so gewaltige Veränderung hervor, daß sie es sogleich wahrnimmt, und leicht das, was jetzt in ihr vorgegangen ist, von dem, was ihr alle Tage vorkommt, unterscheidet. Es wird ihr dem-

5*

nach nicht schwer fallen, die Todsünden zu erkennen, welche sie etwa begangen haben könnte und welche mit ihrem sonstigen Leben in so schroffem Gegensatze stehen.

Um übrigens richtig zu beurtheilen, was während der Versuchung in der Seele vorgegangen ist, muß man wohl bedenken, sagt der heilige Franziskus von Sales, daß wir im Augenblicke der Versuchung nie einen so lebhaften Haß und Abscheu vor der Sünde empfinden, als vor= und nachher. Folglich darf man, besonders wenn man sonst ein christliches Leben führt, nicht gleich meinen, man habe förmlich eingewilligt, weil man sich im entscheidenden Momente unwillkürlich gewissermaßen zum Bösen hingerissen fühlt.

Zu den läßlichen Sünden gehören auch fast alle Fehler, welcher aus dem Charakter stammen, welche aus Nachlässigkeit oder aus bloßer Eitelkeit hervorgehen, und im Allgemeinen Alles, was die Mehrzahl der gewöhnlichen guten und ziemlich unterrichteten Christen nicht bestimmt als Todsünde anerkennt.

Was die Versuchungen, in die man nicht eingewilligt hat, anbelangt, so ist man niemals verpflichtet, in der Beicht etwas davon zu sagen. Wenn man davon spricht, so geschieht dieses nur, weil man in dem heiligen Bußgerichte nicht nur Nachlassung seiner Sünden, sondern zugleich innere Leitung, Rath und Trost sucht; das Schweigen über diesen Punkt kann also nie eine Beicht ungültig machen. Wer an außergewöhnlichen, langwierigen, schweren, und gefährlichen Versuchungen leidet, thut gut, wenn er sie von Zeit zu Zeit seinem Beichtvater entdeckt, und von ihm zu hören, wie er sich dabei zu verhalten habe; es ruht ein besonderer Segen auf diesem Akt der Demuth und des Gehorsams; Gott belohnt denselben oft sichtlich, indem er uns von den Anfechtungen des Bösen befreit; aber man komme nicht

-immer und immer wieder auf geringe, alltägliche Versuchun=
gen, wie Zerstreuungen im Gebete u. dgl. zurück, und wenn
uns einmal gesagt worden ist, wir sollten sie einfach ver=
achten und mit Stillschweigen übergehen, so fange man
nicht wieder davon an, denn damit verliert man nur die
kostbare Zeit, wo nicht noch mehr.

II. Die Gewissenserforschung. — Um den eben an=
gegebenen Regeln über die Beicht nachzukommen, ist eine
ruhige, gemäßigte Gewissenserforschung hinreichend. Ein
Christ, der fromm lebt und öfters beichtet, braucht sich
nicht über Todsünden zu erforschen; sollte er das Unglück
gehabt haben, eine zu begehen, so würde sie ihm als etwas
Außerordentliches sogleich ohne Mühe einfallen. Ebenso
unnöthig ist es, sich über eine Gedankensünde zu erforschen,
über deren Begehung man schon gleich nach der Versuchung
im Zweifel war. Die Erfahrung beweist täglich, wie ver=
geblich in diesem Falle jedes spätere Nachgrübeln ist; denn
man mag sich den Kopf zerbrechen, so lang man will: nie
wird uns das hintennach klar werden, was uns gleich, nach=
dem es geschehen, dunkel und zweifelhaft erschien. Im
Gegentheil, je mehr wir darüber nachdenken, desto unge=
wisser und unklarer wird uns die Sache, und dazu regt
man sich noch auf und erneuert gefährliche Eindrücke und
Empfindungen. Wer solche zweifelhafte Fälle in seine Beicht
einschließen will, der gebe einfach seine Ungewißheit an.

Wenn man ein frommes Leben führt und alle acht
Tage beichtet, so ist eine Viertelstunde mehr als genug, um
sich über seine läßlichen Sünden zu erforschen und sich über
seinen Gewissenszustand Rechenschaft zu geben. Streng
genommen ist man ja zu nichts verpflichtet, und die Fehler,
die man vergißt, können durch jedes gute Werk außerhalb
des Bußsakramentes nachgelassen werden. Hieraus ersieht

man leicht, wie unbegründet jede Aengstlichkeit in diesem Punkte ist.

III. Die Reue. — Die Reue, sagt das Concilium von Trient, ist der innere Schmerz und Abscheu über die begangenen Sünden, verbunden mit dem Vorsatze, sie in Zukunft nicht mehr zu begehen. — Nun kann aber der Sünder wahre Reue im Herzen haben, ohne sie lebhaft zu fühlen. Der Mensch liebt und haßt viele Dinge, ohne es zu wissen, bis eine Gelegenheit seinen Gesinnungen Ausdruck verleiht. Ein Sohn liebt seinen Vater, ohne sich dessen bewußt zu sein; wird aber der Vater krank, dann erwacht die Liebe im Herzen des Kindes und erfüllt es mit Trauer. Ungefähr dasselbe gilt bei frommen Seelen von der Reue; man darf bei ihnen von dem Mangel an Gefühl nicht auf den Mangel an Reue schließen, und dieses um so weniger, da die Beweggründe der Reue, wie die Häßlichkeit der Sünde u. s. w., übersinnlicher Natur sind und etwas Uebersinnliches nie auf den Menschen einen so lebhaften Eindruck macht, wie etwas Sinnliches. Es ist nicht nothwendig, sagt Gerson, daß die Reue über die Sünde dem Gefühle nach so lebhaft sei, als der Schmerz über ein zeitliches Unglück; es reicht hin, wenn unsere Sünden uns so mißfallen, daß wir bereit sind, dieselben bei wiederkehrender Gelegenheit nicht mehr zu begehen Verwechseln wir also niemals das Wesentliche bei der Reue mit ihren zufälligen Eigenschaften. Dem Wesen nach ist die Reue ausschließlich Sache des Willens. Manchmal freilich wirkt sie auf das Gefühlsvermögen, und wir sind bis zu Thränen und Seufzern gerührt; das ist recht tröst= lich für uns und kann oft gut und heilsam sein, allein nothwendig oder wesentlich ist die Anregung des Gefühls bei der Reue niemals, und wenn sie fehlt, hat man sich deshalb gar nicht zu beunruhigen.

Die wahre Reue besteht also in der Sinnesänderung. Der Wille, der an dem Bösen hing, stößt es jetzt von sich, wir bedauern aufrichtig das begangene Unrecht, wir wären herzlich froh, wenn wir dasselbe ungeschehen machen könnten. Dies ist das Wesen eines jeden Reuaktes. Mit Hülfe der göttlichen Gnade, die keinem versagt wird, der darum bittet, wird dieß nie zu schwer für fromme Seelen sein. Hat man aber gewöhnlich nur läßliche Sünden zu beichten, und will man seiner Bußgesinnung recht sicher sein, so schließe man stets die schweren Sünden seines vergangenen Lebens im Allgemeinen in die Beicht ein; denn diese hinreichend zu bereuen, ist doch gewiß leicht, und es genügt zur Gültigkeit der Beicht. So ist jeder Aengstlichkeit über diesen Punkt vorgebeugt.

Es ist sehr lobenswerth, wenn man sucht, eine möglichst vollkommene Reue zu erwecken; allein man darf deßwegen die vollkommene Reue nicht als eine Nothwendigkeit betrachten und sich Skrupel machen, wenn man glaubt, man könne es nicht dazu bringen. Auch muß man wissen, daß die Reue auf zweierlei Weise vollkommen sein kann. Entweder ist sie vollkommen ihrem Beweggrunde nach, wenn nämlich unsere Sünden uns deßwegen leid thun, weil wir dadurch die unendliche Güte und Vollkommenheit Gottes beleidigt haben, oder sie ist vollkommen ihrer intensiven Kraft, das heißt der Größe und Heftigkeit des Schmerzes nach. Die intensive Kraft der Reue, die, im höchsten Grade vorhanden, selbst die zeitlichen Sündenstrafen tilgt, ist sehr selten und schwer zu erreichen; allein sie ist auch zur Vergebung der Sünden nicht nothwendig. Eine Reue, die nur einen sehr geringen Grad intensiver

Kraft besitzt, dabei aber dem Beweggrunde nach vollkommen ist, genügt schon, um die Sünden selbst außer dem Buß= sakramente nachzulassen, wenn man dasselbe nicht empfangen kann; wie vielmehr reicht sie also zum würdigen Empfange desselben hin? Auch ist die dem Beweggrunde nach voll= kommene Reue nicht so schwer und nicht so selten, wie Viele es meinen. Vor Christus waren ja alle Menschen auf diese Reue, als auf das einzige Buß= und Heilmittel, angewiesen, und sie mußte ihnen darum leicht zu Gebote stehen. Um so mehr darf also ein Christ, der gottesfürchtig lebt und nach der Vollkommenheit trachtet, getrost voraussetzen, daß er diese Reue besitzt, wenn er Gott darum bittet, ein wenig ernstlich darüber nachdenkt und dann die Formel des Reue= gebetes in seinem Buche betet. Und gesetzt den Fall, die vollkommene Reue fehle ihm wirklich, so genügt ja zur Nachlassung der Sünden im Bußgerichte die unvollkommene Reue, das heißt, diejenige, welche aus der Häßlichkeit der Sünde, aus ihren schlimmen Folgen oder aus der Furcht vor der Hölle und vor dem Fegfeuer entspringt. Einige Augenblicke der Ueberlegung müssen eine solche Reue in einer christlichen Seele leicht hervorrufen. Aus all' dem Gesagten ergibt sich, daß die zur Gültigkeit und Wirksam= keit der Beicht erforderliche Reue lange nicht so schwer ist, wie viele Personen es sich einbilden.

Noch ein Wort über die Art und Weise, wie man Reue und Leid erwecken soll; wenn man oft beichtet: zu= erst bittet man Gott während einigen Augenblicken um diese Gnade; dann wirft man einen Blick auf die seit der letzten Beicht begangenen Fehler und auf die Sünden seines ver= gangenen Lebens, macht eine kurze Betrachtung über die Güte Gottes, über seine Größe und seine Wohlthaten, über die schlimmen Folgen der Sünde oder über einen

ähnlichen angemessenen Gegenstand und ruft so den Ab=
scheu über die begangenen Sünden hervor. Fühlt man
sich nicht nach Wunsch gerührt, so verdemüthigt man sich
vor Gott und bereut seine Sünden mit dem bloßen Willen,
ohne sich von dem Mangel an Gefühl beängstigen zu lassen.
Hierauf naht man sich dem heiligen Bußgerichte mit Ver=
trauen und macht es nicht wie gewisse Leute, welche ebenso
vergebliche als lächerliche Anstrengungen machen, um sich
selbst zu geben, was eine freie Gabe Gottes und übrigens
zur Nachlassung unserer Sünden keineswegs nothwendig ist,
nämlich die Thränen.

IV. Der Vorsatz. — Er ist von einer wahren, wirk=
samen Reue unzertrennlich, und es läßt sich aus dem Vor=
ausgehenden leicht entnehmen, daß er, wenigstens hinsichtlich
der Todsünden, in einer frommen Seele, die sich auf die
obengesagte Weise vorbereitet hat, schwerlich je fehlen wird.
Was die läßlichen Sünden anbelangt, so ist der Entschluß,
sie alle zu meiden, rein unmöglich; wir müssen aber doch
den Willen haben, wenigstens einige der vorsätzlichen zu
meiden und auch die Zahl der andern zu vermindern, so
weit unsere Gebrechlichkeit es zuläßt und das Maß der uns
verliehenen Gnade es möglich macht.

Besonders vergesse man nicht, daß der gute Vorsatz
eine gegenwärtige Stimmung des Willens ist, und daß er
folglich mit der Furcht, ja selbst mit der wahrscheinlichen
Voraussicht eines Rückfalls besonders in kleinere Fehler
recht gut vereinbar ist. Es fragt sich nicht, wie es mor=
gen mit Deinem Willen aussehen wird; das weiß nur
Gott allein, denn Dein Wille ist unbeständig und verän=
derlich. Man fragt Dich bloß, wie es heute, im Augen=
blick Deiner Beicht, mit Deinem Willen steht: ist er gut,
so ist die Beicht auch gut, mag dann hintennach kommen,

was will. Um Deinen guten Vorsatz zu prüfen, brauchst
Du Dich nicht in außerordentliche Gelegenheiten hineinzu=
denken, in welche Du vielleicht nie kommst; Du mußt Dir
auch keine grassen Vergleiche ausmalen, die Deine Phantasie
aufregen und erhitzen: dieses ist oft unvorsichtig und außer=
dem gar nicht nothwendig.   Wolltest Du jetzt bei derselben
wiederkehrenden Gelegenheit noch einmal den Fehler be=
gehen, den Du zu beichten im Begriffe stehst? . . . Nein! . . .
Gut! so sei ruhig: Du hast den zur Vergebung Deiner
Sünde erforderlichen Vorsatz, und Du wirst sehen, daß
durch diesen Vorsatz, verbunden mit der Gnade des Sakra=
mentes, die Anzahl Deiner Schwächen wenigstens nach und
nach abnehmen wird.   Oft ist es auch nützlich, bei der
Beicht einen ganz besondern Entschluß zu fassen in Bezug
auf einen einzelnen Fehler, der seit der letzten Beicht das
meiste Unheil in der Seele angerichtet hat, und gegen den
man dann auch sein Partikular=Examen richten kann. Auf
diese Weise kann sich keine Gleichgültigkeit in den Empfang
des heiligen Bußsakramentes einschleichen.

V. Die Genugthuung. — Was die Genugthuung oder
die von dem Priester auferlegte Buße betrifft, so hat man
dieselbe ganz einfach, wie jede andere fromme Uebung zu ver=
richten; es ist keine besondere Bedingung dabei zu erfüllen,
wenn der Beichtvater nicht ausdrücklich eine beigefügt hat.

Was ergibt sich nun aus Allem, was wir in diesem
Kapitel über das heilige Bußsakrament gesagt haben? Nichts
Anderes, als daß fromme Seelen selten schlechte Beichten
ablegen, obwohl es andererseits auch nicht zu leugnen ist,
daß sie weit größeren Nutzen aus ihren Beichten ziehen
könnten, besonders wenn sie dabei ruhiger zu Werke gingen.
Mache Dir darum Folgendes zur Regel: wenn Du ver=
nünftiger Weise Dein Mögliches gethan hast, um die hier

angegebenen Bedingungen zu einer gültigen Beicht zu er=
füllen, so nahe Dich dem heiligen Sakramente mit Ver=
trauen, mit Dankgefühl und mit Glauben an die segens=
reichen Früchte desselben, und wenn Du einmal den
Beichtstuhl verlassen hast, dann denke nicht mehr an Deine
Sünden, wie Gott selbst nicht mehr daran denkt. Grüble
nicht nach, ob Du etwas vergessen habest oder wie Du
Deine vermeintlichen Fehler bei dem Empfange des Bußsakra=
mentes wieder gut machen kannst, sondern sei ganz ruhig.
Die Seelenruhe macht uns stark, um nach der wahren
Frucht der Beicht, nach Besserung des Lebens zu streben;
Aengstlichkeit und Aufregung schwächen dagegen unsere Kräfte,
weil sie uns das Herz zusammenschnüren. Uebrigens kom=
men wir bei den Skrupeln auf diesen Punkt zurück. Möchten
doch alle Seelen das Gesagte wohl beherzigen und ferner=
hin nicht mehr das göttliche Gebot mit ihren ungereimten
Vorurtheilen und unsinigen Forderungen entstellen.

Viertes Kapitel.

**Von der heiligen Kommunion, von den Erfordernissen zum
würdigen Empfange derselben und von den Gründen, aus
denen sie für Viele ein Gegenstand des Schreckens sind.**

Der Empfang des heiligen Altarsfakraments ist, wie
die Beicht, für gewisse fromme Seelen eine Quelle von
tausend Aengsten, und auch hier liegt der Fehler wieder an
dem Irrthum, wornach sie das Nützliche und Vollkommene
mit dem Wesentlichen und Nothwendigen verwechseln. Aller=
dings beziehen sich die meisten Skrupel bei der heiligen Kom=
munion auf die vorausgegangene Beicht; man zweifelt, ob
sie gültig war und fürchtet deshalb, einen Gottesraub zu

begehen wenn man sich dem Tische des Herrn naht. Wer im vorigen Kapitel Beruhigung in Bezug auf seine Beichten gefunden hat, wird darum schon beim Kommuniziren viel weniger ängstlich sein. Aber es gibt auch noch Seelen, welche sich unter anderen Vorwänden vom Brode des Lebens entfernt halten. „Wie viele ängstliche und skrupulöse See= len," sagt Fenelon, „schmachten elend dahin aus Mangel an dieser heiligen Seelenspeise! Sie verzehren sich selbst mit lauter Nachgrübeln und vergeblichen Anstrengungen: sie fürchten, sie zittern, sie zweifeln und suchen vergebens nach einer Gewißheit, die uns hienieden versagt ist. Die Salbung des Herrn ist nicht in ihnen. Sie wollen für Christum leben, ohne durch ihn und von ihm zu leben. Dürr, entkräftet und todesmüde siechen sie dahin. An der Quelle lebendigen Wassers verschmachten sie vor Durst. Nach Außen hin wollen sie Alles thun, und doch wagen sie es nicht, sich innerlich zu nähren. Das schwere Joch des Gesetzes wollen sie tragen, ohne in der öfteren heiligen Kommunion und im Gebete den Geist und die Tröstungen dieses Gesetzes zu suchen."

Unsere Aufgabe ist, diese getäuschten Seelen auf die gesunde, christliche Wahrheit zurückzuführen. Wir werden zuerst kurz und klar die Fundamental=Grundsätze aufstellen und uns dann bei der näheren Entwicklung auf die Auto= rität der maßgebendsten Theologen stützen. — Damit der Kommunizirende keinen Gottesraub begehe und die heilige Kommunion seiner Seele nützlich und heilsam sei, dazu ist nur eine einzige Bedingung nothwendig, nämlich, daß er Ursache habe, sich von jeder Todsünde frei zu glauben. Wenn nun Jemand seinen Gewissenszustand in aller Auf= richtigkeit seinem Beichtvater geoffenbart hat und von ihm den Befehl erhält, mit Verachtung aller kommenden Aengst=

lichkeiten sich dem Tische des Herrn zu nahen, so hat dieser im Gehorsame den unfehlbarsten Beweis, daß er frei von Todsünden ist. Gott wird ihm nie und nimmer einen Vorwurf darüber machen, daß er seinen rechtmäßigen Obern gehorcht hat.

Allerdings sind nach der mehr oder weniger vollkommenen Vorbereitung die Früchte der heiligen Kommunion verschieden, und daher liegt es in unserm Interesse, uns möglichst gut vorzubereiten. Wenn uns aber das Nöthige nicht fehlt, warum sollen wir uns da beunruhigen oder ferne halten? Es ist auch wahr, daß die öftere Kommunion jenen feigen Seelen nicht zusteht, welche vorsätzliche Anhänglichkeit an die läßliche Sünde bewahren, sich um ihre Vervollkommnung wenig kümmern und mit freiwilliger Lauigkeit sich dem heiligen Tische nahen. Allein es ist Sache des geistlichen Führers, den Zustand der Seelen zu beurtheilen und sie darnach zu leiten. Der Einzelne hat nichts zu thun, als sich beurtheilen und leiten zu lassen.

Gerade und großmüthige Seelen, welche ihre Unvollkommenheiten fühlen und sich aufrichtig bessern wollen, sollen unter dem Gehorsame gegen ihren geistlichen Führer oft kommuniziren. Ihre unfreiwilligen Mängel und Schwächen schließen sie vom göttlichen Mahle nicht aus, sondern vermehren noch für sie die Nothwendigkeit, sich mit dem Brode der Starken zu nähren.

Oft will man aber diese Grundsätze nicht anerkennen. Man läßt sich von den Täuschungen eines geheimen Stolzes verblenden: ohne es zu wissen, stützt man sich weniger auf Gottes Barmherzigkeit, als auf seine eigenen Verdienste; man möchte sich dem Altare nur mit so vollkommenen Gesinnungen und Vorbereitungen nahen, daß man sich sagen könnte: „Ich bin zufrieden mit mir!" man sucht

also die Befriedigung des „Ichs" und der Eigenliebe. Man
geht mit Vertrauen zur heiligen Kommunion, wenn man
innere Salbung und Tröstung empfindet, wenn man sich zu
Thränen gerührt fühlt, wenn man von verdemüthigenden
Versuchungen frei ist, kurz, wenn man nichts in sich sieht,
was uns die hohe Meinung von unserer Tugendhaftigkeit
benehmen könnte. Bleibt man aber trotz all' seiner Bemühungen trocken, kalt und zerstreut, oder hat man, besonders in Gegenwart Anderer, nach der Beicht einen Fehler
begangen, so will man nichts mehr von der heiligen Kommunion hören. Sieh' jene von sich selbst eingenommene
Seele; sie bildete sich ein, sie sei im Stande, jede verdemüthigende Versuchung von sich ferne zu halten, und nun
hat sie seit der Beicht Regungen wider die heilige Reinigkeit empfunden; sie meinte, die fühlbare Andacht gebühre
ihr von Rechtswegen, und nun vermißt sie dieselbe; sie
wollte fehlerlos in ihren Augen am Tische des Herrn erscheinen, und nun hat eine unvorhergesehene Unannehmlich-
keit ihr ein unwilliges, ungeduldiges Wort entlockt! gewiß
sie wird nicht mehr kommuniziren wollen; denn es fehlt
ihr der Glorienschein der Unschuld und Tugend, auf den
sie ihre ganze Zuversicht gesetzt hatte. Eine demüthigere
Seele dagegen, die Alles von der Barmherzigkeit Gottes
erwartet, wird, gestützt auf den Gehorsam, mit Beschämung,
aber ohne Furcht zum Mahle der Liebe hintreten. Sie
wird dem himmlischen Gaste ihr armes Herz öffnen, das
zwar ganz verwirrt und gedemüthigt, allein dabei doch fest
entschlossen ist, ihm treu zu bleiben. Und gewiß, alle fühlbare Andacht und Fehlerlosigkeit, womit eine eitle Seele
hätte prangen können, wäre dem Herrn nicht so wohlgefällig gewesen, als dieser demüthige Gehorsam. Diese
Wahrheit ist von der größten Wichtigkeit; aber leider wol-

len Viele dieselbe nicht begreifen; sie sind nicht zufrieden, wenn sie mit dem hochzeitlichen Gewande angethan am himmlischen Gastmahle erscheinen, sondern sie wollen, so zu sagen, nicht einmal eine Stecknadel an ihrem geistigen Schmucke entbehren.

Andere Seelen möchten sich selbst Rechenschaft geben können über die Fortschritte, welche sie durch die heilige Kommunion machen! sie vergessen, daß Gott uns meistens unsere Fortschritte im Guten verbirgt, um uns vor den Wirkungen der Eigenliebe zu sichern. Im Anfang nach der Bekehrung nimmt man deutlicher wahr, daß man vor= anschreitet; denn man hat meistens gegen äußere Feinde zu kämpfen, so daß man sich leicht sagen kann: „Ich habe die= sen Sieg davongetragen, diese Leidenschaften bezähmt, jener bösen Neigung entsagt u. s. w." Allein später entgehen die Fortschritte meistens der Seele und manchmal selbst dem Führer und zwar um so mehr, da der wahre Fortschritt im Guten sich ganz gut mit gewissen, recht hervortretenden Fehlern verträgt, die Gott uns zu unserer Verdemüthigung läßt, und die wir mit allem guten Willen nicht wegzu= bringen vermögen. Soll man sich deshalb von dem Tische des Herrn entfernen, weil man keinen sichtlichen Fortschritt in sich wahrnimmt? Keineswegs, wir müssen nicht nur wachsen, sondern vor Allem uns am Leben erhalten, und das ist einmal ohne Nahrung nicht möglich. Es ist schon viel, es ist schon ein hinreichender Grund, öfters zu kom= muniziren, wenn die heilige Kommunion Dich im Zustande der heiligmachenden Gnade erhält, und Du durch sie in einem, wenn auch schwachen und unvollkommenen, so doch geraden und aufrichtigen guten Willen bedarfst; denn diese Gesinnungen sichern Dein ewiges Heil, und die Beharrlich= keit in denselben kann man gewöhnlich als das Merkmal eines wirklichen, wenn auch geheimen und nicht fühlbaren Fortschritts im Guten betrachten. Und schließlich geht ja diese Frage weit mehr den Führer, als die Seele an; diese hat sich nur in kindlich demüthiger Einfalt leiten zu lassen, überzeugt, daß nichts sie Gott wohlgefälliger machen kann, als gerade eine solche Einfalt.

Hören wir jetzt, was die erfahrendsten Meisters des innern Lebens über diesen Punkt sagen.

„Wer Ausreden sucht, um sich der öftern Kommunion zu enthalten," sagt der heilige Franz von Sales, „der macht es, wie die zum Gastmahle Geladenen in der Parabel, über deren Entschuldigungen der Hausvater sich entrüstet, obwohl sie ziemlich annehmbar scheinen. Fast alle Ausreden, womit die Seelen ihr Wegbleiben vom Tische des Herrn begründen, sind ebenso viele Anklagen wider sie. Die Einen sagen, sie seien nicht vollkommen genug; aber wie wollen sie vollkommen werden, wenn sie sich von der Quelle aller Vollkommenheit entfernen? Die Andern geben vor, sie seien zu gebrechlich; aber die heilige Kommunion ist ja das Brod, das uns stärkt und kräftigt. Einige schützen vor, sie seien krank; aber in der heiligen Kommunion finden sie den Arzt, zu dem sie sprechen sollen: „Erbarme Dich meiner, o Herr, denn ich bin krank." [1] Viele entschuldigen sich mit ihrer Unwürdigkeit; aber legt die Kirche nicht selbst den reinsten Seelen die Worte des demüthigen Zöllners in den Mund: „O Herr, ich bin nicht würdig, daß Du eingehst unter mein Dach!" [2] Wieder Andere behaupten, sie seien mit Geschäften überladen; aber Jesus ruft uns ja in diesem göttlichen Sakramente zu: „Kommet zu mir, Ihr Alle, die Ihr mühselig und beladen

---

[1] Pf. VI. 7. [2] Matth. VIII. 8.

seib, ich will Euch erquicken!"[1] Manche fürchten, die Engelsspeise zu ihrer Verdammniß zu genießen; aber setzen sie sich nicht gerade der Verdammniß aus, indem sie sich von der Quelle des ewigen Lebens entfernen? Viele endlich verschanzen sich hinter die Demuth, das ist aber eine falsche Demuth; denn wie wollen sie es lernen, den Leib des Herrn recht zu empfangen, wenn sie es so selten thun? Nur indem man eine Sache fleißig übt, lernt man sie recht machen."

„Christliche Seele," sagt seinerseits der fromme Gerson, „allerdings hast Du durch Deine unordentliche Anhänglichkeit an die vergänglichen Dinge dieser Welt gesündigt, aber Jesus Christus, Dein Bräutigam, befiehlt Dir selbst durch den Mund seines Propheten, zu ihm zurückzukehren; er verspricht Dir, Dich stets liebreich aufzunehmen und Deine Buße nicht zu verschmähen, hättest Du ihn auch tausendmal verlassen und verachtet. Wenn einer Deiner Mitmenschen Dir diese Versicherung gäbe, so würdest Du ihm glauben und in seine Arme eilen; nun aber spricht Gott so zu Dir, er sagt Dir dieses, er verheißt Dir dieses, er befiehlt es Dir sogar, und in Deinem Mißtrauen wagst Du dennoch nicht, Dich ihm zu nahen! Du sagst, Du seiest nicht rein genug; allein gerade deßwegen sollst Du zur unversiegbaren Quelle der Reinheit eilen, damit auch Du gereinigt werdest. Du leidest Hunger; nimm zu Dir das Brod der Starken, das Dich nähren und Dir das Leben geben wird. Du bist matt und krank; nahe Dich dem liebevollen Arzte, der allein jede Krankheit zu heilen vermag. Es peinigen Dich stete Versuchungen wider die heilige Reinigkeit, und keine Deiner geistlichen Uebungen

---

[1] Matth. XI. 28.

vermag Dich davon zu befreien; gehe zu Jesus Christus, berühre mit Glauben und Zuversicht den Saum seines Gewandes, empfange die heilige Hostie, seinen heiligen Leib und sein göttliches Blut, und Du wirst Kraft und Befreiung finden. Umzischen Dich, gleich Schlangen, tausend andere Anfechtungen, so blicke auf zum Gottmenschen, der ans Kreuz geheftet für Dich blutet; sein bloßer Anblick heilt alle Deine Wunden. Du klagst über Deine Armuth und Verlassenheit, flüchte in Deiner Noth zum heiligen Tabernakel; dort findest Du Jesus Christus, Deinen allmächtigen, unendlich reichen und gütigen König, der alle seine Schätze mit Dir theilen will. Du fühlst Dich schwach, ohnmächtig und blind; aber weißt Du denn nicht, daß dieser himmlische König die Lahmen und die Blinden zu seinem Gastmahl nicht bloß einladet, sondern vielmehr nöthigen läßt? Du beweinst Deinen Wankelmuth und Deine vielen Fehler; genieße die himmlische Seelenspeise, sie wird Dir Genesung bringen und Dein Herz stark und großmüthig machen. Bist Du traurig, so trinke von diesem Weine, der das Herz des Menschen erfreut. Bist Du in Aufregung und Verwirrung, so nimm Deine Zuflucht zu dem, der die wüthenden Wogen des Meeres besänftigt, der den Winden und Stürmen Stille gebietet, der allein die Quelle des wahren Friedens ist; zu ihm, der uns die Versicherung gibt, daß Leiden und Widerwärtigkeiten hienieden unser Loos, und daß unser Herz nirgends Ruhe findet, als in ihm. Fern von Deiner ewigen Heimath schmachtest Du Dein ganzes Leben in schmerzlicher Verbannung; empfange oft das Brod der Engel; es wird Dir Kraft und Muth verleihen, um bis zu dem heiligen Berge des Herrn emporzusteigen. Was fürchtest Du? Warum bist Du traurig und warum verwirrst Du Dich? Hoffe auf Gott, setze Dein ganzes Vertrauen auf ihn, und er wird Dich von all' Deinen Trübsalen und Leiden erretten; er selbst wird Dich speisen, und Du wirst nicht zu Schanden werden. Seufzend und weinend fragst Du: „Wo ist mein Gott?" Dein Gott, er ist in diesem heiligen Mahle, wo Christus selbst sich Dir als Speise dargibt, wo das Andenken seines Leidens sich erneuert, die Seele sich mit Gnaden erfüllt und das sichere Unterpfand der verheißenen ewigen Seligkeit empfängt. [1]

Du bist stets in Angst, Dich dem heiligen Tische zu nahen; aber überwinde Deine Furcht durch Liebe. Du hältst Dich für unwürdig, zu kommuniziren; wenn Du aber auch Millionen von Jahren daran arbeitetest, Dich würdig zu machen, so würdest Du doch durch alle Deine Anstrengung es nicht werden. Er selbst, der Dich einladet, zu ihm zu kommen, muß Dich würdig machen, und er wird es thun, wenn Du nur Dein Herz sorgfältig von Allem reinigst, was ihm mißfallen kann. Bist Du noch nicht zu seinem Empfange vorbereitet, so lege Hand an's Werk, und bereite Dich nach Kräften vor; solltest Du Dich in dem unglücklichen Zustande der Todsünde befinden, so suche Dich schnell aus demselben zu erheben; zögere nicht bis morgen; denn wer weiß, ob Du dann noch leben wirst. Hast Du aber kein gerechtes Hinderniß, zu kommuniziren, warum beraubst Du Dich dann eines so hohen Gutes? Du fühlst Dich lau, zerstreut, irdisch gesinnt, von innerer Aufregung gefoltert, von Skrupeln gepeinigt, von Versuchungen wider die heilige Reinigkeit angefochten, schwach im Glauben, schwankend in der Hoffnung, kalt in der Liebe, und darum kannst Du Dich nicht entschließen, Dich Jesum zu nahen, weil Du in Dir keine würdige Vorbereitung findest zum Empfange

---

[1] Gerson, de Præparatione ad Missam.

eines so hohen und so vollkommenen Gastes; aber sage
lieber, daß Du Dich nicht entschließen kannst, Dich von dem
besten und liebevollsten Arzte heilen zu lassen. Du sollst
hierin nicht dem Beispiele Petri folgen, der in seinem Staunen über den wunderbaren Fischfang ausruft: „O Herr,
gehe hinweg von mir, denn ich bin ein sündiger Mensch!"[1]
O großer Apostelfürst, was sollen diese Worte sagen? Wenn
Du wirklich ein sündiger Mensch bist, so darfst Du Christum nicht bitten, sich von Dir zu entfernen, sondern Du
mußt ihn im Gegentheil anflehen, daß er Dir stets nahe
bleibe, damit er Deine Wunden heile und Deine Seele von
ihren Sünden reinige. Zachäus, ein Zöllner und öffent-
licher Sünder, handelt nicht wie Du. Mit dem größten
Eifer und der innigsten Freude beeilt er sich, den Heiland
der Welt in seinem Hause zu empfangen, und das Heil,
das ihm widerfährt, beweist deutlich, daß er recht und
weise gethan. Christliche Seele, Du sagst mit dem Zöllner
im Evangelium: „O Herr, ich bin nicht würdig, daß Du
eingehest unter mein Dach; aber sprich nur ein Wort, so
wird meine Seele gesund!"[2] Allein nicht so sehr aus Demuth, als aus Nachläßigkeit und Trägheit ahmst Du ein
so schönes Beispiel nach; denn ist es die Demuth, welche
Dich davon abhält, Jesum zu empfangen, warum treibt Dich
die nämliche Demuth nicht an, ihm zu gehorchen, wenn er
Dir durch sein eigenes Wort und durch den Mund seiner
Priester befiehlt, Dich seinem heiligen Tische zu nahen? Und
falls das Gefühl Deiner Unwürdigkeit Dich von ihm fern-
hält, warum zieht Dich denn der Gedanke an seine unendliche Milde, Güte und Barmherzigkeit nicht zu ihm hin?
Tritt also hinzu zu Deinem göttlichen Heilande, und sprich

---

[1] Luk. V. 8.   [2] Matth. VIII. 8.

zu ihm: „Deine Barmherzigkeit, o mein Gott, hat mich stets gnädig aufgenommen."[1] — Wäre ein Kranker vernünftig, wenn er die Gegenwart des weisen Arztes, der ihn heilen will, miede? Du erwiederst mir vielleicht, daß der Arzt dem Kranken den Genuß kräftiger Speisen nicht eher gestattet, als bis die schädlichen Säfte alle entfernt sind, und daß auch Du vor dem Empfange des Leibes Christi Dich zuerst dessen würdig machen mußt nach den Worten des Apostels: „Der Mensch prüfe sich selbst, und dann esse er von diesem Brode und trinke aus diesem Kelche!"[2] Ich bin nicht Willens, christliche Seele, so gerechte und edle Gesinnungen in Dir zu unterdrücken oder Dich an einer möglichst vollkommenen Vorbereitung zur heiligen Kommunion zu hindern. — Im Gegentheile, ich lege Dir diese Vorbereitung recht an das Herz; ich sage Dir nur, daß dieselbe im Anfange noch nicht von voller Gesundheit begleitet sein muß; denn wir können das geistige Leben in uns haben, obwohl wir noch gewissen kleineren Fehlern unterworfen sind, und unter diesen Umständen macht die heilige Kommunion uns nicht kränker, sondern sie lindert und entfernt unsere Mängel. Es ist darum nicht genug, daß Du Dir selbst in Demuth mißtrauest, sondern Du mußt Dich auch mit Vertrauen in die Arme deines Heilandes werfen. Wie könnte er Dich nicht gnädig aufnehmen, da er Dich so milde zu sich einladet? Und wenn er Dich so gnädig aufnimmt, wie wird er Dich dann nicht an seinem Herzen festhalten, um Dir Kraft und Heilung zu verleihen?"[3]

Bellarmin stimmt ganz mit diesen Grundsätzen in

---

[1] Psal. XXII. 6. [2] I. Cor. XI. 28. [3] Gerson, in Cant. Magnif.

seiner „Kunst, recht zu sterben" überein; er sagt mit dem
heiligen Ambrosius, dem heiligen Bernhard und dem heili=
gen Bonaventura, daß der Leib Jesu Christi nicht nur eine
Nahrung für heilige und vollkommene Seelen, sondern auch
das Heilmittel für die Schwachen und Matten sei. Und
endlich hat die Kirche selbst diejenigen verdammt, welche
die Behauptung aufstellten, man müsse vom heiligen Tische
alle Jene entfernen, welche noch keine ganz reine und un=
getheilte Gottesliebe in sich tragen.[1] (Prop. 23.) Es ist
überflüssig, noch Etwas beizufügen; denn solche Autori=
täten müssen doch hinreichen, um die ängstlichen Seelen zu
beruhigen. Wie unbegründet ist es, wegen Versuchungen
und Schwächen sich von der heiligen Kommunion fern zu
halten, da doch selbst eine schwere Sünde, sobald sie ge=
beichtet ist, uns nicht davon abhalten kann.

Fünftes Kapitel.

Von der Art und Weise, der Vorschrift des Gebetes nach=zukommen. — Widerlegung der falschen Begriffe, die man sich oft von dieser Uebung macht.

Ueber das Gebet finden sich an vielen Stellen dieses
Buches Belehrungen; deßhalb werden wir uns hier trotz
der Wichtigkeit des Gegenstandes nur kurz fassen. Das
Gebet ist so wichtig, daß der heilige Augustinus ohne Be=
denken die ganze Vollkommenheit des christlichen Lebens
davon abhängig macht, indem er sagt: „Wer recht zu be=
ten weiß, der weiß auch recht zu leben," und kurz nachher
fügt er bei: „Niemand zweifle an der Wahrheit der Worte

---

[1] Propos. damnata ab Alex. VIII.

des Pfalmisten, wenn er ausruft: „Gebenedeit sei Gott, der mein Gebet, wie seine Barmherzigkeit nicht von mir abwies." [1] Denn sei fest überzeugt, daß Dir die Barmherzigkeit nicht fehlen kann, so lange Du das Gebet nicht vernachläſſigſt."

Allein es haben leider viele Seelen ganz falsche Begriffe über diese fromme Uebung, und so wird ihnen das zur Qual, was ihnen zum Troste und zur Ruhe gereichen sollte. Sie bürden sich tausend chimärische Pflichten auf und meinen, sie müßten vor Allem ohne Zerstreuung beten, als wenn es von ihnen abhinge, eine unstete und ungezügelte Einbildungskraft zu zähmen; dann bilden sie sich ein, man müsse die Zerstreuungen mit Gewalt und anstrengender Aufregung bekämpfen, da es doch genügt, dieselben kurzweg zu verachten; endlich halten sie es für ihre Pflicht, den süßen und schönen Gefühlen, den zärtlichen Ergüſſen der fühlbaren Andacht nachzujagen, und nicht selten machen sie sogar lächerliche Anstrengungen, um zu weinen, zu seufzen u. s. w., wie wenn die Wallungen des Blutes Etwas mit dem guten Willen zu thun hätten, auf den doch bei Gott Alles ankömmt. Und haben solche Seelen es endlich durch Gott weiß was für Mittel dahin gebracht, diese rein physischen Rührungen und Empfindungen in sich hervorzurufen, so fürchten sie jede Bewegung, ja, sie wagen kaum zu athmen aus Angst, die ganze Andacht möchte verschwinden. Ein anderes Mal jagen sie bei der Betrachtung nach erhabenen, hohen Gedanken und Erwägungen, durch welche sie sich um so weniger Gott nähern, je mehr sie sich darin gefallen. Einige geben sich ganz dem mündlichen Gebete hin; sie schreiben sich eine endlose Litanei von Ge-

---

[1] Pf. LXV. 20.

betsformeln vor, an denen sie nichts auslassen dürfen.
Gehen sie zur heiligen Kommunion, so unterdrücken sie die
guten Gefühle und frommen Gedanken, die Gott ihnen
eingibt, um ihre zwanzig Seiten im Gebetbuche herzulesen,
wie sie es sich auferlegt haben; eine einzige davon weg=
lassen, das hieße ihrer Ansicht nach sich der Gefahr aus=
setzen, die Früchte des heiligen Sakramentes einzubüßen
oder gar einen Gottesraub zu begehen. Diese langen Ge=
bete machen ihre ganze Frömmigkeit aus; zwingen dringende
Umstände oder Pflichten der Nächstenliebe sie, einen Theil
derselben bei Seite zu lassen, so gerathen sie in die entsetz=
lichste Angst und wagen es nicht mehr, das heilige Sakra=
ment zu empfangen. Meinen sie, sie hätten Etwas davon
vergessen, so fangen sie ein=, zwei= und dreimal von Vor=
nen an; ja, man hat Leute gesehen, denen vor lauter Wie=
derholungen der ganze Tag nicht mehr ausreichte, um ihr
Morgengebet zu verrichten! Das heißt das Mittel zum
Zwecke machen. Mündliche Gebete sind allerdings eine
vortreffliche Sache, wenn man sie mit Maß und Ziel und
ihrer richtigen Bestimmung gemäß gebraucht. Ihr Zweck
ist aber nur, uns zu helfen, wenn unser Geist uns keine
Nahrung mehr bietet, und um den Mangel an eigenen
frommen Gefühlen in uns ersetzen, indem sie unsere
Aufmerksamkeit und unsern Willen auf die Gefühle hin=
lenken, deren Ausdruck sie sind. Wenn aber Gott selbst zu
uns spricht und unser Herz an das seinige emporzieht, so
lassen wir doch die vielen Worte bei Seite und begnügen
uns mit der einfachen Erhebung des Gemüthes zu Gott,
die ja das Wesen des Gebetes ausmacht. Es gibt fromme
Seelen, welche dieses nicht begreifen wollen; bei ihnen muß
Alles nach einem bestimmten Plane gehen; kommt ihnen
Etwas dazwischen, und wird die Ordnung in ihrer Andacht

gestört, so ist Alles verloren. Und das Schlimmste ist, daß sie sich einbilden, sie hätten alle ihre Christenpflichten erfüllt, wenn sie hinknieen und den halben Tag lang Gebete hersagen, bei denen das Herz oft eine gar kleine Rolle spielt; von Abtödtung und von Ablegung der Fehler ist natürlich dabei keine Rede. So gesellt sich bei diesen Seelen die Selbsttäuschung zu der Pein, mit der sie sich für nichts und wieder nichts stundenlang abmartern, und so bringen sie die Frömmigkeit in übeln Ruf bei den Weltleuten, welche die wahre Religiosität mit diesen übelverstandenen Frömmeleien verwechseln.

Wer sich bei Erfüllung seiner Pflichten solchermaßen peinigt und auf diese Weise das göttliche Gesetz mit seinen überspannten Ideen verwechselt, dem werden seine Pflichten zur Unmöglichkeit, und der macht sich aus Gott, aus dem gütigen Herrn, einen schrecklichen Tyrannen. Er erschöpft seine Kräfte mit zwecklosen und vergeblichen Anstrengungen und macht sich so zu allem Guten unfähig; an Besserung der Fehler ist bei einem solchen gar nicht zu denken. Er verfällt in Skrupel, verliert allen gesunden Menschenverstand, geräth in völlige Verzweiflung, und nicht selten gibt er die Religion ganz auf, weil er die Unmöglichkeit einsieht, sie so nach seinem Kopfe auszuüben. Wie wäre es auch möglich, eine Menge von Vorschriften zu befolgen, von denen uns schon eine einzige zu Boden drücken muß, wenn wir sie mit den Augen der ebenbesprochenen Personen ansehen? — Die Beispiele eines solchen traurigen Ausgangs sind nicht so selten, als man denkt.

Im Gegensatz zu diesen Verirrungen wollen wir nun die wahren Grundsätze über das Gebet aufstellen, wie die größten Meister des geistigen Lebens sie angeben. — Das

Gebet, sagt Christus [1] selbst, besteht nicht in vielen Worten. Beten heißt einfach sein Herz zu Gott erheben, um ihm zu sagen, entweder wie sehr man ihn liebt, oder wie innig man wünscht, ihn zu ehren, oder wie dringend man das Bedürfniß seines Beistandes fühlt; dieses Alles ist ganz unabhängig von dem Einfluß der Einbildungskraft, die man nie mit dem Herzen verwechseln darf. — „Unser Gebet," sagt der heilige Franz von Sales, „ist uns nicht weniger nützlich und Gott nicht weniger angenehm, wenn wir viele Zerstreuungen dabei haben; im Gegentheile, es ist uns dann viel heilsamer, als zur Zeit großer Tröstungen; denn es kostet uns mehr Anstrengung; nur müssen wir den Willen haben, die Zerstreuungen auszuschlagen und uns nicht freiwillig bei denselben aufzuhalten." — „Wer nie zerstreut sein will," sagt seinerseits Fenelon, „der ist nie zerstreut, und man kann mit Recht sagen, daß das Gebet eines Solchen mangellos ist. Sobald Du eine Zerstreuung bemerkst, so lasse sie ganz einfach bei Seite liegen, ohne sie mit Gewalt zu bekämpfen, und wende Deine Gedanken ruhig und ohne Zwang wieder auf Gott. So lange Du einer Zerstreuung nicht bewußt bist, so lange ist es keine Zerstreuung des Herzens; nimmst Du sie wahr, so erhebe sogleich Deinen Blick zu Gott!" .... „Wer während des Gebetes daran denkt, daß er betet," sagt der heilige Franz von Sales an einer anderen Stelle, „der betet nicht mit vollkommener Andacht; denn er lenkt seine Aufmerksamkeit von Gott ab, um an das Gebet, das er verrichtet, zu denken." Angst vor Zerstreuungen ist selbst die größte Zerstreuung; nichts ist bei den geistlichen Uebungen so sehr zu empfehlen, als kindliche Einfalt. Du willst im Gebete

---

[1] Matth. VI. 7.

auf Gott sehen? Gut, so sieh auf ihn und verwende Deine ganze Aufmerksamkeit darauf; denn wenn Du nachdenkst und Deinen Blick abwendest, um Deine eigene Haltung zu beobachten, dann siehst Du nicht mehr auf Gott, sondern auf Dich selbst. Wer recht andächtig betet, der achtet nicht darauf, ob er betet oder nicht; denn er denkt nicht an sein Gebet, sondern an Gott, zu dem er betet. Wir müssen einen Unterschieden machen zwischen der Gegenwart Gottes und dem Gefühle dieser Gegenwart, zwischen dem Glauben und dem Gefühle des Glaubens. Ein Märtyrer, der im Augenblick seiner Leiden nicht immer unverwandt an Gott denkt, verliert deßhalb nichts von seinem Verdienste und gibt Gott nichts destoweniger den heldenmüthigsten Beweis der Liebe. Gerade so ist es mit der Gegenwart Gottes; sagen wir uns ganz einfach, daß er unser Gott ist und wir seine schwachen unwürdigen Geschöpfe. So machte es der heilige Franziskus, der eine ganze Nacht lang in in-brünstigem Gebete die Worte wiederholte: „O mein Gott! wer bist Du und wer bin ich?" Dieses demüthige Gefühl unseres eigenen Elends und der göttlichen Güte ersetzt alle Ergüsse der fühlbaren Andacht, deren Abwesenheit uns so sehr schmerzt; denn das wahre Gebet ist nicht Sache der Einbildungskraft oder der Sinne, sondern des Geistes und Willens."

„Willst Du mit Nutzen und mit der erwünschten An-dacht beten," sagt wieder der berühmte Erzbischof von Cambrai, „so denke Dir gleich Anfangs einen Armen, der niedergebeugt, elend und entblößt, fast Hungers stirbt und nur von einem einzigen Reichen ein Almosen hoffen und erbitten kann; oder stelle Dir einen Kranken vor, der mit Wunden bedeckt daliegt und verloren ist, wenn nicht ein Arzt sich seiner erbarmt, ihn pflegt und heilt." Dieß ist

6*

ein treues Bild dessen, was wir vor Gott sind. Deine Seele ist ärmer an himmlischen Gütern, als dieser Noth=leidende an irdischen Schätzen, und Gott allein kann Dir Hülfe bringen; nur zu ihm kannst Du um Gnade flehen; nur von ihm kannst Du Beistand erwarten. Deine Seele ist ohne Vergleich kränker, als der mit Wunden bedeckte Sterbende, und Gott allein vermag Dich zu heilen. Alles hängt davon ab, daß Du das Herz Gottes mit Deinem Gebete erweichst; er ist allmächtig; aber bedenke wohl, daß er nur helfen will, wenn man ihn inständigst darum bittet; ja, ich möchte fast sagen, wenn man ihn darum plagt."

"Erwäge auch, welchen Unterschied das Evangelium zwischen dem Gebete des stolzen und auf sich selbst ver=trauenden Pharisäers, und dem des demüthigen, bußfertigen Zöllners macht. Jener zählt seine Tugenden auf, Dieser beweint seine Sünden; Jener dankt Gott für seine voll=brachten guten Werke, Dieser klagt sich über seine began=genen Fehler an; Jener wird in seiner Selbstgerechtigkeit beschämt, Dieser geht gerechtfertigt nach Hause. Der Sün=der, der sich tief verdemüthigt bei dem Anblick seiner Ver=irrungen, ist der göttlichen Erbarmungen würdig, während viele selbstgerechte Seelen, welche Frömmigkeit und Tugend zur Schau tragen, ein strenges Urtheil zu erwarten haben; denn ihre guten Werke sind alle durch Stolz und Selbst=vertrauen entstellt.

"Weil sie manches Gute thun, so sprechen sie nicht selten bei sich selbst zu Gott: "O Herr! ich danke Dir, daß ich nicht bin wie die übrigen Christen." In eitler Selbstgefälligkeit machen sie sich einen sehr hohen Begriff von sich selbst, indem sie sich einbilden, sie seien auser=wählte, ganz besonders bevorzugte Seelen, und ihnen allein sei es gegeben, in die Geheimnisse des Reiches Gottes einzudringen. . . .“

„Wehe denen, welche in dieser Gesinnung beten! Wehe uns, wenn unsere Gebete uns nicht demüthiger, wachsamer auf unsere Fehler und gottergebener machen, und uns nicht mehr Liebe zu einem verborgenen, demüthigen Leben einflößen!“

Die hier angeführten Beispiele des Armen vor dem Reichen, des Kranken vor dem Arzte, des schuldbeladenen aber demüthigen Zöllners zeigen uns hinlänglich, was das Gebet ist, und in welchen Gesinnungen wir beten sollen. „Und was die Zerstreuungen anbelangt, sagt Fenelon, „so mußt Du mit Dir selbst Geduld haben und Dich nie entmuthigen lassen, wenn Du auch den Unbestand Deines Geistes noch so sehr empfinden mußt. Unfreiwillige Zerstreuungen entfernen uns nicht von Gott; im Gegentheile, nichts ist ihm so wohlgefällig, als die demüthige Geduld einer Seele, welche nicht müde wird, immer und immer wieder von Neuem sich ihm zuzuwenden. Es handelt sich ja bei dem Gebete nicht um außerordentliche, erhabene Gedanken, nicht um farbenreiche Bilder, nicht um zärtliche Gefühle, die Gott bald gibt, bald nimmt. Wer den Werth seines Gebetes nur in diesen Dingen sucht, die der Eigenliebe so sehr schmeicheln, der wird bald der Entmuthigung anheimfallen; denn dieselben können plötzlich aufhören, und dann hält man Alles für verloren. Der einfache, vertrauliche und liebende Umgang mit Gott, das ist das wahre Gebet. Gewöhne Dich also daran, ohne Zwang Dein Herz vor dem lieben Gott auszugießen; unterhalte Dich über Alles mit ihm; rede zuversichtlich, offen und rückhaltslos mit ihm, wie mit Jemanden, den Du gern hast, und von dem Du sicher weißt, daß auch er Dich von Herzen liebt.

Wer es bei einem gewissen gezwungenen Gebete bewenden läßt, der behandelt Gott wie eine hochgestellte Person, die man ehrt und bloß Anstands halber besucht, ohne sie zu lieben und ohne von ihr geliebt zu werden. In einem solchem Umgange ist Alles Ceremonie und Phrase; man ist stets steif und gezwungen, man langweilt sich und kann nicht warten, bis man wieder fortkommt. Wahrhaft innerliche Seelen dagegen verkehren mit Gott, wie mit ihrem besten Freunde; sie wiegen ihre Worte nicht auf der Goldwage ab, weil sie wissen, mit wem sie es zu thun haben; sie sprechen zu Gott aus der Fülle und in der Einfalt ihres Herzens, und reden mit ihm von der gemeinschaftlichen Angelegenheit, von seiner Ehre und von ihrem eigenen Heile. Sie sagen ihm, von welchen Fehlern sie sich bessern wollen, welche Pflichten sie zu erfüllen haben, welche Versuchungen sie überwinden müssen, welche Fallstricke ihrer Eigenliebe und welche Empfindlichkeiten sie zu beherrschen suchen müssen. Sie erzählen ihm Alles; sie hören ihn über Alles; sie gehen seine Gebote, seine Rathschläge durch; es ist keine ceremonielle Unterhaltung, sondern ein ungezwungenes, wahrhaft freundschaftliches Gespräch: Gott ist der Herzensfreund, der Vater, auf dessen Schoos das Kind sich tröstet, der Bräutigam, mit dem man durch die Gnade ein Geist geworden ist. Man verdemüthigt sich vor Gott ohne Muthlosigkeit; man vertraut wahrhaft auf ihn in gänzlichem Mißtrauen auf sich selbst; man vergißt sich nie, wenn es heißt, sich von seinen Fehlern zu bessern; aber man vergißt sich, um nie auf die schmeichelnden Lockungen der Eigenliebe zu hören."

„Was das mündliche Gebet anbelangt, so sind wir weit entfernt, die Seelen davon abhalten zu wollen; denn dasselbe ist ihnen nützlich und oft sogar nothwendig; nur muß man es stets vernünftig und gehörig verrichten. Willst Du Nutzen aus dem mündlichen Gebete ziehen, so bete ruhig, und suche zu fühlen, was Du sagst. Laß deßhalb Deinem Geiste alle Zeit, den Sinn der Worte, die Du aussprichst, recht zu erfassen. Beeile Dich nie, um bald fertig zu werden; lieber einen halben Psalm recht beten, als ein Dutzend schnell hersagen. Bist Du gezwungen, Dein Gebet zu unterbrechen, so bleibe stehen, wo Du gerade bist, ohne Dich zu beunruhigen, und wenn Du nachher Zeit hast, so fange an, wo Du aufgehört∙hast."

Dieß sind die richtigen Grundsätze, welche beim Gebet zur Anwendung kommen; wir werden später noch einmal davon sprechen; allein das hier Gesagte zeigt schon hinreichend, daß jene Wahrheiten ebenso beruhigend∙und tröstlich sind, als die falschen Begriffe vieler frommer Seelen aufregend und entmuthigend wirken.

Sechstes Kapitel.

Die Kenntniß Gottes und seiner selbst ist die erste Bedingung gründlicher Tugend und wahren Friedens.

Eine Seele, welche nach gründlicher Tugend strebt, muß sich zu allererst bemühen, zur wahren Kenntniß Gottes und ihrer selbst zu gelangen. Wie wir schon gesagt haben, ist nichts schwieriger und zugleich seltener, als ein praktisch richtiger Begriff von Gott und von unserem Verhältnisse zu ihm. Als Kinder eines Vaters, der um seines Verbrechens willen verflucht wurde, fühlen wir alle in uns einen geheimen Schrecken bei dem bloßen Gedanken an den beleidigten Herrn und Schöpfer; wie Adam, flüchten wir vor seiner Stimme und fürchten uns vor ihm, wie

vor einem Feinde; wenigstens nahen wir uns ihm nur mit
Mißtrauen und wagen es nicht, auf seine Barmherzigkeit
zu vertrauen, die doch unsere einzige Zuflucht ist. Aller=
dings rühmt uns der Glaube Gottes Güte, und in der
Theorie glauben wir auch pflichtgemäß daran; aber in
unserem Betragen macht das Gefühl der Furcht seinen
Einfluß immer mehr oder weniger geltend. In unserer
Brust liegt gleichsam ein natürlicher Keim von Mißtrauen
und Angst, und der Feind unseres Heils thut, was er nur
kann, um denselben zu entwickeln; denn er weiß wohl, wie
gut er dieses Kräutchen brauchen kann, und wie nach dem
Worte der Schrift wir nur dann den Weg der göttlichen
Gebote laufen können, wenn das Vertrauen unsere Herzen
erweitert. Wir müssen also vor Allem daran arbeiten,
diese unheilvollen Gefühle der Engherzigkeit und Bangig=
keit in uns zu ersticken und müssen uns recht überzeugen,
daß ein Gott, der aus Liebe sein Blut für uns vergoß,
nichts so sehr wünscht, als daß seine Leiden uns zur Ret=
tung und zum Heile werden. Trennen wir nie die Be=
trachtung unseres Elendes von der Betrachtung der unend=
lichen Erbarmung des Herrn, „welche über alle seine Werke
geht"; [1] denn die erstere allein würde uns sonst in Muth=
losigkeit und Verzweiflung stürzen, anstatt uns heilsame
Demuth einzuflößen. An einer andern Stelle wird von der
Nothwendigkeit des Vertrauens näher die Rede sein; hier
wollten wir nur vorübergehend bemerken, wie unerläßlich es
ist, daß wir Gott richtig beurtheilen und Gesinnungen auf=
geben, die seinem liebevollen Herzen so wenig Ehre machen.
Wir kommen jetzt zu einem Gegenstande, welcher weitläu=
figere Entwicklung verlangt, nämlich zur Selbstkenntniß.

---

[1] Pf. **CXLIV**.

Die Selbſtkenntniß iſt uns äußerſt nothwendig. Schon die alten Philoſophen empfahlen ſie, als die Grundlage aller Weisheit, indem ſie ihren Schülern den Wahlſpruch einprägten: „Lerne Dich ſelbſt kennen!" — Und in der That iſt uns dieſe Kenntniß bei unſerer ſittlichen Umbildung unentbehrlich; bei dieſem großen Werke ſind wir ja zugleich Stoff, Werkzeug und Arbeiter; wie könnten wir demnach etwas leiſten, ohne uns ſelbſt in jeder Beziehung durch und durch zu kennen? Allein leider iſt uns dieſes nicht weniger ſchwer, als nothwendig. In uns Allen liegt mehr oder weniger geheime Selbſtüberſchätzung; dieſes Gefühl iſt dem gefallenen Menſchen natürlich, inſofern es gleichſam eine Erinnerung an ſeine vergangene Größe iſt. Ein Sophiſt des vorigen Jahrhunderts ſtellte den Grundſatz auf: „Der Menſch iſt von Natur aus gut." Obwohl dieſes in Wahrheit nur von dem erſten Menſchen gilt, der in der ganzen Reinheit ſeiner urſprünglichen Gerechtigkeit aus der Hand ſeines Schöpfers hervorging, ſo möchten wir doch gar zu gern dieſen Grundſatz ganz allgemein zulaſſen. Unſere Eigenliebe würde ſich nicht ſchlecht dabei befinden, und welche traurige Verheerung die Erbſünde in unſern Stammeltern, wie in ihrer ganzen Nachkommenſchaft angerichtet hat, vergeſſen wir doch nur gar zu leicht. Ein Beweis dafür iſt jene leider in der Welt ſo ſtark vertretene Klaſſe von Menſchen, die ſich, wie der Phariſäer im Evangelium, freiwillig verblenden, ſelbſtgefällig ihre Tugenden zur Schau tragen und nicht einmal ahnen, daß ſie der göttlichen Gerechtigkeit Etwas ſchuldig ſein könnten.

In unſerm Innern erheben ſich eigennützige Stimmen, die ſtets bereit ſind, uns unſere eigene Vortrefflichkeit anzurühmen; ſie loben unſer gerades, richtiges Urtheil, unſere tiefe Einsicht, unsern erhabenen Geist, unser gutes Herz, unsern Gerechtigkeitssinn, die Uneigennützigkeit uud Mäßigung unsers Charakters und tausend andere vorzügliche Eigenschaften, die wir dann, leichtgläubig genug, zu einem Bilde von uns selbst zusammenfügen, das für unsere Eigenliebe ganz schmeichelhaft ausfällt. Und wenn uns auch ein Rest von Schamgefühl nicht erlaubt, uns mit den größten Männern auf eine Stufe zu stellen und uns alle ihre guten Eigenschaften in ihrer ganzen Vollkommenheit zuzuschreiben, so erheben wir uns wenigstens über die große Menge; wir finden ohne Mühe Viele, denen wir offenbar vorzuziehen sind; besonders wollen wir selten einen Fehler, den man uns vorwirft, einsehen, obwohl wir Anstands halber noch zugeben, daß wir nicht ganz ohne Fehler sind; kurz, selbst in unsern besten Stunden müssen wir den Worten Bossuet's beistimmen, der so wahr und entschieden sagt: „Gerade wenn ich mich von dem Gefühle meines Elendes und meiner Schwäche ganz durchdrungen glaube, habe ich doch noch, sobald Jemand mir in irgend Etwas Unrecht gibt, tausend Rechtfertigungen für meine Ansicht. Der Abscheu und die Geringschätzung, die ich von mir selbst empfand, sind verschwunden; ich fühle meine Eigenliebe wieder, oder vielmehr ich erkenne es klar und liefere mir selbst den Beweis, daß ich dieselbe keine Minute wirklich aufgegeben hatte!" — Diese zu hohe Meinung von uns selbst macht uns anmaßend, anspruchsvoll und verächtlich gegen Andere, empfindlich, argwöhnisch, eifersüchtig auf fremdes Verdienst, ungeduldig, eingebildet, vermessen und ehrgeizig; kurz, sie nährt und steigert in uns jene angeborne Hoffart, welche der heilige Geist als den Anfang aller Sünde [1] bezeichnet. —

---

[1] Ecclesiasticus X. 15.

Dieses sind die falschen Vorstellungen, an denen unsere Eigenliebe sich so gerne weidet, und die so tief in unserm Herzen eingewurzelt sind, daß wir uns gleichsam unser natürliches Auge ausreißen müssen, wenn wir die Dinge in ihrem wahren Lichte erblicken wollen.

Eine ganz andere Sprache aber führt unser Glaube. Dieser enthüllt uns unsern schmachvollen, sündenbefleckten Ursprung und in demselben die Quelle jener furchtbaren Verderbniß, welche alle Kräfte unsers Leibes und unserer Seele überwuchert. Der Glaube sagt uns, daß unsere Sinne von Kindheit auf zum Bösen geneigt sind, daß unsere Leidenschaften sich stets im Aufruhr gegen die Vernunft befinden und diese unaufhörlich zu dem Bösen, das sie doch mißbilligt, hinreißen, und daß sie ihr das Gute, dessen Schönheit sie erkennt, außerordentlich erschweren. Er zeigt uns handgreiflich, daß wir in den wichtigsten Dingen unwissend sind, daß unsere Einbildungskraft ohne Unterlaß unsern Verstand hemmt, verwirrt, und daß wir endlich unvermögend sind, aus uns selbst Etwas an dem Werke unsers Heils zu thun. So entwirft uns der Glaube ein ganz anderes Bild von uns selbst, als unsere Eigenliebe uns vormalt, und die Wirkung davon ist natürlich auch eine ganz entgegengesetzte. Die wahre Selbstkenntniß ist die Quelle der Demuth, der Bescheidenheit, der Geduld und des Mißtrauens auf uns selbst. Dies ist aber die Bedingung des wahren Gottvertrauens; denn nur wer nicht auf seine eigenen Kräfte baut, richtet seine Blicke recht auf Gott. Und da die aufrichtige Demuth, daß heißt die richtige Erkenntniß der Wahrheit, daß Gott Alles und das Geschöpf Nichts ist, allen Tugenden zur Grundlage dient, so macht auch dieser demüthige und allein richtige Begriff von uns selbst das Aufblühen aller Tugenden in unserer

Seele möglich; er bringt uns in das richtige Verhältniß
zu Gott, zu dem Menschen und zu uns selbst.

Wenn aber die Erkenntniß unserer Verdorbenheit wahr=
hafte Früchte des Heils in uns tragen soll, so genügen die
allgemeinen Begriffe, die der Glaube uns davon gibt, noch
nicht, sondern die Erfahrung muß dazu kommen; lange
und unter tausend Mühen und Gefahren müssen wir diese
Verdorbenheit fühlen, welche das Evangelium uns als wirk=
lich vorhanden bezeichnet, und die eigene Erfahrung allein
uns augenscheinlich zu machen im Stande ist. Die Ge=
legenheiten fehlen uns leider dazu nie, wenn wir Gott auf=
richtig dienen und unsere bösen Neigungen mit christlichen
Tugenden vertauschen wollen; denn in diesem Falle müssen
wir ohne Unterlaß gegen das Böse kämpfen, das unsere
Seele beherrscht, und das mit ihrem innersten Wesen ver=
wachsen ist. Erst dann, wenn wir bei dieser mühevollen
Arbeit aufrichtig und entschieden in unser Herz hinabge=
stiegen sind, um alle innern Regungen zu beobachten und
zu verbessern, erkennen wir die Tiefe des Abgrundes und
entdecken darin alle die Leidenschaften, deren Dasein wir
nie geahnt. — Ach! wie oft will nicht die verletzte Eigen=
liebe bei diesem demüthigenden Schauspiele betroffen zurück=
weichen! Wir möchten die Augen schließen und uns eine
so bittere Wahrheit selbst verbergen. Allein dieß hieße der
Tugend entsagen, die nur um diesen Preis errungen werden
kann. Wir müssen den Muth haben, die Wunden unserer
Seele in ihrer ganzen Ausdehnung anzuschauen; denn schon
dieser demüthigende Anblick ist der heilsamste Balsam für
die allergefährlichste unserer Wunden, den Stolz nämlich.
Stählen wir also unsern Muth, um unser Elend fest ins
Auge zu fassen und es immer besser kennen zu lernen.
Aber trennen wir auch nie und nimmer den Anblick unsers

Elendes von dem der Barmherzigkeit Gottes, die noch unendlich größer ist, als unsere Verdorbenheit; denn sonst könnte nur unselige Muthlosigkeit daraus folgen.

Nicht minder wichtig ist die Kenntniß von dem Unterschiede zwischen dem, was aus dem freien Willen kommt und was einzig aus der Begierlichkeit entspringt. Letztere ist viel mehr die Sünde Adams, als die unsrige; sie ist von unserm Stammvater auf uns herabgekommen als ein unheilvolles Erbtheil, das uns unglücklich, aber an sich nicht strafbar macht. Die Begierlichkeit regt uns freilich mit Gewalt zu allen Arten von Sünden an, allein der unaufhörliche Widerstand gegen dieselbe macht unser Verdienst aus. Mit Recht nennt daher der heilige Geist das Leben des Menschen hier auf Erden einen beständigen Kampf, nicht eine beständige Sünde. Unsere bösen, erbsündlichen Neigungen werden uns nur dann zur Sünde angerechnet, wenn unser freier Wille, dieses schönste Ueberbleibsel unsers vergangenen Glückes, durch seine Einwilligung mit denselben gemeinschaftliche Sache macht; denn allein aus unserm freien Willen entspringt die Sittlichkeit, das Verdienst oder die Schuld unserer Handlungen. Wie viele Seelen scheinen aber, wenigstens praktisch, nichts von diesem Unterschiede zu wissen.

Man verwechselt Eindrücke und Empfindungen, Neigungen und Triebe der Begierlichkeit mit überlegten Entschlüssen des freien Willens und vergißt dabei die wesentliche Wahrheit, daß unser Wille mitten in allen Stürmen, die in der Seele toben, stets frei bleibt und mit dem Beistande der göttlichen Gnade stets im Stande ist, allen ungeordneten Neigungen der Natur und allen Anfechtungen der Hölle zu widerstehen. — Wir bitten alle unsere Leser auf das Inständigste, daß sie sich diese Grundwahrheit doch ja recht tief einprägen, denn sie ist bei der Seelenleitung eine reiche Quelle des Lichtes; wer dieselbe nicht beachtet, der kann sich selbst nur halb und halb kennen lernen. Allein auch hier handelt es sich wieder nicht nur um spekulative, sondern vor Allem um praktische Kenntniß: durch die Erfahrung muß diese Wahrheit nach und nach in Fleisch und Blut übergehen.

Nur darf man, wie schon vorhin bemerkt worden, diese Selbstkenntniß und diese Losschälung von sich selbst nicht in Einem Tage zu erwerben glauben. Der berühmte Erzbischof von Cambrai entwirft uns von dieser innern Umbildung ein ganz anderes Bild.

„Gott," sagt er, „verleiht uns das innere Licht, wie eine verständige Mutter ihrer Tochter Arbeit gibt; ist die erste Aufgabe fertig, dann kommt erst die zweite. Eines nach dem Andern. Bist Du mit Allem fertig, was Gott Dir zu thun auferlegt hat, so wird er Dir gleich eine andere Arbeit geben; denn er läßt die Seele nie müßig und ohne Fortschritt in der Losschälung. Hast Du aber im Gegentheil Deine erste Aufgabe noch nicht vollständig gelöst, so verbirgt er Dir die folgende. Mit Dir verhält es sich in dieser Beziehung, wie mit einem Reisenden, der eine weite Ebene durchwandelt. Zuerst reicht sein Blick nicht weiter, als bis zu dem kleinen Hügel, der in blauer Ferne seinen Horizont begrenzt; er wähnt, dort sei sein Ziel. Hat er aber einmal die Anhöhe erreicht, so sieht er noch weiter eine gleich große Strecke Landes vor sich liegen. Ebenso bildet man auf der Bahn der Losschälung und Selbstentäußerung sich ein, man überschaue schon Alles auf den ersten Blick und meint, man behalte nichts mehr zurück, hänge nicht mehr an sich und auch nicht an sonst Etwas in der Welt. Man möchte lieber sterben, als nur einen Augenblick sein allumfassendes Opfer verzögern; aber in den kleinen, alltäglichen Gelegenheiten zeigt uns Gott ohne Unterlaß ein neues, weites Feld. Man findet in seinem Herzen tausend Dinge, auf die man geschworen hätte, sie seien nicht darin; Gott zeigt sie uns nur nach und nach, sowie er sie aus demselben verbannen will. Jeder von uns trägt in seinem Innern eine Menge Unrath, so daß die Scham ihn tödten würde, wenn Gott ihm denselben in seiner ganzen Abscheulichkeit und Verpestung zeigte; die Eigenliebe litte dabei namenlose Qualen. Ich rede hier nicht von den lasterhaften, groben Sündern, sondern von den frommen Seelen, die rein und geraden Herzens zu sein scheinen. Was entdecken sie nicht Alles in sich, wenn der Strahl des wahren Lichtes ihr Inneres durchdringt? Da ist thörichte Eitelkeit, die es nicht wagt, sich zu zeigen und die sich in die geheimsten Falten des Herzens verbirgt. Da ist Selbstgefälligkeit, ist Stolz, ist Selbstsucht; da sind tausend geheime Absichten und Beweggründe, die ebenso thatsächlich als unerklärlich sind. Wir bemerken sie erst dann in uns, wenn Gott anfängt, sie aus unserm Herzen zu vertreiben. „Siehst Du jetzt," sagt er uns gleichsam, „welche Fäulniß in dem tiefen Abgrunde Deines Herzens verborgen ist. Jetzt rühme Dich noch, jetzt poche noch auf dich selbst!"

Lassen wir Gott machen, und begnügen wir uns damit, der Erleuchtung treu zu folgen, die uns im gegenwärtigen Augenblicke zu Theile wird. Diese Erleuchtung bringt Alles mit sich, was nothwendig ist, um uns auf den folgenden Augenblick und die noch bevorstehenden Opfer vorzubereiten. Zuerst haben wir bloß oberflächlich und im Allgemeinen den guten Willen, uns selbst und Allem, was wir lieben, abzusterben; aber bald wird dieses Absterben die Oberfläche durchbrechen und im Innersten unsers Willens tiefe Wurzeln schlagen; es wird immer weiter vordringen bis zum Mittelpunkte unseres Herzens und keinem Geschöpfe mehr Raum lassen, sondern rastlos Alles ausstoßen, was nicht Gott ist.

Siebentes Kapitel.

Wir müssen uns selbst ertragen, dies ist die zweite Bedingung der wahren Frömmigkeit und des dauernden Seelenfriedens.

Die Verderbtheit seines Herzens kennen ist noch nicht Alles; man muß sie auch geduldig ertragen, ohne sich dem Aerger und der Entrüstung hinzugeben. Dieß thun aber viele Seelen und lassen sich bei dem traurigen Anblicke ihres Elendes entmuthigen, weil sie nicht einsehen wollen, daß gerade ihre Fehler und Schwachheiten in der Hand der Vorsehung das Mittel zu einem größeren Fortschritt in der Tugend sind.

Hierüber sagt der heilige Franziskus von Sales: „Sei so gut, und habe mit Jedermann Geduld, vor Allem aber mit Dir selbst. . . . Die Tugend der Geduld ist das untrüglichste Kennzeichen der Vollkommenheit, und Diejenigen, welche nach der reinen Liebe Gottes streben, brauchen viel mehr Geduld, um sich selbst, als um Andere zu ertragen. Es gehört zur Vollkommenheit, daß wir unsere Unvollkommenheiten geduldig ertragen. Ich sage, sie geduldig ertragen, nicht sie lieben oder sie pflegen. Die Demuth nährt sich von der Geduld mit sich selbst. Bekennen wir diese Wahrheit; wir sind armselige Menschen, die kaum Etwas recht machen können; allein Gott, der Allgütige, ist mit unserm geringen Thun zufrieden; er sieht auf die Vorbereitung unseres Herzens und auf unsern guten Willen.... Kostbare Unvollkommenheiten, durch die wir unser Elend erkennen, die uns in der Demuth, in der Verachtung unserer selbst und in der Geduld üben und dabei Gott nicht hindern, auf die vollkommene Vorbereitung unsers Herzens zu sehen!"

O wie weit entfernt sind nicht die meisten frommen Seelen von den Gesinnungen dieses großen Heiligen! Wie verwünschen sie ihre Unvollkommenheiten, deren Anblick sie zwingt, von dem Throne ihrer Selbstüberschätzung herabzusteigen, und deren Nutzen für ihren geistlichen Fortschritt sie nicht einsehen! Alle ihre Wünsche zielen nach dem, was derselbe heilige Franziskus von Sales eine „gewisse christliche Vollkommenheit" nennt, „die wohl denkbar, aber nicht ausführbar ist; über die Viele lange Reden halten, die aber Niemand in Ausführung bringt." Solche Seelen suchen vor Allem als Stütze und Grundstein ihres Vertrauens das schmeichelhafte Zeugniß eines mit sich selbst vollkommen zufriedenen Gewissens, das sich der Vollkommenheit seiner Werke, der Andacht seiner Gebete und der Vortrefflichkeit seiner Gesinnungen gänzlich bewußt ist. Sie legen, so zu sagen, Gott ihre eigenen Ansichten unter und sind nicht von der Ueberzeugung abzubringen, er könne nicht mit ihnen zufrieden sein, so lange sie es selbst nicht mit sich sind. Daher machen sie die größten Anstrengungen, um sich zuerst selbst zu gefallen; denn dann, meinen sie, könnte ihnen das Wohlgefallen Gottes nicht fehlen; sie pflegen ihre Seele mit eitler Selbstgefälligkeit, wie ein fruchtbares Erdreich, von dem sie nur köstliche Früchte erwarten. Sie meinen, sie müßten durch fortgesetzten, erschöpfenden Geisteszwang nie das Gefühl der Gegenwart Gottes verlieren; sie wollen vollständig Herr über ihre Einbildungskraft sein;

in dieselbe darf sich nie und nimmer eine lästige oder be=
schämende Einflüsterung des bösen Feindes eindrängen; im
Gegentheil, fromme und heilige Bilder müssen dieselben
stets erfüllen. Besonders aber soll das Herz ohne Unterlaß
von den zärtlichsten und vollkommensten Gefühlen entflammt
sein; es muß stets von süßer Andacht und dem feurigsten
Eifer erglühen; Lust, Freude und fühlbare Großmuth soll
all ihre guten Werke beleben; da darf sich kein Widerwille
kein Neid, keine Ungeduld, keine ungeordnete Leidenschaft
regen. Ja, wenn sie sich in diesem Zustande erhalten könn=
ten, dann wäre Alles gut, und sie würden mit Zuversicht
auf ihre Verdienste vor Gott hintreten, wie eine vollkom=
mene Prinzessin, die stolz auf ihre Schönheit und auf ihren
reichen Schmuck, ihrem königlichen Gemahle mit dem vollen
Bewußtsein, daß sie ihm gefallen werde, entgegengeht. Solche
Seelen behandeln Gott wie einen eigennützigen Freund, auf
den man nur zählen kann, so lange man ihn durch seine
Reichthümer und durch seine liebenswürdigen Eigenschaften
fesselt. Fühlen sie aber anstatt ihrer Engel=Andacht die
Beschwerden, die Verdorbenheit und die Ohnmacht unserer
armseligen Natur, so ist Alles bei ihnen verloren; es fehlt
ihnen Alles auf einmal, und sie stürzen in den Abgrund
der Muthlosigkeit, jener traurigen Seelenstimmung, die man
mit so vielem Rechte eine „leidende Eigenliebe“ genannt
hat. Sie halten sich vom Tische des Herrn fern und wa=
gen nicht einmal mehr zu beten, keine Seelenheiterkeit,
kein Vertrauen mehr! Alles bleibt ihnen immer Gott mit
seiner unerschöpflichen Güte und Barmherzigkeit; allein
Dieses ist ja nie ihre wahre Stütze gewesen; . . . sie haben
ihren Anhaltspunkt in ihrem eigenen Herzen und in ihren
vermeintlichen Tugenden gesucht; lassen diese sie im Stiche,
dann ist für sie Alles dahin und sie wähnen sich hülf= und

rettungslos. Willst Du ihren Muth neu beleben, so gib ihnen das schmeichelhafte Zeugniß der Selbstgerechtigkeit wieder, das sie vor der Stunde der Prüfung besaßen, und um das sie ihren Seelenführer auf die lästigste und zudringlichste Weise plagen. Sobald sie fühlen, daß sie ihr liebes „Ich" wiedergefunden haben, so werden sie auch wieder glauben, es fehle ihnen Nichts. Mit Einem Worte, ihr Tugendgebäude ist nicht auf den unerschütterlichen Grundstein, Jesus Christus, gegründet, sondern sie haben es auf Sand, das heißt auf sich selbst, auf ihren eigenen Werth und auf ihre eigenen Bemühungen gebaut, und so reißt der erste Sturm Alles nieder. Die Gottlosen überlassen dem Herrn allein das ganze Werk des Heils; sie schließen alle Mitwirkung des Menschen aus, unter dem Vorwande, es sei unnöthig, sich Gewalt anzuthun, da Gott in seiner Güte es doch nie zulassen könnte, uns mit ewigen Peinen zu strafen. Die Seelen, von denen hier die Rede ist, verdammen diese irrige Behauptung; allein sie stürzen in das entgegengesetzte Extrem, allerdings nicht in Worten und nicht im spekulativen Glauben, sonst wären sie Ketzer, jedoch leider in der praktischen Richtung ihres ganzen Lebens. Dieses Extrem besteht darin, daß sie sich zuerst und hauptsächlich auf sich selbst stützen. Dieser ihr Irrthum ist um so gefährlicher, da er sich mit Hülfe der Eigenliebe fast unmerklich in das Herz einschleicht und überdies jener unbestreitbaren Wahrheit sehr nahe liegt, daß der Mensch ohne die guten Werke nicht zur Seligkeit gelangen kann.

Was ist diese stolze Frömmigkeit anders, als die Frömmigkeit des Pharisäers im Evangelium? Diesen verdammt der Herr, während er den Zöllner rechtfertigt; denn letzterer schreibt in seiner Demuth sich nichts Anderes zu, als seine

Sündhaftigkeit und gewinnt dadurch Anspruch auf die Gnade Gottes.

Hören wir hierüber wieder den berühmten Erzbischof von Cambrai. „Unsere Seele," sagt er, „ist so von der Eigenliebe angesteckt, daß der Anblick ihrer Tugenden sie immer ein wenig beschmutzt. Sie nimmt stets etwas davon für sich selbst. Sie dankt Gott für seine Gnaden; aber zugleich weiß sie auch sich selbst Dank, daß diese Gnaden gerade ihr vor anderen Seelen zu Theil werden. Diese Art, die göttlichen Gnaden sich selbst zuzuschreiben, findet sich in sonst geraden und einfachen Seelen sehr fein und unmerklich; sie selbst nehmen es nicht wahr, welchen Raub ihre Eigenliebe begeht; allein der Fehler ist um so schlimmer, da es sich um die reinsten und höchsten Güter handelt, auf die Gott, gerade ihrer Reinheit wegen, besonders eifersüchtig ist. Diese Seelen hören erst auf, sich ihre Tugenden zuzuschreiben, wenn sie dieselben nicht mehr wahrnehmen, und wenn gleichsam Alles zu entschwinden scheint. Dann rufen sie, wie der heilige Petrus, als er in die Wellen einsank: [1] „Rette uns, o Herr, wir gehen zu Grunde!" Sie finden keinen Anhalt mehr in sich selbst; Alles fehlt. In ihrem Innern erscheint ihnen Alles der Verwerfung, des Abscheus, des Hasses würdig. So muß die falsche und pharisäische Selbstgerechtigkeit weichen, und so gehen sie ein in die wahre Gerechtigkeit Jesu Christi, die man nie versucht ist, als seine eigene zu betrachten."

„Diese pharisäische Selbstgerechtigkeit kommt häufiger vor als man denkt. Der erste Fehler derselben besteht darin, daß der Pharisäer seine Vollkommenheit ganz in seinen eigenen Werken sucht; abergläubisch und streng hält

---

[1] Matth. VIII, 2.

er sich an den Buchstaben des Gesetzes; aber nach dem Geiste desselben forscht er nicht. Gerade so machen es viele Christen. Sie fasten, sie geben Almosen, sie empfangen die heiligen Sakramente, sie besuchen den Gottesdienst, sie beten, aber Alles ohne Liebe zu Gott, ohne Losschälung von der Welt, ohne Nächstenliebe, ohne Demuth, ohne Selbst= verleugnung; sie sind mit sich zufrieden, wenn sie nur eine Anzahl pünktlich verrichteter guter Werke vor sich sehen. Wer so denkt, der ist ein Pharisäer!

Der zweite Fehler der pharisäischen Selbstgerechtigkeit ist der, auf welchen wir schon vorhin aufmerksam gemacht haben. Der Pharisäer will sich auf seine Gerechtigkeit als auf seine eigene Kraft stützen. Diese falsche Gerechtigkeit gewährt uns so großen Trost nur, weil sie der Natur einen festen Anhaltspunkt bietet. Man findet ein außerordent= liches Vergnügen darin, sich gerecht zu sehen, sich stark zu fühlen, sich in seiner Tugend zu spiegeln, wie eine eitle Frau in ihrer Schönheit. Wenn wir so an dem Anblicke unserer Tugenden hängen, beflecken wir dieselben, nähren unsere Eigenliebe und hindern jeden Fortschritt in der Selbstentäußerung, und hierin liegt der Grund, warum so viele Seelen, die sonst geraden Herzens und voll der besten Wünsche sind, doch stets nur im Kreise um sich selbst her= umgehen, ohne je einen Schritt vorwärts zu Gott zu thun. Unter dem Vorwande der Wachsamkeit beschäftigen sie sich immer mit sich selbst; sie fürchten so sehr, sich selbst aus den Augen zu verlieren, wie Andere fürchten, sich von Gott abzuwenden; sie wollen stets eine gewisse Zusammenstellung von allerlei Tugenden, die ihnen zusagen, an sich sehen, und immer das Vergnügen genießen, sich Gott wohlgefällig zu fühlen. Dieses Vergnügen entnervt und erschlafft sie nur, und dieser Schein von Tugend macht, daß sie immer mehr von sich selbst eingenommen werden. Und doch sollte man diese Seelen von ihrem hohen Selbstgefühle befreien, statt sie noch mehr damit zu nähren, und sie gegen sich selbst abhärten, statt sie an jene zärtliche Empfindsamkeit gegen sich selbst zu gewöhnen, die nichts Dauerhaftes hat. Diese Empfindsamkeit ist für sie, wie Milch für einen dreißig= jährigen Mann; eine solche Nahrung schwächt die Seele und hindert ihr Wachsthum und ihr Gedeihen, statt ihr neue Kräfte zu verleihen. Aber noch mehr, diese Seelen deren Andacht und deren Friede von dem Gefühle abhängt, stehen in Gefahr, bei dem ersten Windstoße Alles einzu= büßen; ihr einziger Anhaltspunkt ist die fühlbare Gnade; zieht diese sich zurück, so stürzt Alles rettungslos zusammen. Sie lassen den Muth sinken, sobald Gott ihnen Prüfungen schickt, und machen gar keinen Unterschied zwischen der fühl= baren Gnade und Gott; wenn daher die erstere aufhört, so schließen sie daraus, daß Gott sie verläßt. Sie sind, nach dem Worte der heiligen Theresia, Blinde, welche das Gebet aufgeben, wenn es anfängt, durch Prüfung sich zu läutern und so heilsamer und erfolgreicher zu werden. Eine Seele, welche von dem trockenen Brode der Trostlostgkeit und der Leiden sich nähret, sich arm an allem Guten fühlt, stets ihre Nothdurft, ihre Unwürdigkeit und ihr Elend vor Augen hat, nie müde wird, Gott zu suchen, obwohl er sie zurückzustoßen scheint, und Gott um seiner selbst willen sucht, ohne sich selbst in ihm zu suchen, steht weit über einer, die sich stets von ihrer eigenen Vollkommenheit über= zeugen will, die in Verwirrung geräth, sobald sie dieselbe aus ihren Augen verliert, und die immer verlangt, daß Gott ihr mit neuen Beweisen der Zärtlichkeit zuvorkomme.

Folgen wir Gott auf dem dunkeln Pfade des reinen Glaubens; suchen wir nie das zu sehen, was er uns ver=

bergen will; gehen wir voran, wie Abraham, ohne zu
wissen, wohin uns unsere Schritte führen, und verlassen
wir uns auf nichts als auf unser Elend und auf die Barmherzigkeit Gottes. Gehen wir stets den geraden Weg in
Einfalt und Treue, immer fest entschlossen, Gott Alles zum
Opfer zu bringen, und hüten wir uns vor dem falschen
Vertrauen auf uns selbst, auf unsere Werke, auf unsere
Gesinnungen und auf unsere Tugend. Immer vorwärts
zu Gott! ohne uns je einen Augenblick aufzuhalten, um
uns mit Selbstgefälligkeit oder mit Besorgniß nach uns
selbst umzusehen. Ueberlassen wir Gott Alles, was uns
angeht, und seien wir nur darauf bedacht, ihn ohne Unterlaß jeden Augenblick unseres Lebens zu verherrlichen!

Wenn wir muthig und ohne Aerger den demüthigenden Anblick unserer geistigen Gebrechen ins Auge fassen
wollen, so müssen wir uns recht davon überzeugen, daß
wir sowohl aus unserm Elende selbst, als aus der Betrachtung desselben den größten Nutzen ziehen können. In
Einer Hinsicht ist nämlich unsere Armseligkeit ein wahrer
Schatz für uns; denn gerade sie ist es, welche am dringendsten die Fülle der göttlichen Erbarmungen auf uns herabruft. Ein Vergleich wird dieses besser zeigen, als die scharf-
sinnigsten Beweise. Was sind wir vor Gott? „Wir sind
seine Bettler,“ antwortet der heilige Augustinus, und der
heilige Geist selbst stimmt diesem Ausspruche des großen
Kirchenvaters bei, indem er uns in den Psalmen folgende
Worte in den Mund legt: „Ich aber bin arm und elend.
Gott, hilf mir!“ [1] und: „Ich bin arm und leidend; Dein
Heil, o Gott, wird mich aufnehmen!“ [2] Ja, von uns selbst
aus schmachten wir in der peinlichsten Armuth; aber dieses

---

[1] Pf. LXIX. 6.   [2] Pf. LXVIII. 30.

zieht gerade die göttliche Barmherzigkeit auf uns herab, wenn wir nur in dem demüthigen Gefühle unserer Armuth Gott um seinen Beistand anflehen, anstatt daß wir, wie es leider nur zu oft geschieht, ihm seine Gnaden gleichfalls als etwas uns Gebührendes förmlich abzuzwingen suchen, indem wir unsere vermeintlichen geistigen Reichthümer und Verdienste vor ihm darlegen. Wir wollen auf den oben angeführten Vergleich zurückkommen und die Dinge nach dem beurtheilen, was täglich unter uns Menschen vorgeht. Umgibt der Arme, der um ein Almosen fleht, sich mit dem äußeren Scheine der Ueppigkeit? Entleiht er kostbare Gewänder, um sich an der Thüre des Reichen eine milde Gabe zu erbitten? Zeigt er sich übermüthig? behandelt er den, dessen Mitleid er anfleht, als Seinesgleichen? sucht er ihm das Almosen so zu sagen als einen gerechten Lohn abzuzwingen, indem er sich auf seine Würde, auf sein Verdienst oder auf seine vorgeblichen Dienstleistungen beruft? Der Reiche bedurfte ja seiner Dienste nicht, und gewiß, ein solch verkehrtes Verfahren von Seite des Armen könnte keinen glücklichen Erfolg haben; man würde ja den als einen Gauner und Betrüger abweisen, der beim Betteln nur zeigt, daß er nichts braucht, und der sich überdieß durch seine Anmaßung unausstehlich macht. Es heißt ja schon in dem Ecclesiastes: „Meine Seele hasset einen stolzen Armen." [1]

Auch sehen wir, daß diejenigen, welche die Mildthätigkeit ihrer Mitmenschen anflehen, sich ganz anders verhalten; demüthig erscheinen sie vor Denen, welche sie um ein Almosen bitten; sie flehen leise und bescheiden; sie warten geduldig selbst bei der schlimmsten Witterung; beharrlich kom-

---

[1] Ecclesiastes XXV. 4.

men sie immer wieder; keine abschlägige, keine unfreundliche Antwort schreckt sie zurück; sie zeigen sich dankbar für das Wenige, das man ihnen gibt; sie halten es stets für weit mehr, als was man ihnen schuldig ist, und wenn sie, wie es so oft vorkommt, sich verrechnen und sich in ihren Hoffnungen getäuscht sehen, so sehen wir, daß sie sich dennoch weder ärgern noch entmuthigen. Sie erwerben sich das Wohlwollen des Reichen, indem sie sich bei ihrem demüthigenden Geschäfte genau so verhalten, wie wir uns beim Beten verhalten sollten. Aber noch nicht genug! Weit entfernt, sein Elend zu verbergen, sucht der Nothleidende im Gegentheile den äußern Anschein seiner Dürftigkeit zu übertreiben, um so desto gewisser das Mitleid seines Wohlthäters zu erregen. Mit einem gewissen Wohlgefallen tragen die Armen ihre elenden Lumpen zur Schau; ungebeten decken sie ihre kranken Glieder und selbst die widrigsten Wunden auf; sogar zur Lüge und Heuchelei nehmen sie ihre Zuflucht, um sich ein noch erbärmlicheres Aussehen zu geben und die Herzen wirksamer zu rühren. Dieses Alles kommt nur daher, weil sie wohl wissen, was unser Stolz so schwer begreifen will, daß nämlich in ihrer traurigen Lage, dem treuen Bilde unseres geistigen Zustandes, ihr Elend ihr einziger Schatz ist, weil es allein ihnen das Mitgefühl derer gewinnt, welche ihnen helfen können. O wären wir doch ganz von diesen Gesinnungen durchdrungen; gäben wir doch endlich den Stolz auf, mit dem wir Gott als große Herren dienen wollen, und entschlößen wir uns, unserer Eigenliebe zum Trutze, zu einem geistigen Bettelstande! dann erst werden wir wahrhaft demüthige und wirksame Gebete zu Gott emporsenden und unser Elend so leicht und geduldig ertragen, wie es die Heiligen uns so sehr empfehlen.

Lehen, 3. Aufl.

7

Achtes Kapitel.

Wie wir an unserer Besserung arbeiten sollen und uns dabei selbst unser Elend und unsere Fehler zu Nutzen machen können, ohne den Frieden zu verlieren.

Die wahre Geduld mit unseren geistigen Gebrechen ist kein feiges Einverständniß mit demselben und keine strafbare Trägheit. Sie setzt vielmehr zwei sehr tugendhafte Bedingungen voraus. Die erste ist der aufrichtige, wenn auch anfangs schwache Wille, alle wesentlichen Christenpflichten zu erfüllen, und um diesen nachzukommen, haben wir immer hinreichende Gnade. Die zweite ist das beharrliche, thatkräftige Streben nach Besserung, so daß wir stets bemüht sind, auch in weniger wichtigen Dingen unsere Fehltritte zu vermindern und unsern bösen Neigungen zu widerstehen. Mit Einem Worte, die Geduld mit sich selbst setzt den aufrichtigen Wunsch nach Vollkommenheit voraus; denn wir reden hier zu den Seelen, die zwar eines guten Willens, aber noch nicht vollkommen sind. — Welchen Weg müssen nun diese einschlagen, oder was haben sie zu thun, um mit Erfolg an ihrer Besserung und Vervollkommnung zu arbeiten? Das wollen wir in diesem Kapitel möglichst kurz betrachten. Die Eigenliebe führt hier die Seelen sehr leicht auf einen höchst gefährlichen Irrweg, den man sehr treffend mit dem Worte „geistigen Hochmuth" bezeichnet hat. Der geistige Hochmuth zeigt sich besonders unter zwei Formen; entweder will man eine höhere Vollkommenheit erreichen, als die, welche Gott uns bestimmt hat, und zu der die uns verliehene Gnade ausreicht, oder man will plötzlich, so zu sagen, mit einem Sprunge sich zu der möglichst höchsten Stufe der Heiligkeit emporschwingen. Fassen wir daher diese beiden Formen des geistigen Hochmuths einzeln ins Auge.

Bei Besprechung der ersten erinnern wir an das, was wir früher von der wahren Nachahmung der Heiligen gesagt haben. Möchten wir nie zu Jenen gehören, denen der heilige Franziskus von Sales vorwirft, daß sie sich damit beschäftigen, „gute Engel" zu sein und dabei vergessen, ihr Möglichstes zu thun, um „gute Menschen" zu sein. Hüten wir uns vor einer solchen Täuschung, die um so gefährlicher ist, da sie sich unter dem Anscheine eines großen Eifers für die Ehre Gottes verbirgt, während wir doch im Grunde nur die Verherrlichung des eigenen Ichs dabei suchen. Nicht an uns selbst ist es, unsern Weg zu bestimmen. Unsere ganze Vollkommenheit besteht darin, daß wir uns in den Willen Gottes über uns fügen, und unsere höchste Weisheit ist, daß wir Schritt für Schritt der Leitung der göttlichen Vorsehung folgen. Es ist nicht unsere Sache, zu bestimmen, auf welche Art wir Gott dienen sollen; demnach müssen wir auch nicht verlangen, einen andern Stand anzutreten, als den, zu welchem Gott uns berufen hat. In den verschiedenen Berufsarten gibt es aber wieder für jede einzelne Seele einen besondern Weg, der sie zur Vollkommenheit führen soll, und diesen richtig einzuschlagen ist für uns nicht minder wichtig, als die Standeswahl selbst. Sich ohne Beruf strenge Abtödtungen und heroische Tugendakte auferlegen oder nach der hohen Vollkommenheit der Heiligen streben, das heißt weniger diese großen Helden des Christenthums nachahmen, als sie auf lächerliche, erzwungene und vermessene Weise nachäffen; das heißt einem Kinde die Last aufbürden, die ein starker Mann kaum tragen kann; das heißt endlich sich der Gefahr aussetzen, der Last zu unterliegen und der Traurig-

7*

keit, der Erschlaffung, dem Ueberdruß und der Muthlosig=
keit anheim fallen. Das Mißlingen eines tollkühnen Un=
ternehmens ruft ganz natürlicher Weise das Gefühl der
Niedergeschlagenheit in uns hervor. „Ich sage Allen, nicht
höher (von sich) zu denken, als sich geziemt, sondern be=
scheiden von sich zu denken nach dem Maße des Glaubens,
das Gott einem Jeden zugetheilt hat," [1] sagt uns schon
der Apostel. Forschen wir mit demüthigem und geradem
Sinne, ohne Ehrgeiz, ohne Eifersucht und Stolz nach dem
Willen Gottes über uns, und thun wir dann mit ebenso
viel Großmuth als Einsicht Alles, was von uns abhängt,
um den göttlichen Willen zu erfüllen und treu mit der
uns verliehenen Gnade mitzuwirken; denn selbst die größten
Heiligen sind auf diesem und auf keinem andern Wege
heilig geworden.

Die zweite Form des geistigen Hochmuths ist die Un=
geduld, mit der wir zu plötzlich den uns bestimmten Tu=
gendgrad erreichen wollen. Diese Ungeduld ist uns nicht
minder natürlich und nicht minder gefahrvoll. Es gibt
Kranke, die sich ziemlich leicht zu einer schmerzlichen Ope=
ration bestimmen lassen, wenn es nur schnell geht, die es
aber nicht über sich bringen können, sich den kleinen Be=
schwerden einer langen Cur zu unterwerfen, um ihre Ge=
sundheit wiederherzustellen. Wie viele Seelen würden nicht,
gleich diesen Kranken, gerne irgend ein großmüthiges Opfer
bringen, wenn ihnen dasselbe nur gleich den Besitz der er=
wünschten Tugend zusicherte; allein sie können sich nicht
zu dem langjährigen Kampfe entschließen, ohne den wir
die Tugend nicht erlangen können. Unter dem falschen
Anscheine des Muthes liegt hierin eine wahre Feigheit.

---

[1] Röm. XII. 3.

Es zeigt sich hieraus, das man weder die Wege des Heils noch die Bedürfnisse seiner Natur kennt; denn wenn letztere sich auf einmal von allen Schwächen befreit fühlte, so würde sie sich sogleich, wie Lucifer, in ihrem Stolze aufblähen und sich selbst das Verdienst eines so leicht errungenen Sieges zuschreiben.

Gott aber versteht die Sache ganz anders und viel besser. Sein Wirken in der sichtbaren Schöpfung ist ein treues Bild von dem Walten seiner Gnade in den Seelen; überall in der Natur bemerken wir einen geringen Anfang, ein allmäliges, bald langsameres und bald rascheres Wachsthum, oft gehemmt durch äußere oder innere Hindernisse und Zwischenfälle, mit denen die jedem Wesen innewohnende Lebenskraft so lange ringen muß, bis das betreffende Geschöpf die ihm eigene Entwicklung und Vollkommenheit erreicht hat. Gerade so wirkt die Gnade, welche so zu sagen auf die Natur gepfropft ist, um sie zu veredeln. Und wenn auch Gott manchmal eine Seele der Regel des allmäligen Fortschritts enthebt, so zeigt uns Dieses nur, daß er allmächtig und keinem Gesetze unterworfen ist; wir aber haben nie das Recht, eine solche Ausnahme für uns zu beanspruchen.

In der Führung des auserwählten Volkes vom Auszuge aus Aegypten bis zu der Ankunft im Gelobten Lande hat uns Gott ein treues und vollständiges Bild von dem Wege geben wollen, auf dem er meistens die Seelen zur Vollkommenheit führt. Betrachten wir dieses anschauliche Bild zu unserer Belehrung etwas näher.

Die ägyptische Gefangenschaft kann uns die Sklaverei einer Seele darstellen, welche in den Ketten der Sünde schmachtet. Das herrliche, von Milch und Honig fließende Land Canaan ist ein schönes Sinnbild der geistigen Vollkommenheit. Der Weg von Aegypten nach Palästina ist

kurz, und die Israeliten würden es sehr natürlich gefunden
haben, wenn der Herr. sie in wenigen Tagen zum Ziele
ihrer Wanderschaft geführt hätte. Denken wir uns nun
eine Seele, welche anfängt, sich zu bekehren, indem sie von
ganzem Herzen ihrem natürlichen Hange zum Bösen und
den sie beherrschenden Lastern entsagt; auch sie würde es
ganz einfach und besonders sehr angenehm finden, wenn sie
aus ihrem traurigen Zustande unverzüglich zu dem Besitze
der erhabensten Tugenden gelangen könnte. Aber die Absicht Gottes ist anders; er führt sein auserwähltes Volk in
die Einsamkeit der Wüste, um ihm dort sein Gesetz zu geben
und seinen göttlichen Willen vollkommen kund zu thun; er
läßt es vierzig Jahre lang in der Einöde umherirren, er
gibt zu, daß mächtige Feinde es bedrängen, und daß es bald
den Sieg erhält, bald Niederlagen empfindet, je nachdem
es mehr oder weniger treu im Gebete und Gehorsam gegen
Moses, seinen erwählten Führer, ist. Mehr als einmal
weicht Israel ab von den Geboten Jehova's; dann straft
Gott es strenge, allein er verläßt es nie; seine Vorsehung
weiß stets den Fehler und die Strafe zum Guten zu lenken,
sei es auch nur zur Belehrung Anderer. Endlich erreichen
die Israeliten die Grenze des gelobten Landes; aber hier
warten ihrer neue Prüfungen. Jede Stadt müssen sie einem
starken Feinde entreißen; bald gewährt der Herr ihnen Sieg,
wie vor Jericho, wo die Mauern auf den bloßen Schall der
Posaunen zusammenstürzen; bald erleiden sie schmähliche
Niederlagen als Strafe neuer Verirrungen. Vernachläßigen
sie es, Gott um Rath zu fragen, und folgen sie ihrem eigenen
Kopfe, so fallen sie in die Fallstricke ihrer Feinde. Es gelingt ihnen nicht, das heilige Land vollständig zu erobern;
dicht neben ihnen, ja mitten unter ihnen wohnen heidnische
Völker, deren beständige Feindseligkeiten sie stets in Wach-

samkeit und Tapferkeit erhalten, ihre Uebertretungen des göttlichen Gesetzes strafen und sie zu Gott zurückführen sollen.

Dieses Alles ist ein treues Bild des Weges, auf dem Gott die Auserwählten zur Heiligkeit führt. Auch die Seele muß durchziehen durch die Wüste der Trockenheit, des Widerwillens, des Ekels und der Trostlosigkeit in den geistlichen Uebungen, und gerade durch diese Prüfungen prägt Gott sein Gesetz ihr immer tiefer ein. In der Einsamkeit des Klosters, wie in der geräuschvollen Welt, muß sie stets die Waffen führen gegen Feinde, die sie wohl zu schwächen, aber in diesem Leben nie auszurotten vermag; sie mag machen, was sie will; stets wird der Jebusäer an ihrer Seite, ja mitten in ihr sein. Sie muß es sich nicht nur gefallen lassen, die unfreiwilligen Regungen ihrer erbsünd= lichen Neigungen zu empfinden, sondern sich sogar darein ergeben, mehr oder weniger oft in wirkliche Fehler zu fallen, und sie muß bereit sein, diesen Kampf mit allen seinen Wechselfällen bis an ihr Lebensende zu ertragen. Deßwegen muß sie sich an's Gebet, an den Gehorsam gegen ihre geist= lichen Führer und an den demüthigenden Anblick ihres eigenen Elendes gewöhnen.

Wir bitten alle Seelen, folgende Worte Fenelon's doch ja recht beherzigen zu wollen. „Ich wundere mich gar nicht," sagt er, „daß Gott es zuläßt, daß Du Fehler begehst, selbst in den Stunden des fühlbaren Eifers und der inneren Sammlung, wo Du es am wenigsten wünschtest. Es ist eine wahre Gnade von Gott, wenn er gerade in diesen Augenblicken Dich in Fehler fallen läßt; denn Dieses zeigt Dir, wie unvermögend Du bist, Dich aus eigener Kraft zu bessern. Was könnte die Gnade Größeres in Dir wirken, als wenn sie Dir Deine hohe Meinung von Dir selbst nimmt und Dich nöthigt, jeden Augenblick in aller Demuth zu Gott Deine Zuflucht zu nehmen? Benütze Deine Fehler recht; indem sie Dich verdemüthigen und in Deinen eigenen Augen erniedrigen, sind sie Dir heilsamer, als Deine guten Werke, die Dich so sehr trösten.

Entsage den langen, unnützen Betrachtungen über Deine Fehler; denn dieses hält Dich auf, entmuthigt Dich und verwirrt Dir Kopf und Herz. Verdemüthige Dich und bereue sie, sobald Du sie bemerkst, und hast Du das gethan, so laß sie bei Seite liegen, und setze Deinen Weg fort. Lege doch nicht Alles mit buchstäblicher, jüdischer Strenge gegen Dich aus; betrachte Gott nicht als einen Feind, der Dir Fallstricke legt, oder als einen Spion, der Dich nur beobachtet, um Dich auf einem Fehler zu ertappen; sieh vielmehr in ihm den allgütigen Vater, der Dich liebt und Dich selig machen will; schaue vertrauensvoll zu ihm empor und rufe seine Barmherzigkeit an in der vollkommenen Ueberzeugung, daß alles eitle Vertrauen auf die Geschöpfe und auf Dich selbst nichtig und trügerisch ist.

„Gott schickt Dir Verdemüthigungen, um Dich recht klein und biegsam zu machen; wenn Du Dich nun bei diesen Verdemüthigungen nicht verdemüthigst, so zwingst Du Gott, Dir wider seinen Willen noch stärkere Schläge zu geben und Dich noch beschämendere Schwächen fühlen zu lassen. Zeigst Du Dich dagegen klein und fügsam, so beschwichtigst Du sein göttliches Herz; sprich nur voll Zuversicht zu ihm: „Ein zerknirschtes und gedemüthigtes Herz wirst Du, o Gott, nicht verschmähen!" [1] Du wirst sehen, daß der Herr sich rühren läßt; denn er kann dieser Fügsamkeit der Kleinen nicht widerstehen."

Hören wir jetzt über diesen Punkt auch den heiligen

---

[1] Pf. L. 19.

Franziskus von Sales: „Unsere täglichen Fehler und Un=
vollkommenheiten," sagt er, „sollen uns allerdings vor Gott
beschämen und verdemüthigen... Allein dabei dürfen wir
es nicht bewenden lassen; denn die Demuth und Selbstver=
achtung sind Tugenden, mittelst welcher wir uns zur Ver=
einigung mit Gott erheben sollen. Durch Akte der Selbst=
beschämung streifen wir uns selbst ab; das will aber nicht
viel heißen, wenn wir uns damit nicht ganz Gott hingeben,
wie schon der heilige Paulus es uns anempfiehlt mit den
Worten: „Leget den alten Menschen ab, und ziehet den
neuen an!" [1] denn wir sollen nicht entblößt bleiben, sondern
Gott anziehen. Wenn wir gefehlt haben, so werfen wir
einen kurzen, schmerzlichen Rückblick auf uns, nur um uns
dann desto besser durch einen kräftigen Akt der Liebe und
des Vertrauens zu Gott emporzuschwingen. Unsere Be=
schämung über unsere Fehler darf uns nicht traurig und
aufgeregt machen, sonst wäre es ein Zeichen, daß die Eigen=
liebe dabei im Spiele ist. Du ärgerst Dich, daß Du nicht
vollkommen bist, aber nicht aus Liebe zu Gott, sondern aus
Liebe zu Dir selbst. Erwecke Akte des Vertrauens, selbst
wenn Du kein Vertrauen in Dir fühlst; sprich zu Gott:
„O Herr, obwohl ich kein Vertrauen zu Dir fühle, so weiß
ich doch, daß Du mein Gott bist, und daß ich ganz Dein
bin; ich setze alle meine Hoffnung auf Deine Güte, und
übergebe mich ganz Deinen Händen."

„Solche Akte erwecken ist allerdings schwer, aber keines=
wegs unmöglich. Gerade bei derartigen Gelegenheiten sollen
wir dem Herrn unsere Treue beweisen. Du hast zwar gar
keine Lust dazu. Du findest gar keine Befriedigung dabei,
aber Du brauchst Dir deßhalb keine Sorgen zu machen.

---

[1] Eph. IV. 22 u. 24.

Sage mir nur nicht, daß Dein Mund ausspricht, was Dein Herz nicht denkt; denn wenn Dein Herz es nicht wollte, so würde Dein Mund kein Wort hervorbringen. Hast Du einen Akt des Vertrauens erweckt, so halte Dich ruhig und sprich mit Gott von etwas Anderem, ohne auf Deine Verwirrung und innere Aufregung weiter zu achten. Zum Schlusse wiederhole ich es noch einmal: es ist recht gut, sich beim Anblicke seines Elendes und seiner Unvollkommenheit selbst zu beschämen, nur darf man sich nicht dabei aufhalten und den Muth darüber verlieren, sondern man muß sein Herz gleich wieder zu Gott erheben, auf ihn und nicht auf sich selbst vertrauen.

Diese Grundsätze sind so wichtig und doch so wenig verstanden, daß wir nicht genug dabei verweilen können; wir führen daher auch noch an, was Pater Grou in einer seiner gediegenen Schriften über diesen Punkt sagt: „Seelen, welche aufrichtig ganz Gott angehören wollen, sind oft sehr erstaunt über die Fehler, die sie aus Schwäche begehen; sie lassen sich davon verwirren, und geben sich dem Aerger, der Muthlosigkeit und einer falschen Scham hin. Dieses Alles sind nur Folgen der Eigenliebe, die uns mehr schaden, als der vorausgegangene Fehler. Wenn Du Dich wunderst, daß Du gefehlt hast, so bist Du sehr im Unrecht und zeigst, wie wenig Du Dich selbst kennst. Du solltest im Gegentheile erstaunt sein, daß Du keine häufigeren und gröberen Fehler begehst, und Gott danken für jene, vor denen er Dich bewahrt. Du geräthst in Verwirrung, so oft Du einen Fehler wahrnimmst; Du verlierst den inneren Frieden, bist ganz außer Dir, kommst in die größte Aufregung, und beschäftigst Dich Stunden, ja Tage lang mit diesem Fehler. Ist das recht? Gewiß nicht; Du sollst Dich nie und nimmer aufregen; sondern wenn Du siehst, daß Du auf dem Boden liegst, so mußt Du ganz ruhig wieder aufstehen, voll Liebe zu Gott zurückkehren, ihn um Verzeihung bitten und dann nicht mehr an das Vorgefallene denken, bis die Beicht kommt. Und solltest Du selbst in der Beicht den Fehler vergessen, so darfst Du Dich darüber wieder nicht beunruhigen. — Du leidest ferner an falscher Scham; Du wagst kaum, Deine Fehler Deinem Beichtvater zu bekennen. Was wird er von mir denken? Ich habe ihm so oft versprochen, mich zu bessern? Wenn Du ihm Deine Fehler mit kindlicher Offenheit und Demuth bekennst, so wir er Dich nur um so höher schätzen. Wenn Du sie aber nur mühsam herausbringst, so wird er unwillkürlich bei sich denken, daß Du stolz seiest, und nicht mehr so viel Vertrauen auf Dich setzen, weil er sieht, daß es bei Dir an Offenheit fehlt. — Aber jetzt komme ich an das Schlimmste. Du ärgerst Dich, wie der heilige Franziskus von Sales sagt, darüber, daß Du Dich geärgert hast; Du wirst ungeduldig darüber, daß Du ungeduldig gewesen bist. Welches Elend! Wie, siehst Du denn nicht ein, daß das purer Stolz ist? Du bist voll Scham und Aerger, weil Du Dich in der Stunde der Prüfung weniger stark und gesund fühlst, als Du zu sein glaubtest; Du möchtest nur frei von Unvollkommenheiten und Fehlern sein, um Dir Etwas darauf einzubilden und Dir sagen zu können: „Ich habe mir einen Tag, eine Woche lang nichts vorzuwerfen." Schließlich verlierst Du dann den Muth; Du gibst Deine frommen Uebungen eine nach der andern auf; Du betrachtest die Vollkommenheit als etwas Unmögliches und verzweifelst daran, sie je zu erreichen. Du wirst dahin kommen, daß Du Dir sagst: „Was nützt es mir, mich zu überwinden, stets über mich zu wachen und mich der inneren Sammlung und der Abtödtung zu befleißen, da ich doch keinen meiner Fehler ablege, stets falle und nicht besser werde? Dieses ist einer der schlausten Fallstricke des bösen Feindes! Willst Du demselben entgehen, so entmuthige Dich nie, in welchen Fehler Du auch fallen magst, sondern sprich zu Dir selbst: „Und wenn ich auch zwanzigmal und hundertmal im Tage falle, so will ich jedesmal wieder aufstehen und meinen Weg fortsetzen." Was liegt auch am Ende daran, daß Du unterwegs gefallen bist, wenn Du nur an's Ziel gelangst? Gewiß wird Gott Dir keinen Vorwurf darüber machen. Oft kommt das Straucheln nur von der Schnelligkeit des Laufes her; unser Eifer ist so groß, daß wir uns nicht Zeit lassen, gewisse Vorsichtsmaßregeln zu ergreifen. Aengst= liche und bedächtige Seelen wollen immer sehen, wohin sie den Fuß setzen; sie machen jeden Augenblick Umwege, um eine gefährliche Stelle zu meiden; sie haben immer Angst, sich ein wenig zu beschmutzen. Auf diese Weise kommen sie nicht so schnell voran als Andere, und fast immer über= rascht sie der Tod auf dem halben Wege. Nicht die Seele, welche am wenigsten Fehler begeht, ist die heiligste, sondern die, welche mehr Muth, mehr Großherzigkeit und mehr Liebe besitzt, die, welche sich selbst am meisten über= windet und sich nicht fürchtet, auf dem Wege zu straucheln oder selbst zu fallen und sich ein wenig zu beschmutzen, wo= fern sie nur vorankommt. . . .

Der heilige Paulus sagt, daß denen, die Gott lieben, Alles zum Besten gereicht. [1] Ja, Alles gereicht ihnen zum Besten, selbst ihre Fehler und manchmal sehr große Fehler, die Gott zuläßt, um sie von ihrem eiteln Selbstvertrauen zu heilen und ihnen zu zeigen, was sie sind, und wozu sie fähig sind. David erkannte es, daß seine Sünde ihn im Mißtrauen auf sich selbst bestärkt habe: [2] „Es ist ein Glück

---

[1] Röm. VIII. 28.   [2] Pf. XLIII. 20.

für mich," sagt er zu Gott, „daß Du mich gedemüthigt hast; denn ich hielt treuer an Deinem Gesetze." Der Fall des heiligen Petrus war für ihn die heilsamste Lehre; denn er machte ihn demüthig und bereitete ihn so vor, ohne Gefahr die reichsten Gaben des heiligen Geistes zu empfangen und das Haupt der Kirche Christi zu werden. Mitten in den herrlichen Erfolgen seines Apostolats erinnerte sich der heilige Paulus, daß er einst ein Gotteslästerer und ein Verfolger der Kirche gewesen, und so hütete er sich vor eitlem Stolze. Ebenso wollte Gott diesen großen Apostel nicht von einer demüthigenden Versuchung befreien; denn dieselbe sollte den erhabensten Offenbarungen als Gegengewicht dienen.

„Wenn Gott selbst aus den schwersten Verbrechen solchen Nutzen zu ziehen weiß, wer könnte dann noch daran zweifeln, daß er unsere täglichen Fehler zu unserer Heiligung benutzt? Gott läßt, wie alle Lehrer des innern Lebens sagen, oft den heiligsten Seelen gewisse Fehler, von denen sie sich trotz all ihrer Mühe nicht ganz bessern können. Er will sie dadurch ihre Schwachheit fühlen lassen und ihnen zeigen, was sie ohne seine Gnade wären; er will, daß sie nicht stolz werden wegen der Gnaden, die er ihnen verleiht, daß sie dieselben im Gegentheile mit stets größerer Demuth empfangen, immer ein gewisses Mißfallen an sich selbst haben, dadurch den Fallstricken der Eigenliebe entgehen und sich im Eifer, in der Wachsamkeit, in dem Gottvertrauen und in der beständigen Zuflucht zum Gebete erhalten. Wenn das Kind, das allein gehen wollte, gefallen ist, kommt es mit desto größerer Zärtlichkeit zur Mutter zurück, um von ihr getröstet zu werden, und aus seinem Fallen lernt es, ein anderes Mal bei der Mutter bleiben und sie nicht mehr verlassen.

„Unsere Fehler werden oft für uns Gelegenheit zu großen Tugendakten, die wir sonst nicht hätten ausüben können, und nicht selten läßt Gott auch in dieser Absicht unsere Fehler zu. Du gibst Deinen Launen nach, Du fährst Jemanden an, Du wirst recht ungeduldig, — Gott ließ es so geschehen, damit Du Gelegenheit erhaltest, einen Akt der Demuth auszuüben, der Deinen Fehler und das gegebene Aergerniß vollkommen wieder gut macht. Der Fehler geschah in der ersten Aufregung; die Genugthuung dafür aber geht aus Ueberlegung, aus Selbstüberwindung, aus vollem, entschiedenem Willen hervor und ist deßhalb Gott mehr angenehm, als der Fehler ihm mißfällig war.

„Gott bedient sich auch noch unserer Fehler und unserer äußerlichen Unvollkommenheiten, um unsere Heiligkeit vor den Augen Anderer zu verbergen und uns von ihnen Verdemüthigungen zu verschaffen.

„Er ist ein geschickter Meister; lasse ihn nur machen, sein Werk wird ihm gewiß nicht mißlingen. Nimm Dir nur recht fest vor, Alles, was ihm im Geringsten mißfallen könnte, sorgfältig zu meiden. Und hast Du dennoch einen Fehler begangen, so bereue ihn seinetwegen und nicht Deinetwegen; liebe die Verdemüthigung, die Dir daraus erwächst, und bitte den Herrn inständig und anhaltend, er möge jeden Deiner Fehltritte Dir zum Besten und ihm zum größeren Ruhme gereichen lassen. Gewiß wird er Dein Gebet erhören, und Du wirst auf diese Weise schneller im Guten voranschreiten, als wenn Du ein scheinbar regelmäßigeres und heiligeres Leben führtest; denn letzteres würde zur Ausrottung Deiner Eigenliebe weniger dienlich sein.

„Wenn Gott etwas Gutes von uns verlangt, so sollen wir es unter dem Vorwande nicht verweigern, wir könnten

Fehler dabei begehen. Ein frommes Werk unvollkommen
verrichten ist besser, als es unterlassen. Du gibst so manch=
mal einen nothwendigen Verweis nicht, weil Du befürchtest,
heftig zu werden. Du meidest den Umgang gewisser Per=
sonen, weil ihre Fehler Deine Geduld auf die Probe stel=
len. Aber wie willst Du denn die Tugenden erwerben,
wenn Du die Gelegenheiten dazu fliehst? Begehst Du nicht
dadurch einen größern Fehler, als den, vor welchem Du
Dich fürchtest? Befleißige Dich stets einer guten Meinung;
eile, wohin die Pflicht Dich ruft, und sei überzeugt, daß
Gott nachsichtig genug ist, um Dir einen Fehler zu ver=
geben, dem sein heiliger Dienst und Dein Wunsch, ihm zu
gefallen, Dich aussetzt."

Neuntes Kapitel.

Von dem Uebergange aus dem Zustande der fühlbaren Andacht in den des reinen Glaubens und der Losschälung.

Wenn eine Seele, welche entweder stets in Unschuld
gelebt oder aber eine Zeit lang in den Sklavenketten der
Sünde geschmachtet hat, sich mit aufrichtigem Willen dem
Dienste Gottes widmet, so fühlt sie sich gewöhnlich anfangs
in einen Zustand fühlbarer Andacht und geistlicher Trö=
stungen versetzt, und dieser Zustand ist nothwendig, um ihr
die ersten Schwierigkeiten auf dem Wege der Tugend zu
erleichtern. In diesem Zustande fühlen solche Seelen mäch=
tig den Trieb der Gnade, welche sie stärkt und auf=
recht hält; ohne Mühe zählen sie ihre Siege, sie sind
sich ihres Fortschrittes bewußt, und aus diesem Bewußtsein
entspringt entweder eine große Leichtigkeit bei Ausübung
der Tugend, oder, falls sie noch Schwierigkeiten finden, ein

fühlbarer großmüthiger Eifer, der jedes Hinderniß über=
windet. Der Zustand der fühlbaren Gnade entwickelt sich
mehr oder weniger in einer Seele, je nach dem Grade der
Vollkommenheit, zu dem Gott sie bestimmt hat, und er ist
ein guter, ja im Anfange nützlicher Zustand; dennoch ist er
weder von Gefahren, noch von Unvollkommenheiten frei.
Die Anstrengungen, die Siege, die Tugenden, die frommen
Gefühle, deren die Seele sich bewußt ist, erzeugen nach und
nach in ihr einen solchen Eigendünkel und eine solche Selbst=
gefälligkeit, daß jeder weitere Fortschritt unmöglich wird
und sie den gröbsten Verführungen des Stolzes anheimfiele,
wofern sie im ruhigen Besitze aller dieser Güter bliebe.
Es kommt deßhalb ein Augenblick, wo Gott ihr dieselben
ganz entzieht, nachdem er sie auf den gänzlichen Verlust
durch vorausgegangene zeitweise Entziehung vorbereitet hat.
Doch ist es nicht, als ob Gott ihr das Solide, Wesentliche
seiner Gnaden und ihrer schon erworbenen Tugend rauben
wollte; im Gegentheil seine Absicht ist nur, die Seele fester
und inniger mit sich zu vereinigen. Nur soll sie gleichsam
das Bewußtsein dieser Vereinigung verlieren oder wenig=
stens aufhören, dieselbe klar zu erkennen und deren Süßig=
keit zu kosten.

Wer könnte die Bedrängniß einer Seele schildern, welche
so vom Lichte zur Finsterniß, vom fühlbaren Eifer zu einem
Widerwillen und zu einer Ohnmacht übergeht, deren Wahr=
nehmung allein schon sie zu Boden drückt? Es schaudert
ihr; die äußerste Trostlosigkeit bemächtigt sich ihrer; sie
glaubt, Alles sei verloren, und so ist sie jeden Augenblick
auf dem Punkte, den Muth sinken zu lassen. Sie verrichtet
ihre geistlichen Uebungen mit solchem Widerwillen, nimmt
so viele Mängel an denselben wahr und fühlt darin eine
solche Ohnmacht, daß sie zweifelt, ob sie dabei auch nur

den wesentlichsten Verpflichtungen nachkommt. Die geringste Schwierigkeit schreckt sie ab; das Andenken an ihren entschwundenen Eifer verzehrt sie; sie muß mit dem duldenden Job ausrufen: „Wer gibt mir, daß ich sei, wie in den vorigen Monden, in den Tagen, da Gott mich hütete!" [1]

O wie gefährlich können nicht diese herben Prüfungen dem inneren Frieden werden! Und doch legen dieselben in der Seele die sichere Grundlage des wahren Friedens; denn sie greifen den Hauptfeind desselben, den Stolz in seinen letzten, verborgendsten Schlupfwinkeln an. Zur Bestätigung dessen wollen wir wieder dem großen Bischofe von Cambrai das Wort lassen. „Fast alle, welche dem Herrn dienen wollen," sagt er, „denken dabei an ihr eigenes Interesse. Sie wollen gewinnen und nicht verlieren, sich trösten und nicht leiden, besitzen und nicht entbehren, wachsen und nicht abnehmen, und doch besteht das ganze innere Leben im Verlieren, im Opfern, im Abnehmen, im Klein-Werden, im Entsagen und in der Entäußerung von den göttlichen Gaben, um nur noch an Gott allein festzuhalten. Wir sind wie Kranke, die ihre Gesundheit leidenschaftlich wieder zu erlangen wünschen; dreißigmal im Tage fühlen sie nach ihrem Pulse; der Arzt soll sie stets beruhigen, ihnen viele Arzneien verschreiben und sie versichern, daß es besser geht. Fast denselben Gebrauch machen wir von unserm Gewissensarzte. Wir bleiben dabei in einem engen Kreise von Alltagstugenden, und thun nie einen großmüthigen Schritt darüber hinaus. Der Seelenführer macht's wie der Arzt, beruhigt, tröstet, ermuthigt, gibt gute Worte, nährt die zärtliche Empfindsamkeit für das liebe Ich und verordnet nur kleine, gelinde Heilmittel, die uns bald zur Gewohnheit

---

[1] Joh. XXIX. 2.

werden. Sobald uns Gott die fühlbare Gnade, diese Milch
der kleinen Kinder, entzieht, halten wir Alles für verloren
und beweisen dadurch, daß wir über den Mitteln den Zweck
vergessen und in Allem uns selbst suchen. Die Entbehrung
ist das Brod der Starken; sie kräftigt die Seele, entreißt
sie der Selbstsucht und bringt sie Gott ganz zum Opfer
dar; aber ach! sobald wir dieses Brod zu kosten haben,
werden wir traurig und niedergeschlagen. Wir meinen,
Alles stürze zusammen, während Alles sich zu läutern und
festen Grund zu fassen beginnt. Wir wollen schon Gott
aus uns machen lassen, was er will, wenn er nur etwas
recht Großes und Vollkommenes aus uns macht; allein so
lange wir uns nicht der gänzlichen Vernichtung unserer
selbst preisgeben wollen, können wir auch nicht zum Brand=
opfer werden, das von der göttlichen Liebesflamme verzehrt
wird. Wir möchten in das Leben des reinen Glaubens
eingehen und doch unsere eigene Weisheit beibehalten, zu
Kindern werden und doch in unsern eigenen Augen groß
sein . . . Welches Trugbild von Frömmigkeit!"

„Wenn wir Gott nur so lange anhören wollen, als
wir Freude und Trost in seinem heiligen Dienste finden,
so gleichen wir den Volksschaaren, die dem Heilande nicht
seiner Lehre wegen, sondern seiner wunderbaren Brodver=
mehrung halber, nachfolgten. Wir sprechen mit Petrus: [1]
„Herr, hier ist gut sein, hier wollen wir drei Hütten
bauen!" allein, wie der Apostelfürst, wissen wir nicht, was
wir sagen. Berauscht von den Süßigkeiten des Thabor,
verkennen wir den leidenden Gottessohn und wollen ihm
nicht zum Calvarienberge folgen. Wir haschen nach Er=
leuchtungen und nach süßen und schönen Empfindungen;

---

[1] Mark. IX. 4.

der Geist will sehen und verstehen, das Herz will fühlen und kosten. Heißt das sich selbst absterben? Ist das der Gerechte, der, wie der heilige Paulus sagt, vom Glauben lebt und vom Glauben sich nährt? . . ."

„Manche Seelen kommen nie über den Zustand der geistigen Tröstungen hinaus, andere dagegen führt Gott weiter voran, indem er sie alles dessen, womit er sie gekleidet und geschmückt hat, wieder beraubt. Solche Seelen gerathen dann leicht in einen Zustand des Ekels, der Trockenheit und der Ohnmacht, in welchem ihnen Alles zur Last wird. Keine Freundschaft, kein Umgang kann sie mehr trösten. Sie fühlen, daß Gott sich mit allen seinen Gaben von ihnen zurückzieht; eine wahre Todesangst und eine Art von Verzweiflung bemächtigt sich ihrer; sie sind sich selbst unerträglich, und Alles ist ihnen zuwider. Selbst an Gottes Liebe und an seinem heiligen Gesetze fühlen sie keine Freude mehr. Sie sind wie Kranke, die fühlen, daß sie aus Mangel an Nahrung ohnmächtig werden und doch vor den köstlichsten Speisen Ekel empfinden. Rede ihnen nicht von Freundschaft; das Wort allein thut ihnen weh und treibt ihnen die Thränen in das Auge. Jede Kleinigkeit überwältigt sie; sie wissen selbst nicht, was sie wollen. Ihre Freundschaften und ihre Leiden gleichen denen eines kleinen Kindes; sie können keinen vernünftigen Grund dafür angeben; was sie gefühlt und gedacht, entschwindet wie ein Traum in dem Augenblicke, wo sie es äußern. Jedes Wort über ihren Seelenzustand scheint ihnen eine Lüge; denn was sie darüber sagen, hört auf, wahr zu sein, sobald sie anfangen, davon zu sprechen. Nichts in ihnen ist mehr von Bestand; sie können für nichts gutstehen, sie können sich nichts versprechen; ja, sie vermögen nicht einmal zu schildern, was in ihnen vorgeht. Sie sind so wenig Herr über

ihre Gemüthsstimmungen, wie Klosterfrauen über ihre Zel=
len und Möbel: Alles wechselt und verändert sich; nichts
gehört ihnen zu eigen und ihr Herz am Allerwenigsten.
Es ist unglaublich, wie dieser kindische Unbestand, diese
kindischen Launen eine vorher so weise, so starke und tugend=
stolze Seele in ihren eigenen Augen erniedrigen und ver=
demüthigen. So etwas läßt nun Gott die Seelen nicht
zu seinem Vergnügen leiden; er prüft sie nur, um sie zu
läutern; er entzieht ihnen nur die Gnaden, die sie sich selbst
aneignen, um sie ihnen hundertfältig wiederzugeben, sobald
er sieht, daß sie dieselben ohne Gefahr besitzen können. . ."

Alle unsere Tugenden bedürfen der Läuterung; denn
ihr Anblick nährt in uns das natürliche Leben. Unsere
verdorbene Natur weiß selbst in den Gnaden, die ihr am
wehsten thun, eine gesuchte Speise zu finden; die Eigen=
liebe nährt sich nicht nur von Kasteiungen und Verdemü=
thigungen, von Gebet und Selbstverläugnung, sondern auch
von den größten Opfern und der unbeschränkten Hingabe.
Darum läßt Gott zu, daß selbst das Gefühl und das Be=
wußtsein unserer Hingabe an Gott uns entgeht; denn erst
diese peinliche Prüfung vollendet unsere Läuterung. . ."

„Siehst Du jetzt ein, wie nothwendig es ist, daß Gott
Dir nach und nach seine Gnadengaben entzieht? Jede der=
selben, sogar die reinste und vorzüglichste, dient Dir nur
Anfangs zum Fortschritte im Guten, und wird Dir bald
zu einem Hindernisse höherer Vollkommenheit. Deine Seele
verunreinigt sich, indem sie sich selbst diese Gnade zuschreibt.
Darum nimmt Dir Gott, was er Dir zu eigen gegeben
hatte; er will Dich dessen aber nicht für immer berauben,
sondern es Dir besser und reiner wiedergeben, wenn er
nichts mehr von jenem Fehler zu fürchten hat."

„Wir hangen am Fühlbaren, und daher kommen all

unsere Täuschungen. Viele Seelen sind so blind und so sinnlich, daß sie nach Gefühlen haschen, um zur Sicherheit zu gelangen, da doch gerade diese Gefühle uns täuschen, weil sie eine Lockspeise für die Eigenliebe sind. So lange wir Trost und Süßigkeit genießen, kennen wir keine Furcht vor der Sünde; im Gefühle unseres Ueberflusses rufen wir aus: „Nie werde ich erschüttert werden!" Ist aber der Freudentaumel entschwunden, so meinen wir, Alles sei dahin. Auf diese Weise setzen wir unser eigenes Vergnügen und unsere Einbildungskraft an die Stelle Gottes. Der reine Glaube allein bewahrt vor Täuschung. Verlasse Dich auf Nichts, was Du Dir einbildest, auf Nichts, was Du fühlst, auf Nichts, was Dir zusagt, auf Nichts, was glänzt, auf Nichts Außergewöhnliches; halte Dich an Gott allein im reinen, bloßen Glauben, in der Einfalt des Evangeliums; nimm die Tröstungen, die der Herr Dir gibt, aus seiner Hand an, ohne je Dein Herz an eine derselben zu hängen; urtheile nie, gehorche immer, glaube gern, daß Du irren kannst und Andere Dich zurechtweisen können; handle endlich jeden Augenblick in Einfalt und guter Meinung, nach dem Lichte des Glaubens, wie es der gegenwärtige Augenblick mit sich bringt. Thust Du Dieses, so bist Du auf dem rechten Wege."

„Die Uebung wird Dir am besten zeigen, daß dieser Weg viel sicherer ist, als süße Gefühle und besondere Erleuchtungen. Mache nur den Versuch, und Du wirst bald erkennen, daß er Dich, falls Du muthig auf demselben wandelst, zu vollkommenem geistigen Absterben führt. Schöne Gefühle und inneres Tugendbewußtsein entschädigen die Eigenliebe für alle äußeren Opfer und nähren in Dir eine verfeinerte Selbstsucht. Bist Du aber äußerlich und innerlich entblößt, äußerlich durch die Vorsehung und innerlich

durch die Selbstentäußerung, so ist Dein Martyrium ein
vollendetes, und Du bist folglich am meisten von jeder
Täuschung fern. Lies die Nachfolge Christi (Drittes Buch,
VI. Hauptstück), und Du wirst hören, daß, wenn Gott Dir
die inneren Süßigkeiten entzieht, es Dein Trost sein soll,
jedes Trostes beraubt zu sein. O wie angenehm ist Gott
eine gekreuzigte Seele, wenn sie nicht vom Kreuze herab=
steigen, sondern mit ihrem Heilande daran sterben will!"

Diese Worte Fenelons deuten auf das Ziel hin, wel=
ches die Seele zu erreichen hat, wenn sie nicht durch ihre
Feigheit ihrer Vollkommenheit Schranken setzen will. Dieses
Ziel heißt „Sich=selbst=Absterben", und die Seele gelangt
dahin, wenn sie sich lange und beharrlich in der Selbstver=
leugnung und in der ungetheilten Ergebung an Gott übt,
d. h. wenn sie Alles für Alles gibt, wie die Nachfolge Christi
sagt. Näheres hierüber im folgenden Kapitel.

Zehntes Kapitel.

Von der Selbstentäußerung und der gänzlichen Hingabe an Gott, als der letzten Bedingung eines unerschütterlichen Seelenfriedens.

Die nach Vollkommenheit strebende Seele kann Gott
nur dann so gänzlich angehören, wie es zu ihrem Frieden
nothwendig ist, wenn sie sich selbst verleugnet, das heißt
wenn sie sich ihrem Schöpfer gegenüber für Nichts achtet. [1]
„Wer nicht Allem entsagt," spricht Christus, „der kann
mein Jünger nicht sein." Wir wollen jetzt im Einzelnen
erklären, worin diese Entsagung besteht.

---

[1] Luf. XIV. 33.

Jedermann sieht leicht ein, daß man unerlaubten Vergnügungen, ungerechtem Gute und groben Eitelkeiten entsagen soll; denn dies gebietet uns das Gesetz Gottes. Allein nicht eben so leicht will man begreifen, daß man auch den Gütern entsagen soll, die man rechtmäßig besitzt, und die man selbst seiner Stellung wegen zu bewahren und zu erhalten verpflichtet ist, wie dem guten Namen, den Annehmlichkeiten eines anständigen Vermögens und eines glücklichen Familienlebens, dem Trost der Freundschaft und tausend derartigen Dingen.

Bei allen diesen besteht die Entsagung blos in der inneren Losschälung des Herzens; ruhig und pflichtmäßig müssen wir für die Erhaltung derselben sorgen, und einen vernünftigen Gebrauch davon machen; allein wir dürfen nicht unser Glück darin suchen: Der Gebrauch solcher Güter ist vernünftig, wenn wir sie nur so viel benützen, als nothwendig ist; dabei müssen wir aber unsere wirklichen Bedürfnisse von den vermeintlichen, die unsere Natur sich so gerne schafft, unterscheiden, um die ersteren zu befriedigen und den letztern alle Nahrung zu verweigern. Was heißt, zum Beispiele, nach dem Befehle Christi den Personen entsagen, die uns am theuersten sind, und welche wir sogar zu lieben verpflichtet sind? Es heißt, sie nur für Gott lieben, ihre Freundschaft nur mit Maß und Ziel und nach Bedürfniß genießen, alles Leidenschaftliche und jede Eifersucht daraus verbannen, bereit sein zum Verluste und zur Trennung, wenn Gott es will, und seine wahre Herzensruhe nicht in seinen Freuden, sondern in einem würdigeren Gegenstande suchen. Bei solchem Verfahren gebraucht man, nach dem Rathe des Apostels, die Geschöpfe und die Welt, als wenn man sie nicht gebrauchte; man will nicht genießen, sondern nimmt nur, was Gott gibt, und bewahrt den Frieden seiner Seele unter den tausend Wechselfällen des Lebens, weil man Alles, was man liebt und besitzt, stets in liebender Ergebung ganz dem Herrn anheimstellt.

Haben wir aber auf diese Weise Allem um uns her entsagt, so kommen wir an das letzte Opfer, an uns selbst; denn die Grundursache all unserer Aufregungen und Leiden ist und bleibt unsere blinde Liebe zu uns selbst, die an Selbstvergötterung grenzt. Nur wenn wir das Ich opfern, das unser Abgott ist, finden wir Heilung und Frieden. Gott greift uns zuerst von Außen an und entreißt uns die Geschöpfe, an denen wir unordentlich hingen; damit hat er den unentbehrlichen Grundstein gelegt. Dann aber geht er weiter und greift uns von Innen an, um uns von uns selbst los zu machen. Wir liebten alles Uebrige nur um unseres Ich willen, und dieses Ich selbst verfolgt Gott jetzt ohne Rast und Erbarmen, wenn er uns zu einem nur etwas höheren Grade der Vollkommenheit führen will. Weichlichen, weltlichen Menschen fällt die Entbehrung sinnlicher Genüsse entsetzlich schwer; denn sie betrachten, wenn auch nicht in Gedanken, doch mit der That, ihren Körper als den wichtigsten Theil ihrer selbst und verzärteln ihn auf das Sorgfältigste. Aber wenn diese Schwäche überwunden ist, so bleibt noch eine schwere Arbeit, bis wir unserem Verstande entsagt haben. Unser Verstand, unsere eigene Weisheit und unsere Tugend sind uns, was einer eitlen Weltdame die Schönheit ist. Wir gefallen uns darin, wir machen uns ein großes Verdienst daraus, daß wir verständig und aufgeklärt sind und die Irrthümer Anderer nicht theilen. Welch eine feine Selbstgefälligkeit liegt hierin, und wie sehr würden wir Gott beleidigen, wenn wir freiwillig die Eigenliebe so ihr Spiel in unserm Herzen treiben ließen! Wir müssen im Gegentheile auch dem na=

türlichen Wohlgefallen, das unsere inneren Vorzüge in uns hervorrufen, entsagen.

„Bedenke wohl," sagt Fenelon, „daß Gott auf seine Gnaden um so eifersüchtiger ist, je reiner und vorzüglicher sie sind. Er hat sich des ersten Menschen erbarmt, aber er hat den empörten Engel ohne Erbarmen in den Abgrund gestürzt. Der Engel und der Mensch hatten aus Stolz gesündigt; aber der Engel hat vollkommenere Gaben vom Herrn empfangen, und darum wurde sein Aufruhr strenger bestraft, als der Ungehorsam des Menschen."

„Du fragst mich aber, wie Du diese Selbstverleugnung im Einzelnen üben kannst. Hierauf antworte ich Dir: „Sobald das Bedürfniß der Selbstverleugnung im Innersten des Willens erwacht, so nimmt Gott die Seele bei der Hand und führt sie bei jeder Gelegenheit des täglichen Lebens auf dem Wege der Entsagung voran."

„Nicht durch mühsames Nachgrübeln und anhaltenden Geisteszwang verleugnet man sich selbst; nur wer sich aller Selbstsucht enthält und nicht nach seinem Kopfe über sich verfügen will, der verliert sich in Gott."

„Du fühlst eine Regung des Stolzes, der Selbstgefälligkeit, des Selbstvertrauens, der Ungeduld gegen die Schwächen Anderer oder gegen die Mühseligkeiten Deines Berufes: Du möchtest in etwas Deine eigene Befriedigung suchen, Deiner Liebhaberei anstatt der Regel folgen; so oft Du irgend eine solche Regung in Dir wahrnimmst, so mußt Du sie fallen lassen, wie man einen Stein in die Tiefe des Wassers fallen läßt; Du mußt Dich vor Gott sammeln und nicht eher handeln, als bis Du in der Seelenstimmung bist, in welche die innere Sammlung Dich versetzen soll, oder mit andern Worten, bis Du ruhig bist. Lassen aber zerstreuende Geschäfte oder Deine lebhaft erregte Einbildungskraft keine leichte und fühlbare Sammlung zu, so mußt Du Dich wenigstens durch die Geradheit Deines Willens und durch den aufrichtigen Wunsch nach innerer Sammlung zu beruhigen suchen. Der Wille, sich zu sammeln, ist dann eine Art Sammlung, welche hinreicht, um die Seele ihres eigenen Willens zu entblößen und sie zu einem fügsamen Werkzeuge in der Hand Gottes zu machen."

„Entschlüpft Dir aber in der Uebereilung eine zu natürliche, sündhafte Regung, so entmuthige Dich nicht; setze Deinen Weg fort; trage vor Gott in allem Frieden die Verdemüthigung, welche Dein Fehler in sich schließt; gehe nur immer mit vollem Vertrauen zu ihm. Die innere Beschämung, die Dein Fehler Dir verursacht, macht, daß Du Dir selbst abstirbst und Dich vor Gott verdemüthigst. Du machst Deinen Fehler am besten wieder gut, wenn Du dem Aerger und Verdrusse Deiner Eigenliebe entsagst und Dich gleich wieder der Leitung der Gnade ganz hingibst, der Du Dich durch Deine Untreue augenblicklich entzogen hattest."

„Die Hauptsache ist, daß Du durch wahre Einfalt in Deinem Betragen Deiner eigenen Weisheit entsagst und, so oft Gott es will, bereit stehst, auf die Gunst, die Hochschätzung und den Beifall der Menschen zu verzichten. . . . ."

„Uebrigens ist es unmöglich, bestimmt und einzeln die Entäußerungen aufzuzählen, die Gott in der Seele will. Sie sind so verschieden, wie die Menschen unter sich. Jede Seele hat die ihrigen, je nach ihren Bedürfnissen und nach der Absicht Gottes. Wie könnten wir wissen, von was Gott uns losreißen wird, da wir nicht wissen, an was wir hängen? Jeder von uns hängt an einer Unzahl von Dingen, die er selbst nie errathen würde. Erst wenn Gott sie ihm wegnimmt, fühlt er, daß er daran hing."

„Die Losschälungen, welche Gott von uns verlangt,

sind meistens nicht diejenigen, welche wir vielleicht gedacht
hatten. Gott überrascht uns mit den unerwartetsten Dingen:
es sind Kleinigkeiten, aber Kleinigkeiten, welche die Eigen=
liebe aufs Empfindlichste verletzen und ihr eine wahre
Marter verursachen. Große, auffallende Tugendakte wür=
den dem Stolze schmeicheln, aber sich in unzähligen, kleinen
Gelegenheiten freudig fühlen, das kostet mehr Selbstüber=
windung und mehr Selbstabtödtung, als viele große Opfer.
Und gerade diese Fügsamkeit und Opferfreudigkeit im Klei=
nen verlangt Gott von uns; er läßt der Seele keine Ruhe;
er dreht und wendet sie nach allen Seiten, bis er sie ganz
geschmeidig und biegsam gemacht hat."

„Du mußt Dir von Andern und von Dir selbst alles
Mögliche gefallen lassen: Du hast Dich zu offen ausge=
sprochen oder das Nothwendigste zu sagen vergessen, Du
wirst gelobt, getadelt, vergessen, hervorgehoben; Du bist
obenan, dann wieder ganz unten; Du wirst falsch beurtheilt
und kannst Dich nicht rechtfertigen; Du hast vortheilhaft
von Dir selbst geredet; eine Kleinigkeit verwirrt Dich,
macht Dich unentschlossen, bringt Dich außer Dich, Du
ärgerst Dich, wie ein kleines Kind, und zeigst Deinen Aerger
öffentlich; Du gibst Deinen Freunden durch Dein trockenes
Wesen Anstoß; Du bist eifersüchtig und mißtrauisch ohne
Grund; Du gestehst Deine kindische Eifersucht den betref=
fenden Personen ein; Du sprichst unbefangen mit gewissen
Leuten und wirst verkannt; Du scheinst Andern unzuver=
läßig oder hinterlistig; Du fühlst Dich trocken, träge, lahm,
zerstreut, ohne alles bessere Gefühl, selbst Gottes über=
drüssig. . . . Das sind einige Beispiele von den Gelegen=
heiten zu innerer Losschälung, wie sie mir gerade in den
Sinn gekommen; aber es gibt noch eine unzählige Menge

anderer, die Gott einem Jeden nach seiner weisen Absicht zumißt. . . ."

„Ein Wort von einer Versuchung, der die Seele oft ausgesetzt ist, wenn sie sich der Selbstverleugnung befleißt. Es verfolgen sie nämlich bei ihren Reden und Handlungen gewisse, eigennützige Absichten und Rückblicke auf sich selbst. Sie meint, sie habe der Selbstgefälligkeit nachgegeben, sich vom eitlen Ruhme leiten lassen, an einer Bequemlichkeit zu viel Geschmack gefunden, und in den Tröstungen der Tugend sich selbst gesucht. All' dieses beängstigt eine gewissenhafte Seele, und sie klagt sich darüber an. Um sie zu beruhigen, muß man ihr sagen, daß das Gute und das Böse ganz Sache des Willens ist; so lange diese Regungen der Selbstsucht unfreiwillig sind, hindern sie die vollkommene Selbstentäußerung nicht und machen uns Gott nicht mißfällig. Vorsätzlich sind sie aber selten bei einer Seele, welche wahrhaft von sich selbst losgeschält ist und sich Gott ganz hingegeben hat. Seelen dagegen, welche trotz ihrer aufrichtigen Frömmigkeit doch den Bequemlichkeiten des Lebens, dem guten Rufe und der Freundschaft noch nicht ganz abgestorben sind, suchen sich selbst noch ein wenig in allen diesen Dingen, zwar nicht blindlings und geradezu, aber doch vorübergehend und so zu sagen gelegentlich. Dieß beweist ihr Kummer und ihre tiefe Betrübniß, wenn ihnen der Verlust dieser Güter droht. „Wir hängen noch an uns, ohne es zu wissen; erst der Verlust zeigt uns den Grund unseres Herzens und entäußert uns wirklich; ein mäßiger Gebrauch bürgt uns ebenso gut für unsere Losschälung, als ein ruhig ertragener Verlust. . . ."

„Es gibt eine Zeit, wo wir unsere geheime Selbstsucht nicht klar erkennen, Gott läßt nicht zu, daß die innere Erleuchtung weiter gehe, als die Kraft zu opfern. Jesus

Chriſtus ſagt uns dann innerlich:[1] „Ich habe Euch noch
Vieles zu ſagen; aber Ihr könnt es jetzt noch nicht faſſen."
Wir ſehen unſere gute Abſicht und unſern guten Willen;
allein wir würden uns entſetzen, wenn Gott uns zeigte,
an wie vielem wir noch hängen. Freilich hängen wir nicht
mit entſchiedenem Willen und mit voller Ueberlegung daran;
wir ſagen nicht zu uns ſelbſt: „Ich hänge daran und
will daran hängen; allein wir hängen einmal daran, und
manchmal fürchten wir ſogar, in unſer Herz hinabzuſteigen,
um zu ſehen, daß wir daran hängen. Wir fühlen unſere
Schwäche und wagen es nicht, uns dieſelbe klar zur Erkenntniß zu bringen. Manchmal entbrennen wir auch plötzlich in ungeduldigem Eifer für unſere Vollkommenheit; wir
wollen Alles ſehen, um Alles zu opfern; aber dieſer Eifer
iſt ein unbeſcheidener und tollkühner, wie der des heiligen
Petrus, da er ausrief: „Ich bin bereit zu ſterben!" und
einige Augenblicke nachher vor einer Magd zitterte. Wenn
wir ſo alle unſere Schwächen auf einmal ſehen wollen, da
ſchont uns Gott und verſagt uns ein für jetzt noch zu helles
Licht. Er läßt nicht zu, daß wir in unſerm Herzen das
ſehen, das wir noch nicht ausrotten können. Mit welch'
bewunderungswürdiger Schonung behandelt uns alſo die
göttliche Güte! wie treibt ſie uns innerlich an, ihr etwas
Liebes zu opfern, ohne daß ſie uns die nothwendige Erleuchtung dazu verleiht, und nie verleiht ſie uns dieſe Erleuchtung, ohne die nothwendige Kraft zum Opfer! Bis
dahin ſind wir in Bezug auf dieſes Opfer, wie die Apoſtel,
die nichts verſtanden, als der Herr ihnen ſein Leiden vor-
ausſagte. Die aufrichtigſten und wachſamſten Seelen ſind
noch in dieſer Unwiſſenheit über gewiſſe Losſchälungen, die

---

[1] Joh. XVI. 12.

Gott ihnen vorbehält, bis sie im reinen Glauben und in der Selbstverläugnung um einen Schritt weiter sind. Wir dürfen Gott nicht zuvorkommen wollen; wenn wir nur treu sind in Allem, was wir erkennen, so können wir ruhig sein. Bleibt uns noch etwas zu erkennen, so wird Gott uns darüber erleuchten. . . ."

„Glücklich, wer im Werke der Selbstentäußerung nie zögert der Gnade zu folgen, wer im Gegentheile nur fürchtet, nicht schnell genug zu folgen und immer lieber zu viel als zu wenig gegen sich selbst thut! Glücklich, wer muthig gleich das ganze Stück hinhält, wenn man ein Muster von ihm verlangt, und Gott ins volle Tuch schneiden läßt! Glücklich, wer sich selbst für nichts achtet und Gott nie nöthigt, schonend gegen ihn zu sein! Glücklich, den Alles dieses nicht erschreckt!"

„Man meint, ein solcher Zustand sei furchtbar; aber wie sehr irrt man sich! Da ist Friede und Freiheit, da erweitert sich das von Allem losgeschälte Herz ohne Maß und Ziel; es wird unendlich weit; es kennt keine Schranken mehr; der Verheißung gemäß wird es Eins mit Gott selbst! . . ."

„O mein Gott, Du allein kannst den Frieden geben, den man dann genießt! Je schonungsloser sich die Seele dahinschlachtet, desto größer ist ihre Freiheit. Wenn sie ohne Zögern Alles zu verlieren bereit ist, so besitzt sie Alles. Ihr Zustand ist ein Bild der Seligkeit der Himmelsgeister, welche auf immer in Gott verloren und in seliger Entzückung ewig glücklich sind!

„Du, o Bräutigam der Seelen, gibst ihnen schon hienieden einen Vorgeschmack dieser Wonne. Nur die erschaffenen Dinge beschränken unser Herz; wenn es der Anhänglichkeit an die Geschöpfe und dem Rückblicke auf sich selbst entsagt, so geht es in Deine Unendlichkeit ein. . . . Nichts hält es mehr auf . . . mehr und mehr verliert es sich in Dir; es wächst und wächst bis zur Unendlichkeit, und doch füllst Du es ganz, und es ist stets gesättigt! Das ist, o mein Gott, die wahre, reine Anbetung im Geiste und in der Wahrheit; solche Anbeter suchst Du, aber ach! nur selten findest Du sie. . . ."

„Wenn man sich einmal so recht Gott hingegeben hat, so thut man nicht Viel; aber Alles, was man thut, ist recht gethan. Vertrauensvoll überläßt man Gott alles Zukünftige; man will vorbehaltlos Alles, was Gott für jetzt und für später will, und man schließt sein Auge um Nichts vorauszusehen. In der Gegenwart ist man bemüht, den Willen Gottes zu vollziehen; jedem Tage genügt sein Gutes und sein Schlimmes. Das tagtägliche Erfüllen des göttlichen Willens ist die Ankunft seines Reiches in uns und zugleich unser tägliches Brod. Es wäre eine Untreue, wenn man die Zukunft voraussehen wollte, die Gott uns verborgen hält; sie liegt in seiner Hand, er mache sie süß oder bitter, lange oder kurz; sie möge ausfallen wie sie wolle, man bereitet sich stets am vollkommensten darauf vor, wenn man seinem eigenen Willen entsagt, um sich dem Willen Gottes hinzugeben. Wie das Manna in der Wüste jeden Geschmack hatte, so schließt diese Willensstimmung alle Gnaden und Gefühle in sich, welche jedem Zustande angemessen sind, in den Gott Dich in der Folge versetzen kann."

„Wenn man so zu Allem bereit ist, so beginnt man auf dem Boden des Abgrundes Fuß zu fassen, man ist so ruhig über die Vergangenheit, wie über die Zukunft; von sich selbst denkt man das Schlimmste, das sich denken läßt; aber man wirft sich blindlings in die Arme Gottes; man vergißt und verliert sich, und das gänzliche Vergessen seiner

selbst ist die vollkommenste Buße: denn es ist das Marty=
rium der Eigenliebe, bei dem ihr kein Anhaltspunkt mehr
bleibt. Wie leicht fühlt man sich daher auch nicht, wenn
man sich der schweren Last seiner selbst entledigt, unter der
man fast erlag. Voll Staunen sieht man, wie gerade und
einfach der Weg ist. Man meinte, ein beständiger Geistes=
zwang und eine rastlose, stets neue Thätigkeit seien erforder=
lich; allein man sieht nun, daß man im Gegentheile nur
wenig zu thun hat, daß es genügt, wenn man, ohne an die
Vergangenheit oder an die Zukunft viel zu denken, ver=
trauensvoll zu Gott emporblickt, als zu unserm Vater, der
uns im gegenwärtigen Augenblicke gleichsam an der Hand
führt. Verliert man ihn durch eine Zerstreuung aus den
Augen, so kehrt man zu ihm zurück, ohne sich bei der Zer=
streuung aufzuhalten, und er läßt uns fühlen, was er von
uns will. Begeht man einen Fehler, so büßt man ihn
durch eine Reue, die ganz Liebe ist. Man wendet sich wie=
der dem zu, von welchem man sich abgewendet hatte. Die
Sünde kommt uns abscheulich vor; aber gut und nützlich
erscheint uns die Verdemüthigung, um deretwillen Gott den
Fehler zuließ. Die demüthige Seele kehrt mit Sammlung
Ruhe und Vertrauen zu Gott zurück; nur der Stolz grübelt
mit Bitterkeit, Aufregung und Aerger über die Fehler nach."

„Die Erfahrung wird Dich am besten lehren, wie diese
einfache, ruhige Rückkehr zu Gott Dir Deine Besserung weit
mehr erleichtert als aller Aerger über Deine Fehler. Wende
Dich stets einfach zu Gott, sobald Du merkst, daß Du einen
Fehler begangen hast. Du quälst Dich selbst vergebens;
nicht mit Dir sollst Du überlegen. Wenn Du Dir wegen
Deines Elendes Gedanken machst, so gehst Du nur mit
Dir selbst zu Rathe. Armselige Berathschlagung, bei der
Gott nicht ist!"

„Wer wird Dir hülfreiche Hand bieten, um aus dem
Moraste hinauszukommen? — Du selbst vielleicht? —
Ach! Du bist es ja, der sich hineingestürzt hat und nicht
mehr herauskommen kann. Und noch mehr, Du selbst bist
dieser Morast und das ist der Grund Deines Uebels; wie
darfst Du aber hoffen hinauszukommen, wenn Du Dich
immer mit Dir selbst beschäftigst und Du stets Deine Empfindsamkeit und Selbstzärtlichkeit mit der Betrachtung Deines
Elendes nährst? Dieser beständige Rückblick auf Dich, dieses
anhaltende Nachgrübeln über Dich selbst dient zu nichts,
als daß Du über Dich selbst Leidwesen hast; ein einziger
Blick auf Gott würde Dein aufgeregtes Herz weit mehr
beruhigen, als dieses ewige Beschäftigen mit Dir selbst.
Gib Dich also selbst auf, und Du wirst den Frieden fin=
den. . . . Aber wie wirst Du es dahin bringen, aus Dir
selbst herauszukommen? Du muß Dich nur ganz ruhig
Gott zuwenden und Dir das Andenken an ihn nach und
nach zur Gewohnheit machen, indem Du stets sogleich treu zu
ihm zurückkehrst, wenn Du eine Zerstreuung bemerkst. . . .“

Noch eine wichtige Bemerkung: die in diesem und in
dem vorigen Kapitel enthaltene Lehre von der Läuterung
der Seelen durch die Entsagung und innere Losschälung
bezieht sich zwar in einem gewissen Grade auf Alle, je
nach dem Tugendgrade, zu dem Gott sie bestimmt hat;
aber sie findet doch ihre gänzliche Verwirklichung nur in
jenen Seelen, welche Gott von der Menge absondert, um
sie zu einer höheren Vollkommenheit zu führen. Für sie
insbesondere haben wir diese Lehre eingeflößten. Trotz=
dem werden alle Leser Nutzen daraus ziehen, wenn sie die
Anwendung des Gesagten auf sich demüthig ihrem geist=
lichen Führer anheimstellen. Es hieße ja gerade gegen
diese Lehre selbst fehlen, wenn man dieselbe zum Vorwande

8**

nehmen wollte, um sich eigenmächtig und ohne seinen See=
lenführer um diese oder jene Stufe der Vollkommenheit zu
bemühen. Hierüber steht die Bestimmung nur dem zu, der
uns zu leiten hat; wer sich anmaßt, sein eigener Führer zu
sein, der setzt sich gefährlichen Täuschungen aus und läßt
seiner Eigenliebe freien Spielraum. Gott wirkt hienieden
nicht in allen Seelen auf gleiche Weise. Es gibt solche,
denen er einen gewissen Rückblick auf sich selbst läßt, weil
derselbe sie in Ausübung der Tugend unterstützt und sie
bis zu einem gewissen Grade läutert. Es wäre unvorsichtig
und gefährlich, ihnen diese Stütze zu rauben; das hieße,
ein Kind der Milch entwöhnen, das noch nicht essen kann.
Nie soll man einer Seele das zu entreißen suchen, was ihr
noch Nahrung bietet, und was Gott ihr zur Stütze ihrer
Schwäche läßt. Der Gnade zuvorkommen, heißt ihr Werk
zerstören. Fenelon sagt: „Besser ist es, warten und die
Thüre mit dem Schlüssel öffnen, als vor Ungeduld das
Schloß brechen." Dieses schöne Wort sollte auch von den
Seelenführern selbst recht oft beherzigt werden.

Dritter Theil.

Von den Mitteln, bei seinen geistigen Gebrechen den Frieden zu bewahren.

Erstes Kapitel.
Verschiedene Belehrungen über diese Mittel.

Erster Abschnitt.
Grundsätze über die Freiheit des Geistes. [1]

Eine Seele, welche hienieden nichts sucht, als Verfolgung und Verachtung, kein irdisches Gut weder liebt noch wünschet, kein zeitliches Uebel fürchtet, die Freuden flieht, wie das Gift und in den Leiden ihre Wonne findet, ist fähig, große Tröstungen von Gott zu erhalten. Nur muß ihr Vertrauen ganz auf ihn gegründet sein; sobald sich jemand auf seine eigenen Kräfte stützt, ist seine Stärke dahin. Groß war der Muth des heiligen Petrus, als er betheuerte, er wolle mit Christus sterben; gewiß hatte er auch dazu die lobenswertheste Entschiedenheit; allein sein Eifer hatte den Fehler, daß er aus seinem eigenen Willen hervorging, und dieser Fehler wurde ihm zum Falle. So

---

[1] Dieser Abschnitt sammt den zunächst folgenden ist der „Abhandlung über den Frieden der Seele" entnommen.

ist es wahr, daß wir ohne den Beistand der Gnade weder etwas Gutes denken noch vollbringen können.

Unsere Seele muß frei von allen Wünschen werden; sie muß ganz bei dem sein, was sie thut oder denkt; nie darf ihre Aufmerksamkeit getheilt sein zwischen dem, was sie im gegenwärtigen Augenblicke zu thun hat, und zwischen der Sorge und Unruhe über das, was sie nachher thun oder denken wird.

Es ist Niemanden verboten, seinen zeitlichen Geschäften mit kluger, verständiger Sorgfalt nachzugehen. Richtig aufgefaßt, sind auch diese Dinge nach dem Willen Gottes und hindern keineswegs weder den innern Frieden, noch den geistigen Fortschritt.

Um den gegenwärtigen Augenblick recht anzuwenden, ist nichts besser, als unsere Seele leer von allen Wünschen Gott darzubringen und uns vor die göttliche Majestät hinzustellen, als arme Bettler, die Nichts zu arbeiten und Nichts zu verdienen im Stande sind.

In der Freiheit des Geistes, welche keine Verbindlichkeit weder nach Innen noch nach Außen eingeht, um ganz und gar von Gott allein abzuhängen, besteht das Wesen der Vollkommenheit.

Zweiter Abschnitt.

Von den Fallstricken, wodurch der böse Feind uns den Frieden zu rauben sucht und von den Mitteln, durch die wir uns dagegen schützen.

Der böse Feind sucht uns vor Allem die christliche Demuth und Einfalt zu rauben; deßhalb will er uns Vertrauen auf uns selbst, auf unsere Bemühungen und Anstrengungen einflößen; er will, daß wir uns Andern vorziehen und so nach und nach unseren Nächsten verachten. Durch Eitelkeit und Selbstüberschätzung schleicht der Teufel sich am liebsten in die Seelen ein. Die ganze Kunst, sich vor ihm zu schützen, besteht daher darin, daß wir uns stets hinter die Demuth verschanzen. Sobald die Gefühle der Selbstbeschämung und der Selbstverachtung aus unserem Herzen schwinden, vermögen wir uns nicht mehr wider den Geist des Hochmuthes zu vertheidigen; bemächtigt aber dieser sich unseres Willens, dann herrscht er als Tyrann in uns und mit ihm alle Laster.

Wachsamkeit allein genügt nicht: das Gebet muß dazu kommen; denn es steht geschrieben: „Wachet und betet!" Der Friede ist ein Schatz, den nur diese zwei Schutzmauern uns sichern können.

Gestatten wir unserm Geiste nie, sich wegen irgend Etwas zu beunruhigen oder aufzuregen. Einer friedlichen, demüthigen Seele ist Alles leicht; die Hindernisse schwinden vor ihr; sie ist beharrlich im Guten. Aber eine aufgeregte ruhelose Seele thut wenig Gutes und das wenige noch auf unvollkommene Weise; sie ist bald der Tugend müde und leidet anhaltend und ohne Nutzen.

Je nachdem ein Gedanke Dir Vertrauen oder Miß= trauen auf Gottes Barmherzigkeit einflößt, kannst Du sicher entnehmen, ob Du denselben unterhalten oder verbannen sollst. Bestärkt ein Gedanke Dich mehr und mehr in der liebevollen Zuversicht auf Gott, so betrachte ihn als einen Boten des Himmels; nähre ihn in Dir, und freue Dich dessen. Verbanne aber und verwirf als eine Einflüsterung des Bösen jeden Gedanken, der Dir Mißtrauen gegen die unendliche Barmherzigkeit Gottes verursacht.

Wenn der Versucher fromme Seelen angreift, so spie= gelt er ihnen ihre täglichen Fehler viel größer vor als sie wirklich sind und flüstert ihnen ein, daß sie ihre Pflicht nie recht erfüllen, nicht gut beichten, lau kommuniziren und schlecht beten. Durch solche Skrupel will er sie in Unruhe, Aufregung und Ungeduld erhalten. Zugleich sucht er sie von ihren frommen Uebungen abzubringen, indem er ihnen den Gedanken eingibt, — es sei doch Alles fruchtlos; Gott sehe nicht mehr auf sie und habe sie gänzlich vergessen. Nichts kann falscher und unwahrer sein, als diese Einflüsterungen. Die Zerstreuungen, die innere Trockenheit und die Mängel unserer geistlichen Uebungen können uns äußerst nützlich werden, wenn wir nur verstehen und einsehen, daß Gott in diesem Zustande nichts Anderes von uns verlangt, als Geduld und Beharrlichkeit in dem begonnenen Guten. Der heilige Gregorius sagt: „Aus den Gebeten und frommen Werken einer Seele, welche der geistigen Tröstungen beraubt ist, empfängt Gott das innigste Wohlgefallen, das er nur an seinen Geschöpfen haben kann." Nur muß die Seele trotz der Kälte, der Gleichgültigkeit und des Ekels, den sie fühlt, muthig in ihren Uebungen ausharren. Ihre Geduld betet dann für sie und macht sie Gott angenehmer, als wenn sie nach Wunsch beten könnte. Derselbige Heilige fügt bei, daß die innere Finsterniß einer solchen Seele in den Augen Gottes lichthell erstrahlet, und daß ihre Geduld bei den innern Leiden Gott gleichsam zwingt, sich zu ihr herabzuneigen und sie mit seinen Gnaden zu überschütten.

Unterlaß daher nie ein gutes Werk, so großen Widerwillen Du auch dagegen empfinden magst; Du würdest sonst dem bösen Feinde gehorchen.

Dritter Abschnitt.

Die Seele soll sich so schnell als möglich wieder beruhigen, sobald sie sich unruhig fühlt.

So oft Du einen Fehler begehst, mag er groß oder klein sein, und wäre er auch mit freiem Willen und tausendmal im Tage, so hast Du stets folgende Regel zu beobachten:

Sobald Du das geschehene Unrecht einsiehst, so wirf einen Blick auf Deine Schwäche; wende Dich im Geiste der Demuth zu Gott und sprich zu ihm in ruhiger, liebender Zuversicht: „Du hast es gesehen, o mein Gott, ich habe ge= than, wessen ich fähig bin. Was könnte die Sünde Anderes erzeugen, als wieder Sünde? Du aber hast mir die Gnade der Reue verliehen; verzeihe mir nun auch meinen Fehler, und schenke mir Deinen Beistand, um Dich nie mehr zu beleidigen."

Hast Du so gebetet, so verliere keine Zeit mehr, und ängstige Dich nicht mit dem Gedanken, ob Gott Dir ver= ziehen habe oder nicht; kehre in Demuth und Frieden mit Deinem vorigen Vertrauen und mit Deiner vorigen Gei= stesruhe zu Deinen Beschäftigungen zurück, ohne weiter an das Geschehene zu denken. Solltest Du auch noch so oft fehlen, so mußt Du es beim letzten Male gerade so machen, wie beim ersten Male. Dieß wird Dir einen zweifachen Nutzen bringen: erstens kehrst Du jedesmal zu Gott zurück, der wie ein guter Vater stets bereit ist, Dich aufzunehmen, und zweitens verlierst Du keine Zeit mit Unruhe und Aer= ger; denn diese regen Deine Seele so auf, daß sie lange braucht, um wieder zum Frieden und zur Ruhe zu kommen.

Möchten doch diejenigen, welche sich über ihre Fehler so oft beunruhigen und entmuthigen, dieses Geheimniß des geistigen Lebens recht erfassen; sie würden dann einsehen, wie viele Zeit sie unnütz verlieren, wie viel Nachtheil ihnen ihre Unruhe bringt, und wie verschieden ihr trauriger Zustand von dem eines bescheidenen, demüthigen und friedliebenden Herzens ist.　－

Vierter Abschnitt.
Von der Wachsamkeit über sich selbst. [1]

Damit wir über uns selbst wachen lernen und doch uns nicht zu sehr mit uns selbst beschäftigen, scheint mir Folgendes zweckmäßig zu bemerken:

Der vernünftige, kluge Wanderer ist achtsam auf jeden seiner Schritte und prüft stets mit Sorgfalt die zunächst vor ihm liegende Strecke Weges; allein er dreht sich nicht immer um und betrachtet seine Fußstapfen; denn damit würde er nur seine Zeit verlieren.

Eine Seele, die Gott wirklich an der Hand führt, (denn hier ist nicht von denjenigen die Rede, welche noch gehen lernen und nach dem Wege suchen,) soll in ruhiger, kindlich einfacher Sorgfalt über ihre Schritte wachen. Ihre Wachsamkeit muß sich auf die Gegenwart beschränken; dieselbe muß lediglich in der Aufmerksamkeit auf den Willen Gottes und nicht in dem Rückblicke auf sich selbst bestehen. Wir brauchen uns nicht unseres eigenen Zustandes zu vergewissern, da ja Gott will, daß wir im Unsichern darüber sein sollen.

Würden wir ohne Unterlaß in der Gegenwart Gottes wandeln, so hörten wir auch nie auf, über uns selbst zu wachen. Diese rechte Wachsamkeit ist voll Einfalt, Liebe, Ruhe und Uneigennützigkeit, während die, welche nur Zufriedenheit mit sich selbst sucht, lauter Pein, Unruhe und

---

[1] Dieser Abschnitt ist von Fenelon.

Eigennuß mit sich führt. Wir müssen im Lichte des Herrn und nicht in unserem eigenen wandeln. Wir können nicht die Heiligkeit Gottes betrachten, ohne auch vor den kleinsten Fehlern einen heftigen Abscheu zu empfinden. Mit dem Wandel in der Gegenwart Gottes und mit der inneren Sammlung müssen wir allerdings auch Gewissenserforschungen verbinden, um nicht nachläßig zu werden und um uns die Beicht zu erleichtern; aber diese Gewissenserforschungen müssen ebenfalls einfach, leicht und ohne unruhigen Rückblick auf uns selbst geschehen.

Fünfter Abschnitt.
Von dem Misstrauen auf sich selbst. [1]

Das Mißtrauen auf seine eigenen Kräfte ist im geistigen Leben so nothwendig, daß man ohne diese Tugend auch nicht die geringste fehlerhafte Anlage überwinden kann. Diese Wahrheit müssen wir uns tief einprägen; denn wir sind nur zu geneigt, uns selbst hochzuschätzen und uns ohne allen Grund für Etwas zu halten. Die Untugend ist eine Folge der Verdorbenheit unserer Natur; aber je natürlicher sie uns ist, desto schwerer erkennen wir sie. Gott, der Alles sieht, verabscheut sie und will uns vollkommen von der Wahrheit überzeugt wissen, daß wir keine Gnade und keine Tugend besitzen, die nicht von ihm, der Quelle alles Guten, kommt, und daß wir ohne ihn nicht im Stande sind, auch nur Etwas ihm Wohlgefälliges zu denken.

Das Mißtrauen auf unsere eigenen Kräfte ist eine Gabe des Himmels, die Gott den Seelen, welche er liebt,

---

[1] Diesen Abschnitt und die vier folgenden entnehmen wir dem „Geistlichen Streit" von Scupoli.

verleiht und zwar bald durch heilige Einsprechungen, bald durch schwere, innere Leiden, bald durch fast unüberwindliche Versuchungen, endlich durch andere ihm allein bekannte Mittel; deſſenungeachtet iſt es ſein Wunſch, daß auch wir unſererſeits unſer Möglichſtes thun, um dieſe Tugend zu erwerben. — Sie wird uns unfehlbar zu Theil werden, wenn wir unter dem Beiſtande der göttlichen Gnade folgende vier Mittel anwenden:

Das erſte Mittel iſt, daß wir uns oft unſere Niedrigkeit und Nichtigkeit vor Augen ſtellen und anerkennen, wie wir aus unſeren natürlichen Kräften nicht vermögen, etwas Gutes und für den Himmel Verdienſtliches zu thun.

Das zweite Mittel iſt, daß wir Gott bemüthig und inbrünſtig um dieſe wichtige Tugend bitten; denn nur er kann ſie uns geben. Zuerſt müſſen wir bekennen, daß uns dieſelbe nicht nur mangelt, ſondern daß wir auch aus uns vollſtändig unfähig ſind, ſie zu erwerben; dann müſſen wir uns zu den Füßen des Herrn niederwerfen und ihn um dieſelbe mit feſter Zuverſicht, erhört zu werden, anflehen; endlich müſſen wir geduldig auf die Erfüllung unſerer Bitte warten und im Gebete ausharren, ſo lange es ſeiner göttlichen Vorſehung gefällt.

Das dritte Mittel iſt, daß wir uns nach und nach daran gewöhnen, uns ſelbſt zu mißtrauen und die Unzuverläßigkeit unſeres eigenen Urtheils, die Heftigkeit unſerer böſen Neigungen und die unzählbare Menge unſerer Feinde zu fürchten. Letztere ſind ohne Vergleich weit liſtiger, ſtärker und im Kampfe geübter, als wir; ja, ſie verwandeln ſich ſelbſt in Engel des Lichtes, um uns überall auf dem Wege des Heils Fallſtricke zu legen.

Das vierte Mittel endlich iſt, daß wir nach jedem Fehler recht in uns gehen, um aufmerkſam zu betrachten, wie weit unsere Schwäche geht; denn Gott läßt unsere Fehler nur zu, damit wir, von neuem Lichte erleuchtet, uns mehr als je als elende Geschöpfe erkennen und verachten lernen und zu dem aufrichtigen Wunsche gelangen, auch von Andern verachtet zu werden. Ohne dieses letzte Mittel können wir nicht zu dem Mißtrauen auf uns selbst gelangen; denn diese Tugend stützt sich auf die Demuth und auf die erfahrungsmäßige Erkenntniß unseres Elendes.

Wer sich der Quelle des Lichtes, der unerschaffenen Wahrheit, nahen will, muß sich natürlicher Weise von Grund aus kennen und darf nicht sein, wie die Hoffärtigen. Diese öffnen die Augen über sich selbst erst dann, wenn sie unversehens in eine schimpfliche Sünde gefallen sind. Gott läßt sie diese Erfahrung machen, um sie von ihrer Vermessenheit zu heilen, wenn die milderen und leichteren Heilmittel nicht das bewirkt haben, was seine Barmherzigkeit damit bezweckte.

Gott läßt überhaupt zu, daß der Mensch mehr oder weniger fehle, je nachdem er mehr oder weniger stolz ist; ja, ich wage es, zu behaupten, daß Jemand, der von diesem Laster so frei wäre, wie die allerseligste Jungfrau, niemals fehlen würde. Wenn Du also einen Fehler begehst, so benütze ihn sogleich zur Selbstkenntniß; flehe innig zum Herrn, er möge Dich erleuchten, damit Du Dich so erkennest, wie Du vor seinen Augen bist, und keine zu hohe Meinung mehr von Deiner Tugend habest. Sonst wirst Du in denselben Fehler zurückfallen, ja vielleicht noch größere begehen, die das Heil Deiner Seele gefährden könnten.

Sechster Abschnitt.

Von dem Vertrauen auf Gott.

Wir haben gezeigt, daß das Mißtrauen auf uns selbst im geistigen Kampfe äußerst nothwendig ist; allein wenn diese Tugend allein stünde ohne jede andere Stütze, so würde man bald die Flucht ergreifen und von dem Feinde entwaffnet und besiegt werden. Es muß ihr deßhalb das Vertrauen auf Gott zur Seite stehen; denn der Herr ist der Urheber alles Guten, und von ihm allein kommt uns jeder Sieg. Wenn es wahr ist, daß wir aus uns selbst Nichts sind, so stehen uns nur gefährliche Fehltritte in Aussicht, und wir haben alle Ursache, unseren eigenen Kräften zu mißtrauen; wenn wir aber in vollkommener Ueberzeugung unserer Schwäche großmüthig auf Gott vertrauen, so werden wir ohne Zweifel mit seinem Beistande große Vortheile über unsere Feinde davontragen; denn das Vertrauen ruft die Gnaden des Himmels auf uns herab. Vier Mittel stehen uns zu Gebote, um diese vortreffliche Tugend zu erlangen.

Das erste ist, daß wir Gott demüthig darum bitten. Das zweite ist, daß wir mit den Augen des Glaubens aufmerksam die Allmacht und unendliche Weisheit des Schöpfers betrachten, dem nichts unmöglich ist, dessen Güte keine Grenzen kennt, und der aus Uebermaß der Liebe gegen seine Diener jeden Augenblick bereit ist, ihnen alle nöthigen Gnaden zu schenken, damit sie als fromme Christen leben und ganz über sich Herr werden können.

Das Einzige, was er von ihnen verlangt, ist, daß sie ihre Zuflucht vertrauensvoll zu ihm nehmen. Und was ist gerechter? Jahre lang ist der gute Hirt [1] rastlos dem ver-

---

[1] Luk. XV. 4.

lorenen Schafe nachgeeilt auf mühsamen, dornenvollen Pfa=
den und mit so großer Anstrengung, daß es ihn Blut und
Leben kostete. Wenn er nun dieses Schaf zurückkehren sieht
mit dem Vorsatze, jetzt seiner Leitung zu folgen, wird er dann
das Auge seiner Barmherzigkeit deßwegen von ihm abwen=
den, weil sein aufrichtiger Wille noch schwach ist? Wird er
es nicht vielmehr auf seinen Schultern zur Heerde zurück=
tragen? O zweifeln wir nicht daran; der Herr nimmt das
verirrte Schaf mit unaussprechlicher Freude auf, und er ladet
die Engel des Himmels ein, sich mit ihm zu erfreuen.

Und wenn er so emsig die Drachme des Evangeliums
sucht, wenn er Alles umkehrt, um sie zu finden, wird er
dann die Seele zurückstoßen, die wie ein Schaf, das seinen
Hirten nicht mehr sieht, sich aufmacht und zu ihm zurück=
kehrt? Christus ist der Bräutigam unserer Seelen; beständ=
dig klopft er an die Thüre unseres Herzens und wünscht
nichts sehnlicher, als Eingang zu finden; seine größte Wonne
ist es, sich uns mitzutheilen und uns mit seinen Gütern zu
überhäufen; wie könnten wir nun glauben, daß er uns seine
Einkehr weigern wird, wenn wir diese Gnade recht ersehnen,
weit die Thüre unseres Herzens öffnen und ihn bitten, uns
seiner Heimsuchung zu würdigen?

Das dritte Mittel, um das Vertrauen zu erlangen, ist,
daß wir uns oft an die Stellen der heiligen Schrift erin=
nern, welche uns zu dieser Tugend ermuntern. Solche
Stellen sind nicht schwer zu finden; denn tausendmal wieder=
holt uns das Wort Gottes die trostreiche Versicherung, daß,
wer auf Gott vertraut, nicht zu Schanden werden kann.

Das vierte Mittel endlich, wodurch wir sowohl das
Gottvertrauen als auch das Mißtrauen auf uns selbst er=
langen, ist, daß wir bei jedem guten Werke, bei jeder Ver=
suchung und überhaupt bei allen Dingen stets unsern Blick

einerseits auf unsere Schwäche und andererseits auf die
Güte, Allmacht und Weisheit Gottes lenken, und dann
muthig auch den mühsamsten Arbeiten und den härtesten
Kämpfen entgegengehen; denn die Furcht vor unserer eigenen
Gebrechlichkeit verschwindet vor der Zuversicht auf die sichere
Hülfe des Herrn. Diese beiden Waffen, vereint mit dem
Gebete, setzen uns in Stand, die größten Unternehmungen
auszuführen und die schwersten Siege zu erringen.

Siebenter Abschnitt.

Kennzeichen für das wahre Vertrauen auf Gott und das Misstrauen auf sich selbst.

Eine von sich selbst eingenommene Seele glaubt sich
leicht im Besitze dieser beiden Tugenden; allein sie irrt sich
nicht selten, und ihr Irrthum gibt sich am klarsten zu er=
kennen, wenn sie einen Fehler begangen hat. Beunruhigt
und betrübt man sich dann, verliert man jede Hoffnung
auf Fortschritt in der Tugend, so ist dieß ein sicheres Zeichen,
daß man sein Vertrauen auf sich selbst und nicht auf Gott
gesetzt hatte. Und je größer dann unsere Traurigkeit und
unsere Muthlosigkeit ist, desto weniger besitzt man die beiden
obenbesprochenen Tugenden.

Begeht dagegen die Seele, die sich selbst mißtraut, und
die ihre Zuversicht auf den Herrn setzt, einen Fehler, so
erstaunt, beunruhigt und ärgert sie sich keineswegs; denn
sie erkennt sogleich, daß ihr Fehler eine Folge ihrer Schwäche
und ihres geringen Gottvertrauens ist. Im Gegentheil
vermehrt derselbe in ihr das Mißtrauen auf ihre eigenen
Kräfte und die Zuversicht auf den Beistand des Allmächtigen.
Die Seele verabscheut ihre Sünde über Alles; sie verdammt
die Leidenschaft oder die schlechte Gewohnheit, welche dieselbe

veranlaßte; es schmerzt sie lebhaft, ihren Gott beleidigt zu haben; allein ihre Reue ist stets ruhig und hindert sie nicht, zu ihren gewohnten Uebungen zurückzukehren und ihre Feinde bis auf den Tod zu verfolgen.

Nicht selten hält man die Unruhe nach einem begangenen Fehler für eine Tugend. Dieß ist aber ein Irrthum; denn obwohl die unruhigen Gedanken von einigem Reueschmerze begleitet sind, so stammen sie doch im Grunde nur aus einem geheimen Eigendünkel, desses Quelle eitles Selbst= vertrauen ist. Wenn eine Seele, welche sich in der Tugend befestigt geglaubt und die Versuchungen verachtet hat, durch die Erfahrung belehrt wird, daß sie wie alle Andern gebrech= lich und sündig ist, so staunt sie über ihren Fall, wie über etwas ganz Außerordentliches; sie überläßt sich dem Aerger und der Muthlosigkeit, weil sie das vernichtet sieht, was ihre Stütze war.

Demüthigen Seelen widerfährt dieses nie. Sie haben keine hohe Meinung von sich selbst und stützen sich auf Gott allein, und wenn sie fallen, so sind sie weder überrascht noch unruhig, weil sie in dem wahren Lichte, das ihnen leuchtet, wohl sehen, daß ihre Fehler eine natürliche Folge ihrer Unbeständigkeit und Schwäche sind.

Achter Abschnitt.

Wie sehr Kleinmuth und Misstrauen den Herrn beleidigen und der Seele schaden. [1]

Man kann frommen Seelen nicht oft genug sagen, wie wichtig es für sie ist, daß sie sich vor Kleinmuth, Mißtrauen

---

[1] Dieser Abschnitt ist von Pater Gaud, S. J.: „Abhandlung über die christliche Hoffnung."

und Traurigkeit hüten und bei jeder Gelegenheit und zu jeder Zeit in heiligem Frieden und heiliger Freude verharren. In der heiligen Schrift wiederholt uns der heilige Geist diese Ermahnung an tausend Stellen, als wollte er ganz besonders unsere Aufmerksamkeit darauf hin lenken. Durch Unruhe, Angst und Niedergeschlagenheit ehren wir Gott keineswegs; solche Gesinnungen beleidigen ihn, verkennen seine Güte, entfernen uns von ihm und entziehen uns seine Hülfe. Mit unsern eitlen Besürchtungen können wir es dahin bringen, daß Gott die Uebel, die wir fürchten, wirklich über uns kommen läßt, während ein zuversichtliches Vertrauen auf ihn gerade die entgegengesetzte Wirkung hat.

Sichern Fußes geht Petrus über die stürmischen Wogen dahin, so lange er auf die Güte und Allmacht dessen sieht, dem er entgegeneilt. Er fängt aber an zu sinken, sobald er, entsetzt von dem Wüthen des Sturmes, zu zittern beginnt und im Vertrauen wankt. „Du Kleingläubiger, warum hast Du gezweifelt?" [1] „Wehe den Kleingläubigen, die nicht auf Gott vertrauen; denn Gott wird sie eben um ihres Kleinmuthes willen nicht schützen." [2] Unsere erste Pflicht ist demnach, daß wir aus unserem Herzen den Kleinmuth verbannen, der uns des göttlichen Beistandes beraubt und beßwegen die Ursache so vieler Fehler und Leiden ist. Dagegen müssen wir uns mehr und mehr in der Hoffnung bestärken, welche die Quelle alles Guten, der Freude und des Friedens ist. „Ihr, die Ihr den Herrn fürchtet, hoffet auf ihn; er wird Euch barmherzig sein, und seine Barmherzigkeit wird Euch Wonne bringen." [3] „Wer Gott anbetet und ihm freudig dienet, wird wohl aufgenommen, und

---

[1] Matth. XIV. 31.　　[2] Eccli. II. 15.　　[3] Eccli. II. 9.

sein Gebet durchdringet die Wolken." [1] „Freuet Euch in dem Herrn, und er wird die Wünsche Eures Herzens erfüllen." [2] „Der Friede und die Freude des Herzens sind das Leben des Menschen und ein unerschöpflicher Schatz von Heiligkeit;" [3] aber „die Traurigkeit des Herzens ist die größte Plage;" [4] sie mischt Bitterkeit und Kummer in Alles, was man thut, erfüllt den Geist mit düstern Bildern und Gedanken, schwächt das Vertrauen und die Liebe zu Gott, das Wohlwollen, das Mitleiden und die Geduld gegen den Nächsten, erregt Zorn, Ungeduld, Haß und Neid, untergräbt sogar die leibliche Gesundheit; mit Einem Worte, sie ist eine Alles ertödtende Wunde. Laß also Deine Seele nicht traurig werden, und plage Dich nicht mit trüben Gedanken. Erbarme Dich Deiner Seele, um Gott zu gefallen. Sammle Dein Herz zu seiner Heiligung, und wirf die Traurigkeit weit von Dir; denn sie hat Vielen den Tod gegeben und bringt keinen Nutzen. [5]

Hier müssen wir auch darauf aufmerksam machen, wie Jesus Christus seine letzte Sorgfalt aufbot, um seinen Jüngern und in ihrer Person allen Gläubigen diese trostreiche Wahrheit ans Herz zu legen. In seiner bewunderungswürdigen Rede nach dem letzten Abendmahle hinterließ er uns seinen Frieden und seine Freude gleichsam als Erbstück. Er befiehlt den Seinigen zu wiederholten Malen ausdrücklich, jede Furcht und Unruhe aus ihrem Herzen zu verbannen: „Euer Herz betrübe sich nicht! Ihr glaubet an Gott; glaubet auch an mich!" [6] Und in der That muß jede Bangigkeit entweichen, wenn wir glauben, daß Gott unser Vater und sein eingeborner Sohn unser Mittler ist. „Den

---

[1] Eccli. XXXV. 20. [2] Pf. XXXVI. 4. [3] Eccli. XXX. 23.
[4] Eccli. XXV. 17. [5] Eccli. XXX. 22. 24. 25. [6] Joh. XIV. 1.

Frieden hinterlasse ich Euch, meinen Frieden gebe ich Euch, nicht wie die Welt ihn gibt, gebe ich ihn Euch. Euer Herz betrübe sich nicht und fürchte nicht!" [1] „Dieses habe ich zu Euch geredet, damit meine Freude in Euch sei und Eure Freude vollkommen werde." [2] „Bittet, so werdet Ihr empfangen, auf daß Eure Freude vollkommen werde." [3] „Dieses habe ich zu Euch geredet, auf daß ihr den Frieden in mir habet. In der Welt werdet ihr Bedrängniß haben; aber vertrauet, ich habe die Welt überwunden" [4] für mich und für Euch. Und wenn der Heiland sich nachher im Gebete für sich und für die, welche der Vater ihm gegeben hat, an seinen himmlischen Vater wendet, spricht er: „Nun aber komme ich zu Dir und rede dieses in der Welt, damit sie meine Freude vollkommen in sich haben!" [5] Die Apostel, welche solche Lehren von dem Herrn empfangen hatten, konnten nicht müde werden, sie den Gläubigen in Worten und Briefen recht ans Herz zu legen.

Zweites Kapitel.
Von den gewöhnlichen Schwachheitsfehlern.

Erster Abschnitt.

Man soll ohne Unruhe und ohne Misstrauen wieder zu Gott zurückkehren, wenn man in eine lässliche Sünde gefallen ist. [6]

Kann der böse Feind eine Seele nicht dahin bringen, daß sie die läßlichen Sünden vernachläßigt, und sieht er,

---

[1] Joh. XIV. 27.   [2] Joh. XV. 11.   [3] Joh. XVI. 24.
[4] Joh. XVI. 33.   [5] Joh. XVII. 13.   [6] Dieser und die beiden folgenden Abschnitte sind von Pater Gaub, S. J.: „Abhandlung über die christliche Hoffnung."

daß sie dieselben recht haßt und verabscheut, so sucht er wenigstens einen bloß natürlichen Schmerz, eine rein menschliche Traurigkeit in ihre Reue über diese Sünden einzumischen; dadurch schadet er der Seele fast ebenso sehr, als wenn er sie zur Gleichgiltigkeit gegen die läßliche Sünde brächte. Die wahre Reue, wie der heilige Geist sie der Seele eingibt, ist reich an Trost; denn sie gewährt stets die Hoffnung auf Verzeihung und gibt uns sogar neue Kräfte, um an der Besserung unserer Fehler. zu arbeiten. Der blos natürliche Schmerz dagegen und die rein menschliche Traurigkeit, welche der böse Feind dagegen erregt, erfüllen die Seele mit Angst und Verwirrung, rauben ihr die Hoffnung auf Besserung und setzen sie neuen, oft noch größeren Fehltritten aus.

Es gibt viele Christen, welche sonst recht fromm leben, welche aber diese Wahrheit nicht einsehen wollen. Sie sehen sich immer läßlichen Sünden unterworfen und werden deshalb unmuthig und ärgerlich gegen sich selbst; bald klagen sie über ihre böse Natur, bald über den Wankelmuth ihrer guten Vorsätze, bald über die Mängel oder Nutzlosigkeit all' ihres Betens, Beichtens und Communicirens; sie setzen sich den Gedanken in den Kopf, daß sie sich niemals bessern würden und ermüden ihren Geist und ihr Herz mit diesen und ähnlichen Einbildungen, bis alle geistlichen Uebungen und frommen Werke ihnen peinlich und sie ihrer überdrüssig werden. Sie verlieren ihre Zeit mit kleinlichem, ängstlichen Nachgrübeln über das, was während der Versuchung in ihnen vorgegangen ist; zwanzigmal fragen sie sich, wie viele Minuten sie sich dabei aufgehalten haben, ob ihre Einwilligung gleich geschah, ob sie vollständig war u. s. w.; sie fangen diese Gewissenserforschungen immer wieder von vorn an und werden um so weniger mit sich selbst einig,

9**

je länger sie so fortfahren; natürlich steigert sich dabei auch stets ihre Unruhe und ihre innere Qual.

Solche Personen gehen dessenungeachtet oft zur heiligen Beicht; allein ihr Herz ist dabei so voll Angst, Mißtrauen und Traurigkeit, daß sie nach der Beicht gerade so unruhig sind, wie vorher; denn sie fürchten stets, sie hätten sich nicht richtig und nicht umständlich genug angeklagt, oder sie seien nicht verstanden worden. So ist ihr ganzes Leben eine ununterbrochene Kette von Leid, Unruhe und Bangigkeit, wovon sie weder Nutzen noch Verdienst haben. Im Gegentheile Alles, was sie zu dulden haben, entmuthigt sie nur immer mehr und hindert sie an jeglichem Fortschritte in der christlichen Vollkommenheit, die ja wesentlich in der Liebe Gottes und in dem Vertrauen auf seine Güte besteht.

Die wahre Reue, die der heilige Geist der Seele einflößt, erzeugt keine dieser schlimmen Folgen. Sie ist eine große Gnade Gottes; es ist aber unmöglich, daß die Gnade entmuthigend auf die Seelen wirkt, daß sie dieselben abhält, vertrauensvoll zur göttlichen Güte ihre Zuflucht zu nehmen, und daß sie ihnen nichts einflößt als Aerger, Kummer und Ungeduld. Der wahre Reueschmerz führt die Seele in Gottes Arme und stärkt sie. Wenn er sie auch für einen Augenblick verwirrt, so macht diese Verwirrung doch bald einem friedlichen Vertrauen auf die göttliche Barmherzigkeit Platz. Alle schlimmen Folgen, von denen vorhin die Rede war, dürfen also dem Geiste Gottes nicht zugeschrieben werden, sondern sie kommen nothwendig vom bösen Feinde her, besonders auch, weil der Stolz und die Eigenliebe dabei stark im Spiele sind. Wir müssen unsere Sünden von Herzen verabscheuen, weil sie der Gerechtigkeit und Heiligkeit Gottes widerstreben und ein unendliches Unrecht sind; allein wir müssen auch zugleich bedenken, welchen Dank wir der göttlichen Güte schuldig sind, die uns durch ihren Gnadenbeistand vor tieferem Falle und ewigem Unglücke bewahrt. Nach jedem Fehltritte müssen wir uns entschließen, von Neuem unsern bösen Gewohnheiten den Krieg zu erklären und sie bis zum Tode zu verfolgen, ohne je den Muth sinken zu lassen. Endlich müssen wir stets mit unwandelbarem Vertrauen zu Gott unsere Zuflucht nehmen und niemals die Hoffnung aufgeben, daß er uns den Sieg so verleihen wird, wie es zu seiner Verherrlichung und zu unserm Heile am besten ist: entweder wird er uns von unsern Fehlern befreien oder uns durch dieselben demüthig machen. Vertrauen wir auf ihn, und er wird uns die Gnade verleihen, in seiner Liebe und im Hasse gegen die Sünde zu leben und zu sterben. „Kämpfe wie ein treuer Streiter, und wenn Du zuweilen aus Gebrechlichkeit unterliegst, so sammle Deine Kräfte auf's Neue, und hoffe auf eine größere Gnade von mir!" [1]

Gott befiehlt uns, unsere bösen Neigungen und die vielen daraus entspringenden Sünden zu hassen; allein er gebietet uns, sie aus Liebe zu ihm und nicht aus Stolz zu verabscheuen. Er will, daß wir sie bereuen, aber nur auf diejenige Art und Weise, die uns zur Besserung und zur Rückkehr zu ihm führt, und verbietet uns, daß wir uns einer Betrübniß hingeben, durch die wir nur noch tiefer sinken. Eine recht demüthige Seele haßt ihre Sünden, weil dieselben der Gerechtigkeit und Heiligkeit Gottes zuwider sind; aber sie liebt die Verdemüthigung, welche ihr daraus entspringt; denn die Gerechtigkeit verlangt, daß sie diese verdiente Verdemüthigung mit Geduld ertrage und ihre eigene Beschämung benütze, um ihren Fehler wieder gut zu machen. Eine stolze

---

[1] Nachf. Chr. III. 6.

Seele aber denkt wenig daran, daß die Sünde der göttlichen Wahrheit und Gerechtigkeit widerstrebt; sie sieht nur auf die Beschämung und Verdemüthigung, welche der Anblick ihrer Fehler ihr zuzieht, daher ihre Ungeduld, ihr Kummer, ihr Aerger, ihre Entmuthigung. Das ist aber nicht jener wahre Haß der Sünde, wie Gott ihn gebietet; das heißt nicht, seinen Fehler wieder gut machen, sondern ihn vergrößern.

Wundern wir uns also nie, und lassen wir niemals den Muth sinken, wenn wir auch selbst nach langjährigem Dienste Gottes noch so viel Trägheit, Elend und Fehlerhaftigkeit in uns wahrnehmen. Unser Erstaunen und unsere Entmuthigung würden nur beweisen, daß wir wenig Fortschritte in der Selbstkenntniß und Selbstverachtung gemacht haben, daß wir noch nicht wissen, wie man sich nach einem Fehler wieder aufzurichten hat, und daß wir noch weit entfernt sind, der Güte Gottes und der Gnade Jesu Christi die schuldige Ehre zu erweisen.

Wenn Du gefallen bist. so denke an Gott und nicht an Dich selbst; verherrliche die göttliche Wahrheit und Gerechtigkeit; gestehe demüthig vor Gott ein, daß sich von Deiner Verdorbenheit nichts Anderes erwarten ließ; danke ihm, daß Du nicht noch tiefer gesunken bist; nimm Dich in Acht vor den schlauen Fallstricken des Feindes, der Dich durch Aerger und falsche Scham noch weiter in den Abgrund hineinstürzen möchte. Erhebe Dich ruhig von Deinem Falle, und erkenne in der Entrüstung und in dem Zorne, dem Du Dich gegen Dich selbst hingeben möchtest, ein weit größeres Uebel, als das, welches Du beweinst. Ein Kind, das seine Mutter in Wort oder That beleidigt hat, würde ihrem Herzen Unrecht thun, wenn es dächte, sie werde ihm nicht verzeihen, oder es gar enterben; ein solches Mißtrauen würde die Mutter gewiß mehr schmerzen, als der begangene

Fehler selbst. Ueberzeuge Dich doch recht davon, daß die Entmuthigung, der Kleinmuth und das Mißtrauen auf Gottes Güte und Hülfe ihn mehr entehren und beleidigen, als die Sünden, welche diese Gefühle in Dir hervorrufen.

Fühlest Du Dich nach einem Fehler unruhig, beschämt und muthlos, so soll es Dein Erstes sein, den Frieden und die Ruhe Deines Herzens wieder zu gewinnen. Wende deshalb Deine Gedanken von dem Geschehenen ab, und betrachte die unendliche Barmherzigkeit Gottes so wie die Beweise, die er Dir vom ersten Tage Deines Lebens an vor vielen Andern davon gegeben hat. Hast Du durch solche trostreiche Erwägungen Deine Seele wieder zum Frieden gebracht, dann erst denke ernstlich über Deinen Fehler nach, um ihn auf die oben angegebene Weise wieder gut zu machen. So lange die Unruhe dauert, bist Du nicht im Stande, Deinen Fehltritt so zu erwägen, wie es Dir nützlich und heilsam ist, und Du würdest, statt ihn wieder gut zu machen, nur auf's Neue und vielleicht noch schwerer fehlen.

Präge Dir wohl diese Wahrheit ein: sobald Du Dich unruhig fühlest, so ist es Gottes Wille, daß Du Dich der Unruhe als einer Versuchung erwehrest. Diese nämlich hindert Dich, die Wahrheit recht zu erkennen und nach dem Geiste des Herrn zu handeln; dagegen öffnet sie den Einflüsterungen des bösen Feindes Thür und Thor. Der Teufel ist deßwegen auch stets darauf bedacht, Dich in Unruhe zu versetzen und zu erhalten. Laß Dich hierbei nicht von dem Scheine falscher Demuth oder Gottesfurcht täuschen; die Unruhe ist immer gefährlich, und unsere erste und wichtigste Pflicht ist, dieselbe zu vermeiden. Ja, sogar wenn wir uns zur Sühne eines schweren Vergehens eine strenge Buße auflegen sollten, so müßte es mit jener inneren Ruhe geschehen, welche allein das wahrhaft Gute erkennen hilft.

„Man predigt den Weltleuten die Furcht des Herrn", sagt Pater Huby, ein vortrefflicher Seelenführer, und ich predige den Ordensleuten und den frommen Seelen das Gottvertrauen. Ich ermahne sie, ihre Zuflucht auf den Herrn zu setzen, insbesondere wenn sie in einen Fehler gefallen sind. Ich wollte, ihr Gottvertrauen wäre dann eben so groß als nach der heiligen Kommunion. Nach einer Sünde ist die Tugend uns noch nothwendiger, als zuvor, weil wir dann schwächer sind und mehr Stütze und Kraft brauchen; das Vertrauen aber ist eben unsere Stütze und unsere Kraft.

„Wir können den bösen Feind nicht mehr ärgern, als wenn wir uns nach unsern Fehlern im Vertrauen bestärken; denn was er dann bezweckt, ist, uns in einer gedrückten Stimmung zu erhalten, die einer kleinen Verzweiflung gleicht und nicht nur ein Fehler, sondern eine ganze Reihe von Fehlern ist. „Um diese Absicht des bösen Feindes zu vereitlen, müssen wir in unserem Herzen ein so großes Vertrauen, als wir nur können, erwecken.

„Warum sollten wir uns entmuthigen, wenn wir manchmal besiegt werden? Der Widersacher hört nie auf, uns anzugreifen, obwohl wir ihn tausendmal in denselben täglich wiederkehrenden Versuchungen besiegt haben. Für sich selbst ist er der Verzweiflung anheimgegeben; allein er hofft immer noch, auch uns ins Verderben zu stürzen. Er erwartet Alles von seiner Bosheit und von unserer Schwäche. Warum hoffen wir daher nicht Alles von Gottes Güte und von dem Beistande seiner Gnade, die unendlich mächtiger ist, als alle Nachstellungen der bösen Geister?

„Wir üben das Gottvertrauen um so vollkommener, je größeren Gefahren und Leiden wir ausgesetzt sind."

„Je mehr eine Seele sich ganz dem Herrn überläßt, desto besser ist sie aufgehoben!"

Zweiter Abschnitt.

Der öftere Rückfall in lässliche Sünden ist nicht immer ein Zeichen, dass man nicht genug Reue darüber hatte.

Wir kommen hier auf einen Punkt, der gewöhnlich für ängstliche Seelen eine Quelle der Beunruhigung, des Mißtrauens und der Entmuthigung bildet. Alles nämlich, was jetzt folgt, gilt nur denjenigen Seelen, welche Gott aufrichtig lieben und die läßlichen Sünden aufrichtig zu meiden verlangen. Diese sollen trotz ihrer Rückfälle doch nicht glauben, daß ihre Reue oder ihre Vorsätze nur scheinbar oder ungenügend seien.

Es ist ein großer Unterschied zwischen der Buße für die Todsünden und der Buße für die läßlichen Sünden, zwischen dem Haße gegen die ersteren und dem Abscheu vor den letzteren, zwischen dem Vorsatze, die ersteren zu meiden, und dem Entschlusse, die letztern nicht mehr zu begehen. Man kann nicht eine seiner Todsünden wahrhaft büßen, ohne sie alle zu büßen; man kann sich nicht aufrichtig zu Gott bekehren, wenn man nur einige seiner Todsünden haßt, ohne sie alle zu verabscheuen; man kann auch nicht würdig beichten, wenn man nur den Vorsatz faßt, einige Todsünden nicht mehr zu begehen und diesen Entschluß nicht auf alle schweren Sünden ausdehnt. Ebensowenig kann Jemanden eine Todsünde ohne die andern begangenen nachgelassen werden. Die Todsünde ist unvereinbar mit dem Gnadenleben, mit der Kindschaft Gottes und mit dem Erbrechte zum Himmel. Jede Todsünde trennt die Seele von Gott, gibt ihr den Tod und macht sie der Hölle schuldig. Will demnach Jemand sich bekehren, mit Gott aussöhnen und seine Seele von Tod und Hölle erretten, so muß er nothwendiger Weise alle Todsünden hassen und verabscheuen und fest entschlossen sein, nicht nur einige derselben, sondern alle ohne Ausnahme zu meiden. Der Vorsatz, keine Todsünde mehr zu begehen, kann und soll in Ausführung gebracht werden, weil alle Christen sich von derselben frei erhalten können und sollen. Darum sagt der heilige Augustinus: „„Ein Christ, der rein ist im Glauben und fest in der Hoffnung, begeht keine solche Sünde," [1] und in demselben Sinne ist zu verstehen, was der heilige Johannes sagt: „Jeder, der in Christus bleibt, sündiget nicht," [2] und „Jeder, der aus Gott geboren ist, thut keine Sünde." [3]

Ganz anders verhält es sich mit dem Seelenzustande der treuen Diener Gottes, welche bloß läßliche Sünden begehen. Der Entschluß, diese Sünden zu meiden, kann nicht vollkommen zur Ausführung gebracht werden; denn es ist Glaubenssache, daß die Gerechten mit den gewöhn= lichen Gnaden nicht im Stande sind, die läßlichen Sünden während ihres ganzen Lebens zu vermeiden. Nur der aller= seligsten Jungfrau wurde dieser Vorzug zu Theil. In Bezug auf die läßlichen Sünden besteht also unser guter Vorsatz mehr in dem aufrichtigen Willen, nach Vermeidung derselben zu streben und in dem herzlichen Wunsche, sie nicht mehr zu begehen, als in der Hoffnung, in keine der= selben mehr zu fallen; denn wir müssen glauben, daß wir trotz all' unserer Wachsamkeit, Andacht und Anstrengung uns doch nicht ganz frei davon erhalten können. [4]

Die fromme Seele entmuthige sich also nicht, und wanke nicht im Vertrauen, wenn sie auch stets in die klei=

---

[1] August. de verbis Apost. serm. 181 n. 8.   [2] I. Joh. III. 6.   [3] I. Joh. III. 9.   [4] Concil. Trid. sess. 6. can. 23.

neren Sünden, über die sie sich anklagt, wieder zurückfällt. „Der Gerechte," sagt die heilige Schrift, „fällt siebenmal und steht wieder auf." [1]

Es genügt, wenn wir die Sünde hassen und beweinen, wenn wir uns verdemütbigen und uns stets bemühen, sie so viel als möglich zu meiden. Wir können die herzlichste, aufrichtigste Reue darüber empfinden und dennoch oft genug darein zurückfallen; denn man kann die Schwachheit hassen und doch dabei schwach bleiben. Sogar Jene, welche schwach genug wären, freiwillige Anhänglichkeit an irgend eine läßliche Sünde zu bewahren, sollen den Muth nicht sinken lassen. Ohne viel Zeit und viel Mühe bringt man es nicht dahin, jede Anhänglichkeit an das Böse zu besiegen.

Diejenigen, welche in größerer Abgeschiedenheit von den Geschöpfen und von allen weltlichen Geschäften leben, sind eben dadurch mehr dem Rückfall in die nämlichen Sünden ausgesetzt. Da ihre Uebungen und Beschäftigungen immer dieselben sind, so sind auch ihre Fehler dieselben. Gewöhnlich begehen wir nur dann andere Sünden, wenn wir in andere Gelegenheiten kommen. Dieselben Gelegenheiten bringen dieselben Versuchungen und dieselben Sünden und zwar zumeist gerade bei denjenigen Seelen, welche alle läßlichen Sünden am meisten verabscheuen und am eifrigsten nach Besserung streben.

Darum dürfen wir aber nicht glauben, daß alle unsere guten Vorsätze in Bezug auf die läßlichen Sünden, alle unsere Wachsamkeit, unsere Mühe und unsere Gebete, durch die wir von Gott die Befreiung von diesen Fehlern erflehen, unnütz und verloren seien; denn diesen Gedanken nähren, hieße einer der gefährlichsten Einflüsterungen des

---

[1] Sprüche Salom. XXIV. 16.

bösen Feindes nachgeben. Alle unsere Anstrengungen ge=
reichen uns zum größten Segen; durch sie bewahrt uns
Gott vor vielen läßlichen und auch selbst vor schwereren
Sünden. Im Hinblicke auf unsere Gebete und auf Alles,
was wir thaten, um von ihm Befreiung von unseren täg=
lichen Fehlern zu erhalten, wird Gott der Herr uns in der
Todesstunde wirklich davon befreien und zur Belohnung
unseres Hungers und Durstes nach der Gerechtigkeit wäh=
rend dieses Lebens im andern ewig sättigen.

Dritter Abschnitt.

Wie Gott den Gerechten ihre lässlichen Sünden und alle ihre übrigen Unvollkommenheiten zum grössten Nutzen gereichen lässt.

„Gott sorgt für diejenigen Seelen, welche ihn fürchten,
und sein Blick erfüllt sie mit Segen.... Denn ihre Hoff=
nung ist auf den begründet, der sie rettet.... Er hält
sie aufrecht, daß sie nicht fallen, steht ihnen bei, wenn sie
gefallen sind; erhebt ihren Geist durch das Gefühl ihrer
eigenen Fehler;" „erleuchtet ihren Blick und zieht für sie
selbst Licht aus der Finsterniß;" „gibt ihnen Gesundheit,
Leben und Segen" [1] und bedient sich selbst ihrer Schwächen
und täglichen Fehler, um sie stark zu machen. So erfüllt
sich das Wort des Propheten: „Wenn der Gerechte fällt,
so wird er sich nicht an den Steinen zerschmettern," [2] denn
der Herr hält seine Hand unter ihn, damit er nicht noch
tiefer falle, sondern mit Vortheil sich wieder erhebe.

Eine tiefere und gründlichere Demuth ist der erste und
hauptsächlichste Nutzen, den wir aus unseren Fehlern ziehen
können. Die schwerste und gefährlichste unserer Krankheiten

---

[1] Eccli. XXXIV. 14. 15. 20.   [2] Pf. XXXVI. 24.

ist der Stolz, das geheime, eitle Wohlgefallen an unseren
Tugenden. Um uns vor diesem tödtlichen Uebel zu schützen,
läßt Gott so viele Fehler und Unvollkommenheiten in uns
zurück; denn diese halten die Versuchung der Selbstüber=
schätzung von uns fern. Wenn es uns trotz unseres großen
Elendes und trotz unserer vielen Sünden noch so unsägliche
Mühe kostet, demüthig zu sein, welche Klippe wäre uns
dann erst der Ueberfluß an geistlichen Gaben? Gott spendet
seinen Dienern seine Gnaden mit Maß und Gewicht; er
flößt ihnen durch den heiligen Geist ein großes Verlangen
nach Vollkommenheit ein, läßt aber zu, daß sie versucht
werden, daß sie in sich selbst viele Hindernisse an der Er=
füllung ihrer frommen Wünsche finden, und daß sie nicht
so rasche Fortschritte machen, als sie es gerne möchten; da=
durch sind sie vor Stolz und eitler Selbstgefälligkeit bewahrt.

Allein wie läßt sich dieses heiße Verlangen nach Voll=
kommenheit, das Gott selbst seinen Dienern einflößt, wie
läßt sich das Seufzen und unabläßige Beten, womit der
heilige Geist selbst in ihnen um Befreiung von ihren Sün=
den und Fehlern fleht, mit der Verheißung des Herrn ver=
einigen: „Bittet und ihr werdet empfangen!" [1] Steht denn
nicht geschrieben: „Der Herr erhört die Wünsche der Ar=
men, und sein Ohr vernimmt die Vorbereitung ihres Her=
zens?" [2] „Steht nicht auch geschrieben," sagt der heilige
Augustinus: „Ehe sie mich anrufen, will ich sie erhören und
wenn sie zu mir flehen, werde ich ihr Gebet erhören." [3]
„Es ist wahr," antwortet hierauf derselbe heilige Kirchen=
vater; „allein indem Gott seine Hilfe verzögert, hilft er
wirklich und zwar gerade dadurch, daß er zögert; denn er
fürchtet, uns nicht die vollkommene Gesundheit zu verleihen,

---

[1] Joh. XVI. 24.   [2] Pf. X. 17.   [3] Jf. LXV. 24.

wenn er unsere Bitten zu früh erhören würde." Gäbe er
uns auf einmal Alles, was wir ersehnen und verlangen, so
würden wir in uns selbst weder Kampf noch Widerstreben
gegen das Gute fühlen, und würden die Stärke und Leichtigkeit, die wir empfänden, zu gerne unseren eigenen Kräften
zuschreiben. Dieser Stolz aber wäre ein Hinderniß für
unsern vollständigen Sieg. Gott der Herr macht es wie
ein verständiger Arzt. Versagt dieser einem genesenden
Kranken gewisse Speisen, so erhört er ihn, obwohl er ihm
seine Bitte abschlägt; er erhört ihn nicht nach seinem Wunsch
und Willen, aber nach seiner Vernunft und seinem wahren
Besten. Man kann sogar sagen, daß er den Kranken nach
dessen Wunsch erhört, weil ein verständiger Kranker vor
Allem seine Wiederherstellung wünschen wird. Ein geschickter
Wundarzt hält gewisse Wunden offen, um tödtlichen Uebeln
zuvorzukommen und die sonstige Gesundheit des Leidenden
zu sichern. Aehnlich verfährt Gott mit seinen wahren Dienern; er läßt ihnen gewisse Schwächen und Gebrechlichkeiten
und heilt nicht auf einmal alle ihre Wunden, weil er wohl
sieht, daß eine plötzliche, vollkommene Gesundheit ihnen die
Versuchung zum Stolz und zur eitlen Selbstgefälligkeit zu-
zöge und sie in Gefahr brächte, Alles mit einem Schlage
wieder zu verlieren. Er läßt sie daher nach und nach in
der Vollkommenheit voranschreiten, um sie in der Demuth
zu befestigen und verleiht ihnen nur allmählig seine Gnaden,
um ihnen dadurch alle zu sichern und sie so in der nothwendigsten Tugend zu bewahren.

Gott läßt das Licht seines Antlitzes über uns leuchten,
und wir sind mit Trost und Freude erfüllt. Er verbirgt
sich, und Trockenheit, Leere und Ekel sind unser Loos; er
wendet sich uns wieder zu, und mit ihm kehrt Wonne und
Lust zurück. „Des Morgens sucht er uns heim, und gleich

nachher prüft er uns wieder." [1] Er läßt uns die Heftigkeit unserer Leidenschaften, den Unbestand unserer Gemüths= stimmungen, die Veränderlichkeit unserer Wünsche, Gedanken und Gesinnungen fühlen, und durch alle diese Wechselfälle führt er uns zu einem unerschütterlichen Gleichmuth der Seele und bringt uns dahin, daß uns nichts mehr über= rascht, nichts mehr erschüttert, daß wir alle Dinge gleich= förmig beurtheilen, daß wir uns selbst in Allem verachten und verdemüthigen, daß wir uns nie auf uns selbst und auf unsere Seelenstimmungen verlassen, und daß wir zu jeder Zeit und in jeder Lage unwandelbar an Gott, als an unsere eigene Stütze uns halten.

Wer von diesen Gesinnungen recht durchdrungen ist, der verletzt sich nicht, wenn er fällt; seine Fehler machen ihn demüthiger und dankbarer und folglich auch reiner und gerechter. Es gibt gewisse Stoffe, welche die Kleider schein= bar beflecken und dennoch dazu dienen, um sie von Flecken zu reinigen. Gerade so benutzen fromme Seelen die Fehler und Sünden, die sich oft in ihre besten Handlungen ein= schleichen. Sie reinigen damit ihre Seelen vom Stolze, der ihr größter Fehler ist. Während dieses Lebens ist es nun einmal so, daß der Anblick unserer Tugenden uns befleckt und der Anblick unserer Sünden uns reiniget. „Nicht selten ist es der Fall," sagt der heilige Gregorius, „daß derjenige, welcher sich vor Gott mit vielen Sünden befleckt sieht, dennoch mit dem kostbaren Gewande tieferer Demuth reich geschmückt ist." Und der heilige Bernhard sagt: „So fällt der Gerechte auf die Hand des Herrn, und so geschieht das erstaunliche Wunder, daß selbst seine Sünde dazu bei= trägt, ihn noch gerechter zu machen; „denn wir wissen,"

---

[1] Job VII. 18.

schreibt der heilige Paulus, „daß denen, die Gott lieben,
Alles zum Besten gereicht." Dienen uns unsere Fehler
nicht zum größten Vortheile, wenn sie uns demüthiger und
wachsamer machen? und wenn die Demuth den hält, der
fällt, hält ihn dann nicht die Hand Gottes? „Ich wurde
erschüttert und niedergeworfen," sagt der Prophet, „und
schon fiel ich; aber der, welcher mich stürzte, hat nichts gewonnen; denn der Herr hat mich gehalten." [1] Wer sollte
hier nicht die Güte Gottes bewundern, die er uns so zu
sagen auf seine eigenen Kosten, das heißt durch die Belei-
bigungen, die wir ihm zufügen, heilt und voranführt?

Die Demuth ist der vorzüglichste Nutzen, den wir aus
unseren läßlichen Sünden ziehen können; aber sie ist nicht
der einzige; denn Gott weiß uns durch unsere Schwächen
noch mehrere andere Vortheile zuzuwenden. Er weckt, erhält und vermehrt durch dieselben in uns den Geist des
Gebetes. Das Gebet sollte hienieden unser einziger Trost
und unsere größte Wonne sein; doch ach! welche Nachläßigkeit und Kälte lassen wir uns nicht bei dieser heiligen
Uebung zu Schulden kommen! Gott bedient sich deswegen
unserer Sünden und Gefahren, um uns unserer Lauigkeit
zu entreißen. Nur wenn das Gefühl unseres Elendes uns
niederdrückt, rufen wir aus allen Kräften unserer Seele zu
Gott empor. Sobald die Leiden und Gefahren uns nicht
mehr bedrängen, beten wir nicht mehr mit derselben Inbrunst. Entweder muß unser Elend dauern, oder es müssen
neue Bedrängnisse über uns kommen, um uns gleichsam zu
zwingen, daß wir zu Gott unsere Zuflucht nehmen und ihn
um Hilfe anflehen. Gott will einen beständigen Verkehr
zwischen seiner Güte und unserer Schwäche erhalten. Da-

---

[1] Bern. in Ps. XC.

her macht er in diesem Leben unsere Seele nicht vollkommen
gesund und spendet uns seine Gnaden nur nach und nach.

Der Bußeifer ist eine jener Tugenden, welche, besonders seit dem Ende der allgemeinen Christenverfolgungen,
am meisten in den Heiligen hervorleuchteten; sie hatten
wenig Hoffnung mehr auf das Glück, sich dem Herrn durch
den Martertod zu opfern und ihre Sünden in ihrem Blute
zu waschen; deßhalb wollten sie sich durch ein anderes Martyrium entschädigen, welches dem ersten an Grausamkeit
nachsteht, es aber in der Dauer weit übertrifft. Sie brach-
ten sich durch strenge, lebenslängliche Bußübungen dem
Herrn zum Brandopfer dar. Was hat sie aber bewogen,
so hart gegen sich selbst zu verfahren und ihre eigenen Verfolger zu werden? Nichts Anderes, als die läßlichen Sünden, die sie in ihrem Leben bemerkten. Sie beweinten ihre
geringsten Fehler, wie andere kaum die größten Vergehen
bereuen. Der Eifer für Gottes Heiligkeit und Gerechtigkeit verzehrte sie, waffnete sich gegen sich selbst und bestimmte
sie, sich freudig einem unabläßigen Martyrium und einem
langsamen Tode zu weihen. Wären sie sündenfrei gewesen,
und hätten sie in ihrem Leben keine Mängel, keinen Flecken
wahrgenommen, so wären sie keine so eifrige Büßer geworden und hätten sich im Himmel keine so reiche Kronen
erworben. Denn wenn ein reumüthiger Sünder, der seine
schweren Vergehen beweint und büßt, den ganzen Himmel
in so große Freude versetzt und sich durch seinen Bußeifer
einen Platz im Reiche Gottes verdient, „welche Freude,"
sagt der heilige Gregorius, „wird dann nicht erst dort
Oben sein über einen Gerechten, der seine kleinsten Sünden
so aufrichtig beweint und so strenge büßt? Zu welcher
Glorie verdient er nicht erhoben zu werden?" Dieß ist gewiß nicht einer der geringsten Vortheile, welche Gott den

Gerechten aus ihren läßlichen Sünden erwachsen läßt. Allein es sind deren noch mehrere aufzuzählen.

Unter allen göttlichen Geboten fällt keines unserer Natur schwerer, als das der Feindesliebe und der herzlichen, rückhaltslosen Verzeihung der uns zugefügten Beleidigungen. Gott nun, der sich unserer Schwachheit erbarmt, bedient sich unserer vielen läßlichen Sünden, um uns die Erfüllung dieses Gebotes leicht und süß zu machen. Denn, wer wollte nicht freudig alle ihm zugefügten Kränkungen verzeihen, wenn er bedenkt, daß er sich dadurch von Gott Nachlassung seiner Sünden erwirbt? Was ein Mensch dem andern zu verzeihen haben kann, das ist fast nichts; unendlich aber ist, was der Mensch seinem Schöpfer schuldet. Hieße es darum nicht sein eigener Feind sein, wenn man einen so vortheilhaften Tausch nicht einginge und eine unendliche und unabläßige Barmherzigkeit von Seiten Gottes nicht durch eine beständige, aber so leichte Barmherzigkeit gegen seine Brüder erkaufen wollte?

Wir sind gezwungen, alle unsere Sünden und Fehler, die unstäte Beweglichkeit unseres Geistes, den Aufruhr unserer Leidenschaften, die Veränderlichkeit unserer Gemüthsstimmungen und unseren anhaltenden inneren Zwiespalt geduldig zu ertragen; sollte aber diese traurige Nothwendigkeit uns nicht nachsichtig gegen die Schwächen Anderer machen? Sollten wir nicht in Anderen ruhig dulden, was wir in uns selbst ertragen müssen? Du befiehlst Dir selbst Etwas, und Du gehorchst Dir selbst nicht; so oft gebietest Du Deinen Leidenschaften, Gedanken und Wünschen Ruhe, und sie widerstehen Dir, so daß Du nicht thust, was Du willst. [1] Wie ungerecht wäre es demnach von Dir, wenn Du es

---

[1] Galat. V. 17.

sonderbar fändest, daß Andere Deinen Wünschen wider=
streben? Der Allmächtige, der Schöpfer duldet, daß ein
Geschöpf sich seinem Willen widersetze und sein Gebot
übertrete, und Du, armseliges Geschöpf, willst es nicht
ertragen, daß ein anderes Geschöpf Dir widerstehe und
Deinem Willen entgegentrete?

Wir hätten jetzt die Hauptvortheile bezeichnet, welche
die Gerechten aus ihren Fehlern und läßlichen Sünden
ziehen können. Alle diese Vortheile sind aber keine Folgen
der Sünde selbst, sondern es sind Wirkungen der unend=
lichen Barmherzigkeit Gottes und der Gnade Jesu Christi,
der in seiner Güte selbst das Böse zu unserem Heile zu
lenken weiß. Der Dünger ist nichts als Fäulniß und Ver=
wesung, bemerkt sehr treffend der heilige Bernhard, und
doch dient er dem Landmanne und dem Gärtner, um der
Erde die schönste und reichste Früchtenfülle zu entlocken.
Ebenso benutzt Gott die Unvollkommenheiten und Sünden
seiner Gerechten, um in ihrer Seele die seltensten und
reichsten Früchte der Tugend hervorzurufen. Es wird ihnen
indeß diese Gnade nur dann zu Theil, wenn sie diese Sün=
den hassen, sich darüber verdemüthigen und sich bemühen,
dieselben auszurotten, und dabei nie den Muth oder das
Vertrauen auf Gottes Güte und auf Christi Gnade ver=
lieren. Gerade hierin und in nichts Anderm besteht nach
dem heiligen Augustin die Vollkommenheit der Gerechten
während dieses Lebens. Dieser heilige Kirchenvater hat in
einer eigenen Schrift gezeigt, wie die Vollkommenheit hie=
nieden nicht sowohl in einer unerreichbaren, fehlerlosen Ge=
rechtigkeit besteht, als vielmehr in der Nachlassung der läß=
lichen Sünden und in der Sorgfalt, dieselben zu unserem
Fortschritte in der Tugend zu benutzen. Das in diesem
Kapitel Gesagte führt uns auch zum Verständniß dessen,

was wir in den Schriften mehrerer Lehrer des innern Le=
bens lesen, daß nämlich nicht der am vollkommensten ist,
der die wenigsten läßlichen Sünden begeht; denn es kann
sehr leicht sein, daß Jemand wegen seines Amtes, wegen
häufiger Gelegenheiten, wegen einer lebhaften, heftigen Ge=
müthsart und wegen seiner Umgebung öfters, als Andere,
kleine Fehler begeht, und dennoch vor Gott vollkommener
und reiner ist, als die, welche weniger fehlen. Die voll=
kommensten Seelen sind diejenigen, welche ihre Fehler am
aufrichtigsten anerkennen und bereuen, welche am eifrigsten
bemüht sind, die Quellen derselben, nämlich Stolz und
Eigenliebe zu verstopfen, und welche sich ihrer Sünden be=
dienen, um in der Demuth und in der Dankbarkeit gegen
den allbarmherzigen Gott voranzuschreiten.

Vierter Abschnitt.

Von dem Ertragen seiner selbst und seiner täglichen Schwächen und Fehler. [1]

Du siehst wohl ein, daß es viele Fehler gibt, die in
verschiedenem Grade freiwillig sind, obwohl man sie nicht
mit dem ausdrücklichen Vorsatz begeht, Gott zu beleidigen.

Oft wirft ein Freund dem andern einen Fehler vor,
durch den er ihn nicht absichtlich verletzen wollte, sondern
bei dem er sich gehen ließ, obgleich er wußte, daß er den
Andern verletzen könnte. In ähnlicher Weise hat Gott der
Herr Mißfallen an solchen Fehlern gegen ihn. Sie sind
freiwillig; denn wenn auch die Ueberlegung fehlt, so ist
doch der Wille dabei thätig, und wir handeln einer ge=

---

[1] Dieser Abschnitt ist von Fenelon.

wissen innern Erleuchtung zuwider, die hinreichen sollte,
den Fehler zu vermeiden.

Solche Fehler begehen fromme Seelen oft; vorsätzliche
Sünden dagegen sind, wenn man sich einmal Gott hinge=
geben hat, etwas Ungewöhnliches.

Unsere kleinen Vergehen scheinen uns um so größer
und schwerer, je mehr das reine Licht der Gnade in uns
wächst, gerade wie jene Gegenstände, welche uns bei Nacht
nebelhaft erscheinen, nach und nach um so deutlicher werden,
je mehr die Sonne sich am Horizonte erhebt. Sei also
überzeugt, daß bei Zunahme des innern Lichtes Dir die
Unvollkommenheiten, die Du bis jetzt in Dir bemerkt hast,
weit größer und boshafter vorkommen werden, und Du in
Deinem Herzen noch tausend andere entdecken wirst, die Du
sonst niemals hättest ahnen können. Ja, Du wirst darin
gerade jene Schwächen finden, die am geeignetsten sind, um
Dir alle Zuversicht auf Deine eigenen Kräfte zu entziehen;
allein diese herben Erfahrungen sollen Dich nicht entmu=
thigen, sondern nur dazu dienen, Dir jegliches Selbstver=
trauen zu benehmen. Nichts beweist mehr den wahren
Fortschritt einer Seele, als wenn sie den Anblick ihres
Elendes ohne Unruhe und Muthlosigkeit erträgt.

Eine wichtige Regel ist diese: nie einen Fehler be=
gehen, den man vorher gewahrt, und muthig die Verdemü=
thigung tragen, wenn man ihn erst nachher inne wird.

Siehst Du etwas als Fehler ein, ehe Du es begehst,
so hüte Dich wohl, dem Geiste Gottes zu widerstehen; er
warnt Dich innerlich, und Dein Widerstand würde sei=
nen Gnadenruf ersticken. Fehler der Uebereilung und der
Schwäche sind nichts im Vergleich mit denen, bei welchen
man taub ist gegen die Stimme des heiligen Geistes, die
sich im geheimsten Grunde des Herzens hören läßt.

Die Fehler aber, deren Du erst inne wirst, wenn sie schon begangen sind, werden nie durch Unruhe und Aerger über sich selbst wieder gut gemacht; im Gegentheile, dieser Aerger ist die Aeußerung Deines Stolzes über das, was ihn beschämt. Was Du nach solchen Fehlern einfach zu thun hast, ist, Dich im Frieden zu verdemüthigen. Ich sage „im Frieden"; denn die Verdemüthigung verdrießlich und unwillig hinnehmen, das heißt nicht „sich verdemüthigen." Mißbillige und bereue Deine Fehler, und lege Dir dafür je nach Deinem Seelenzustande eine Buße auf, ohne in eiteln Entschuldigungen und Beschönigungen Trost zu suchen. Sieh Dich vor Gott in all' Deiner Beschämung ohne Erbitterung und ohne Entmuthigung, verkoste und genieße in aller Ruhe Deine eigene Verdemüthigung. So wirst Du aus der Schlange selbst das Heilmittel gegen ihr Gift ziehen. Geduldig getragen, ist die Beschämung, welche die Seele nach kleinen Sünden empfindet, ein Bewahrungsmittel vor Todsünden. Wer sich aber gegen die Verdemüthigung sträubt, der zeigt, daß ihm die Demuth fehlt.

Willst Du wissen, ob Deine früheren Beichten gültig waren, so frage Dich, nicht ob Du keinen Fehler dabei vergessen, sondern ob Du Dich über Alles, was Du wußtest, offenherzig angeklagt hast. Damals war Dir noch nicht so viel Erleuchtung gegeben, als jetzt; darum konntest Du noch nicht alle Deine bösen Neigungen erkennen. Je mehr das reine Licht in Deine Seele strahlt, desto mehr siehst Du, daß Du weit verdorbener bist, als Du es geglaubt hast. Erstaune nicht, entmuthige Dich nicht; es ist ja nicht, als ob Du jetzt schlimmer seist, als früher; im Gegentheile es geht Dir besser; denn, zu Deinem Troste sei es gesagt, wir nehmen unsere Uebel erst wahr, wenn sie zu heilen beginnen. So lange Dein Uebel noch nicht heilen will, fühlst Du auch dessen Größe nicht. So lange Du mit dem Strome schwimmst, nimmst Du keine Bewegung im Wasser wahr; erst wenn Du anfängst, Dich mehr oder weniger dagegen zu stemmen, empfindest Du die reißende Gewalt der Fluthen.

Fünfter Abschnitt.

Die Fehler unseres Nächsten sollen unsern Frieden so wenig stören, als die Unvollkommenheit jeder menschlichen Tugend.

Man hat das Elend der Menschheit und sein eigenes noch nicht hinreichend ergründet, wenn man sich noch an den Schwächen und an der Verdorbenheit seiner Mitmenschen stört. Erwarte nichts Gutes von ihnen, so wird das Böse Dich nicht mehr an ihnen überraschen. Gib Dich nicht dem Irrthume hin, daß die Menschheit Etwas sei, sondern sei überzeugt, daß sie nichts und weniger als nichts ist. Warum wunderst Du Dich, daß der schlechte Baum schlechte Früchte trägt? Bewundere vielmehr Jesus Christus, wenn wir als wilde, auf ihn gepfropfte Schößlinge in ihm statt unserer bitteren Früchte süße Früchte der Tugend hervorbringen.

Täusche Dich nicht! jede menschliche Tugend ist von Selbstgefälligkeit und Selbstvertrauen angesteckt; aber deßwegen bleibt sie doch Tugend. Wenn Du also mitunter neben hoher und inniger Frömmigkeit gleichwohl kleinliche Fehler bei einer und derselben Person antriffst, so denke nicht, diese Frömmigkeit sei nicht ächt, und mißtraue deßwegen nicht den Gesinnungen oder Unternehmungen einer solchen Person; Deine eigene Frömmigkeit bleibt ja auch gut und lobenswerth, trotzdem daß sie mit viel Eigenliebe und Heftigkeit gepaart ist, und wenn die betreffenden Personen sich über ihre Fehler gegen Dich aussprächen, so würdest Du sehen, daß dieselben vielmehr aus irregeleiteter, als aus böser Absicht entspringen.

Dein Eifer gegen die Fehler Anderer ist selbst ein großer Fehler; diese Verachtung fremder Schwächen zeugt von einer Schwachheit, die sich selbst nicht hinreichend kennt und von einem gewissen Stolz, der das menschliche Elend von oben her betrachtet, während man es von gleicher Höhe aus betrachten muß, um es aufrichtig zu bemessen. . . .

Du befürchtest, daß die Erkenntniß und Erfahrung des menschlichen Elendes Dich zur Verachtung des sämmtlichen Menschengeschlechtes führen könnte. Dieses wäre in gewissem Maße wünschenswerth; allein Du mußt anderseits auch das Gute anerkennen, das Gott hineinmischt. Leider gibt es nur Wenige, welche ohne Einseitigkeit diese Mischung von Gut und Bös ins Auge zu fassen verstehen. Ueberzeuge Du Dich doch recht davon, es ist der Feind, der den schlechten Samen unter den guten säet; die Diener wollen das Unkraut ausrotten; allein der himmlische Hausvater ruft ihnen zu: „Lasset beides wachsen bis zur Ernte!" [1]

Das Wichtigste ist, daß ein solcher Anblick uns nicht entmuthige, und daß wir im Mißtrauen nicht zu weit gehen. Manche Personen, die von Natur aus offen und mittheilend sind, werden verschlossener und mißtrauischer als alle Anderen, wenn die Erfahrung öfters ihr Zutrauen und ihre Offenheit getäuscht hat; allein das ist zu weit gegangen. Gott hat noch stets wahre und aufrichtige Diener; wenn diese auch nicht Alles thun, so thun sie doch Vieles im Vergleiche mit Andern und mit Rücksicht auf ihre Anlagen und Kräfte. Sie erkennen ihre Unvollkommenheiten, ver-

---

[1] Matth. XIII. 30.

demüthigen sich darüber, kämpfen dagegen und bessern sich, wenn auch langsam. Sie geben Gott die Ehre von dem, was sie thun, tadeln sich selbst strenge und machen sich ernste Vorwürfe über das, was sie nicht thun. Gott begnügt sich damit; so begnüge auch Du Dich!

Wenn Du findest, daß man Gott vollkommener dienen sollte, so strebe Du ohne Maß und Ziel nach jener vollkommenen Gottesverehrung im Geiste und in der Wahrheit, wo dem Geschöpfe nichts mehr für sich selbst bleibt, und wo jeder Rückblick auf sich als Untreue und Eigennutz verbannt ist! O wenn Du Dich in diesem seligen Zustande befändest, so wäre Dir jegliche Ungeduld über die Mängel Anderer fremd, und Dein Herz wäre so unendlich weit, daß es nur Nachsicht und Mitleid mit der Engherzigkeit eigennütziger Seelen empfände. Je vollkommener man ist, desto sanfter ist man gegen die Unvollkommenen; . . . denn nur die Unvollkommenheit ist ungeduldig über die Unvollkommenen. Die Pharisäer konnten die Zöllner und die Sünderinnen nicht ertragen, denen doch Jesus Christus mit göttlicher Milde und Güte entgegen kam. Wer sich selbst aufgibt, der geht in die Unendlichkeit Gottes ein, die durch nichts ermüdet und durch nichts überwunden werden kann. Wann wirst Du sie erlangen, diese Freiheit der Kinder Gottes, dieses weite, große Herz? Deine Empfindsamkeit und Dein so schnell verletztes Zartgefühl, das Du einem feinen Sinn für Tugend zuschreibst, stammt vielmehr aus Engherzigkeit und aus zu großer Rücksicht auf Dich selbst. Wer nicht mehr sich selbst lebt, der lebt ganz dem Nächsten, in und für Gott; wer dagegen noch seinem Ich lebt, der gibt sich Gott und dem Nächsten nur in geringem Maße hin und zwar desto weniger, je mehr er noch an sich selbst hängt. O möchten Friede, Wahrheit, Einfalt, Freiheit,

10

reiner Glaube und uneigennützige Liebe Dich als vollkom=
menes Brandopfer dem Herrn darbringen.

Zum Schlusse dieses Kapitels fügen wir noch einige
Gedanken Fenelon's über den Umgang mit dem Nächsten
bei: „Du mußt die Welt verachten," sagt er, „und doch
dabei den nöthigen Verkehr mit ihr zu unterhalten wissen;
Du mußt ihr aus Frömmigkeit entsagen; allein Du darfst
Dich ihr nicht aus Laune oder Bequemlichkeit entziehen.
Bleibe pflichtgemäß in vernünftigem Verkehr mit der Welt;
vernachläßige sie nicht aus Trägheit und gib Dich ihr nicht
aus Eitelkeit hin. Pflege Umgang mit den Menschen ge=
mäß den Anordnungen der Vorsehung; aber baue nie auf
sie, so gut sie auch sein mögen. Vergiß nie, daß Gott
allein der wahre Freund des Herzens ist; Niemand, ·als
er, vermag zu trösten; Niemand, als er, versteht schon
Alles, sobald Du nur das erste Wort leise zu stammeln
beginnst! Niemand, als er, geht so ganz auf Deine Leiden
und auf Deine Bedürfnisse ein, ohne daß Du ihm je lästig
werden könntest. Darum wähle ihn zu Deinem Freunde
und mache ihn zu Deinem zweiten Ich. [1] Was aber Dei=
nen Verkehr mit den Menschen betrifft, so sei nicht zu
wählerisch in Deinem Umgange. Wenn Du nur friedlie=
bende und ein Bischen vernünftige Leute findest, so sei zu=
frieden. Besonders aber vergiß nicht, daß man sich stets
mit Wenigem begnügen und Vieles ertragen muß, wenn
man mit den besten Leuten zufrieden sein will. Nur unter
dieser Bedingung ist Eintracht möglich.

In den Mißhelligkeiten zwischen Dir und Deinem
Nächsten mußt Du stets bedenken, daß Rechthaben einem

---

[1] Siehe Nachfolge Christi. I. B., 16. Hptst., II. B., 7. u. 8.
Hptst.; III. B., 42. u. 46. Hptst.

Christen das Wenigste ist; der Philosoph mag diese Be=
friedigung genießen; aber Recht haben und es gelten lassen,
daß man Unrecht habe, und den triumphiren lassen, auf
dessen Seite das Unrecht ist, das heißt Böses durch Gutes
überwinden und sich den Frieden sichern. Nicht treffende
Gründe zu Deiner Rechtfertigung werden von Dir verlangt,
sondern das wenigstens im Stillschweigen sich äußernde Ge=
ständniß, daß Du Dich als im Unrecht anerkennst. Wer
erbaut, thut mehr für die Wahrheit, als derjenige, der
eifrig für sie streitet. Statt diejenigen, welche irren, zu
widerlegen, ist es besser, für sie zu beten. Ein Strom
fließt viel schneller ab, wenn man nichts thut, um ihn auf=
zuhalten. Bete für die, welche gegen Dich eingenommen
sind, erbittere Dich niemals gegen sie, sondern bemitleide
sie, warte ihre Rückkehr ab, und heile sie dann von ihren
Vorurtheilen. Man müßte nicht Mensch sein, wenn man
nicht fühlte, wie leicht es ist, sich zu irren, und wie viel es
kostet, dieß einzugestehen. Der Geist der Sanftmuth, der
Nachsicht, der Geduld und der Demuth in Beurtheilung
des Benehmens Anderer gegen uns sichert uns jenen Frie=
den, der sich mit den eifersüchtigen und argwöhnischen Em=
pfindlichkeiten der Eigenliebe nicht verträgt.

Drittes Kapitel.

Von der Muthlosigkeit.

Erster Abschnitt.

Von den Gefahren und den schlimmen Folgen der Muthlosigkeit. [1]

Die Muthlosigkeit ist die gefährlichste Versuchung des bösen Feindes; bei anderen Anfechtungen greift er nur eine einzelne Tugend an und zeigt sich dabei ohne Deckmantel; hier aber erschüttert er alle Tugenden auf einmal in ihrer Grundlage und verbirgt sich noch dazu.

Bei anderen Versuchungen erkennt man seine Fallstricke; man findet in der Religion, oft selbst in der Vernunft oder in einer christlichen Erziehung die Gesinnungen, welche das Böse verdammen; der Anblick der Sünde, die sich nicht bemänteln läßt, das Gewissen, das seine Stimme laut erhebt, die religiösen Grundsätze, die mit erneuter Kraft erwachen: Alles unterstützt uns und hält uns im Kampfe aufrecht. Bei der Muthlosigkeit dagegen bietet Nichts uns Hülfe dar. Wir fühlen, daß unsere Kraft nicht ausreicht, um alles das zu vollbringen, was Gott von uns verlangt, und doch fehlt uns das Vertrauen auf den Beistand von Oben, der uns so unentbehrlich ist. Wir fühlen uns so armselig, daß wir Alles aufgeben möchten, und gerade dazu will der Teufel uns gerne bringen.

Bei anderen Versuchungen sieht man klar ein, daß es Sünde wäre, in die bösen Einflüsterungen mit Ueberlegung

---

[1] Dieses Kapitel ist aus der „Abhandlung über die Entmuthigung" von P. Michel S. J.

einzuwilligen; allein bei der Muthlosigkeit, die tausenderlei
Gestalten annimmt, glaubt man, die untrüglichsten Beweggründe zu haben, um einem Gefühle nachzugeben, das man
gar nicht als eine Anfechtung des Bösen betrachtet. Und
doch spiegelt dieses Gefühl der Seele die beharrliche Uebung
der Tugend als unmöglich vor und setzt sich dadurch der
Gefahr aus, sich von ihren Leidenschaften hinreißen zu
lassen. Seht also, wie wichtig es ist, einen solchen Fallstrick zu meiden.

Wir müssen uns daher zuerst überzeugen, daß die
Muthlosigkeit wirklich eine Versuchung und nichts Anderes
ist. Jeder Gedanke, welcher dem Gesetze Gottes zuwider
ist, sei es nun an sich selbst oder in seinen Wirkungen, ist
offenbar eine Einflüsterung des Bösen. Nach dieser Regel
müssen wir Alles, was uns einfällt, beurtheilen. Ist ein
Gedanke gegen den Glauben, gegen die Liebe oder gegen
irgend eine andere Tugend, so müssen wir denselben als
eine Versuchung betrachten, müssen uns davon abwenden
und die entgegengesetzten Tugendakte erwecken. Nun gebietet
uns aber das göttliche Gesetz ebenso sehr die Hoffnung
und das Gottvertrauen, als den Glauben und die übrigen
Tugenden, und die entgegengesetzten Gesinnungen und Gefühle sind uns demnach nicht weniger verboten, als diejenigen, welche andern Tugenden widerstreben. Ein bestimmtes
Gebot befiehlt uns, oft Akte des Glaubens, der Hoffnung
und der Liebe zu erwecken, und dadurch untersagt es uns
jeden freiwilligen, überlegten Gedanken gegen diese drei
göttlichen Tugenden. Die Muthlosigkeit ist folglich eine
Versuchung schon an sich, insofern sie der christlichen Hoffnung zuwider ist. Ihrer schlimmen Folgen wegen ist sie
aber eine besonders gefährliche Anfechtung, weil sie die
Seele in Gefahr bringt, alle frommen Uebungen aufzugeben.

Willst Du Dir diese Gefahr recht handgreiflich machen, so wirf einen Blick auf das gewöhnliche Treiben der Menschen. Was thut nicht im Leben die Hoffnung auf glücklichen Erfolg, auf Gewinn und auf Befriedigung der Wünsche oder Leidenschaften? Sie drängt den Menschen zur That, sie hält ihn aufrecht in seinen Mühen und ermuntert ihn im Kampfe. Nimm daher dem Menschen die Hoffnung und bald wirst Du ihn unthätig sehen. Im geistigen Leben nun hat die Muthlosigkeit dieselben Wirkungen; sie macht den Menschen unfähig, das vorgestreckte Ziel zu erreichen.

Eine christliche Seele, welche die Hoffnung aufgibt, im geistigen Kampfe zu siegen und die Tugend zu erlangen, wird nur wenig oder gar nichts unternehmen, um sich zum Streite zu rüsten. Die geringen Anstrengungen, die sie in diesem Zustande noch macht, schwächen sie nur mehr und mehr, und durch ihre Muthlosigkeit schon zum Voraus halb überwunden, läßt sie sich leicht von der sie beherrschenden Leidenschaft hinreißen. Der Anblick ihrer Schwäche versetzt sie in Unentschlossenheit und Unruhe, so daß sie, ganz eingenommen von dem Gedanken an die Anstrengung und Mühe, welche der Kampf ihr kostet, die Grundsätze, die sie leiten sollten, aus dem Auge verliert. Aus lauter Furcht vor einer Niederlage sieht sie die Waffen nicht, welche Gott ihr darbietet, um ihr zum Siege zu helfen; so wirft sie sich vertheidigungslos dem Feinde in die Arme. Sie macht es, wie ein Kind, das vor dem Riesen zittert, und nicht denkt, daß ein Stein, im Namen des Herrn geschleudert, ihn zu Boden werfen kann.

Die kleinmüthige Seele vergißt, daß die Güte ihres himmlischen Vaters ihr Schutz und Schirm ist, und sie nur zu ihm flehen darf, um siegreich aus dem Kampfe hervorzugehen. . . .

Die Muthlosigkeit benimmt der Seele so zu sagen jede Einsicht, jede Ueberlegung und jede Beurtheilungskraft; ganz besonders aber hat sie es darauf abgesehen, ihr den Geist des Gebets zu rauben, um sie so offenbar ins Verderben zu stürzen; denn nur mit dem Beistande der göttlichen Gnade können wir unser Heil wirken, und nur durch anhaltendes und beharrliches Gebet erhalten wir diese Gnade. In der heiligen Schrift ist uns kein Mittel zum Guten mehr empfohlen, als gerade das Gebet. Nun ist es aber die erste Wirkung der Muthlosigkeit, daß sie die Seelen von dieser heiligen Uebung abhält, unter dem Vorwande, sie hielten ihr Gebet so schlecht, daß dasselbe unnütz, wenn nicht sündhaft sei. So liefert die Entmuthigung die Seelen wehrlos in die Hände des Feindes, und daraus ergibt sich leicht die Gefährlichkeit dieser Versuchung.

Eine muthlose Seele darf nie und nimmer das Gebet unterlassen. Freilich gibt es unter den verschiedenen Gebetsarten viele, welche den innern Frieden voraussetzen und deshalb unmöglich sind, so lange der Sturm der Entmuthigung oder gar der Verzweiflung die Seele erschüttert. Solche Gebete empfehle ich auch einer niedergeschlagenen Seele gar nicht; Alles was ich von ihr verlange, ist der flehentliche Hülferuf eines Herzens, das sein Elend fühlt; sie spreche mit dem demüthigen Zöllner im Evangelium: „O Herr, erbarme Dich meiner; denn ich bin ein Sünder!" oder noch besser mit dem lieben Heilande in seiner Todesangst:[1] „Vater, wenn es möglich, so lasse diesen Kelch an mir vorübergehen; aber nicht mein Wille geschehe, sondern der Deinige!" Gewiß wird dann ein Engel des Herrn herniedersteigen, um die betende Seele zu stärken; gestützt auf die

---

[1] Matth. XXVI. 39.

Gnade, wird sie im Stande sein, den Angriffen der Hölle
zu widerstehen. Aber das vortreffliche Gebet in dieser
Versuchung ist stets die Erweckung der Hoffnung, welche
ihr geradezu entgegengesetzt ist. Erwecke zur Stunde des
Kampfes einen Akt des Vertrauens nach dem andern. Und
wenn Du mir sagst, Dein Herz sei so sehr von den entgegengesetzten Gefühlen überwältigt, daß diese Akte Dir
lügenhaft und erheuchelt vorkommen, so antworte ich Dir:
„Das ist eine eitle Ausrede; denn es handelt sich nicht um
Deine Empfindungen, sondern um Deinen Willen.“ Entschließt sich Dein Wille zu einem entschiedenen Akte der
Hoffnung, so macht er Gebrauch von der ihm gegebenen
Freiheit; dieser Akt ist höchst verdienstvoll vor Gott und
zugleich das wirksamste Mittel gegen die besprochene Versuchung. Die Erfahrung beweist Dieses täglich; eine solche
Uebung hat oft in Einem Tage eine Seele von der Versuchung zur Verzweiflung befreit, an der sie Jahre lang
gelitten hatte. Deshalb können wir den in Muthlosigkeit
befangenen Seelen nicht genug anrathen, in derselben Weise
ihren Willen zu üben.

Zweiter Abschnitt.

Von den Ursachen, warum die Muthlosigkeit so viel Schaden anrichtet.

Warum bringt die Muthlosigkeit in den Seelen so
schlimme Wirkungen hervor? Folgendes diene zur Beant-
wortung dieser Frage: Eine entmuthigte Seele ist von ihrer
oft erprobten Schwäche vollkommen überzeugt; sie fühlt lebhaft, wie schwer es ihr ankommt, sich zu überwinden, und
wie selten sie es wirklich thut. Ganz eingenommen von
den traurigen Gedanken, sie habe keinen Muth, sie thue

nichts für Gott u. s. w., hält es für vergebliche Mühe ihre Zuflucht zum Herrn zu nehmen, denn sie meint, in diesem Zustande würde er sie nicht einmal anhören. Sonderbare Wirkung des menschlichen Stolzes, der das Gute, das er thut, und die Glückseligkeit, nach der er strebt, Niemanden anders, als sich selbst verdanken möchte! Wie sehr steht er nicht im Widerspruche mit den Worten des heiligen Geistes: „Was hast Du, das Du nicht empfangen hättest?" [1]

Die muthlose Seele denkt also nur an ihr eigenes Thun und ihre eigenen Kräfte und rechnet nur auf diese; so daß ihre Muthlosigkeit abnimmt, aufhört, wiederkommt und zunimmt, je nachdem sie gut oder schlecht handelt. Sie vergißt, daß die Barmherzigkeit Gottes und nicht ihr eigenes Verdienst ihre Stütze und Hülfe ist; daß das Gute, was sie thut, eine Wirkung der unverdienten Gnade Gottes ist, und daß die Schatzkammer der ewigen Erbarmung ihr in jedem Zustande offen steht, so daß sie stets dort die zur Ausübung des Guten nothwendige Gnade erhalten kann.

Stellt man einer solchen Seele vor, sie solle nach dem Beispiele der Heiligen ihr ganzes Vertrauen auf den Herrn setzen, so erwidert sie alsbald, es sei gar kein Wunder, daß die Heiligen auf Gott vertraut hätten; denn sie seien Heilige und treue Diener des Herrn gewesen: sie selbst aber habe nicht die nämlichen Ursachen, auf Gott zu hoffen. Und dabei sieht sie nicht ein, daß eine solche Redensart allen Grundsätzen unserer heiligen Religion widerspricht.

Die Hoffnung ist eine göttliche Tugend und kann sich folglich nur auf Gott gründen; die Seelen aber, von denen die Rede ist, machen sie zu einer rein menschlichen Tugend, indem sie dieselbe ganz auf den Menschen und auf seine

---

[1] I. Cor. IV. 7.

Handlungsweise gründen. Nein, nie haben die Heiligen auf
Gott gehofft, weil sie ihm treu waren; sondern sie waren
ihm treu, weil sie auf ihn hofften. Wäre die angeführte
Einrede richtig, so könnte ja kein Sünder einen Akt der
Hoffnung erwecken, und doch ist es gerade ein solcher Akt,
der seine Rückkehr zu Gott vorbereitet.

Bemerke wohl, daß der heilige Paulus nicht sagt: „Ich,
der ich Barmherzigkeit erlangt habe, weil ich treu war,"
sondern: „Ich, der ich vom Herrn Barmherzigkeit erlangt
habe, treu zu sein!"[1] Die Barmherzigkeit geht immer unseren guten Werken voraus; sie verleiht uns die Gnade,
dieselben zu vollbringen. Nie verließen sich die Heiligen auf
ihre eigenen Verdienste, um sich im Gottvertrauen zu bestärken; sie waren im Gegentheil durchdrungen von der
Lehre des göttlichen Meisters, der uns sagt: „Wenn ihr
Alles gethan habet, was Euch befohlen war, so sprechet:
Wir sind unnütze Knechte, wir haben nur gethan, was wir
zu thun schuldig waren."[2] Je heiliger sie waren, desto
demüthiger waren sie auch, und in ihrer Demuth sahen sie
stets nur auf jene Vollkommenheit, die sie noch nicht erreicht
hatten. Weit entfernt von der vermessenen Gesinnung des
stolzen Pharisäers, fanden sie in sich selbst nichts, was ihnen
Zuversicht hätte einflößen können; allein sie suchten und
fanden in Gott die unerschütterliche Grundfeste ihrer Hoffnung. Diese Grundfeste erhielt sie aufrecht und sie ist es,
die auch Dich ermuthigen und Deine ermattete Seele neu
beleben wird.

---

[1] I. Cor. VII. 25.   [2] Luc. XVII. 10.

Dritter Abschnitt.

Von dem wahren Bewegegrund der christlichen Hoffnung, der für alle Menschen der nämliche ist.

Nach unserer heiligen Religion ist der Beweggrund der christlichen Hoffnung oder des Gottvertrauens der nämliche für alle Menschen, für den Heiligen, wie für den Sünder.

Die Hoffnung ist, wie schon gesagt, eine göttliche Tugend, so gut als der Glaube und die Liebe. Sie darf sich also nur auf Gott und seine unendlichen Vollkommenheiten gründen. Dieses schließt schon zum Voraus unser eigenes Verdienst von den Beweggründen dieser Tugend aus. Wir hoffen nicht auf Gott, weil wir ihm treu gedient haben; sondern wir hoffen auf ihn, damit wir die Gnade erhalten, ihm treu zu dienen.

Was ist nun nach unserem heiligen Glauben der Beweggrund der christlichen Hoffnung? Wir finden ihn in dem von Papst Benedikt XIV. verfaßten Akte der Hoffnung, der so lautet: „O mein Gott! ich hoffe auf Dich, weil Du getreu in Deinen Verheißungen, allmächtig und unendlich barmherzig bist." Hiebei sehen wir nichts Menschliches; Alles ist auf Gott gegründet. Und ich frage jetzt: „Könnte es einen mächtigeren Beweggrund der Hoffnung und des Vertrauens geben?"

Unsere Hoffnung stützt sich in Allem auf Gottes Barmherzigkeit, auf jene Erbarmung, welche bereitwilliger ist, uns mit Gnaden zu überhäufen, als wir, dieselben zu empfangen; auf jene Liebe, die unser Bestes aufrichtiger wünscht, als wir selbst, und uns mit ihrer Hülfe zuvorkommt, ohne daß wir es verdienen; auf jene Treue endlich, die in jeder unserer Prüfungen uns Stärke und Kraft genug verleihen will, wofern wir sie nur darum anflehen. Diese Barmherzigkeit, die unendlich und folglich weit größer als alle Bosheit der Menschen ist, hat sich am augenscheinlichsten und wunder= barsten darin geoffenbart, daß Gott seinen eingebornen Sohn in den Tod dahingab, um uns zu erlösen; wie könnte sie uns nun die Gnaden und den Beistand versagen, die sie uns durch ein solches Opfer so theuer erkauft hat?

Die Verheißungen des Herrn sichern uns zweitens die Gnadenwirkungen seiner Barmherzigkeit zu. Gott hat uns seinen Beistand zu unserem ewigen Heile versprochen, wenn wir ihn darum bitten. Er, der unendlich Wahrhaftige, kann uns nicht betrügen; er ist treu in seinen Verheißungen. Die heilige Schrift aber fordert uns an hundert Stellen auf, zu Gott unsere Zuflucht zu nehmen, und verspricht uns auf das feierlichste, daß er selbst unsere Hülfe und Stärke sein wird. Dürfen wir demnach mit Ueberlegung den leisesten Zweifel aufkommen lassen, Gott könnte uns von sich stoßen oder verlassen, wenn wir vertrauensvoll zu ihm flehen?

Freilich verlangt Gott, daß wir ihn mit Vertrauen anrufen, wenn wir Erhörung finden wollen. Allein machen wir uns nicht seiner Wohlthaten unwürdig, wenn wir ihn mit Mißtrauen darum bitten und an seiner Güte zweifeln, die er uns doch jeden Augenblick auf so mannigfache Art beweist? Darum sagt der heilige Jakobus: „Wer zweifelt, gleicht der Meereswelle, die vom Winde bewegt und um= hergetrieben wird; darum denke ein solcher Mensch nicht, daß er etwas von dem Herrn empfangen werde."[1] Und wir sehen wie Jesus Christus in seinem irdischen Leben nur da, wo er Vertrauen·fand, seine Wunder wirkte.[2]

Die unendliche Allmacht Gottes ist der dritte Grund

---

[1] Jak. I. 6 und 7.   [2] Matth. IX. 22.

der christlichen Hoffnung. Menschen versprechen oft, was zu geben nicht in ihrer Macht steht; bei Gott dem Allmächtigen aber ist kein Ding unmöglich. Seinem Willen kann kein unüberwindliches Hinderniß in den Weg treten, wenn er uns Gnaden schenken will. In den unendlichen Schätzen seiner Gnadengaben besitzt er Mittel genug, uns unfehlbar zur Heiligkeit zu führen. Wir dürfen also nie fürchten, ihn um zu viele, oder zu schwere Dinge zu bitten.

Gott, der unendlich Reiche, besitzt alle natürlichen und übernatürlichen Güter; Gott, der Allmächtige, kann uns alle diese Güter mittheilen; Gott, der Allgütige, ist unaufhörlich bereit, uns seiner Verheißung gemäß Alles zu schenken, was uns zu unserem Heile nothwendig ist. Diese Vollkommenheiten Gottes sind für alle Menschen die Grundfesten der christlichen Hoffnung; sie allein können unserem Vertrauen jene unerschütterliche Zuversicht verleihen, welche dasselbe haben soll.

Vierter Abschnitt.

Die Leiden und Verdienste Christi sind ein neuer Beweggrund zum Vertrauen.

Unser göttlicher Erlöser, der für alle Menschen starb, für alle betete, für alle seine Leiden und seinen Tod aufopferte, hat uns alle Gnaden verdient, welche uns zum Kampfe des Heiles rüsten und uns zur ewigen Seligkeit führen können. Jesus Christus bedarf seiner Verdienste nicht, er hat sie deshalb uns Menschen zugewandt und zwar so, sagt der heilige Bernhard, daß sie unser Eigenthum werden. Wenn wir nun diese Verdienste dem himmlischen Vater aufopfern, so erhalten wir seinen Beistand, der uns mächtig gegen die Feinde unseres Heils stärkt. Auf diese

Wahrheit stützt sich die heilige Kirche, wenn sie am Schlusse
all ihrer Gebete beifügt: „Durch Jesum Christum, unsern
Herrn."

„Aber," erwidert hier die christliche Seele, welche von
dem Gedanken an ihr vergangenes, sündenbeflecktes Leben
gefoltert wird, „wie kann Christus noch auf mich blicken
nach so vielen Beleidigungen, die ich ihm zugefügt habe?
Wie wird er noch gutsprechen wollen für einen Feind, der
ihn so lange, so schändlich verrathen und verachtet hat?"
Ich antworte: „Wie kann eine wohlunterrichtete, christliche
Seele eine solche Frage stellen, und wie darf sie zweifeln
an der Barmherzigkeit ihres Mittlers? Christus versichert
uns ja, daß er gekommen ist, um für die Sünder zu leiden
und zu sterben und zu suchen, was da verloren war; wie
kann also der Sünder glauben, daß er abgewiesen werde,
wenn er um Gnade fleht? Nein, Himmel und Erde wer=
den vergehen; aber die Worte Christi werden nicht vergehen.
Seine Verheißungen gelten den Sündern; würde er gelitten
haben, würde er so grausam am Kreuze gestorben sein,
wenn es keine Sünder gegeben hätte? Je sündiger eine
Seele ist, in desto höherem Glanze offenbaret sich an ihr
die Barmherzigkeit Gottes und die Kraft der Verdienste
des Erlösers. Gibt es ein entsetzlicheres Verbrechen, als
das des Judas? Ja, antwortet der heilige Hieronymus,
es gibt ein noch entsetzlicheres, die Verzweiflung. Judas
sündigte schwerer, indem er sich den Tod gab, als indem
er seinen guten, göttlichen Meister verrieth.

Fürchten wir also nie, zu den Verdiensten des Heilan=
des unsere Zuflucht zu nehmen. Wir ehren diese Verdienste,
indem wir sie benützen, um durch dieselben den uns so noth=
wendigen Beistand Gottes zu erlangen; denn in dieser Ab=
sicht hat ja Christus sie erworben und uns zugewandt. In=

dem wir sie uns durch Gebet und Gutesthun aneignen, verwenden wir sie zu ihrem wahren Zwecke. Es wäre eine sonderbare Weise, sie zu ehren, wenn wir es nicht wagten, Gebrauch davon zu machen; denn das hieße, der Meinung des göttlichen Erlösers zuwiderhandeln. Wer die Gnaden= schätze Jesu unbenützt läßt, bezeugt dadurch nicht, daß er sie hoch schätzt, sondern daß sie ihm gleichgültig sind. Wir er= kennen an, daß wir arm, schwach und elend sind; darum müssen wir nach Reichthum, Stärke und Heilung streben. Christus bietet uns hiezu seine unendlichen Verdienste an: „Kommet zu mir Alle," sagt er in seiner unermeßlichen Güte, „und ich will Euch erquicken." [1] Treten wir demnach nicht in Widerspruch mit allen Grundsätzen, Meinungen und Absichten des Heilandes, wenn wir uns fürchten, zu ihm unsere Zuflucht zu nehmen?

Der böse Feind benützt Alles, was er nur kann, um die Seelen zu entmuthigen; nicht selten bedient er sich hiezu einer falsch aufgefaßten, mißverstandenen Demuth. Die christliche Demuth verlangt in vollkommenem Einverständ= nisse mit der Vernunft, daß wir uns der Wohlthaten Got= tes für unwürdig erachten; allein sie fordert keineswegs, daß wir die uns angebotenen Gnaden zurückweisen oder nicht um diejenigen bitten, welche Gott für unser Gebet verheißen hat. Ja, noch mehr, die Dankbarkeit, die wir Jesu schuldig sind, will, daß wir uns seinem heiligen Willen gemäß sein Leiden und seine Verdienste zu Nutzen machen, um die Gnaden zu erlangen, welche er uns dadurch verdient hat. Wir können dem Heilande keine größere Ehre erweisen, als wenn wir den liebevollen Absichten seiner Barmherzigkeit entsprechen.

---

[1] Matth. XI. 28.

Wie wollen wir die beleidigte Gerechtigkeit Gottes sühnen, wie sein Erbarmen auf uns herabflehen, wenn wir uns nicht auf die Verdienste unseres Erlösers stützen? Wir können Gott nur erweichen, indem wir ihm dieselben aufopfern. Alles in uns selbst fordert seine strafende Gerechtigkeit heraus; in seinem Sohne dagegen ruft Alles um Barmherzigkeit. Sobald wir reuig am Fuße des Kreuzes knieen und sobald wir uns waschen in dem anbetungswürdigen Blute des Gottessohnes, so wendet der Herr uns seine Erbarmung zu, und seine Gerechtigkeit ist gesühnt. In dem Versöhnungstode des Mittlers begegnen sich die Barmherzigkeit und die Wahrheit, es umarmen sich die Gerechtigkeit und der Friede [1] uns zu größtem Glück und Segen.

Fünfter Abschnitt.

Mangel an Vertrauen ist Mangel an Glauben.

Gott, der zärtlichste Vater seiner Geschöpfe hat Alles gethan, um sie vor der Furcht, die sie von ihm fernhalten könnte, zu bewahren. Er mußte wohl, daß der Mensch im Gefühle seines Undanks und seiner so oft wiederholten Untreue leicht alle Hoffnung aufgeben würde und bald nicht mehr den Muth hätte, zu seinem Schöpfer zurückzukehren um bei ihm Hülfe gegen sein Elend zu suchen; daher gab der Allbarmherzige uns nicht nur die Versicherung, daß Alle, die auf ihn hoffen, nicht zu Schanden werden, [2] sondern er äußerte uns in diesem wichtigen Punkte noch bestimmter seinen väterlichen Willen, indem er uns förmlich befahl, auf ihn zu hoffen.

Freilich können wir nur mit seiner Gnade dieses Ge-

---

[1] Pf. LXXXIV. 11.   [2] Pf. XXI. 6.

bot erfüllen; allein hätte Gott uns dasselbe gegeben, wenn
er uns nicht helfen wollte? Und da er es gegeben hat, wie
könnte er nun ungerührt bleiben, wenn wir im Gehorsam
mit aufrichtigem Gemüthe zu ihm flehen? Wie könnte er
uns verlassen, wenn wir thun, was er selbst uns vorge=
schrieben hat, um seinen Beistand zu erhalten? Nein, so
bricht der Herr sein Wort nicht. Wenn wir im Kampfe
unterliegen, so geschieht es nur, weil wir im Vertrauen
wanken, und es uns an Glauben fehlt.

Ein Beispiel davon führt uns die heilige Schrift an.
Petrus eilt auf das Wort Christi festen Fußes auf den
Fluthen seinem göttlichen Meister entgegen; der Wind er=
hebt sich; die Zuversicht des Apostels wankt, er beginnt ein=
zusinken! die drohende Gefahr flößt ihm Schrecken ein;
allein sie belebt auch zugleich sein Vertrauen wieder: Pe=
trus nimmt seine Zuflucht zu dem Herrn, der ihm seine
rettende Hand reicht. Jesus wollte zu unserer Belehrung
seinen Apostel nicht im Zweifel lassen über die Ursache seiner
Gefahr; er wirft ihm sogleich seinen Mangel an Vertrauen
vor: „Du Kleingläubiger, warum hast Du gezweifelt?"[1]

Welch' getreues Bild dessen, was nur zu oft in der
christlichen Seele vorgeht. So lange im Herzen Alles im
Frieden ist, geht sie vertrauensvoll Jesu entgegen, wohin
er sie auch ruft. Erheben sich aber Stürme der Versuchung,
fühlt sie die Schwierigkeit der Tugend, so verwirrt sie sich
und vergißt, daß sie auf das Wort des Herrn voranschrei=
tet; die Furcht wird rege, das Vertrauen schwankt, diese
erste Untreue schwächt sie noch mehr, sie fängt an zu sinken
und unterliegt, wenn ihr nicht das wiederkehrende Vertrauen
schnelle Hülfe von Oben zusichert.

---

[1] Matth. XIV. 31.

Petrus wäre verloren gewesen, hätte er nicht Jesum zu seiner Rettung herbeigerufen; so aber läßt ihn sein gütiger Meister nicht untersinken. Möchtest doch Du, christliche Seele, die Du den Apostel in seiner Schwachheit nachgeahmt hast, auch mit ihm zum Heilande flehen, statt die kostbare Zeit mit Angst und Klagen zu verlieren. Gewiß würdest Du den Schutz, den Beistand Jesu fühlen und Dir viele Fehler und manche schwere Stunde ersparen, die nur Dein Mangel an Vertrauen Dir zuzieht. Nur Dir selbst hast Du es zuzuschreiben, wenn Du die rettende Hand nicht ergreifst, die Dir der göttliche Meister im Augenblicke der Noth stets darreicht. Du kennst die Gefahr, Du weißt die Mittel, ihr zu entgehen; folglich ist es nur Deine eigene Schuld, wenn Du dem innern Lichte nicht folgst.

Sechster Abschnitt.

Kein Sieg ohne Kampf; — kein Kampf ohne Mühe.

Man wird mir leicht zugeben, daß die Beweggründe der christlichen Hoffnung fest und sicher sind; allein unter tausend Vorwänden weiß der Teufel die muthlose Seele in der Anwendung derselben zu täuschen. Der Mensch ist von Natur aus träge und fürchtet jede Anstrengung; sobald er sich Gott hingibt, möchte er sogleich das Glück dieser Hingabe genießen, ohne es sich Mühe kosten zu lassen. Nur zu gerne vergißt er den Ausspruch Christi: „Das Himmelreich leidet Gewalt, und die, welche Gewalt brauchen, reißen es an sich." [1] Er bedenkt nicht, daß Christus durch Leiden in seine Herrlichkeit eingehen wollte, [2] und daß er

---

[1] Matth. XI. 12.   [2] Luc. XXIV. 26.

seine Heiligen nur durch Kreuz, durch Kampf, durch Opfer und durch Entsagung eben dahin geführt hat.

Der Himmel ist eine Belohnung; er will dadurch verdient sein, daß wir Gott und seinen heiligen Willen allem Andern, selbst dem, was uns das Theuerste ist, vorziehen und bereit sind, ihm Alles zum Opfer zu bringen, sobald er es verlangt. Dieses ist ein unumstößlicher Grundsatz; der heilige Paulus erklärt uns: „Keiner wird gekrönt, wenn er nicht gesetzmäßig gekämpft hat." [1] Wer ohne Kampf die Krone der Gerechtigkeit beansprucht, der widerspricht den Grundsätzen des Glaubens, und wer kämpfen will ohne Mühe und Anstrengung, der widerspricht der gesunden Vernunft.

Wir wissen wohl, was Gott von uns verlangt, und gerade dieses benützt der Teufel, um uns zu entmuthigen; er verleitet uns, der angebornen Trägheit nachzugeben und die zum Heile nothwendigen Anstrengungen zu unterlassen. Unsern natürlichen Neigungen zu folgen, kostet uns nichts; es hält uns aber schwer, sie zu bekämpfen. Darum ist es dem bösen Feinde ein Leichtes, uns dahin zu bringen, daß wir das erstere von diesen beiden wählen und thun.

Um uns noch mehr in dieser schlimmen Wahl zu befestigen, stellt derselbe uns recht lebhaft vor, wie viele Leiden uns im Dienste des Herrn erwarten, wie wir uns anhaltend Gewalt anthun uns uns beständig selbst bekämpfen und überwinden müssen. Zugleich verbirgt er den innern Frieden, den man genießt, wenn man sich Gott ganz hingibt, und die großen, wahren Tröstungen, welche uns die Hoffnung einer ewigen Belohnung selbst in den schwersten Leiden gewährt. Er zeigt uns unsere eigene Schwachheit

---

[1] II. Tim. II. 5.

in ihrer ganzen Ausdehnung, erinnert uns an die Fehler, die wir trotz unserer besten Entschlüsse begangen haben, und entzieht uns gleichsam jeden Gedanken an die Barm= herzigkeit und Allmacht Gottes, mit dessen Hülfe wir so oft den Sieg errungen haben.

Der Fortgang dieser unheilvollen Seelenstimmung ist dann folgender: Ganz von dem niederdrückenden Gefühle unserer Schwäche und der Schwierigkeit unseres Werkes überwältigt, überlassen wir uns der Niedergeschlagenheit, anstatt mit dem königlichen Propheten auszurufen: „Wenn ein Heerlager wider mich steht, wird mein Herz nicht fürch= ten, weil Du, o mein Gott, bei mir bist." [1] In der Nie= dergeschlagenheit und Traurigkeit sieht die Seele kaum mehr den Beistand des Himmels; sie rechnet wenig darauf und wagt es kaum, darum zu bitten; vielleicht fürchtet sie auch, ihn zu erhalten, weil sie dann ihren bösen Neigungen, die sie liebt, entsagen müßte. Sie bildet sich ein, sie könne sich doch nicht immer Gewalt anthun, weil sie in sich selbst so heftiges Widerstreben dagegen empfindet, und deßhalb thut sie in diesem Zustande nichts oder fast nichts, um sich zu überwinden. Der erste Fehler, den sie begeht, bestärkt sie in ihrer Meinung, sie werde es nie dahin bringen, sich selbst Gewalt anzuthun, und sie müsse eine Zeit abwarten, wo ihre Leidenschaften nicht mehr so heftig wären.

Jetzt wird der Seele Alles schwer, ihre Pflichten sind ihr mühsam, weil der Ekel davor und ein gewisser Drang nach Unabhängigkeit sich ihres Herzens bemächtigt hat. Sie unterläßt ihre frommen Uebungen oder verrichtet sie mit solcher Nachläßigkeit, daß sie dadurch keine Gnade von Gott erlangt, Zerstreutheit des Kopfes und des Herzens tritt an

---

[1] Ps. XXVI. 3. u. XXII. 4.

die Stelle der innerlichen Sammlung, die zuvor alle ihre Handlungen begleitete; sie gibt das Gute auf, das sie vorher that, widersteht der Gnade und den Gewissensbissen, wendet sich von den guten Gedanken ab, und richtet sich nach nichts mehr, als nach ihren Liebhabereien, Launen und Einfällen, weil sie sich dazu nicht zu überwinden braucht. Trotz der Unruhe, welche sie durch Gottes Barmherzigkeit in diesem lauen und trägen Zustande verfolgt, will sie doch lieber darin verbleiben, als sich Gott zu Liebe Gewalt anthun. Gerade dahin aber wollte der böse Feind sie bringen; er wollte sie hindern, auf ihr Heil bedacht zu sein und daran zu arbeiten: durch die Muthlosigkeit hat er seinen Zweck erreicht.

Ich bin vielleicht etwas zu sehr in das Einzelne ein= gegangen; allein Du lernst dadurch nur um so besser die Angriffe des Feindes kennen und bist dann auch besser im Stande, seine Bemühungen zu Nichte zu machen.

Ich begreife es recht gut, wie eine Seele, welche alle Beschwerden im Dienste Gottes auf einmal und für ein ganzes, langes Leben hinaus ins Auge faßt, davor zurück= schreckt. Aber kommen denn je die Leiden des christlichen Lebens alle auf einmal über uns? Hat man sie je alle zusammen zu ertragen? Gewiß nicht; man erträgt sie ein= zeln, bald dieses, bald Jenes, wie die Gelegenheit es mit sich bringt. Gibt es einige, welche uns recht oft zur Last fallen, so gibt es auch wieder andere, die nur selten über uns kommen. Gegen die ersteren mußt Du Dich besonders rüsten, und gegen die letzteren wahrst Du Dich am besten durch öftere Uebung in der Liebe Gottes. Unsere Feigheit wäre doch ein wenig zu groß, wenn wir nicht einmal den Muth hätten, einem Feinde zu widerstehen, der uns einzeln angreift und dessen einzige Waffe oft unsere eigene Schwach= heit ist. Fürchtest Du ihn, so bist Du schon überwältigt.

Rufst Du Gott um Hülfe an und leistest Du mit seinem Beistande dem Feinde kräftigen Widerstand, so wird er sich nicht lange halten, sondern fliehen und oft für lange Zeit verschwinden.

Betrachte nie das auf einmal, was nur einzeln kommt. Die Seele hat jeden Augenblick nur für das zu sorgen, was sie gerade thut. Setzest Du Dir statt dessen den Kopf voll Gedanken an alle möglichen, zukünftigen Leiden, so heißt Dieß, sich mit äußerst unsichern, zweifelhaften und ungewissen Sorgen plagen, und der Versuchung und zwar der allerunvernünftigsten entgegenkommen; ja es heißt nicht versucht werden, sondern sich selbst versuchen. Du handelst ganz vernunftwidrig, wenn Du Dir mit Deiner Einbildungs= kraft zum Voraus Uebel vormalst, die vielleicht niemals über Dich kommen werden. „Jedem Tage genügt seine Plage;"[1] es widerspricht unserer Religion und der christ= lichen Klugheit, wenn man sich selbst der Versuchung aus= setzt.[2]

Thut sich aber eine Seele in der Hoffnung auf Be= lohnung Gewalt an, um Gott zu gefallen, und denkt sie bei jedem gegenwärtigen Leiden daran, wie sie einen heiligen Gebrauch davon machen will, so wird sie auf diese Weise alle Beschwerden nach einander leichter und mit größerem Verdienste ertragen.

Eine Ordensperson z. B. fühlt in sich starken Wider= willen gegen den beständigen Zwang, welchen der Gehor= sam und die Ordensregeln ihr auferlegen. Wenn sie nun

---

[1] Matth. VI. 34.

[2] Siehe hierüber, was früher über den Unterschied zwischen starken, großmüthigen Seelen, und zwischen schwachen, zaghaften Seelen gesagt wurde; hier reden wir zu den letzteren.

im Gefühle ihres natürlichen Widerstrebens diesen Zwang auch noch für ihr ganzes Leben ins Auge faßt, so verwirrt sie sich, kommt außer Fassung und entmuthigt sich. Betrachtet sie dagegen diesen Zwang nur für einen Tag oder nur für einige Stunden oder nur für das, was sie gerade zu thun hat, so wird sie ihn nicht so schwer finden. Alles ist meistens nur die Sache eines Augenblicks; die Mühe schwindet, sobald ein muthiger Entschluß gefaßt ist.

Du irrst Dich auch sehr, wenn Du glaubst, daß die Anstrengung, welche die Selbstüberwindung Dich jetzt kostet, immer so groß und so fühlbar sein wird, wie im Anfange. Eine Erfahrung, die auf der Natur der Dinge beruht, lehrt uns, daß, wenn wir eine Handlung oft verrichten oder uns mit Gottes Gnade stets einer guten Meinung befleißen, uns Dieses bald zur Gewohnheit und folglich immer leichter wird. Die Anstrengung nimmt stets ab und hört schließlich fast ganz auf. Versuche es nur einmal; thue Dir Gewalt an, um eine Arbeit einige Zeit lang treu und pünktlich, am rechten Orte, zur rechten Zeit und auf die rechte Weise zu verrichten; sie wird Dich bald keine Schwierigkeit mehr kosten, und die fromme Absicht kommt dann von selbst dazu. Diese Erleichterung ist so fühlbar, daß manche Seelen sich Kummer darüber machen, weil sie sich einbilden, sie hätten kein Verdienst von dem, was ihnen nicht schwer fällt, und ihnen kein Opfer kostet. Sie denken nicht daran, daß der wahre Werth unserer Handlungen von der übernatürlichen Absicht, die sie belebt, und nicht von der Mühe, die sie uns kosten, herkommt.

Ueberdieß sagt uns unsere heilige Religion, daß Gott die Treue, mit der wir uns ihm zu Liebe überwinden, durch solche Gnaden belohnt, daß die Leiden uns nicht nur leicht, sondern sogar süß werden. Wenn uns auch Gott lange das Gefühl unserer Leiden läßt, so läßt er doch nie zu, daß wir über unsere Kräfte geprüft werden. Baue auf sein göttliches Wort, das Dich nicht täuschen kann.

Denke nie an die Ungewißheit der Beharrlichkeit, ohne Dich an die Verheißungen des Herrn zu erinnern, der Dir Hülfe und Belohnung versprochen hat; denn dieser letztere Gedanke wird Dich stets beruhigen und neu beleben.

Siebenter Abschnitt.

Wer seine zukünftigen Kämpfe und Leiden voraussehen will, der versucht Gott und versucht sich selbst.

Gegen das eben Gesagte macht man mir vielleicht folgende Einwendung: „Aber man muß doch bereit sein, seine Pflichten zu erfüllen; nun fühle ich in mir, wenn ich die meinigen vor mir sehe, nicht Willenskraft genug, um den Riesenkampf der Pflicht mein ganzes Leben lang durchzukämpfen; wie sollte ich da nicht zittern und nicht muthlos werden?“

Zuerst ist schon vorhin bemerkt worden, daß die Anstrengung nicht immer so heftig und fühlbar ist, wie im Anfange; Du darfst also nach Deiner gegenwärtigen Mühe nicht auf die zukünftige schließen. Fange einmal an mit der Gnade, die Gott Dir gegenwärtig schenkt, und hoffe, daß er Dir auch in der Zukunft die nothwendige Gnade nicht versagen wird.

Außerdem verbietet Dir Gott, Dich vermessen in Versuchung zu begeben. Er hat seinen Beistand nicht demjenigen verheißen, der allen möglichen Prüfungen durch thörichte und unsinnige Voraussicht zuvorkommt, und sich in seiner Einbildungskraft Versuchungen ausmalt, die vielleicht nie oder doch nicht auf einmal über ihn kommen werden. Jetzt haft Du nicht die Kraft, diese Versuchungen auch nur ins Auge zu fassen, und dieses aus dem einfachen Grunde, weil die Zeit noch nicht da ist, wo Du diese Kämpfe bestehen sollst, und weil Du folglich auch noch nicht die Gnade hast, welche Gott Dir für die Stunde der Prüfung bereit hält; es ist deshalb kein Wunder, daß der Anblick dieser Anfechtungen Dich in Schrecken setzt. Warum versuchst Du Dich selbst so gegen den Willen des Herrn?

Warum willst Du ergründen, was Du bei den schweren Kreuzen, bei den heftigsten Versuchungen und bei den hartnäckigen Kämpfen, welche Andere zu bestehen hatten, denken würdest, falls so etwas auch über Dich käme? Warum willst Du wissen, wie Dir bei solchen außerordentlichen Prüfungen zu Muth wäre? Gott hat Dir versprochen, Deinen Willen zu stärken, wenn er große Opfer von Dir verlangt; allein er hat Dir nicht dieselbe Gnade verheißen, wenn Du selbst Dich eigenwillig mit Deiner Einbildungskraft in Umstände hineindenkst, in welchen Du nicht bist, und in die Du vielleicht nie kommen wirst.

Eine wahrhaft christliche Seele ist demüthig; weit entfernt, die Gefahr aufzusuchen, fürchtet und meidet sie dieselbe. Du aber rufst die Versuchung aus Tollkühnheit, aus geheimer Vermessenheit und aus verborgener Eigenliebe herbei, und dann willst Du Dich wundern, wenn Dein Wille schwach und unschlüssig ist? Gott gibt uns seine Gnade nicht nach unseren Launen, sondern nach unseren Bedürfnissen, die seine Vorsehung bedingt. Und gerade hierin täuscht und verblendet die Versuchung oft unvorsichtige oder schlecht unterrichtete Seelen: sie hält dieselben mit eingebildeten oder noch in ferner Zukunft liegenden Opfern hin, von denen ihnen der Geist Gottes noch nichts eingibt, und dadurch macht sie dieselben von der Aufmerksamkeit auf jene

Lehen, 3. Aufl.   11

Opfer abwendig, die Gott gegenwärtig von ihnen verlangt. Solche Seelen jagen dann Schattenbildern nach und vergeuden die Wirklichkeit.

Um Gott zu gefallen, braucht eine fromme Seele nicht mit ihrer Einbildungskraft Alles aufzusuchen, was ihr Herbes, Bitteres und Widerwärtiges begegnen kann. Man thut es oft unter dem Vorwande, daß man dann die Leiden großmüthiger annehmen werde; allein selbst aus dieser Absicht will Gott es nicht, sondern verbietet es uns. Im Grunde genommen heißt Dieß auch nichts Anderes als Gott versuchen. Möge Dir daher Deine Meinung dabei auch noch so gut vorkommen, traue ihr nicht, und wende Dich lieber von diesen Gedanken ab. Gott verlangt nur von Dir, daß Du im Allgemeinen bereit seist, jede Todsünde und Alles, was dazu führen könnte, zu meiden und mit Ergebung das Kreuz zu tragen, das seine Vorsehung Dir täglich auferlegt; er will aber keineswegs, daß Du Dir in Deiner Einbildungskraft allerlei Kreuze bereitest, um sie vor der Zeit zu tragen.

Kommen aber diese Prüfungen Dir von selbst in den Sinn, ohne daß Du sie herbeirufst, so erhebe voll Liebe und Vertrauen Deine Seele auf zu dem Herrn und sprich zu ihm: „Mein Gott! wenn Du zuläſſeſt, daß dieses Kreuz über mich kommt, so hoffe ich, um Deiner Verheißungen und der Verdienste Jesu Christi willen, daß Du mir helfen wirst, es recht zu tragen." Nach diesem kurzen Gebete laß alle gefährlichen Einbildungen bei Seite; gib Dich Deinen gegenwärtigen Pflichten hin; zeige Dich bei jeder Gelegenheit stark und muthig, so wirst Du durch Deine Treue Gott Deine Liebe auf viel sicherere und bessere Art beweisen.

Achter Abschnitt.

Natürlicher Widerwille, Ekel und Ueberdruss im Dienste Gottes sind nicht selten die Quellen einer ganz unvernünftigen Entmuthigung.

Eine Seele, die troß ihres beharrlichen Gebetes doch stets von ihrem Hauptfehler oder von irgend einer hart= näckigen Versuchung angefochten wird oder im Dienste Gottes nur Ekel, Ueberdruß und Widerwillen empfindet, geräth oft in die größte Verwirrung. Der Teufel flüstert ihr ein, Gott höre nicht auf sie, und ihre Gebete seien unnüß; so stürzt er sie in den Abgrund der Muthlosigkeit, wo sie in Gott nur noch einen gefühllosen oder erbitterten Herrn erblickt, dem zu gefallen man nicht hoffen darf.

Eine solche Seele, welche der Herr prüft, ohne sie je zu verlassen, irrt sich besonders darin, daß sie meint, we= gen ihres Widerwillens und Ueberdrusses sei das, was sie thut, Gott nicht angenehm und ihr selbst nicht verdienstlich. Dieser Gedanke betrübt sie zuerst, dann quält er sie, und endlich entmuthigt er sie gänzlich, wenn Gott nicht ihre unaufhörlichen Bitten erhört und ihr die verlorenen Trö= stungen und den fühlbaren Eifer wiedergibt. Führen wir jetzt diese Seele auf den Weg der Wahrheit zurück, so wird sie sich bald über einen Zustand beruhigen, den sie nur für schlimm hielt, weil sie ihn nicht nach gesunden religiösen Grundsätzen beurtheilte.

Ekel, Ueberdruß, Widerwille und die sie gewöhnlich begleitenden Versuchungen sind an sich keine Sünde, ja nicht einmal eine Unvollkommenheit; folglich können sie auch kein Grund sein, wodurch Deine Pflichterfüllung Gott we= niger angenehm und Dir weniger verdienstlich würde. Die Menschen, welche nicht in das Herz sehen, beurtheilen den

11*

Werth einer Handlung nach dem äußeren Diensteifer, den man dabei zeigt; daher kommt es, daß die Art, wie man Etwas für sie thut, den Werth der Handlung in ihren Augen um Vieles erhöht oder vermindert. Bei Gott ist Dieses nicht der Fall; er durchschaut die geheimsten Falten unseres Herzens und beurtheilt die Aufrichtigkeit unserer Gefühle nach diesen Gefühlen selbst und nicht nach deren Aeußerungen. Ihm genügt es, wenn wir seinen heiligen Willen erfüllen.

Der unstreitigste Beweis dieser Wahrheit ist das Wort und das Beispiel Jesu Christi. Er sagt uns: „Wer den Willen meines Vaters thut, der wird in das Himmelreich eingehen."[1] Er verlangt nicht, daß wir diesen göttlichen Willen mit fühlbarer Freude erfüllen und ein sinnliches Wohlgefallen daran finden, sondern er fordert, daß wir denselben vollbringen, so schwer es uns auch sein möge und dafür verheißt er uns die ewige Seligkeit. Wenn also der Zustand des Ekels und Widerwillens eine christliche Seele nicht abhält, das zu thun, was Gott von ihr will, oder mit anderen Worten, wenn derselbe sie nicht hindert, ihre Standespflichten zu erfüllen, so kann er an sich selbst kein Uebel sein, und uns nicht von der Vollkommenheit und von dem ewigen Heile entfernen.

Unser göttlicher Heiland hat diese seine Lehre durch sein eigenes Beispiel bekräftigt. Er, der nicht nur jeder Sünde, sondern auch der geringsten Unvollkommenheit unfähig war, wollte zu unserer Belehrung und zu unserem Troste selbst alle unsere Prüfungen erdulden; darum gab er zu, daß der Teufel ihn in der Wüste zum Hochmuthe, zur eitlen Ehrsucht und zur Vermessenheit versuchte, und

---

[1] Matth. VII. 21.

wollte im Oelgarten beim Anblicke seiner Leiden und des menschlichen Undanks die tiefste Traurigkeit, die größte Betrübniß und den heftigsten Widerwillen empfinden. Er war aber in diesem Zustande nicht weniger ein Gegenstand der Bewunderung für den ganzen Himmel und des Wohlgefallens für seinen himmlischen Vater; denn alle seine Versuchungen, alle seine Niedergeschlagenheit und all' sein natürliches Widerstreben konnten seine treue Ergebung in den Willen des Vaters nicht erschüttern.

Dadurch hat Christus unwiderruflich bewiesen, daß solche Zustände innerer Prüfung, bis zu welch' hohem Grade sie sich auch in einer Seele vorfinden mögen, an sich selbst nichts Böses, ja nicht einmal Unvollkommenheiten sind, und daß trotz derselben unsere Werke dennoch verdienstlich und Gott angenehm sind.

Ich kann diese Wahrheit nicht nachdrücklich genug beweisen; denn ich weiß, daß viele Seelen sich ungeachtet der Lehre und des Beispiels Christi doch über diesen Punkt beunruhigen. Sie haben gelesen, daß man Gott mit Freude dienen soll; daher glauben sie, sie seien fern von Gott oder gar verworfen, sobald ihnen dies Gefühl der Freudigkeit fehlt, das doch Christus nicht verlangt, und das überdieß nicht von ihnen, sondern von Gott allein abhängt, wie wir es nachher noch ausführlicher erklären werden.

Beurtheilen wir doch die Dinge nach den wahren Grundsätzen der Religion: so lange Du diesen Versuchungen, diesem Ekel, Ueberdrusse und Widerwillen nicht beistimmst, sind sie unfreiwillig und hängen nicht von Dir ab. Stünden sie in Deiner Gewalt, so würdest Du sie gewiß nicht empfinden; denn sie machen Dir ja so vielen Kummer. Nun können aber Gefühle, die nicht von Dir abhängen, denen Du nicht nachgibst, und die Du sogar bekämpfst, Dich

reicheren Nutzen er daraus ziehen kann und welch' großes
Verdienst ihm jeder Sieg gewähre. In seiner Trostlosig=
keit wendet er sich zu Gott und sucht Hülfe bei ihm; allein
um was bittet er? Um das Ende seiner Prüfung und um
die Befreiung von seinen Leiden. Findet er dann nicht
gleich Erhörung, und will der Herr ihn noch länger heim=
suchen, so bildet er sich ein, sein Gebet sei vergeblich, und
keine seiner Bitten werde in Erfüllung gehen. Unruhe,
Furcht und Muthlosigkeit bemächtigen sich seines Herzens.
In dieser Gemüthsstimmung weiß er nicht mehr zu beten,
ja, er wagt es gar nicht mehr zu thun. Wohl spricht er
mit Jesu: „Vater, wenn es möglich ist, so gehe dieser Kelch
an mir vorüber;" aber er hütet sich wohl mit seinem gött=
lichen Meister beizufügen: „Doch nicht mein Wille ge=
schehe, sondern der Deine!" [1] Man muß sich recht tief von
den Grundsätzen des Glaubens durchdringen lassen, wenn
man zu jener demüthigen Ergebung gelangen will, welche
die besondere Sorgfalt der göttlichen Vorsehung auf uns
herabzieht.

Die Religion lehrt uns, daß Gott seine treuen Diener
so leitet und führt, daß Alles zu seiner Ehre und zu ihrem
wahren Glücke dient. An Gott ist es, zu bestimmen in=
wiefern er den Menschen zu seiner Ehre gebrauchen, und
auf welchem Wege er ihn zur Heiligkeit und Glückseligkeit
führen will. Wollte das Geschöpf nach seiner Laune und
Einbildung Gott dienen, oder ihm vorschreiben, wie er es
zu leiten habe, so wäre das offenbar eine Thorheit, ein
Wahnsinn; es hieße ja dem Menschen alle Leidenschaften
und Irrthümer zur Lebensregel machen.

Vor Gott steht dem Menschen nur die Unterwerfung

---

[1] Matth. XXVI. 39.

zu; Alles, was er zu thun hat, ist, daß er den Weg, auf dem Gott ihn führen will, erkenne, und daß er denselben vertrauensvoll und bereitwillig wandle. An Gott ist es, den Plan zu entwerfen, an dem Menschen, denselben mit Gottes Beistande auszuführen. Betritt der Mensch mit diesen Gesinnungen die ihm von Gott vorgezeichnete Bahn, so wird dieselbe ihn gewiß am sichersten zum Heile leiten; denn der Herr, der diesen Weg erwählt hat, um Deine Seele zur ewigen Seligkeit zu führen, gibt Dir zugleich auch besondere Gnaden, um Dich auf demselben Pfade auf= recht zu erhalten. Verfolgst Du treu diese Bahn, so ent= sprichst Du stets den Fügungen des göttlichen Willens über Dich und darfst demnach auf den besonderen Schutz des Allmächtigen zählen, der Dir bei solchen Gesinnungen nicht fehlen kann.

Wenn nun Gott eine Seele auf der Bahn der Prü= fungen, der Leiden, des Widerwillens und Ekels zum Him= mel führen will, soll sie dann den Herrn um Aenderung seines Willens und seiner Anordnungen bitten? Sie darf es thun; denn wir sehen, daß Christus selbst es that. Eine solche Bitte hat schon oft Erhörung gefunden. Und wenn Gott uns längere Zeit auf eine Gnade warten läßt, so heißt Dieses keineswegs, daß er uns dieselbe abschlägt. Ein beharrliches Gebet wird erhört und zwar in dem von dem Herrn bestimmten Augenblicke, wo er uns seine Barmherzig= keit erweisen will. Sollte aber eine solche Seele die Be= freiung von ihren inneren Leiden zu dem ausschließlichen Gegenstande ihrer Gebete machen, so daß sie kleinmüthig und niedergeschlagen würde, wenn Gott ihr Dieses nicht gewährte, so wäre sie dem Beispiele Christi und der Heiligen sehr unähnlich; sie würde vielmehr den Einflüsterungen des

11**

Versuchers nachgeben, der sie von Gott zu entfernen und
der Leitung der Vorsehung zu entziehen sucht.

Der erste und vorzüglichste Gegenstand ihrer Gebete
sei die Tugend einer gänzlichen Ergebung in Gottes Willen
und die Gnade, mit Geduld, Treue und Liebe den Zustand
zu ertragen, den Gott ihr zu ihrer Heiligung sendet. Sie
sei überzeugt, daß sie die besonderen Begünstigungen des
Herrn nicht verdient, und daß es eine Wirkung seiner unendlichen Barmherzigkeit ist, wenn er sie, die ihn so oft beleidigt hat, noch aufnimmt, nicht als Kind, sondern, nach
dem Worte des verlorenen Sohnes, als den geringsten seiner
Diener. In diesem Geiste der Buße nehme sie ihren peinlichen Zustand demüthig an und überlasse sich ganz der Hand
des Herrn, so lange es ihm zu seiner Ehre so gefällt. Eine
solche Gesinnung ist das beste Mittel, um von Gott das
Ende einer so schmerzlichen Prüfung zu erlangen.

Du meinst, Gott höre nicht auf Dich, weil er Dich
im Zustande des Ekels und der Versuchung läßt, von dem
Du befreit zu werden wünschest. Den Grundsätzen unserer
heiligen Religion gemäß bist Du hier im Irrthume. Ist
Dein Gebet gottergeben, vertrauensvoll und beharrlich, so
wird es der Verheißung Christi gemäß erhört. Freilich wird
Dir Gott nicht gerade das geben, um was Du bittest, aber
er wird es Dir nur deßhalb versagen, weil es Dir weniger
nützlich wäre, als das, was er Dir bestimmt, oder weil es
Dir sogar wegen des schlechten Gebrauches, den Du davon
machen würdest, schädlich werden könnte. Statt der Gnade
aber, die er Dir aus Barmherzigkeit versagt, wird er Dir
andere weit kostbarere schenken: Gnaden, welche Dich fähig
machen, die vollkommensten Tugenden des Christenthums
auszuüben und Dir durch Selbstverleugnung, Abtödtung,
Ergebung und Bußgeist große Verdienste für den Himmel

zu sammeln; Gnaden, welche Dich im Kampfe aufrecht halten, aber so, daß Du stets auch als Sieger Deine eigene Nichtigkeit fühlst, von Deiner Schwäche überzeugt bist, die Grundlage aller wahren Tugend, die christliche Demuth, bewahrst, wachsam bleibst über Dich selbst und Dich in beständigem Verkehr mit Gott erhältst, dessen Beistand Dir immer unentbehrlicher erscheint.

Wie wunderbar zeigt sich nicht die leitende Vorsehung des Herrn an dem heiligen Paulus. Wiederholt fleht er zu Gott um Befreiung von der demüthigenden Versuchung, die ihn belästigt. Der Herr hat dieselbe zugelassen, um ihn bei seinen erhabenen Offenbarungen in Demuth zu erhalten, [1] und er versagt ihm die Befreiung von derselben; allein zugleich ruft er ihm die tröstlichen Worte zu: „Meine Gnade genügt Dir!" [2] Wenn also Gott einer geprüften Seele die Abkürzung ihrer Leiden verweigert, so beweist Dieses keineswegs, daß er ihr fern ist, nicht auf sie hört oder sie verlassen hat; sondern vielmehr, daß er andere Absichten mit ihr hat, und daß er, wenn er sie auch nicht befreien will, doch stets bereit ist, ihr beizustehen.

Viertes Kapitel.

Von den Versuchungen. [3]

Erster Abschnitt.

Die Versuchungen sind kein Beweis, dass Gott uns verlassen hat.

Die Versuchungen sind Gedanken, Begierden, Gefühle oder Neigungen, welche uns antreiben, das göttliche Gesetz

---

[1] II. Cor. XII. 7.   [2] II. Cor. XII. 9.

[3] Alle Abschnitte dieses Kapitels, mit Ausnahme des neunten,

zu übertreten um unsere eigene Befriedigung zu suchen. Sie sollen eine christliche Seele weder beängstigen, noch entmuthigen. Der böse Feind erklärt besonders zwei Arten von Seelen den Krieg: erstens denen, welche Gott wahrhaft dienen, ihre Leidenschaften bekämpfen und muthig den Pfad der Tugend und Vollkommenheit verfolgen, und zweitens denen, welche sich von ihren schlimmen Wegen bekehren und das Joch der Sünde, unter dem sie schmachten, abschütteln wollen. Gegen diese Seelen setzt der Teufel alle seine Kräfte in Bewegung, und sucht sie von der Liebe Jesu Christi abwendig zu machen. Die Anfechtungen des Bösen sind also, recht betrachtet, tröstlich für uns; denn sie beweisen, daß wir mit dem Feinde des Heils im Widerspruche stehen und an dem Willen des Herrn festhalten. Nur ein wenig Standhaftigkeit, und der Sieg ist unser!

Eine Seele, die von Natur aus ängstlich ist oder von Gott lange auf dem Wege des Friedens und der Tröstungen geführt worden ist, bildet sich leicht ein, daß Gott ihr zürne, ja daß er sie verlasse, weil er ihr Versuchungen schickt. Sie kann nicht glauben, daß Gott Wohlgefallen an ihr habe, wenn tugendwidrige Gefühle ihr Herz so heftig bewegen. Diese Gedanken sind der letzte Kunstgriff des Teufels, um eine Seele zu verderben, die er durch die Lockungen der Sünde nicht reizen konnte. Er will ihr das Gottvertrauen rauben, das sie im Kampfe aufrecht erhält.

Eine Seele, welche solchen Einflüsterungen Gehör gibt, fällt in die gröbsten Irrthümer. Wer nur etwas im geistigen Leben und in den Führungen Gottes bewandert ist, wird

---

des zwölften, dreizehnten und vierzehnten sind aus P. Michel's „Abhandlung über die Versuchungen." Der dreizehnte und vierzehnte Abschnitt ist von Fenelon.

über die Anfechtungen, die er zu bestehen hat, nicht über=
rascht. Wir wissen ja durch die Aussprüche der heiligen
Schrift, daß das Leben des Menschen auf Erden ein bestän=
diger Kampf ist, und daß wir unablässig die Waffen führen
müssen, um uns nach Innen und nach Außen hin zu ver=
theidigen: nach Innen hin, gegen unsere einheimischen Feinde,
gegen unsere eigenen Neigungen, Triebe und Leidenschaften,
gegen unsere Eigenliebe, die uns mit tausend Kunstgriffen
und Vorwänden zu verführen sucht: nach Außen gegen die
Macht des bösen Beispiels, gegen die Menschenfurcht und
gegen die höllischen Feinde, die sich von Anbeginn in
ihrer Eifersucht gegen das Glück des Menschen verschworen
haben. Ferner sagt uns dieselbe heilige Schrift, daß wir
uns nur durch unsere Siege den Weg zum Himmel bahnen
können, und daß Niemand gekrönt wird, wenn er nicht ge=
setzmäßig bis zum Tode gekämpft hat. [1]

Der heilige Paulus hatte um Befreiung von seiner
Versuchung gebetet; dennoch betrachtete er die Fortdauer
derselben nicht als ein Zeichen des göttlichen Zornes. Die
Heiligen, welche selbst in der Wüste und unter den streng=
sten Bußübungen von dem bösen Feinde so lange und so
heftig angefochten wurden, betrachteten ihre Versuchungen
als Gelegenheiten des Kampfes und des Verdienstes; denn
sie verstanden wohl das Wort der Schrift: „Weil Du an=
genehm vor Gott warst, mußte die Versuchung Dich be=
währen." [2] Dieß ist nach den Grundsätzen des Glaubens
die allein richtige Anschauungsweise über diesen Punkt,
und so solltest auch Du die Versuchungen ins Auge fassen;
dann würden sie Dich weder verwirren, noch entmuthigen.

Versuchungen sind also nie ein Zeichen der Gottver=

---

[1] II. Tim. II. 5.   [2] Tob. XII. 13.

laſſenheit; denn nie verläßt der Herr den Menſchen gänz=
lich während ſeines irdiſchen Daſeins. Sie ſind vielmehr
meiſtens Prüfungen oder auch manchmal Strafen. Die
göttliche Gerechtigkeit braucht ſie mitunter als Zuchtruthe für
Nachläſſigkeit im Dienſte des Herrn, für gewiſſe Schwach=
heiten lauer und vermeſſener Seelen oder für natürliche
Neigungen, welche das Herz theilen. Allein die Verſuchung
mag Strafe oder Prüfung ſein, ſtets müſſen wir ſie er=
geben annehmen und ihr treu widerſtehen. Gott iſt unſer
zärtlichſter Vater; mit ſeiner Gerechtigkeit paart ſich ſtets
ſeine Milde und ſeine Barmherzigkeit. Dem Gebete und
dem Vertrauen verſagt er ſeine Gnade nie. Er will uns
nicht verderben, er ſtraft uns nur um uns zu ſich zurück=
zuführen. Deßhalb braucht alſo Niemand den Muth zu
verlieren, wenn er auch verſucht iſt; Gott hat uns bald
verziehen, wenn wir nur treu und demüthig uns der Buße
unterwerfen, die Gott ſelbſt uns auferlegt.

Zweiter Abſchnitt.

Die Verſuchungen ſind kein Beweis eines ſchlechten Seelenzuſtandes.

Häufige Verſuchungen ſind allerdings meiſt ein Anzei=
chen heftiger Leidenſchaften und eines ſtarken Hangs zum
Böſen; allein ſie ſind kein Beweis von einem ſchlechten,
Gott entfremdeten Herzen, wenn man ihnen widerſteht.
Unſere Neigungen ſind ſeit der Sünde unſerer erſten Stamm=
eltern verdorben, und die Abhängigkeit unſerer Seele von
den Sinnen beſtärkt nicht ſelten den uns angeborenen Hang
zum Böſen. Dieſe Abhängigkeit iſt es, welche uns mehr
oder weniger den Verſuchungen ausſetzt, je nachdem die
Empfänglichkeit unſerer Sinne mehr oder weniger ſtark iſt.
Da aber dieſes Alles nicht von unſerem Willen abhängt

und nicht aus unserem Herzen kommt, so ist es auch kein
Zeichen, daß unser Herz von einem besonderen Laster ange=
steckt ist. Unser Herz ist ja nicht schuldig an der Empfäng=
lichkeit der Sinne; es leidet vielmehr darunter, und wenn
es den Hang zum Bösen beherrscht und treu an der Tugend
festhält, so ist und bleibt es gut, mögen die schlimmen Nei=
gungen auch noch so heftig sein.

Der beharrliche Widerstand gegen die Versuchung ist
im Gegentheile das Kennzeichen eines wahrhaft christlichen
Herzens und ein Beweis einerseits unserer Liebe zu Gott
und andererseits des göttlichen Schutzes über uns; dieser
Gedanke muß uns Trost und Vertrauen einflößen. Unsern
entschlossenen Widerstand gegen unseren natürlichen Hang
zum Bösen verdanken wir der göttlichen Barmherzigkeit,
und diese Gnade des Beistandes ist um so mächtiger und
augenscheinlicher, je größer die Gefahr einer Niederlage ist.

Folglich ist Dein Schluß ganz falsch, wenn Du sagst:
„Wäre mein Herz und mein Geist in gutem Zustande, ge=
hörten sie wirklich Gott ganz an, so würden keine Ge=
danken und Gefühle gegen die Nächstenliebe, gegen den
Glauben, gegen die Reinheit u. s. w. in mir aufsteigen.“

Ja, wenn diese Gedanken und Gefühle von Dir ab=
hingen, und es Dir frei stünde, sie zu haben oder nicht,
so wäre es etwas Anderes, und Du könntest mit Recht
sagen, daß Dein Herz weit von Gott entfernt wäre. Allein
sie hängen ja gar nicht von Deinem Willen ab; sie schleichen
sich schlau und unvermerkt in Geist und Herz ein, oder sie
überfallen Dich plötzlich mit ungestümer Gewalt, ohne Etwas
nach Deinem Willen zu fragen, und was noch schlimmer
ist, sie bleiben in Deiner Seele trotz Deines Willens, der
ihrer los sein möchte und alles Mögliche aufbietet, um sie
wegzubringen. Sie sind demnach keine Aeußerung und kein

Akt Deines freien Willens; es steht nicht in dessen Macht, sie zu haben oder nicht zu haben, und deßhalb beweisen sie auch ganz und gar nichts gegen Deinen Seelenzustand.

Nur durch die Gefühle, welche aus der Ueberlegung und aus dem freien Willen hervorgehen, heftet sich das Herz an einen Gegenstand. Eine Seele kann also Gott ganz angehören, obgleich tugendwidrige Gefühle in ihr auf- steigen, wenn dieselben nur unfreiwillig sind und ihr aus Liebe zu Gott mißfallen. Ja, ich sage noch mehr; die Be- trübniß der Seele über solche Anfechtungen und ihr Abscheu davor sind entschiedene Beweise, daß sie Gott und ihre Pflicht aufrichtig liebt und treu daran festhält. Wäre ihre Liebe zu Gott und ihr Haß vor der Sünde weniger stark, so würde sie sich nicht betrüben, sondern ihrem natürlichen Hange folgen und ihre Begierlichkeit befriedigen. Das un- trüglichste Kennzeichen unserer Liebe zu Gott ist folglich die uns von ihm selbst verliehene Standhaftigkeit im Kampfe wider unsere bösen Neigungen.

Die größten Heiligen, sogar der Apostel nicht ausge- nommen, sind diesen Prüfungen unterworfen worden, und doch liebten sie gewiß Gott auf sehr vollkommene Weise. Jesus Christus selbst wollte sich zu unserer Belehrung ver- suchen lassen, und was er, der Heiligste der Heiligen, in seiner anbetungswürdigsten Menschheit empfinden wollte, das kann keine Sünde, und nicht einmal eine Unvollkom- menheit sein; denn er ist der einen, wie der anderen un- fähig. Wir können also weder schuldig, noch strafbar sein, wenn wir empfinden, was er empfunden und es so em- pfinden, wie er es empfunden, wofern wir nur so wider- stehen, wie unsere schwachen Kräfte es uns möglich machen.

Dritter Abschnitt.

In den Versuchungen sollen wir zu Gott unsere Zuflucht nehmen;
er hält uns im Kampfe aufrecht, auch ohne dass wir es selbst
bemerken.

In den innern Stürmen, die oft so heftig über uns
hereinbrechen, fühlen wir manchmal ganz deutlich, wie die
Hand des Herrn uns aufrecht hält; dann kämpfen wir
muthig, um unseren Leidenschaften zu widerstehen. Der
Gedanke an die Gegenwart Gottes und der Wunsch, ihm
zu gefallen, erhöhen dann unsern Muth und verdoppeln
unsere Zuversicht. Aber manchmal verbirgt sich auch Gott
und scheint zu schlafen, wie damals in dem Schifflein der
Jünger, das die stürmischen Wogen zu zertrümmern droh-
ten. In diesem Falle ist die Gefahr insofern größer, als
leicht eine übermäßige Angst sich unserer bemächtigt und
unsere Kräfte lähmt.

Aber nur Muth! in diesen schweren Augenblicken hast
Du nichts zu fürchten, wenn Du Dein Auge zu den himmlischen Höhen erhebst, von denen Dir die nothwendige Hülfe
kommen soll. Als die Jünger im Schifflein sich in Gefahr
sahen, zu Grunde zu gehen, so verloren sie keine Zeit mit
unnützem Wehklagen, sondern sie fuhren fort, ihr Möglichstes zu thun, um der Gewalt des Sturmes trotz zu bieten und nahmen ihre Zuflucht zu ihrem göttlichen Meister,
den sie um Beistand anflehten. Jesus schien zu schlafen, [1]
und doch, ohne daß die Jünger es bemerkt hatten, leitete
er selbst all ihre Anstrengungen für ihre Rettung. Gerade
so geht es auch uns; so sehr sich Gott auch manchmal

---

[1] Matth. VIII. 24.

unseren Blicken entzieht, so achtet er doch nichts destoweni=
ger auf Alles, was in unserem Herzen vorgeht. Wir mei=
nen jeden Augenblick, wir müssen untergehen, und doch
halten wir uns im Sturme aufrecht.

Woher kommt uns diese Erleuchtung, die uns den
rechten Weg zeigt und uns darauf leitet? woher diese ge=
heimen Anregungen, die uns neu beleben, und durch die
wir fast ohne unser Wissen das Rechte wählen und thun?
woher dieser Muth, der jede Minute zu sinken scheint und
doch stets auf's Neue erwacht? woher diese Standhaftig=
keit, mit der wir allen sündhaften Reizen widerstehen?
woher dieß Alles? Von uns selbst? Könnten wir in un=
serer Schwachheit es uns zutrauen, dem Feinde allein zu
widerstehen? Ist es nicht vielmehr Christus, der uns mit
allmächtiger Hand aufrecht hält, ohne sich unseren Blicken
zu zeigen und seine Gegenwart fühlbar empfinden zu lassen?
Ist er es nicht, der uns die Verheißung gegeben hat, daß
wir nie über unsere Kräfte versucht würden?[1] Ja, selbst
dann, wenn wir den Heiland fern von uns glauben, ist er
mitten in unserem Herzen; wir glauben, er habe unser ver=
gessen, und doch denkt er mehr als je an uns, weil wir
ja dann am meisten seiner bedürfen. Er selbst sieht unsere
Kämpfe und wohnt ihnen bei, wie denen des heiligen Ste=
phanus,[2] und wenn wir nur nicht wanken im Vertrauen,
so wird er uns den Sieg über alle unsere Feinde ver=
leihen.

---

[1] I. Cor. X. 13.   [2] Apgsch. VII. 15.

Vierter Abschnitt.

Was die Seelen, die Gott auf dem dornenreichen Pfad der Versuchungen führt, am meisten ängstigt, das ist die Furcht, Gott beleidigt zu haben, und der Zweifel, ob sie in das Böse eingewilligt haben oder nicht. Die folgenden Belehrungen können ihnen über diese Ungewißheit hinweghelfen.

Wir sind nicht vollständig Herr über unseren Geist und unser Herz, und können dieselben nicht hindern, sich mit diesen oder jenen Gedanken oder Gefühlen zu beschäftigen. Oft kommen dieselben so plötzlich über uns, daß die Seele mit fortgerissen wird und einen Gedanken oder einen Plan verfolgt, ohne es nur zu wissen. Ja, wir vertiefen uns so hinein, daß wir nichts mehr hören und sehen und uns selbst nicht erinnern können, wann diese Gedanken angefangen haben, sich unserer zu bemächtigen. Dieß gilt, nebenbei bemerkt, von allen Arten von Gedanken und Gefühlen ohne Ausnahme.

Ein solcher Zustand dauert unbewußt längere oder kürzere Zeit fort, je nach der Stärke der äußeren oder inneren Eindrücke, die ihn hervorriefen, oder je nachdem früher oder später eine gewaltsame Unterbrechung eintritt. Dann erst erkennt die Seele klar und deutlich, womit sie sich beschäftigt hat. Wenn sie nun in diesem Augenblicke des wiederkehrenden Selbstbewußtseins die bösen Gedanken und Gefühle mißbilligt und verwirft und sich nach Möglichkeit davon wegwendet, so kann sie vernünftiger Weise sicher sein, daß sie bei allem Vorausgegangenen nicht gesündigt

hat. Und das Vergnügen, das sie empfindet, dieser Ge=
danken und Gefühle los zu sein, ist wiederum ein fast un=
trüglicher Beweis, daß ihr Willen keinen überlegten Antheil
daran genommen hatte.

Der Geist hatte sich mit einem Gegenstande beschäftigt;
aber die Ueberlegung, die freie Zustimmung des Willens
trat nicht hinzu. Zu einer Beleidigung Gottes gehören
zwei Stücke: unser Wille muß einerseits vorsätzlich in etwas
Böses einwilligen, und es muß ihm anderseits auch die
Macht zustehen, diesem Bösen zu entsagen. Nun ist aber
keine dieser beiden Bedingungen vor dem Augenblicke des
wiedererwachenden Selbstbewußtseins möglich, und folglich
kann man auch vorher nicht sündigen. Ueberdieß zeugt die
rasche Mißbilligung der bösen Gedanken und Empfindungen,
sobald man dieselben gewahr wird, von den guten und
frommen Gesinnungen der Seele und ist ein Beweis, daß
sie die Versuchung gewiß nicht hätte aufkommen lassen und
sich gewiß nicht damit beschäftige hätte, wenn sie sich der=
selben hinlänglich bewußt gewesen wäre. Sie verhalte sich
demnach so, als ob die bösen Gedanken und Gefühle erst
in dem Augenblicke begonnen hätten, wo sie dieselben wahr=
nahm. Man fange bei seiner Gewissenserforschung da an
und lasse alles Vorausgegangene unberücksichtigt. Findet
man, daß man in dem bezeichneten Augenblicke widerstan=
den hat, so kann und soll man ganz ruhig sein.

Die oben besprochene Geistesbefangenheit kann oft eine
gute Weile dauern, wie Dieses zum Beispiele öfters wäh=
rend des Gebetes der Fall ist, wo eine Zerstreuung sich
unwissentlich unserer bemächtigt und alle Kräfte unserer
Seele fesselt. Daß diese Zerstreuung lange dauert, das
macht sie weder freiwillig, noch überlegt oder vorsätzlich;
denn es hängt ebenso wenig von unsern Willen ab, eine

Zerstreuung abzukürzen, als sie ganz zu verhindern. Die Zerstreuung ist demnach auch nicht sündhaft, weil ein böser Gedanke, der uns unwissentlich beschäftigt, keine Sünde ist. Daß wir uns lange dabei aufhalten, das macht uns nicht strafbar, so lange wir uns des Bösen nicht bewußt sind. Es ist also nicht schwer, in Fällen dieser Art zu entscheiden.

Es scheint mir gut, hier insbesondere Einiges über die Versuchung zur Verzweiflung zu sagen; denn man weiß oft nicht, wie man die furchtbaren Eindrücke derselben besonders auf skrupulöse Seelen zu beurtheilen hat. Gerson schreibt hierüber: „Wie heftige Versuchungen der Gottes= lästerung, des Irr= und Unglaubens oder der Unkeuschheit uns nicht strafbar machen, so soll man auch eine Seele nicht gleich der Verzweiflung beschuldigen, wenn sie in Folge ihrer Beängstigungen und Skrupel (welche meistens bei dieser Versuchung eine große Rolle spielen) denkt, glaubt und manchmal sogar sagt, sie sei verdammt. Die heiligsten Seelen, zum Beispiele der heilige Franziskus von Sales, haben diese Prüfung durchkämpfen müssen, und so bestimmt und freiwillig diese Gefühle auch oft nach Außen hin schei= nen mögen, so sind sie deswegen doch nicht immer wirklich freiwillig, sondern meistens von einem inneren Widerstreben begleitet. Dieses Widerstreben aber nimmt seinen Ursprung in einem geheimen Gottvertrauen, welches in der Tiefe der geängstigten Seele wohnt, ohne daß sie es fühlt. Frage sie nur einmal, wenn der heftigste Sturm vorüber ist, ob sie wirklich glaube, Gott sei nicht barmherzig genug, um ihr ihre Sünden zu verzeihen, wenn sie dieselben demüthig bereut? Sie wird Dir antworten: „Ich habe allerdings dergleichen Gedanken gehabt, und ich fürchte, auch in der ersten Bestürzung eingewilligt zu haben; allein ich war vor Aufregung meiner Gedanken nicht mehr mächtig und jetzt da ich ruhiger bin, möchte ich um Alles in der Welt nicht das Unglück haben, in Gefühle einzuwilligen, welche der göttlichen Güte so schimpflich sind." Diese Antwort ist nach Gersons Urtheil ein sicheres Zeichen, daß die versuchte Seele sich nicht schwer verfehlt hat. „Denn es gibt Seelen," sagt er, „welche vor lauter Kleinmuth meinen, sie verzweifeln, während sie doch nicht verzweifeln; sie betrachten nämlich das Gefühl der Verzweiflung, welches sie in Folge ihrer übertriebenen Aengstlichkeit empfinden, als eine Einwilligung." Dieser Ausspruch eines großen Kirchenlehres ist gewiß ungemein tröstlich. Allein, Du schwergeprüfte Seele, vergiß auch niemals, welches Dein sicherstes Heilmittel ist. Erwecke recht oft Akte der Hoffnung, und bald werden Deine Feinde schweigen oder Dir wenigstens unschädlich werden. Störe Dich nicht daran, daß Du scheinbar das Gegentheil von dem fühlst, was Du aussprichst, so daß Deine Akte des Vertrauens Dir als unnütze, heuchlerische Formeln vorkommen; sondern harre treu aus in dieser frommen Uebung trotz allen vermeintlichen Widersprüchen, und gewiß wirst Du Dich bald eines wunderbaren Erfolges erfreuen.

Fünfter Abschnitt.

Von den kurzen, vorübergehenden Versuchungen.

Die Versuchungen sind in ihrer Dauer sehr verschieden; manchmal kommen sie plötzlich und gehen ebenso schnell wieder vorüber, und in diesem Falle ist es oft schwer zu erkennen, ob das, was man gedacht oder gefühlt, eine Versuchung oder eine Sünde war. Man hat sich davon abgewendet; allein die Zeit war so kurz, daß man nicht weiß, ob man es rasch genug gethan hat, um der Einwilligung zuvorzukommen.

Unter diesen Umständen kann man nach seinen gewöhn= lichen Gesinnungen und nach seinem sonstigen Verhalten entscheiden. Wenn eine Seele, die der Versuchung entge= gengesetzte Tugend schätzt, liebt und treu ausübt; wenn sie sonst nicht leicht freiwillig dagegen fehlt, und schon in länger andauernden Versuchungen derselben Art muthig gekämpft und gesiegt hat, so darf sie mit Recht annehmen, daß diese vorübergehenden Gedanken und Gefühle bloße Versuchungen und keine Sünden waren.

Diese Entscheidung beruht auf folgenden Gründen: Wenn eine Seele ihren sonstigen Grundsätzen und guten, frommen Gewohnheiten zuwiderhandelt, so muß sie sich ge= wissermaßen Gewalt anthun, und es kann Dieses nicht leicht geschehen, ohne daß sie es bemerkt. Hätte demnach die Seele, welche sich in den hier vorausgesetzten guten Gesin= nungen befindet, in die Versuchung eingewilligt, so würde sie es bestimmt wissen und gar nicht darüber in Zweifel sein; denn der wenn auch nur vorübergehende Eindruck wäre doch stark genug gewesen, um nicht unbemerkt zu bleiben. In diesen Fällen soll man also schon deswegen ganz ruhig sein, weil man seiner Einwilligung ungewiß ist. Der Zweifel wird hier zur Gewißheit; denn hätte man wirklich eingewilligt, so würde man nicht zweifeln.

Was also diese vorübergehenden Versuchungen betrifft, so sprechen alle Lehrer des inneren Lebens sich dahin aus, man solle dieselben verachten und ihnen so wenig Aufmerk= samkeit als möglich schenken; denn die Erfahrung lehrt, daß dieselben keinen Eindruck auf die Seele machen, und daß sie seltener oder gar nicht wiederkehren, wenn man sie un= beachtet läßt und sich mit etwas Anderem beschäftigt. Man

ruft sie aber zurück und verstärkt sie, wenn man sie gewalt=
sam bekämpft, wenn man ihnen durch ängstliche Gewissens=
erforschungen zu viel Beachtung schenkt, und besonders wenn
man sie fürchtet. Verachtest Du die Versuchung, so ist sie
wie ein Schatten, der sogleich entweicht, oder wie ein Blitz,
der augenblicklich entschwindet; schenkst Du ihr aber viel
Aufmerksamkeit, so nimmt der Schatten festen Bestand an,
der Blitz wird zum Feuer, das Dein Nachgrübeln mehr
und mehr anschürt. Lasse also alle diese kleinen Versu=
chungen unbeachtet vorübergehen, rufe sie nie zurück, sondern
verwende Deine Aufmerksamkeit auf irgend eine nützliche
Beschäftigung. Wenn Du gleich im ersten Augenblicke der
Anfechtung Dein Herz durch eine fromme Anmuthung und
besonders durch einen Akt der Liebe zu Gott erhebst, so
wirst Du gewiß keinen Schaden leiden.

Sechster Abschnitt.

Von den lange andauernden, lästigen Versuchungen, und von denen, welche stark auf die Sinne wirken.

Nicht alle Versuchungen sind bloß vorübergehend; viele
derselben verfolgen uns hartnäckig und mit aller Gewalt;
oder wenn sie uns auch ein wenig Rast vergönnen, so
plagen sie uns doch bald auf's Neue. Und da sie Kopf
und Herz in Aufruhr bringen, so glauben ängstliche Seelen
leicht, daß das Gefühl, das so oft wiederkehrt, eine Sünde
sei. Diese Meinung aber und die dadurch entstehende Un=
ruhe ist weit gefährlicher, als die Versuchung selbst; denn
sie beraubt die Seele aller nöthigen Kräfte.

Bei länger andauernden Versuchungen läßt sich aus
unserem Verhalten während derselben schließen, ob wir uns
etwas vorzuwerfen haben oder nicht. Vor Allem darf man

sich nicht von unnöthiger Furcht hinreißen lassen; deßwegen muß man stets den Grundsatz festhalten, daß das Gefühl der Versuchung nicht die freie Einwilligung ist, sondern nur eine Lockspeise, mit welcher der Teufel diese Einwilligung zu erhalten sucht. Der böse Feind führt unserem Geiste einen Gegenstand vor: das ist der böse Gedanke; dann flößt er dem Herzen Wohlgefallen an diesem Gegenstande ein: das ist das Gefühl, welches natürlicher Weise unmittelbar aus dem Gedanken hervorgeht; dieses Gefühl ist stärker oder schwächer, je nach dem Temparamente eines Jeden und nach dem mehr oder minder großen Eindrucke, den der Gegenstand auf ihn macht. Allein so stark es auch ist, so hängt doch Dieß alles nicht von unserem Willen ab, sondern geht der Einwilligung voraus.

Damit diese Einwilligung wirklich erfolge, muß der Wille aus freier Wahl diesen Gefühlen beistimmen, sie gutheißen und sich darin aufhalten. Ein Gedanke kann unseren Geist beschäftigen, ein Gefühl unser Herz bewegen, ohne daß unser Wille den geringsten Antheil daran hat. Man unterdrückt gute, wie schlechte Gefühle; man widersteht guten, wie schlechten Einsprechungen. Das Böse, wie das Gute, besteht also nicht in dem ersten Gedanken oder in dem ersten Gefühl; denn diese schlagen dem Willen nur das Gute oder Böse vor und ziehen ihn dazu hin. Der sittliche Werth unserer Handlungen beruht vielmehr auf der freien Wahl des Willens, der sich für das Gute oder Böse entscheidet, indem er dem Einen oder dem Andern mit voller Zustimmung beitritt.

Wenn also eine Seele zur Zeit der Versuchung eifrig Gott um seinen Beistand angerufen hat; wenn sie den erwachenden bösen Gefühlen entsagt und sie mißbilligt hat; wenn sie Haß und Abscheu vor den lockenden Vorspiege-

lungen des Bösen empfunden und sich bemüht hat, ihre
Gedanken davon abzulenken und sie auf andere gute und
nützliche Dinge zu wenden: so kann sie vernünftiger Weise
annehmen, daß das, was sie, wenn auch noch so lange und
heftig, gefühlt hat, doch nur eine Versuchung war. Als-
dann hat sie nicht gefehlt, obwohl sie nicht mit völliger
Bestimmtheit behaupten kann, daß sie in jedem einzelnen
Augenblicke der Versuchung treu und standhaft war.

Sollte es auch der Seele scheinen, als habe sie in ihrer
Aufregung für einzelne Augenblicke nur schwachen Widerstand entgegengesetzt, so darf sie doch glauben, daß diese
Schwäche mehr scheinbar, als thatsächlich, war, wofern sie
sich nicht ganz gehen ließ und in ihrer gewöhnlichen Gemüthsstimmung die Sünde haßt und verabscheut. Ein solcher Anschein von Niederlage ist nicht selten eine Wirkung
von der Heftigkeit der Versuchung, welche gleichsam den
Widerstand des Willens unseren Blicken entzieht. Sollte
selbst diese Schwachheit eine wirkliche gewesen sein, so kann
sie doch bei einer frommen Seele nicht bis zur vollen Einwilligung gehen, die zur Todsünde nöthig ist; denn in
diesem Falle müßte die Seele sich dessen klar und ohne
jeden Zweifel bewußt sein.

Gott läßt nicht zu, daß wir über unsere Kräfte versucht werden; er verläßt niemals eine Seele, welche ihr
Möglichstes thut, um die Sünde zu meiden. Wenn nun
eine solche Seele die Mittel angewendet hat, welche Religion und Erfahrung ihr an die Hand geben, so ist Dieß
ein Beweis, daß sie sich nichts hat zu Schulden kommen
lassen, und sie soll demnach hoffen, daß Gott seiner Verheißung gemäß sie vor jedem Falle bewahrt hat. Diese
Gründe sind triftig genug, um allen unseren eitelen Befürchtungen ein Ende zu machen.

Eine Versuchung kann so heftig sein, daß sie auf die Sinne einen Eindruck ausübt; allein Dieses soll uns keineswegs beängstigen. Was wir von dem Gefühle gesagt haben, gilt auch von den sinnlichen Eindrücken und Empfindungen. Sie hängen nicht von unserem Willen ab, der sie weder verhindern, noch beseitigen kann und folglich weder an ihrer Entstehung, noch an ihrer Dauer schuld ist. Sinnliche Eindrücke werden also nur dann zur Sünde, wenn wir sie gutheißen und uns darin gefallen. So lange wir sie als eine Folge der Versuchung betrachten, gegen die wir kämpfen und die wir verabscheuen, so haben wir auch kein Wohlgefallen daran und begehen folglich keine Sünde. Wir verstärken die sinnlichen Eindrücke nur noch mehr, wenn wir ihnen zu viel Aufmerksamkeit schenken, oder wenn wir vergebliche Anstrengungen machen, um sie zu entfernen. Sie sind ja keine Sünde, und wir haben uns deßhalb nicht weiter damit abzugeben; nur sollen wir darauf bedacht sein, die Versuchung zu bekämpfen, welche dieselben hervorrief, und ihr die Einwilligung zu versagen, um die sie uns quält.

Siebenter Abschnitt.

Von den Versuchungen, welche uns bei Ausübung der Tugend stören

Die vorausgehenden Grundsätze verleihen uns auch Muth und Entschiedenheit gegen jene Versuchungen, welche uns nicht selten bei Ausübung des Guten zu stören suchen Der Feind des Heils wagt es nicht, gewissen Seelen geradezu einzuflüstern, sie sollten die Uebungen der Tugend und Vollkommenheit aufgeben; sondern er greift zur List, um ihren Fortgang im geistigen Leben zu hemmen und sie in einer Mittelmäßigkeit zurückzuhalten, welche sie leicht zur Nachläßigkeit führt. Er läßt sie deßhalb den ganzen Tag in Ruhe; sobald sie aber ihren frommen Uebungen obliegen, so erfüllt er ihre Einbildungskraft mit tausend aufregenden und beängstigenden Bildern.

Sieht er, daß wir ernstlich darauf bedacht sind, ein vollkommenes Leben zu führen, und daß er uns weder durch die Menschenfurcht, noch durch den Gedanken an die beständige Gewalt, die wir uns anthun müssen, davon ab= schrecken lassen, so schlägt er einen anderen Weg ein: er flößt uns bei Erfüllung unserer Pflichten eine geheime Eitel= keit ein, und verfolgt uns mit diesen Regungen fast bei all' unserem Thun, so daß es uns zuletzt vorkommt, als thäten wir Alles nur aus eitler Selbstgefälligkeit oder um eitlen Menschenruhmes willen.

Diese Versuchung ist gewissen Seelen so empfindlich, daß sie der Sache müde werden und ganz außer Fassung gerathen. Sie sagen sich, alle Gewalt, die sie sich anthun, sei aus Mangel an guter Meinung doch unnütz und ver= dienstlos, und von diesem Gedanken ganz eingenommen, ziehen sie es vor, Gott zu widerstehen; sie vernachlässigen daher ihre geistlichen Uebungen und führen ein Leben voll Fehlern und Unvollkommenheiten. Aus Angst vor der Ver= suchung unterlassen sie das Gute, das Gott ihnen eingibt, und so gehen sie einer Gefahr aus dem Wege, indem sie sich in eine andere, größere stürzen. Der heilige Franziskus von Sales gibt uns ein anderes, viel richtigeres Verfahren an, wenn er sagt: „Man muß die Regungen der Eigen= liebe geradezu unbeachtet lassen; wenn man zwei= oder drei= mal im Tage erklärt, daß man nichts davon wissen will, so ist man ihrer los; man muß sie nicht mit aller Gewalt fortjagen, sondern nur ganz ruhig und still „nein" sagen und im Frieden bleiben!"

Sind Tändeleien oder gefährliche Beschäftigungen, denen

Du Dich hingibst, ohne daß Dein Beruf es verlangt, Dir eine Ursache dieser Versuchungen, so sollst Du diese Dinge allerdings meiden, um Dich nicht muthwillig in Gefahr zu begeben. Allein von Deiner Pflichterfüllung und von der treuen Befolgung der göttlichen Einsprechungen soll Dich die Furcht vor der Versuchung nie und nimmer abhalten. Die Versuchung ist keine Sünde; aber Deine Pflicht nicht erfüllen und nicht thun, was Gott von Dir verlangt, das ist eine Sünde. Wenn Du der Furcht vor der Versuchung nachgibst und Dich von ihr leiten lassest, wenn Du deswegen Deine Andachtsübungen vernachläßigst und das Gute unterlassest, das Du thun kannst, so bist Du dem Herrn untreu, beraubst Dich selbst der Mittel, in der Vollkommenheit voranzuschreiten, und gibst dem bösen Feinde eine sichere Waffe gegen Dich selbst in die Hand. Nach und nach wirst Du dann dahin kommen, daß Du selbst Deine wesentlichsten Pflichten nicht mehr erfüllst. Der Teufel wird seine Gewalt über Dich und die Furcht, die er Dir einflößt, benutzen, um Dich zur Vernachläßigung Deiner religiösen Uebungen und besonders der heiligen Sakramente zu führen. Wie wirst Du aber in diesem muth- und kraftlosen Zustande, bei dem Du nicht wagst, im Gebete und in der Abtödtung die wahren Hülfsmittel zu suchen, den Versuchungen widerstehen können, mit denen der Teufel Dich vielleicht im nächsten Augenblick anficht?

Fürchte also die Versuchungen nicht, die Dich bei Ausübung des Guten zu stören suchen; denn sie sind keine Sünde, so lange der Wille ihnen nicht beistimmt. Dauern sie lang, so sind Akte der Liebe und des Vertrauens die besten Waffen dagegen; sind sie aber bloß vorübergehend, wenn auch noch so häufig, so laß Dich davon nicht stören, sondern verachte sie und schlage sie Dir aus dem Sinn.

Nimm Dir nur immer von Neuem vor, in allen Deinen Handlungen den Willen Gottes zu erfüllen. Thust Du das, so mischen diese Versuchungen auch nicht die geringste Unvollkommenheit in Deine guten Werke; sie gereichen Dir sogar zum größten Nutzen; denn sie nöthigen Dich, öfters Deine gute Meinung zu erneuern. So lenkt man das Böse zum Guten, und was zu unserm Verderben bereit war, dient zu unserer Heiligung.

Achter Abschnitt.

Man soll sich mit dem Versucher in kein Gespräch einlassen. — Mittel, um sich von der Versuchung abzuwenden

Es gibt Leidenschaften, über die man nicht Meister wird, wenn man ihnen nicht offen und entschieden den Krieg erklärt und nicht gerade das Gegentheil von dem thut, was sie uns eingeben. Hieher gehören alle Leidenschaften, welche aus dem Charakter hervorgehen, solange die Gnade denselben noch nicht gebildet und veredelt hat. Ist man der Eitelkeit, dem Zorne, der Empfindlichkeit oder jenem Unsinn, den man Antipathie nennt, unterworfen, so wird man diese Leidenschaften nur überwinden, indem man jede Gelegenheit zur Ausübung der entgegengesetzten Tugenden benützt. Man muß dann nicht nur die entstehenden Regungen dieser Leidenschaften unterdrücken, sondern entschieden darauf hinarbeiten, dieselben abzutödten. Würde man sich damit begnügen, gewisse Gelegenheiten zu meiden, so käme man nie dahin, diese bösen Neigungen auszurotten, und man würde in den meisten Gelegenheiten, die man nicht vermeiden kann, unterliegen. Nur durch Akte der Demuth, der Sanftmuth und der Selbstverläugnung, nur durch zuvorkommendes und liebreiches Benehmen gegen die

Personen, die uns Abneigung einflößen, können wir diesen Leidenschaften beikommen und mit Gottes Gnade uns endlich ganz davon frei machen.

Alle Versuchungen, deren Quelle die eben besprochenen Leidenschaften sind, sollen demnach offen und frei bekämpft werden; wir müssen ihnen förmlich Trotz bieten, indem wir uns bei jeder Gelegenheit großmüthig in den entgegengesetzten Tugenden üben. Nicht so verhält es sich aber mit anderen Versuchungen, und hierbei täuschen sich viele Seelen sehr. Viele nämlich meinen, sie müßten während der Anfechtung alle nur denkbaren Gründe und Widerlegungen gegen die Einflüsterungen des Bösen aufsuchen und würden sich verfehlen, wenn sie dieß nicht thäten. Sie lassen sich mit der Leidenschaft, die sie angreift, und der es an Vorwänden und Beschönigungen nicht fehlt, in Erklärungen ein und verwickeln sich so in einen langen, gefahrvollen Kampf. Hätten sie sich mit ihrem arglistigen Feinde in keinen Wortwechsel eingelassen, so wären sie vielleicht in einem Augenblicke ohne alle Mühe fertig gewesen; statt dessen müssen sie nun die größte Beunruhigung und Pein tragen. Besonders sind es die Versuchungen wider den Glauben, die Hoffnung und die Liebe, wobei solche Seelen in dieser verkehrten Weise verfahren; sie wollen sich dann von ihren frommen Gesinnungen überzeugen, indem sie diese Versuchungen durch alle möglichen entgegengesetzten Betheuerungen und Beweisführungen unmittelbar bekämpfen und ihr schroff entgegentreten. Dieß verursacht aber nicht bloß tausend Aengsten und Mühen, sondern ist auch äußerst gefährlich; denn man ist in der größten Gefahr zu unterliegen, sobald man sich näher mit der Versuchung einläßt und anfängt, mit dem bösen Feinde sich zu erörtern.

Die Versuchung, welche der Seele durch die Sinne

zugeführt wird und ihr eine sinnliche Befriedigung in Aus=
sicht stellt, bringt dadurch einen sehr starken Eindruck her=
vor. Das aber, was wir gegen dieselbe innerlich einwen=
den, fällt nicht in die Sinne, thut der Natur nicht weh
und macht deshalb bei weitem keinen so großen Eindruck.
Der Glaube kann uns allerdings hierbei zu Hülfe kommen;
allein in der Unruhe vermag sich der Glaube manchmal
kaum fühlbar zu machen, und so leistet man der Leidenschaft
nur geringen Widerstand. Indem man sie auf solche Weise
bekämpft, schenkt man ihr außerdem viel zu viel Aufmerk=
samkeit, und das hält sie wach und reizt sie noch mehr, so
daß man jeden Augenblick fürchtet, man willige ein. Durch
alles dieses geräth die Seele schließlich in solche Verwirrung,
daß sie sich kaum zurechtzufinden weiß, wenn sie nachher
ihr Gewissen über das Vergangene erforschen will.

Bei den Versuchungen dieser Art gibt es daher kein
besseres Heilmittel, als wenn man sogleich seinen Geist
von dem Bösen abwendet und in seinem Herzen fromme
Anmuthungen erweckt. Denn wenn auch nicht alle unsere
Gedanken unserem Willen unterworfen sind, so kann doch
der Wille unseren Geist nöthigen, sich mit andern Dingen
zu beschäftigen, welche seine Aufmerksamkeit von der Ver=
suchung ablenken. Hierzu braucht man nicht gerade das
der Anfechtung Entgegengesetzte zu wählen; denn durch jede
fromme Anmuthung, durch jeden guten Gedanken und
Tugendakt sprechen wir hinreichend unsere Mißbilligung
gegen das Böse aus. Jede Seele muß sich hier an das
halten, was nach ihrer eigenen Erfahrung ihr das Dien=
lichste ist: Einige haben eine besondere Andacht zu dem
Leiden Christi, das ihnen Abscheu gegen alles Böse einflößt;
Andere ziehen sich im Geiste in das allerheiligste Herz Jesu
zurück und flehen es um Hülfe und Erbarmen an; wieder

Andere fühlen sich von der Andacht zu dem allerheiligsten Altarssakramente besonders zur Flucht vor der Sünde angetrieben, noch Andere versetzen sich im Geiste vor den Richterstuhl Jesu Christi, um heilsame Furcht vor dem Bösen in sich zu erwecken, und so hat Jeder irgend eine Glaubenswahrheit, die ihn besonders anregt und seinem Geist eine andere Richtung gibt. Die Akte der Liebe zu Jesu, die Anrufungen der allerseligsten Jungfrau bleiben unter allen Umständen geeignete Mittel. Oft sind aber auch gleichgiltige Dinge, Geschäftssachen, eine wissenschaftliche Frage, ein zur Hand liegendes Buch u. dgl. noch geeigneter unsern Geist von der Versuchung abzuziehen; was nur hiebei von Nutzen sein kann, das ist auch ein geeignetes Mittel, die Versuchung zu bekämpfen. Es handelt sich eben nur darum, daß wir die gefahrbringenden Gedanken und Gefühle einfach aus uns entfernen, gleichviel auf welchem Wege.

Das Wesentlichste im Kampfe ist, daß man ruhig bleibe, unerschütterlich im Vertrauen auf Gott beharre und besonders gleich dem ersten Angriffe des bösen Feindes kräftig und entschieden widerstehe. Wenn Kopf und Herz von Furcht bemächtigt sind, so wissen sie nicht mehr, an was sie sich zu halten haben. Die Unruhe läßt niemals eine richtige Beurtheilung der Dinge zu. Täglich sehen wir daher, welch' schlimme Folgen die Unruhe in zeitlichen, wie in geistlichen Dingen hat. Was thut ein Mann, der bei einer plötzlichen Gefahr, bei einem unvorhergesehenen Angriffe den Kopf verliert? Er sieht die Rettungsmittel nicht, die man ihm bietet; er hat seine Waffen bei sich und sucht sie, ohne sie zu finden.

Empfange daher den Feind mit mehr Zuversicht, sieh ihm kühner ins Auge; dann wirst Du bessere Maßregeln treffen und leichter erkennen, welche Mittel Dich zum Siege führen; Du wirst diese Mittel freier und ungehinderter ergreifen und mit größerem Erfolg in Anwendung bringen. Und im Grunde genommen, warum solltest Du Dich denn eigentlich fürchten? Der Feind kann Dir allerdings Alles, was es nur Böses gibt, einflüstern; allein zur Einwilligung kann er Dich niemals zwingen; sie hängt einzig von Dir und nicht von ihm ab. Warum erschrickst Du also vor Etwas, über das Du ganz Herr und Meister bist, und dem Du mit der göttlichen Gnade stets Deine Einwilligung versagen kannst? Sei unerschütterlich und standhaft; dann hast Du gar nichts von einem Gegner zu befürchten, der Dich nur besiegen kann, wenn Du selbst es so willst. Eine muthlose Seele dagegen ist schon halb überwunden; denn es fehlen ihr jene besondere Gnaden, welche Gott nur dem Vertrauen schenkt. Und wie könnten ihr auch diese kostbaren Gnaden zu Theil werden? In ihrer Muthlosig= keit denkt sie ja nicht einmal daran, um dieselben zu bitten. Sage nicht: „Ich habe schon so oft erfahren, wie schwach ich in dieser oder jener Versuchung bin!“ Du bist jedes= mal schwach gewesen, weil es Dir jedesmal an dem Ver= trauen fehlte. Laß es daran nicht mehr fehlen, und Du wirst in Zukunft nicht mehr unterliegen.

Außer der Zuversicht und dem Gottvertrauen ist noch ein dritter Punkt besonders bei heftigen Versuchungen sehr wichtig; Du mußt nämlich sorgfältig auf das erste Er= wachen der Leidenschaft achten, um es sogleich im Keime zu ersticken. Läßt Du durch zu geringe Gegenwehr dem Feinde Zeit, Deine Einbildungskraft zu erhitzen und Dein Herz für das Böse einzunehmen, so schwächt diese erste Untreue Dich noch mehr; die geschonte Leidenschaft nimmt bald überhand. Der schnelle und energische Widerstand

beim erſten Angriffe iſt doppelt nothwendig bei jenen Ver=
ſuchungen, deren Heftigkeit noch durch ſinnliche Eindrücke
verſtärkt wird; denn läſſeſt Du dieſer Zeit, umſichzugreifen,
ſo bedarfſt Du nachher eines ganz beſonderen Schutzes
von Oben, um Dich von der Sünde unverſehrt zu er=
halten.

Wenn man in geiſtlichen Dingen noch unerfahren iſt,
ſo ſoll man ſeine Verſuchungen dem Beichtvater entdecken,
ſobald ſie anfangen. So lernt man, wie man ſie zu be=
kämpfen hat, und weiß ſich leichter zu helfen. Dieſer Akt
chriſtlicher Demuth und Einfalt zieht auch beſondere Gna=
den auf uns herab. Eine Seele, die nach der Anordnung
des Herrn den Weg des Gehorſams wandeln will, ver=
dient, daß Gott ſich in ihren Leiden ihrer ganz beſonders
annimmt. Auch kommt es häufig vor, daß die Verſuchun=
gen aufhören, ſobald wir ſie dem Stellvertreter Gottes ent=
deckt haben. Verſchweigt man ſie dagegen in der Hoffnung,
daß ſie vorübergehen, ſo läßt man ihnen Zeit, heftiger zu
werden und es fällt uns dann nur noch ſchwerer, ſie zu
überwinden.

Neunter Abſchnitt.
Wie man die Verſuchungen, die von der Einbildungskraft herkommen, zu bekämpfen hat.

Die läſtigſten und manchmal die gefährlichſten Ver=
ſuchungen kommen von der Einbildungskraft her; dieſe übt
beſonders· auf flüchtige, nervöſe und leicht empfängliche
Perſonen, ſowie auf melancholiſche Gemüther einen tyran=
niſchen Einfluß aus. Bei den erſteren tragen dieſe Ver=
ſuchungen einen Charakter von Veränderlichkeit und Unbe=
ſtand, der jede Ueberlegung ſehr erſchwert; tauſend Gedanken,

von denen einer den andern verdrängt, kreuzen sich in ihrem Kopfe, bringen einen starken, aber flüchtigen Eindruck hervor und lassen den kalten, ruhigen Eingebungen der Vernunft wenig Raum. Bei traurigen, melancholischen Gemüthern dagegen nimmt die Einbildungskraft einen firen, grübelnden Charakter an; sie sieht Alles schwarz und versenkt sich so sehr in die trostlosesten Gedanken, daß es äußerst schwer ist, denselben zu widerstehen. Solche Personen halten sich daher wegen einer Kleinigkeit, oft auch ohne alle Ursache für die unglücklichsten Wesen auf der Welt; sie verwünschen ihr Dasein und seufzen nur nach dem Tode als nach dem einzigen Mittel gegen ihre eingebildeten Uebel. Die Einbildungskraft ist übrigens bei allen Menschen ein Vergrößerungsglas, welches die kleinen Begebenheiten des täglichen Lebens, die Leiden und Gefahren, die man befürchtet, tausend- und tausendmal vergrößert. Mischt sie sich in Gewissenssachen ein, so wird sie zu einer unerschöpflichen Quelle von Skrupeln, und bei melancholischen Personen ein beständiger Antrieb zur Verzweiflung.

Macht man es sich zur Gewohnheit, die Vorspiegelungen seiner Phantasie anzuhören, so bilden sich im Geiste fire Ideen oder gewisse fast unzerstörbare Ansichten und Ueberzeugungen, welche der Herrschaft des Willens gar nicht mehr oder wenigstens nicht mehr unmittelbar unterworfen sind. Diese beschäftigen uns oft Stunden lang, ohne daß wir uns dessen bewußt sind, oder ohne daß die Ueberlegung uns darauf aufmerksam macht. Es ist Dieses so zu sagen eine Art von Irrsinn, der sich auf einige Einzelnheiten beschränkt. Die heilige Theresia nennt deßwegen die Einbildungskraft nicht mit Unrecht die „Närrin des Hauses." Ist aber das Uebel schon so weit, so muß man vor Allem sich ein richtiges Urtheil darüber bilden. Das Vorhandensein solcher firen Ideen, wie z. B. geheimer Regungen der Verzweiflung oder unbesiegbarer Vorurtheile im Umgang mit Andern, macht eine Seele nicht strafbar, solange sie sich davon nicht frei machen kann. Allerdings soll sie Widerstand leisten; allein es ist äußerst wichtig, daß sie recht begreife, auf welche Weise sie widerstehen muß, und was sie durch diesen Widerstand über sich gewinnen kann; sonst würde sie durch verkehrte Anstrengungen das Uebel verschlimmern, anstatt es zu heilen.

Die Einbildungskraft ist ein Feind, dem man nicht offen Trotz bieten darf; nicht durch gewaltsame Anstrengungen, nicht durch Hin- und Herstreiten mit ihren unerschöpflichen Spitzfindigkeiten kann man sie besiegen; denn sie hat fast immer den Teufel zum Spießgesellen, und dieser ist ein Schwätzer, mit dem man sich nicht in Erörterungen einlassen darf. Die geeignetste Weise, gegen die Einbildungskraft zu kämpfen, läßt sich in folgende vier Worte zusammenfassen: Zuvorkommen, verachten, sich gedulden, sich zerstreuen. Wir wollen diese Punkte etwas näher entwickeln.

1. Zuvorkommen. Hier vor Allem gilt der Grundsatz: „Widersteh im Anfang." Fühlst Du, daß eine Deiner firen Ideen sich wieder einmal Deiner Einbildungskraft bemächtigen will, um dieselbe zu überreizen, dann schließe so schnell als möglich alle Thüren Deines Herzens zu, um ihr den Eingang zu verwehren. Du kannst es, wenn nicht immer, dann doch meistens, wenn Du Dir nur gleich anfangs treu und gewissenhaft die Gedanken ausschlägst, die über Dich kommen und denen Du gerne Deine Aufmerksamkeit schenken möchtest. Erhebe in solchen Augenblicken Dein Herz zu Gott; bringe ihm dieses gefährliche Vergnügen zum Opfer; versage Dir jeden überlegten und freiwilligen Rückblick auf die Gedankenrichtung zu der Du

Dich hingezogen fühlſt, und bemühe Dich, Deinen Geiſt
mit etwas Nützlichem, Angenehmem oder Erbaulichem zu
beſchäftigen, das ihn von ſeinen überſpannten Ideen ablenkt. Was thuſt Du aber gewöhnlich ſtatt deſſen? Du
öffneſt der Verſuchung Thüre und Thor; mit dem größten
Vergnügen empfängſt Du dieſe Gedanken, welche einer
Deiner Neigungen entſprechen und in Deiner Seele geheime
Bundesgenoſſen haben. In einem Augenblick haſt Du mit
ihnen die Reiſe um die Welt gemacht und in Deinem Geiſte
einen Roman angelegt, den zwanzig Bände nicht faſſen
könnten. An der Aufregung, an der Ueberreizung und an
den peinlichen Gefühlen, die ſich jetzt kundgeben und die
eine natürliche Folge des Vorausgegangenen ſind, erkennſt
Du zu ſpät, welch' gefährlichen Feind Du in Deine Mauern
eingelaſſen haſt; jetzt möchteſt Du ihn zurückſtoßen; allein
es iſt nicht mehr Zeit, der Damm iſt durchbrochen; Du
mußt dem Strome ſeinen Lauf laſſen; die Ueberſchwemmung
hört erſt auf, wenn alles Waſſer abgelaufen iſt. Oder,
um nicht mehr bildlich zu ſprechen, Deine ſo überreizte Einbildungskraft iſt weniger als je Deinem freien Willen unterthan; bis zu Ende mußt Du ihre Tollheiten aushalten, die
erſt aufhören, wenn Ermüdung eintritt oder irgend ein Vor-
fall eine gewaltſame und ſo zu ſagen gezwungene Unterbrechung herbeiführt. Es bleibt Dir dann nichts übrig, als
vor der Hand Dich zu gedulden und darüber zu wachen,
daß Dein freier Wille wenigſtens keinen Antheil nimmt an
dem, was er nicht mehr hindern kann. Wie Du Dieſes
thun kannſt, will ich Dir jetzt erklären.

2. Verachten, ſich gedulden, ſich zerſtreuen.
Iſt die Einbildungskraft einmal überreizt, ſo iſt es, wie
ſchon geſagt, nicht mehr möglich, durch offenen Widerſtand
über die tollen Vorſtellungen und Bilder, die ſie uns vor-

führt, und über die Eindrücke, die sie in uns hervorruft, Meister zu werden. Nur durch Verachtung, Geduld und durch eine gewisse Neutralität kannst Du diesem Strome widerstehen, vorausgesetzt, daß Dein freier Wille ganz aus dem Spiele bleibt und den tollen, sündhaften Gedanken, die den Geist erfüllen, nicht beistimmt. Ja trotz all diesen seltsamen, nicht zu beschreibenden und über Alles, was man sagen kann, lästigen Vorspiegelungen der Einbildungs=kraft, und trotz allen sündhaften Gefühlen und Eindrücken, welche die natürliche Folge davon sind, bleibt Dir doch stets Dein freier Wille, ohne dessen Zustimmung alles das nichts zu sagen hat. Freilich hat dieser Kampf seine Schwierig=keiten, die um so größer sind, je mehr Du die Gewohnheit hast, Dich hinreißen zu lassen, und je mehr Macht der Teufel dadurch gewonnen hat. Allein mit dem Beistande der Gnade, der Dir nie fehlt, soll und kann Dein freier Wille all dem Lärmen und all der Aufregung, die in seiner nächsten Nähe, in seinem eigenen Hause vor sich gehen, fremd bleiben. Du hast nichts zu thun, als Dich über Deine tolle Einbildungskraft lustig zu machen oder wenig=stens unthätig und verneinend dabei zu bleiben und gedul=dig abzuwarten, bis der Sturm sich gelegt hat. Du mußt es gerade wie bei einem heftigen Kopfweh oder bei einem Fieberanfalle machen; diesen Uebeln gibt man keine Nah=rung und hütet sich wohl, sie zu verstärken, indem man das, was sie hervorgerufen hat, noch weiter thut; aber man fühlt auch, daß es unnütz sein würde, gewaltsam dagegen anzu=kämpfen und zu protestiren. Hast Du einen Stein in der Hand und willst ihn gern los sein, so brauchst Du nicht weit auszuholen, um ihn wegzuschleudern; mach die Hand nur offen, so fällt er von selbst.

Die Schreckbilder, welche die Einbildungskraft oft uns

vorspiegelt, sind in Wirklichkeit nichts und vermögen nichts
wider einen festen und entschiedenen Willen, der sie unbe=
achtet läßt. Dagegen beraubt die übermäßige Furcht vor
denselben die Seele aller Geistesgegenwart und aller Kräfte
zur Vertheidigung; man verliert den Kopf, wie die Trut=
hühner in der Fabel und stürzt sich so selbst in den Fall=
strick des Feindes. Die Trugbilder der Phantasie gleichen
einer herumziehenden Schauspielertruppe, die spielt, wenn
man ihr zusieht, und die sich um so mehr anstrengt, je
mehr Aufmerksamkeit man ihr schenkt; die aber sogleich
aufhört, wenn man seine Blicke von ihr wegwendet. Du
hetzest einen Landstreicher, der Dich beschimpft, nur noch mehr
auf, wenn Du auf seine groben Redensarten Acht gibst,
darauf antwortest und bös darüber wirst; gehe vorüber,
ohne ein Wort zu sagen, und er wird bald von selbst
aufhören.

Ist es Dir aber zur Gewohnheit geworden, den Blend=
werken Deiner Phantasie Gehör zu schenken, und sind die=
selben dadurch zu firen Ideen und fast unumstößlichen Vor=
urtheilen geworden, so ist Geduld und Verachtung schwerer,
doch aber nicht weniger nothwendig, und hier, wie in allen
andern Fällen, bleibt es immer wahr, daß Dein freier
Wille seine Zustimmung versagen kann. Es ist gerade,
als wenn man Dich vor ein schlechtes Bild hinstellte und
Dir mit Gewalt die Augen offen hielte; gezwungen müß=
test Du das sehen, was Dich so tief anekelt. Würdest Du
Dich durch dieses unwillkürliche Sehen, wie durch einen
freiwilligen Blick versündigen? Gewiß nicht; bei der Ein=
bildungskraft ist es gerade dasselbe, und die Anwendung
ist nicht schwer.

Ein anderer Vergleich wird Dir vielleicht noch besser
zeigen, worin die Verachtung, die Geduld und die Zer=

ſtreuung beſtehen, welche hierbei die einzig ſichern Hülfsmittel bilden. Denke Dir einen Wahnſinnigen, der plötzlich „Feuer!" „Diebe!" ruft. Gleich geräth die ganze Familie in Schrecken; Alles will zu Hülfe eilen, das Feuer löſchen, die Diebe ver= treiben; eine kaltblütigere Perſon aber ſagt: „O es iſt der Narr, der ſchreit." Da legt ſich augenblicklich die allgemeine Aufregung; freilich hat man noch lange einen ganz tollen Kopf von dem läſtigen Geſchrei; allein man bekümmert ſich gar nicht mehr darum, ſondern lacht darüber und beſorgt ſeine gewöhnlichen Geſchäfte, wenn auch nicht ohne Ver= druß, ſo doch ohne Verwirrung. Dieß iſt ein treues Bild deſſen, was in vielen Seelen vorgeht, die mit der Einbil= dungskraft und ihren unſinnigen Einfällen geplagt ſind.

Vergiß es nicht, die Einbildungskraft iſt die Närrin des Hauſes; ſie iſt nicht die Seele, die freie, vernünftige Seele, deren Akte allein das Gewiſſen angehen. Oft mußt Du gegen Deinen Willen den Lärmen und das Geſchrei, welches die Närrin verführt, anhören; allein Du darfſt ihr weder beiſtimmen, noch Partei für ſie nehmen und mit ihr ſchreien; am allerwenigſten ſollſt Du Dein Thun und Laſſen nach dem einrichten, was ſie ſagt, oder viel Reden mit ihr machen, um ſie zum Schweigen zu bringen. Sage zu Dir ſelbſt: nein, ich will auf die Närrin und auf ihre Toll= heiten nicht Acht geben, obwohl ich gezwungen bin, ſie zu hören. Sie zum Schweigen zu bringen, das ſteht nicht in meiner Macht; deßhalb verſuche ich es gar nicht. Geduld alſo! Wenn ſie genug hat, dann ruhe ich aus. Unterdeſſen will ich ſo gut, als möglich, meine Geſchäfte beſorgen; das ſoll mir als Zerſtreuung und Abwechslung dienen; dann werde ich auch leichter dieſen unangenehmen Lärm ertragen. Sieh! ſo mußt Du Dich in dieſer allerdings nicht angeneh= men Lage verhalten.

Zehnter Abschnitt.

Von den oft wiederkehrenden Versuchungen. — In der Friedenszeit muss man sich zum Kampfe rüsten.

Wenn man häufigen Versuchungen ausgesetzt ist, so muß man sich in der Zeit, da man Ruhe hat, auf den Angriff bereit machen und Kräfte zum Widerstande sammeln. Wer den Augenblick des Kampfes abwartet, um sich zu rüsten, der wird überrascht und besiegt werden. In Friedenszeiten muß man sich auf den Krieg vorbereiten. Diesen bekannten Grundsatz muß man auch im geistigen Leben befolgen, zumal da hier jede Niederlage von größter Wichtigkeit ist, weil sie uns eines ewigen Königreiches beraubt.

Die Vorbereitung auf die Versuchung besteht in einem gesammelten, wahrhaft innerlichen Leben. Eine zerstreute Seele schenkt dem, was in ihrem Innern vorgeht nicht genug Aufmerksamkeit, und so hat die Versuchung in ihr schon große Fortschritte gemacht, ehe sie im Stande ist, zu widerstehen. Einem Geiste, der sich mit lauter eiteln und nichtigen Dingen beschäftigt, fällt es schwer, ernstlich die großen Wahrheiten der Religion zu betrachten, die allein der Macht der Leidenschaft in uns das Gleichgewicht halten können. Eine Seele dagegen, welche die innere Sammlung sorgfältig bewahrt, sich mit Gott beschäftigt und nur frommen und heiligen Gedanken Raum gibt, sieht schon von Weitem den Feind herankommen, verwahrt sich sogleich gegen ihn, und hat bald Alles in Bereitschaft um ihn siegreich zu bekämpfen. Ein Geist, der sich gewöhnlich mit den großen Wahrheiten unseres heiligen Glaubens beschäftigt und ein Herz, dem die Tugend zur süßen Gewohnheit geworden ist, lassen sich nicht leicht von dem trügerischen Ge-

nuſſe hinreißen, den die Leidenſchaft ihnen bietet. Die be=
harrliche Uebung des Gebetes, der Schutz der Heiligen und
beſonders der lieben Mutter Gottes, die wir in der Gefahr
anrufen, öffnen uns die Schätze des Himmels und erlangen
uns jene beſonderen Gnaden, deren eine zerſtreute Seele
ſich unwürdig macht, ja um die ſie nicht einmal bittet.

Tritt zu einem innerlichen, geſammelten Leben noch
der öftere, würdige Empfang der heiligen Sakramente hinzu,
ſo iſt man doppelt in Sicherheit. Unterliegſt Du auch
manchmal der Verſuchung, ſo ſollſt Du Dich deßhalb doch
nicht von den heiligen Gnadenmitteln entfernen, ſondern
ſie eher noch häufiger empfangen. Das heilige Bußſakra=
ment iſt nicht nur zur Vergebung der ſchon begangenen
Sünden eingeſetzt, ſondern es verleiht uns auch beſondere
Gnaden, um die Sünden zu meiden, die wir begehen
könnten, und uns zu ſtärken im Kampfe gegen die Leiden=
ſchaften, welche die Quellen unſerer früheren Sünden
waren. Entfernt man ſich von dieſem heiligen Sakra=
mente, ſo beraubt man ſich dieſer Gnaden und wird immer
ſchwächer. Je öfter man aber dem heiligen Bußgerichte
naht, um ſo mehr Abſcheu vor der Sünde fühlt man in
ſich. Außerdem ſtimmen alle gelehrten Theologen darin
überein, daß ein Chriſt, der das Unglück gehabt hat, eine
Todſünde zu begehen, nicht zögern ſoll, aus dieſem trauri=
gen Zuſtande herauszukommen, und Dieſes um ſo mehr,
wenn er beſonderen Hang zu dieſer Sünde in ſich fühlt;
denn, einmal von Gott getrennt, ſteht er in der größeren
Gefahr, bei wiederkehrender Verſuchung in die nämlichen
Sünden zurückzufallen. Er fügt ſich alſo den größten
Schaden zu, wenn er ſich von dem heiligen Bußſakramente
entfernt.

Auch die heilige Kommunion iſt ein kräftiges Bewah=

rungsmittel gegen die Versuchungen, wenn wir uns mit rechter Gesinnung und gut vorbereitet dem Tische des Herrn nahen. Hier empfangen wir Jesum Christum selbst, den Heiland unserer Seelen: da er sich uns ganz hingibt; wie könnte er uns die nothwendigen Gnaden versagen, um ihm treu zu bleiben? Das Concilium von Trient sagt von der göttlichen Eucharistie: „Jesus Christus hinterließ uns dieses heilige Sakrament als eine geistige Speise zur Er= haltung und Stärkung des Gnadenlebens in uns, . . . und als ein Schutzmittel, das uns von unseren täglichen Fehlern läutert und uns vor Todsünden bewahrt." (XIII. Sitzung, 2. Kap.) Wann aber bedarf die Seele am dringendsten eines besondern Gnadenbeistandes, der sie im Guten be= festigt, wider die Feinde des Heils stärkt und vor schweren Sünden bewahrt? Gewiß zur Zeit der Versuchung. In den Tagen der Prüfung ist uns die himmlische Seelenspeise, dieses mächtige Schutzmittel nothwendiger, als je. Sich desselben dann durch eigene Schuld berauben, hieße das nicht, sich seiner ganzen Schwäche preisgeben? Ueberdieß ist eine Seele, welche würdig die heiligen Sakramente em= pfangen will, mit diesem großen Gedanken beschäftigt; über den heiligen Gesinnungen, die sie zum Tische des Herrn bringen will, vergißt sie die Versuchungen, die sie quälen, und fühlt sich mächtig angetrieben, Alles fern zu halten, was der göttlichen Gnade in ihr ein Hinderniß setzen könnte.

Ein weiteres Bewahrungsmittel wider die Versuchun= gen sind die Bußübungen; sie erwerben uns viele Gnaden, demüthigen den Verstand, schwächen die Leidenschaften, thun genug für Sünden und Unvollkommenheit, erneuern uns im heiligen Eifer, und spornen uns zur Wachsamkeit an. Dennoch soll man sie nicht ohne Mäßigung und Vorsicht anwenden. Jeder Christ soll sich abtödten und Buße thun, aber nur bis zu einem gewissen Punkte; was darüber hinausgeht, ist Uebertreibung, auch abgesehen davon, daß die christliche Klugheit uns gebietet, unsere Gesundheit zu schonen. Gegen die meisten bösen Neigungen wendet man die Bußübungen mit Erfolg an; doch gibt es auch Personen, denen sie wegen ihres Charakters oder ihres Temperamentes äußerst schädlich werden können. Solche Personen sollen ohne Rath und Erlaubniß gar nichts dergleichen unternehmen.

Eilfter Abschnitt.
Von dem Nutzen der Versuchungen.

Ueber die Versuchungen sind Viele deßwegen so trostlos, weil sie dieselben nicht im rechten Lichte betrachten. Sie sehen nur auf die Gefahren derselben und auf das Böse, zu dem sie uns anreizen, und vergessen dabei, welche Vortheile sie uns gewähren und welche geistlichen Güter wir durch sie erlangen. Viele ziehen wenig Nutzen aus ihren Versuchungen, weil sie diesen Nutzen entweder gar nicht kennen, oder weil sie nicht daran denken; möchten die hier folgenden Belehrungen allen solchen Seelen helfen, ihre Versuchungen geduldiger zu ertragen und leichter zu überwinden.

In der Versuchung kann eine christliche Seele die gründlichsten Tugenden ausüben und die größten Verdienste für den Himmel sammeln. Welch' großer Trost ist es nicht für uns, daß selbst die Nachstellungen unserer Feinde uns zum Nutzen für die Ewigkeit gereichen können und die bösen Geister, wenn wir es nur wollen, uns zum Glücke und Heile dienen müssen. Wie sehr stärkt und ermuthigt uns dieser Gedanke nicht im Kampfe nach dem Worte des heiligen Jakobus: „Haltet es für lauter Freude, meine Brüder, wenn Ihr in mancherlei Anfechtungen fallet, und wisset, daß die Prüfung eures Glaubens Geduld wirket, die Geduld aber das Werk vollendet, so daß ihr vollkommen und ganz seid und an nichts Mangel habet." [1]

Der Mensch denkt gewöhnlich wenig über sich selbst nach, kennt sich selbst wenig; und steigt nur ungern in sein eigenes Herz hinab, weil er fürchtet, dort Fehler wahrzunehmen, über die seine Eigenliebe erröthen müßte. Ganz natürlich geht sein Streben stets dahin, seine Unvollkommenheiten bei sich selbst zu beschönigen und sich seiner guten Eigenschaften zu freuen. Aus diesem thörichten Verfahren stammt die große Empfindlichkeit und Reizbarkeit seiner Eigenliebe, die eitle Selbstüberschätzung, die ihn so vielen Gefahren aussetzt, und die Selbstgefälligkeit, womit er sich Anderen vorzieht. Der Stolz, die Urquelle all' seiner Uebel, macht ihn blind für seine Fehler und Gebrechen. Selbst fromme Seelen sind nicht immer frei von dieser Selbstsucht. Sie bilden sich gerne Etwas auf ihre Tugenden ein und streben nach Anerkennung derselben; selbst die heiligsten Handlungen sind mitunter von diesem feinen Gifte angesteckt.

Das unfehlbare Mittel gegen dieses gefahrvolle Uebel und seine schlimmen Folgen sind die Versuchungen. Sie offenbaren dem Menschen sein ganzes Herz, und zeigen es ihm, wie es ist, wenn es sich selbst überlassen bleibt; er kann sich dann nicht mehr vor sich selbst verbergen oder beschönigen. Die Versuchung ist das Licht, bei dessen traurigem Scheine er sein ganzes Elend, seine ganze Schwäche

---

[1] Jak. I. 2.

und seine ganze Verdorbenheit sieht. Zorn, Neid, Eifersucht, Haß, Rachsucht und andere noch niedrigere und beschämendere Leidenschaften bestürmen ihn die eine nach der
andern, und so angefochten gelangt er zu der Ueberzeugung,
daß er von Natur aus nicht höher steht, als die Anderen.

Die erste Frucht der Selbstkenntniß in einer christlichen Seele ist die Demuth, und zwar eine Demuth, die
mit ihrem Elende in richtigem Verhältnisse steht. Die Seele
findet in sich selbst nur Anlaß zur Verdemüthigung und
Selbstverachtung. Wohl nimmt sie auch einige gute Eigenschaften in sich wahr; allein die Anerkennung, die sie sich
dafür zollen könnte, schwindet gar bald vor den vielen
bösen Neigungen, die sie stets zu bekämpfen hat. Sie ist
in ihren eigenen Augen, was sie vor den Menschen sein
würde, wenn ihr Herz mit allen seinen Leidenschaften vor
ihnen enthüllt wäre, und sie kennt für sich selbst kein anderes Gefühl mehr, als das der Verachtung; darum verdemüthigt sie sich stets vor Gott und macht vor den Menschen keine Ansprüche mehr.

Wir wissen schon, welche große Vortheile uns diese von
religiösem Geiste getragene Selbstkenntniß bringt.

Eine Seele, der durch die Versuchungen das ganze
Elend ihres Herzens klar geworden ist, steht vor Gott ganz
beschämt da, und diese Beschämung ist ihr unendlich heilsam, weil sie dadurch vor vieler eitler Selbstüberschätzung
bewahrt bleibt.

Die Erkenntniß unserer eigenen Verdorbenheit, wie die
Versuchungen sie uns verleihen, hat auch noch eine andere
Wirkung, die sehr viel zu unserer Vervollkommnung bei-
trägt. Eine Seele, welche trotz ihren vielen Versuchungen
doch ihr Heil wirken will, muß sich fester an Gott anschließen und wachsamer über sich selbst sein; das enge An-

schließen an Gott und die Wachsamkeit sind aber zwei vor=
treffliche Mittel, um auf dem Wege der Heiligkeit große
Fortschritte zu machen. Eine solche Seele erhebt, sobald
der Feind sich nur regt, „ihre Augen zu den heiligen Ber=
gen, von welchen ihr Hülfe kommt;“ [1] und je mehr der Ver=
sucher sie belästigt, desto fester schließt sie sich im Gebete
an Gott an, wie das Kind, das sich bei wachsender Gefahr
immer enger an den Vater anschmiegt. Eben so sorgfältig
sucht sie der Gefahr im Voraus vorzubeugen; sie flieht
Alles, was ihre früheren Versuchungen wieder anregen oder
ihr neue verursachen könnte. Wer aber aus täglichen Käm=
pfen gelernt hat, daß man seine bösen Neigungen im Ent=
stehen unterdrücken muß, nimmt sogleich die leiseste Regung
des Bösen in seinem Herzen wahr, und wird niemals un=
versehens überfallen.

Zwölfter Abschnitt.

Die Andacht zu der allerseligsten Jungfrau Maria ist ein vortreffliches
Mittel gegen die Versuchungen und zur Bewahrung des innern Friedens.

Wir unternehmen es nicht, hier ausführlich von der
Güte und Macht der allerseligsten Jungfrau und von der
Andacht zu ihr zu sprechen; das ganze Buch würde dazu
nicht ausreichen. Wir wollen die Seelen nur in Kürze
daran erinnern, wie mächtig der Beistand Mariä zur Er=
haltung des innern Friedens ist. Unter den Ehrentiteln,
welche die heilige Kirche der Mutter des Erlösers spendet,
finden wir den einer „Königin des Friedens.“ Wie tref=
fend steht ihr nicht dieser Name zu; sie ist ja die Mutter

---

[1] Pf. CXX. 1.

des wahren Salomon, des Friedenskönigs, und nach dem Ausspruche der heiligen Väter ist sie durch jenes Friedens= zeichen versinnbildet, das er nach der Sündfluth als Regen= bogen in den Wolken erstrahlen ließ.

Maria ist die Ausspenderin aller göttlichen Gaben; in ihrer Hand liegt demnach auch das kostbare Gut jenes inneren Friedens, der alle Begriffe übersteigt; an sie müssen wir uns wenden, um diese, wie alle andern Gnaden, zu erhalten. Der hl. Bonaventura sagt: „Stets sollen unser Aller Augen auf die Hand Maria geheftet sein, um von ihr Gutes zu erlangen." Bei wem sucht denn das Kind Ruhe und Beistand, wenn nicht bei seiner lieben Mutter, die so treu und sorgsam über sein Glück wacht? Maria ist unsere Mutter durch ihre Liebe und durch das Testa= ment ihres göttlichen Sohnes, der sie uns am Kreuze zur Mutter gab. Die Bande, die uns an sie knüpfen, sind noch mächtiger und heiliger, als die Bande der Natur. Auch versichert uns der gottselige P. Nieremberg, daß die vereinigte Liebe aller Mütter für ihre Kinder nur ein Schatten sei im Vergleiche mit der Liebe Maria für ein einziges ihrer Kinder. Maria liebt uns mehr als alle Engel und Heili= gen zusammen, und sie hat es uns bewiesen, als sie um unseres Heiles willen in den blutigen Tod ihres göttlichen Sohnes einwilligte. Deßhalb bezieht der heilige Bonaven= tura auch auf sie die Worte, die der heilige Johannes von Gott dem Vater schrieb: So sehr hat sie die Welt geliebt, daß sie ihren einzigen Sohn dahingab, um dieselbe zu retten. [1] Was könnte sie uns nach einem solchen Opfer noch ver= sagen? Und wie könnten wir unsrerseits unserem Vertrauen und unserer Liebe zu ihr Schranken setzen? „Derjenige

---

[1] Joh. III. 16.

kann nicht zu Grunde gehen," sagt Blosius, „der demüthig und innig in der Andacht zu Maria beharrt."

Nicht umsonst nennt die Kirche Maria unsere „Hoffnung." Der heilige Bonaventura sagt von ihr mit Anwendung der Worte Jobs: „Und wenn sie mich verstoßen und mir den Tod geben würde, so würde ich dennoch nicht aufhören, auf sie zu hoffen."[1] Gott schuf Maria so, daß Niemand sie fürchten kann; nicht die strafende Gerechtigkeit, sondern nur das Erbarmen ist ihr eigen. Der Herr verlieh ihr solche Güte und solches Mitleid, daß sie Keinen, der zu ihr fleht, verachten und Keinem, der darum bittet, ihre Hülfe versagen kann. Gott gab uns Maria zur Stütze in unseren Schwächen, zum Troste in unseren Leiden und zur Hülfe in unseren Gefahren und selbst zur Zuflucht nach unseren Sünden, so daß sogar das Verbrechen uns nicht den Zutritt zu dieser Mutter voller Zärtlichkeit verschließt.

Was immer uns also den Frieden rauben mag, flüchten wir uns nur gleich zu Maria. Besonders aber zur Stunde der Versuchung müssen wir zu dieser mächtigen und gütigen Mutter unsere Zuflucht nehmen. Das bloße Anrufen ihres heiligen Namens stärkt uns wider die Angriffe des Versuchers. „Glorreich und wunderbar ist Dein Name, o Maria!" ruft der heilige Bonaventura aus, „wer ihn mit Vertrauen anruft, hat nichts zu fürchten in der Stunde des Todes; denn die Teufel können ihn nicht hören, ohne von der Seele zu fliehen, die ihn anruft."

Darum sagt der heilige Thomas von Villanova: „Wie die Küchlein beim Anblicke des Geiers unter den schirmenden Fittig der Henne eilen, so sollen auch wir unter den

---

[1] Job XIII. 9.

Schußmantel Maria flüchten, sobald der Versucher uns an=
greift." Maria selbst sprach einst zu der heiligen Brigitta:
„Wenn meine selbst sündigen Kinder unter meinen Schutz
fliehen, so fühle ich mich so angetrieben, sie zu retten, wie
eine Mutter, die ein Schwert über dem Haupte ihres Soh=
nes gezückt sähe."

Stets werden wir also in unseren Kämpfen wider die
Sünde Sieger sein, wenn wir zu Maria, der Mutter Got=
tes und unserer Mutter, unsere Zuflucht nehmen. Die An=
rufung ihres heiligen Namens während der Versuchung ist
daher der beste Beweis, daß wir dem Feinde muthig wider=
stehen; das ist besonders der Fall in den Versuchungen wider
die heilige Reinigkeit. Ist ja dieser Name das Sinnbild
der vollkommensten Reinheit. Es sollen also die Namen
Jesu und Maria in unserm Herzen unzertrennlich sein und
in der Versuchung unsere mächtigste Stütze ausmachen.

Zu diesen beiden heiligsten Namen gesellt sich noch ein
dritter, der in unseren Gebeten, wie auf Erden und im
Himmel unzertrennlich vor ihnen ist. Es ist der Name des
heiligen Joseph, des jungfräulichen Bräutigams Maria,
des Nährvaters und Beschützers Jesu. Von ihm sagt die
heilige Theresia: „In allen Dingen wähle ich ihn zu mei=
nem Beschützer, und ich erinnere mich nicht, je Gott durch
seine Fürbitte um Etwas angefleht zu haben, ohne erhört
worden zu sein. Niemals habe ich Jemanden gekannt, der
ihn angerufen hätte, ohne bedeutende Fortschritte in der
Tugend zu machen. Seine Macht bei Gott ist von wun=
derbarer Wirksamkeit für Alle, die sich mit Vertrauen an
ihn wenden."

Als die Völker Aegyptens, bedrängt von einer furcht=
baren Hungersnoth, ihren König um Rettung baten, da
sprach er zu ihnen: „Gehet zu Joseph, und thut Alles,

13*

was er euch sagen wird." [1] So sendet auch Jesus Chri=
stus, unser göttlicher König, die geprüften Seelen in ihren
Unruhen, Versuchungen und Leiden zu dem, der sein Nähr=
vater war, der seine Kindheit schützte und leitete und den
er zum Verwalter seines Hauses bestellt hatte. „Gehet
zu Joseph," sagt er uns, „und thut Alles, was er euch
sagen wird."

Dreizehnter Abschnitt.
Mittel gegen die Traurigkeit.

Zwei Regeln scheinen mir hier von Wichtigkeit zu sein.
Die erste ist, daß Du die natürlichen Mittel gebrauchst,
welche die Vorsehung Dir bietet, um der Traurigkeit ab=
zuhelfen. Ueberlade Dich deßhalb nicht zu sehr mit müh=
samen Geschäften, schone Deine körperlichen und auch Deine
geistigen Kräfte; behalte Dir freie Stunden vor zum Beten,
zum Lesen und zu guten, erholenden Gesprächen, heitere Dich
selbst auf, und suche Dich nach Bedürfniß geistig und kör=
perlich zu erfrischen.

Suche Dir auch einen zuverläßigen, verschwiegenen
Freund, dem Du Dein Herz über Alles, was nicht An=
derer Geheimniß ist, ausschütten kannst. Vertrauensvolles
Mittheilen erweitert und erleichtert das Gemüth; ein zu
lang verhaltener Kummer drückt zuletzt das Herz ab. Sprich
Dich aus, und Du wirst sehen, daß Du Dir die Sache viel
ärger gemacht hast, als sie ist. Nichts verscheucht so rasch
einen gewissen Trübsinn, als die Einfalt und Demuth mit
der Du auf Kosten Deines eitlen Ruhmes Deine Muthlosig=
keit und Niedergeschlagenheit mittheilst und Licht und Trost

---

[1] Gen. XLI. 9.

suchst in der heiligen Gemeinschaft, die zwischen den Kindern
Gottes bestehen soll.

Halte Dich zu einer gewissen Anzahl von Personen,
deren Umgang angenehm ist und Dir nach Bedürfniß Er-
holung gewährt. Dazu brauchst Du keinen zu großen Be-
kanntenkreis. Du darfst auch nicht zu wählerisch sein; mit
allen verträglichen und vernünftigen Leuten mußt Du umgehen können. Auch kannst Du, wenn die Traurigkeit kommen
will, lesen, arbeiten, bei schönem Wetter spazieren gehen,
in Deiner Beschäftigung abwechseln, damit Dir keine überdrüssig wird; kurz, was Deinem Gemüthe eine andere
Stimmung zu geben vermag, das thue, insofern es nichts
Sündhaftes ist.

Fühlst Du, daß trotz dieser Hülfsmittel und Vorsichtsmaßregeln die Traurigkeit dennoch über Dich kommt, so gilt
die zweite Regel: Du mußt diese unfreiwillige Stimmung
geduldig ertragen. Die innere Entmuthigung bringt Dich
schneller, als alles Uebrige, auf dem Wege des reinen Glaubens voran; wenn Du Dich nur nicht davon aufhalten läßt
und Dich nur nicht der unwillkürlichen Erschlaffung hingibst,
die sich bei der Traurigkeit fast mit Gewalt Deines ganzen
Inneren bemächtigt. Ein Schritt in diesem Zustande ist
immer ein Riesenschritt und hat mehr Werth, als tausende
in einer tröstlicheren und angenehmeren Gemüthsstimmung.
Verachtest Du Deine Niedergeschlagenheit und schreitest ruhig
voran, so ist Dir dieser Seelenzustand nützlicher und ver-
dienstlicher, als der heroischste Muth und die heldenmüthigste
Stärke.

O wie trügerisch ist jener fühlbare Muth, der Alles
leicht findet, Alles unternimmt, Alles leidet und sich so hoch
anrechnet, daß er kein Bedenken kennt! Wie sehr nährt er

in Dir das Selbstvertrauen und die Selbstüberschätzung! Er gefällt der Welt; der Seele aber ist er ein feines Gift.

Eine Seele, welche wie Christus im Oelgarten betrübt ist bis in den Tod und mit dem gekreuzigten Heiland ausruft: „Mein Gott! mein Gott! warum hast Du mich verlassen?" [1] eine solche Seele ist viel geläuterter und in der Demuth befestigter, als jene starken Seelen, die im Frieden sich der Früchte ihrer Tugenden erfreuen.

Fünftes Kapitel.

Von dem Gebete.

Erster Abschnitt.

Um was wir beten sollen, und wie unser Gebet beharrlich sein muss. [2]

Es ist sonderbar, daß die meisten Christen sich tagtäglich beklagen, ihre Gebete fänden keine Erhörung, da doch Christus so oft und so feierlich uns die Erfüllung aller unserer Bitten versprochen hat. Wir können die Erfolglosigkeit unserer Gebete nicht der Natur der Dinge, um die wir bitten, zuschreiben, denn in der Verheißung Jesu ist nichts ausgenommen: „Was ihr immer im Gebete begehret, glaubet nur, daß ihr es erhaltet." [3] Wir können diese Fruchtlosigkeit auch nicht der Unwürdigkeit des Betenden zur Last legen; denn Christus gab sein Wort Allen ohne Ausnahme: „Ein Jeder, der da bittet, empfängt." [4] Woher mag es denn kommen, daß so viele Bitten dennoch unerhört bleiben?

---

[1] Mark. XV. 34.   [2] Dieser Abschnitt ist von P. de la Colombière.   [3] Mark. XI. 24.   [4] Matth. VII. 8.

Vielleicht, weil die meisten Menschen unersättlich und unge=
duldig sind und so übermäßig große und ungestüme Bitten
an den Herrn richten, daß sie ihm durch ihre Unbescheiden=
heit und Zudringlichkeit lästig werden? Nein, dieß Alles ist
es nicht; sondern ich glaube, daß der einzige Grund, warum
wir so wenig von Gott erhalten, der ist, daß wir zu wenig
von ihm verlangen und nicht dringend genug beten.

Jesus Christus gab uns allerdings von seinem himm=
lischen Vater die Verheißung, daß er uns Alles, folglich
auch das Kleinste verleihen wolle; allein er hat uns auch
vorgeschrieben, welche Ordnung wir bei unseren Bitten ein=
halten sollen, und wenn wir dieser Vorschrift des Heilandes
nicht nachkommen, so hoffen wir vergebens, Etwas zu er=
langen. Er sagt ausdrücklich: „Suchet zuerst das Reich
Gottes und seine Gerechtigkeit, so wird euch dieses Alles
zugegeben werden." [1] Man verbietet Dir nicht, Dir Reich=
thümer und Alles, was zu dem Unterhalte und zu den An=
nehmlichkeiten des Lebens gehört, zu wünschen; aber Du
mußt diese Dinge nur an ihrer Reihe begehren, und wenn
Du willst, daß in dieser Hinsicht alle Deine Wünsche in
Erfüllung gehen, so verlange zuerst die nothwendigsten Dinge,
und es werden Dir zu diesen hinzu auch noch die gering=
fügigsten gegeben werden.

Ein Beispiel hievon zeigt uns die heilige Schrift in
dem weisen Salomon. Als Gott ihm freistellte, Alles zu
begehren, was er nur wolle, so flehte dieser fromme König
um Weisheit, damit er seinen Pflichten als Fürst nachkommen
könne. In seinem Gebete erwähnt er weder Schätze noch
irdischen Ruhm; denn er glaubte, daß er eine so günstige
Gelegenheit zur Erlangung der wahren und einzig großen

---

[1] Matth. VI. 33.

Güter benützen müsse, und durch dieses kluge Verfahren erhielt er sogleich nicht nur, was er verlangt hatte, sondern selbst das, was er nicht begehrte. „Weil Du solches begehret und nicht um langes Leben noch um Reichthum gebeten hast, siehe! so habe ich Dir nach Deinem Worte gethan. Aber auch das, um was Du nicht gebeten, habe ich Dir gegeben, Reichthum nämlich und Ehre." [1]

Wenn Gott so verfährt, so dürfen wir uns nicht mehr wundern, daß wir bis jetzt ohne Erfolg gebetet haben. Ich gestehe ein, daß ich oft von Mitleid gerührt bin, wenn ich den Eifer gewisser Personen sehe, welche Almosen, Fasten und Wallfahrten geloben und Messen lesen lassen, um Erfolg in ihren zeitlichen Unternehmungen zu erhalten. Blinde Menschen! sage ich dann zu mir selbst, wie sehr fürchte ich, daß ihr umsonst betet und beten lasset! Ihr hättet diese Opfer und Gelöbnisse dem Herrn darbringen sollen, um vollkommene Bekehrung, Geduld, Weltverachtung und Losschälung von den Geschöpfen zu erlangen; nach diesem ersten wichtigsten Schritte hättet ihr auch um Gesundheit und zeitlichen Segen flehen können, und Gott hätte euer Gebet erhört; ja, er wäre allen euren Wünschen zuvorgekommen.

Lassen wir aber die wichtigsten Bitten nicht vorausgehen, so versagt uns Gott oft die zeitlichen; weil sie uns ohne die ersteren schädlich sein können und gewöhnlich wirklich schädlich sind. Wir murren und klagen Gott der Grausamkeit und der Untreue in seinen Verheißungen an; unser Gott ist aber ein gütiger Vater, der lieber unsere Klagen und unser Murren hinnimmt, als daß er uns durch verderbliche Gaben beruhigt und tröstet.

Was von dem Gebete um irdische Güter gilt, das gilt

---

[1] III. Buch der Könige III. 11. 13.

auch von den Bitten um Abwendung zeitlicher Uebel. Es
sagt mir zum Beispiele Jemand: „Ich verlange nicht nach
Reichthum; ich wäre zufrieden, wenn ich nur aus meiner
drückenden Lage heraus wäre. Gerne lasse ich Ruhm und
großen Namen denen, die darnach dürsten; nur möchte ich
der Schmach entgehen, welche die Verläumdungen meiner
Feinde mir bereiten." „Willig verzichte ich auf Freuden
und Genüsse; allein ich leide Schmerzen, die ich nicht länger
ertragen kann." „Schon so lange bete und flehe ich dringend
zum Herrn, daß es sich mit mir bessern möge; allein er
bleibt unerbittlich." — Darüber bin ich nicht überrascht;
Du leidest an inneren Uebeln, die weit größer sind, als die
äußeren, über die Du klagst: warum bittest Du nicht um
Befreiung von jenen? Hättest Du in dieser Absicht nur
halb so viel gebetet, als Du um Erlösung von Deinen
irdischen Leiden gefleht hast, so hätte Dich Gott schon längst
von beiden befreit. Deine Armuth dient dazu, um Deinen
von Natur aus stolzen Geist zu demüthigen; diese Verläum=
bungen, die Dich so sehr betrüben, sind Dir nothwendiger,
weil Du zu sehr an der Welt hängst; jene Krankheit ist
ein Damm gegen Deine Vergnügungssucht. Gott würde
Dir keine Liebe, sondern eher Abneigung beweisen, wenn er
Dir dieses Kreuz abnähme, ehe Du die Dir fehlenden
Tugenden besitzest; nähme er in Dir einigen Eifer für diese
Tugenden wahr, so gäbe er sie Dir, und Du hättest dann
gar nicht mehr nöthig, ihn um das Uebrige zu bitten. Du
siehst demnach, daß wir nichts erhalten, weil wir nicht genug
verlangen; Gott kann uns nicht so Weniges geben und seine
unendliche Freigebigkeit nicht auf so geringfügige Dinge be=
schränken, ohne uns selbst zu schaden. Beachte aber wohl:
ich sage nicht, daß Du Gott nicht um zeitliche Dinge bitten
könntest, ohne ihn zu beleidigen; ich weiß wohl, daß unser

Gebet um irdische Güter hinreichend geläutert ist, sobald
wir die Bedingung beifügen: „Wofern es Deiner Ehre
und meinem Heile nicht zuwider ist!" „Da es aber selten
Gott zum größeren Ruhme oder Dir zum Heile gereicht,
wenn er Dich in solchen Dingen erhört, so sage ich, daß
Du Gefahr läufst, gar nichts zu erlangen, so lange Du
keine größeren Gaben begehrst.

Soll ich Dir jetzt sagen, wie Du um zeitliches Glück
bitten und Gott gleichsam zur Erhörung zwingen kannst?
Sprich einmal von ganzem Herzen zu ihm: „O mein Gott!
gib mir entweder so viele Reichthümer, daß sie mein Herz
befriedigen, oder flöße mir eine solche Verachtung dagegen
ein, daß ich sie nicht mehr wünsche. Befreie mich entweder
von meiner Armuth oder mache sie mir so liebenswürdig,
daß ich sie allen Schätzen dieser Erde vorziehe. Mache meinen
Schmerzen entweder ein Ende, oder gib, daß sie mir eine
Quelle von Zufriedenheit und Freude werden.

Du kannst mir das Kreuz abnehmen, aber auch es mir
leicht und süß machen. Du kannst das Feuer, das mich
verzehrt, löschen; aber auch ohne es zu löschen kannst Du
bewirken daß es mir zur Kühlung diene, wie die Flammen
des babylonischen Feuerofens den israelitischen Jünglingen.
Ich bitte Dich um das Eine oder um das Andere. Was
liegt daran, auf welche Art ich glücklich werde? Bin ich es
durch den Besitz irdischer Güter, so will ich ewig dafür
danken; bin ich es durch die Entbehrung, so ist Dieß ein
Wunder, das Deinen heiligen Namen noch mehr verherr=
lichet, und dann werde ich Dir nur noch erkenntlicher sein.

Dies ist ein des wahren Christen würdiges Gebet; und
weißt Du, welches sein Erfolg sein wird? Erstens wirst
Du zufrieden sein, es möge kommen, was da wolle, und
was wünschen selbst diejenigen, welche am meisten nach ir=

dischen Schätzen lechzen, mehr, als Zufriedenheit? Zweitens
wirst Du nicht nur unfehlbar eine der erflehten Gnaden
erhalten, sondern gewöhnlich werden sie Dir beide zu Theile
werden. Gott wird Dir Reichthum und Loßschälung von
Deinem Reichthum verleihen, so daß Du ihn ohne Gefahr
besitzest; er wird Deine Schmerzen von Dir nehmen und
Dir dabei einen solchen Leidensdurst einflößen, daß Du Dir
ohne Kreuz die Verdienste der Geduld im Kreuze erwirbst.
Mit einem Worte er wird Dich hienieden schon glücklich
machen, und zugleich Dich die ganze Nichtigkeit alles Erden=
glückes fühlen und erkennen lassen, so daß Dir Dein Glück
nicht zum Verderben im Jenseits gereicht. Was könntest
Du Dir Besseres wünschen? Ein so hohes Gut verdient
gewiß, daß Du darum bittest, und es ist auch werth, daß
Du inständig und dringend darum bittest; denn der Grund,
warum wir so wenig erhalten, ist nicht nur, daß wir um
wenig bitten, sondern auch, daß wir um das Wenige nur
wenig bitten.

Willst Du also, daß alle Deine Gebete unfehlbar er=
hört werden? Willst Du Gott zwingen, alle Deine Wünsche
zu erfüllen? So sage ich Dir vor Allem: „Werde nie
müde im Gebete!" Wer nach kurzer Zeit zu beten auf=
hört, dem fehlt es entweder an Demuth oder an Vertrauen,
und er verdient deßhalb keine Erhörung. Es sagt ein äl=
terer Kirchenvater: „Bete nicht im gebieterischen Tone, wenn
Du gleich willst erhört werden. Es sieht gerade aus, als
wenn Du verlangtest, Gott solle Deinem Gebete, wie einem
Befehle, augenblicklich gehorchen. Weißt Du nicht, daß er
den Stolzen widersteht und nur den Demüthigen seine
Gnade gibt? Wie! Dein Stolz empört sich, wenn Du
mehr als einmal dieselbe Bitte wiederholen mußt!" — Ist
es nicht ein Mangel an Vertrauen auf die göttliche Güte,

wenn man so schnell an der Erhörung seines Flehens ver-
zweifelt oder den geringsten Verzug als eine Verweigerung
ansieht?

Christliche Seelen! vernehmet eine Wahrheit, die ich
tief in euer Aller Herzen einprägen möchte! Wenn man
einmal einen richtigen Begriff von der Größe der göttlichen
Güte hat, so glaubt man sich nie verstoßen; und man kann
nie glauben, daß Gott uns alle Hoffnung rauben will. Ich
für meinen Theil gestehe es offen: je länger mich Gott
um eine Gnade bitten läßt, desto mehr wächst in mir der
Wunsch nach derselben; nie halte ich mein Gebet für verloren, als wenn ich sehe, daß ich abgelassen habe, zu beten.
Flehe ich aber nach einem Jahre vergeblicher Bitten noch
mit demselben Eifer wie im Anfang, so bleibt mir kein
Zweifel an der Erfüllung meiner Wünsche, und weit entfernt, nach so langem Verzuge den Muth sinken zu lassen,
halte ich mich im Gegentheile berechtigt, mich recht zu
freuen, da ich überzeugt bin, daß ich um so vollkommener
erhört werde, je länger Gott mich beten läßt. Wäre mein
erstes dringendes Flehen ganz unnütz gewesen, so hätte ich
dasselbe nicht so oft wiederholt und mein Vertrauen wäre
nicht so unerschütterlich geblieben; weil aber meine Beharrlichkeit nicht gewankt hat, so darf ich mit vollem Rechte
hoffen, daß sie mir reichlich vergolten wird. Erst nach
sechszehn Jahren der Thränen und Gebete erlangt die heilige Monika die Bekehrung ihres Sohnes, des heiligen
Augustinus; allein auch welche Bekehrung! und welche unendlich vollkommenere Sinnesänderung, als die fromme
Mutter es je hätte hoffen dürfen! Augustinus war um-
strickt von Sinnenlust und Unglaube; alle Wünsche Monika's gingen nur dahin, den ausschweifenden Jüngling in
die Schranken einer rechtmäßigen Ehe gebunden zu sehen,

und Gott gab ihr die Freude, daß ihr Sohn die erhaben=
sten Räthe des Evangeliums umfaßte. Sie wollte Augu=
stinus nur christlich wissen, und Gott bestellte ihn zum
Hirten seiner Heerde, zum Priester und Bischofe. Hätte
diese Mutter sich nach ein= oder zweijährigem Gebete ab=
schrecken lassen, oder hätte sie nach zehn bis zwölf Jahren
aufgehört zu flehen, als sie sah, wie das Uebel immer
schlimmer wurde, und wie ihr unglücklicher Sohn von Irr=
thum in Irrthum, von Laster in Laster verfiel, welchen
Schaden hätte sie nicht ihrem Sohne zugefügt, welchen Trost
sich nicht selbst genommen, welches Schatzes hätte sie nicht
alle kommenden Jahrhunderte beraubt?

Nun noch ein Wort für jene frommen Seelen, welche
am Fuße des Altars um jene unschätzbaren geistlichen Güter
flehen, um welche Gott so gerne gebeten ist. Glückliche
Seelen, die ihr im Lichte des Herrn die Nichtigkeit aller
irdischen Dinge erkannt habt; muthige Seelen, die ihr,
seufzend unter dem Joche eurer Leidenschaften, um Erlösung
von euren verkehrten Neigungen fleht; eifrige Seelen, die
ihr von heiligem Verlangen, Gott zu lieben und im heilig=
mäßig zu dienen, entzündet seid; fromme Seelen, die ihr
um die Bekehrung eines geliebten Gatten, Sohnes oder
Freundes anhaltet, ich bitte euch im Namen des Herrn,
werdet nicht müde, lasset nicht ab vom Gebete, seid beharr=
lich und unermüdlich! Gott versagt euch heute Etwas;
morgen aber werdet ihr Alles erhalten! Dieses Jahr habet
ihr keinen Erfolg; das nächste wird euch aber überreich
machen. Haltet eure Mühe nicht für verloren: Gott zählt
jeden Eurer Seufzer; Ihr werdet erhalten nach dem Maße
der Zeit eures Flehens; ihr sammelt Euch einen Schatz, der
plötzlich überfließen und alle eure Wünsche überfüllen wird.

Soll ich Dir das Liebesgeheimniß des Herrn ganz ent=

hüllen: wenn Gott Dir Deine Bitte versagt, so verstellt er sich nur, um Dich zu neuem Eifer zu entflammen. Sieh! wie er es dem kananäischen Weib macht, er will nichts von ihr sehen noch hören und behandelt sie wie eine Fremde, ja noch viel härter und abstoßender als eine Fremde. Sollte man nicht meinen, er höre diese Unglückliche nur mit Ungeduld und Zorn an, und ihre Zudringlichkeit erbittere ihn immer mehr? Und doch ist er innerlich von Bewunderung über sie erfüllt und über ihr Vertrauen und ihre Demuth hoch erfreut; deßhalb stößt er sie scheinbar von sich. „O verstellte Güte, die Du den Schein der Grausamkeit annimmst,“ ruft hier der Abt Guerric aus, „mit welcher Zärtlichkeit verstößest Du die, welche Du am meisten erhören willst!“ Laß Dich darum nicht irre machen, christliche Seele! sondern flehe um so bringender, je mehr Gott Dich zu verstoßen scheint.

Mache es wie das kananäische Weib; benütze als Waffen gegen Gott gerade die Gründe, aus denen er Dir Deine Bitte abschlagen könnte. Sprich zu ihm: „Es ist wahr, daß Du den Hunden das Brod der Kinder hinwirfst, indem Du mir diese Gnade zu Theil werden läßt; ich verdiene sie allerdings nicht; allein ich verlange sie ja auch nicht um meiner Verdienste, sondern um der Verdienste meines Erlösers willen; ja, Herr, Du hast zu befürchten, daß Du mehr Rücksicht nimmst auf meine Unwürdigkeit, als auf Deine Verheißungen, und daß Du Dir selbst Unrecht thust, indem Du mir Gerechtigkeit widerfahren läßt. Wäre ich Deiner Wohlthaten würdiger, so würde es Dir weniger Ehre bringen, mir dieselben zu spenden. Freilich ist es nicht gerecht, einem Undankbaren eine Gunst zu erweisen; ich flehe aber auch nicht zu Deiner Gerechtigkeit, sondern zu Deiner Barmherzigkeit. „Bleibe standhaft, glückliche Seele, die Du so gut angefangen hast, mit Deinem Gott zu ringen; lasse ihn nicht mehr los; er sieht es gern, wenn Du ihm Gewalt anthust: denn er will von Dir besiegt werden." Zeichne Dich durch Deine Zudringlichkeit aus; laß in Dir ein Wunder der Beharrlichkeit sehen, und zwinge den Herrn, sich Dir unverhüllt zu zeigen, und Dir voll Bewunderung zu sagen: „Groß ist Dein Glaube, Dir geschehe, wie Du willst."[1]

Zweiter Abschnitt.

Verschiedene Belehrungen über das Gebet und über die Trockenheit, die man oft darin empfindet.[2]

Man ist nicht selten versucht zu glauben, man bete nicht mehr, sobald man aufhört, ein gewisses Vergnügen am Gebete zu finden. Um seinen Irrthum hierin einzusehen, muß man nur bedenken, daß das vollkommene Gebet und die Liebe Gottes Eins und dasselbe sind. Das Gebet besteht nicht in süßen Empfindungen, in Anregungen der Einbildungskraft, in Erleuchtungen des Geistes, nicht einmal in einem gewissen Troste, den man in der Anschauung Gottes genießt; dieß Alles sind nur äußere Gaben, und die Liebe Gottes kann ohne sie noch viel reiner in uns sein, weil sie, sobald sie aller dieser Dinge beraubt ist, sich um so ausschließlicher und unmittelbarer an ihn allein anschließt. Eine solche Liebe des reinen Glaubens aber macht unsere Natur trostlos, weil sie ihr keine Stütze mehr läßt; wir meinen, Alles sei verloren, und dadurch ist Alles gewonnen.

Die reine Liebe besteht einzig und allein im Willen;

---

[1] Matth. XV. 28.   [2] Dieser Abschnitt ist von Fenelon.

sie ist keine Wirkung des Gefühls; die Einbildungskraft hat keinen Theil daran; sie liebt, ohne zu fühlen, wie der reine Glaube glaubt, ohne zu sehen. Du darfst nicht meinen, diese Liebe sei eine Einbildung; sie ist nichts, als der von der Phantasie getrennte Wille. Je geistiger das innere Wirken ist, in desto höherem Grade besitzt es nicht nur die Wirklichkeit, sondern auch die Vollkommenheit, welche Gott begehrt. Das Wirken oder die Thätigkeit unseres Willens ist demnach viel vollkommener, wenn sie rein geistig ist; dadurch wird zugleich der Glaube geprüft und die Demuth bewahrt. Dann ist die Liebe keusch und lauter; denn man liebt Gott wegen seiner selbst, und das Herz hängt nicht mehr an den Süßigkeiten und Tröstungen der Gefühle. Wir folgen dem Herrn nach, aber nicht wegen der Brodvermehrung.

Wie! erwidert man mir aber jetzt, die ganze Frömmigkeit sollte nur in dem Willen, sich mit Gott zu vereinigen, bestehen, einem Willen, der vielleicht mehr eine Einbildung, als ein wirkliches Wollen ist? Bestätigt sich dieser Wille nicht durch die Treue in den wichtigeren Gelegenheiten, dann will ich glauben, daß es nicht der rechte ist; denn jeder gute Baum bringt gute Früchte, und dieser Wille muß uns achtsam machen auf die Erfüllung des göttlichen Willens; allein er verträgt sich in diesem Leben mit den kleinen Schwächen, die Gott uns läßt, um uns zu verdemüthigen. Ist man sich also nur dieser täglichen Fehler bewußt, so darf man immer noch glauben, die rechte Willensrichtung zu besitzen.

Die wahre Tugend und die reine Liebe finden sich nur im Willen. Und ist es nicht viel, wenn man immer das vollkommenste Gut will, sobald man es erkennt; wenn man stets seinen Geist wieder darauf hinlenkt, sobald man bemerkt, daß er etwas abgewichen ist; wenn man nie mit Ueberlegung etwas ohne Gottes Anordnung will, und wenn man endlich ihm ohne Unterlaß im Geiste der Selbstaufopferung und gänzlicher Hingabe ergeben bleibt, selbst zur Zeit, wo jede fühlbare Tröstung fehlt? Rechnest Du es für nichts, Selbstbetrachtungen der Eigenliebe kurzweg abzuschneiden, immer voranzugehen ohne zu sehen wohin, sich nie freiwillig mit sich selbst zu beschäftigen? Stirbt nicht dadurch der alte Mensch mehr ab, als durch alle die schönen Betrachtungen, bei denen man sich aus Eigenliebe mit sich selbst abgibt, und durch viele äußere Uebungen, in denen wir Beweise unseres Fortschrittes suchen?

Es ist eine Untreue gegen den reinen Glauben, wenn man sich immer vergewissern will, daß man seine Sachen gut macht, und deßwegen immer wissen will, was man thut; wir werden es doch nie wissen; denn Gott will, daß wir dessen unkundig bleiben. Darüber nachgrübeln heißt soviel, als beim Gehen seine Zeit damit verlieren, daß man über seinen Gang Betrachtungen anstellt. Der sicherste und kürzeste Weg ist immer, sich selbst verläugnen, sich selbst vergessen, sich ganz Gott überlassen und ohne Noth nicht an sich selbst denken.

Das beste Gebet ist nichts Anderes, als die Liebe zu Gott. Hierzu sind nicht viele Worte nöthig. Gott bedarf unserer Worte nicht, er kennt unsere geheimsten Gesinnungen. Du betest wahrhaft, wenn dein Herz betet, und das Herz betet nur durch seine Wünsche. Beten heißt also wünschen, aber das wünschen, was Gott will, daß wir wünschen.

Diesem Grundsatze gemäß sagt der heilige Augustinus: „Wer wenig liebt, betet wenig; wer viel liebt, der betet viel."

Man hört nie auf zu beten, wenn man stets die wahre

Liebe und die rechten Wünsche im Herzen trägt. Die Liebe,
die verborgen in der Tiefe der Seele ruht, betet ohne Unterlaß, selbst dann, wenn unsere Gedanken nicht gerade wirklich auf Gott gerichtet sein können. Gott sieht stets in
unserer Seele den Wunsch, den er selbst ihr einflößt, und
dessen sie sich nicht immer bewußt ist. Dieser Wunsch, der
ihre stete Stimmung ist, bewegt das Herz Gottes; er ist
eine geheime Stimme, die ohne Unterlaß seine Barmherzigkeit auf uns herabruft; ja er ist selbst nicht Anderes, als
jener Geist, „der für uns mit unaussprechlichen Seufzern
begehrt unserer Schwachheit hilft."[1]

Diese Liebe fleht zu Gott, er möge uns geben, was
uns fehlt, und weniger auf unsere Schwachheit, als auf die
Aufrichtigkeit unserer guten Absichten sehen. Wir wissen
nicht, was wir begehren sollen, und oft würden wir verlangen, was uns schädlich wäre. Wir würden um bestimmte
Gnaden, um gewisse fühlbare Gnaden und gewisse scheinbare Vollkommenheiten anhalten, die nur das natürliche
Leben und das Selbstvertrauen in uns nähren könnten;
die reine Liebe aber bereitet uns auf alle geheimen Absichten Gottes vor; denn sie bewirkt, daß wir es Gott gänzlich anheimstellen, was er in und mit uns machen will.

Dann wollen wir Alles und wollen Nichts. Was
Gott uns gibt, ist gerade das, was wir haben wollten;
denn wir wollen Alles, was er will, und nur das, was er
will. Dieser Zustand schließt jegliches Gebet in sich: es ist
eine Stimmung des Herzens, die jeden Wunsch in sich begreift: Der Geist begehrt in uns, was der Geist selbst
uns geben will. Sogar wenn wir äußerlich beschäftigt
sind, und wenn uns die Verhältnisse, in die uns die Vor-

---

[1] Röm. VIII. 26.

sehung versetzt, unvermeidliche Zerstreuungen verursachen, so
tragen wir doch stets in unserem Innern ein Feuer, das
nicht erlischt, und das in uns ein geheimes Gebet erhält,
gleich einer immer brennenden Lampe vor dem Throne des
Herrn. „Ich schlafe; aber mein Herz wacht." [1] — „Selig
jene Knechte, welche der Herr wachend findet." [2]

Um in diesem Gebetsgeist, der uns mit Gott vereinigen soll, zu verharren, müssen wir besonders zwei Regeln beobachten: erstens, daß wir ihn in uns nähren, und
zweitens, daß wir Alles meiden, wodurch wir ihn verlieren
könnten.

Was nährt den Geist des Gebets in uns? die regel-
mäßige geistliche Lesung und Betrachtung, der öftere Auf-
blick zu Gott unter Tags, die Exercitien von Zeit zu Zeit,
der Empfang der heiligen Sakramente.

Alles, wodurch wir den Geist des Gebetes verlieren
können, soll uns mit Furcht erfüllen und uns in größter
Wachsamkeit erhalten. Dafür müssen wir, die zu sehr zer-
streuenden weltlichen Gesellschaften meiden, den Vergnügungen
entsagen, welche die Leidenschaften zu sehr anregen, und
Alles fern halten, was die Liebe zur Welt und unsere
früheren, unheilbringenden Neigungen wieder wecken könnte.

Das einzelne dieser beiden Punkte geht bis in das
Unendliche, wir können nur das Allgemeine angeben; denn
jede Seele hat hierin ihre besonderen Bedürfnisse.

Um den Geist des Gebetes zu nähren, muß man zu
seiner geistlichen Lesung jene Bücher wählen, welche uns
über unsere Pflichten und unsere Fehler belehren, uns die
Größe Gottes zeigen und sagen, was wir ihm schuldig
sind, und wie oft wir es daran fehlen lassen; denn es han-

[1] Hoh. Lied V. 2.   [2] Luk. XII. 37.

delt sich nicht darum, daß bei der Lektüre das Herz von Rührung überfließt, wie bei einem rührenden Schauspiele: der Baum muß Früchte bringen;[1] nur dann kann man glauben, daß Leben in einer Wurzel ist, wenn sie es durch Fruchtbarkeit beweist.

Der Gegenstand unserer Betrachtung soll weder gesucht, noch spitzfindig sein; am besten sind einfache und natürliche Erwägungen, wie sie unmittelbar aus den Glaubenswahrheiten hervorgehen. Betrachte wenig Wahrheiten; aber betrachte sie gründlich, mit Muße, ohne Anstrengung und hasche nicht nach außergewöhnlichen Gedanken und Bildern; vor Allem aber suche das, was Du in der Betrachtung erkannt hast, auch im Leben auszuführen.

Hinsichtlich der Art zu betrachten, muß man sich nach seinen eigenen Erfahrungen richten. Wer sich bei einer bestimmten Methode wohlbefindet, der behalte sie bei; wer sich aber einer solchen nicht unterwerfen kann, der verachte deßhalb nicht, was so vielen anderen Seelen großen Nutzen bringt, und was so viele fromme und erfahrene Geistesmänner sehr empfohlen haben. Da es jedoch der Zweck jeder Methode ist, den Seelen zu helfen und nicht sie zu stören, so müssen wir dieselben aufgeben, sobald sie uns nicht nützen, sondern hinderlich sind.

Im Anfange ist die natürlichste Methode die, daß man ein Buch nimmt, es schließt, wenn die gelesene Stelle uns anspricht, und es wieder öffnet, wenn diese Stelle uns keine Nahrung mehr bietet. Im allgemeinen ist es sicher, daß die Wahrheiten, welche uns am meisten anziehen, auch die nützlichsten für uns sind; denn sie lehren uns am besten einsehen, was wir Gott zu opfern haben, und so gibt uns

---

[1] Matth. VII. 17.

Gott auch durch sie am Ersten seinen besonderen Gnaden=
antrieb. Wir können also hierbei ruhig unserer Neigung
folgen. „Der Wind weht, wo er will; so ist es mit Je=
dem, der aus dem Geiste geboren wird.“ [1] „Wo aber der
Geist des Herrn ist, da ist Freiheit.“ [2]

Nach und nach nehmen die Erwägungen ab; die from=
men Anmuthungen, die stille Beschauung und die Wünsche
nehmen zu. Der Geist ist belehrt und überzeugt genug;
jetzt kostet das Herz, es nähret, entzündet und entflammt sich.

Schließlich wird das Gebet durch einfachere und klarere
Anschauungen immer vollkommener; wir bedürfen dann
nicht mehr so vielen Stoffes und so vieler Erwägungen.
Ein Wort bietet Stoff genug, um sich lange damit zu be=
schäftigen. Wir verkehren mit Gott, wie mit einem Freunde;
zuerst hat man seinem Freunde tausend Dinge zu sagen,
und ihn um tausend Dinge zu fragen; allein allmälig er=
schöpft sich der Unterhaltungsstoff, ohne daß die Freude des
Zusammenseins aufhört. Man hat sich Alles gesagt und
spricht nicht mehr; man findet es aber so süß, beisammen
zu sein, sich zu sehen, sich bei einander zu fühlen, und sich
der Wonne einer innigen und lauteren Freundschaft hinzu=
geben! Man schweigt still und doch versteht man sich;
man weiß, daß man in Allem übereinstimmt, und daß beide
Herzen nur Eines sind und sich unaufhaltsam in einander
ergießen.

So wird unser Gebet zur einfachen, vertraulichen Gott=
vereinigung, die alle Begriffe übersteigt. Gott muß aber
selbst uns zu diesem Gebete erheben; es aus sich selbst ver=
suchen, wäre eine gefährliche Vermessenheit. Schritt für
Schritt muß man sich von einem erfahrenen Führer leiten

---

[1] Joh. III. 8.   [2] II. Cor. III. 17.

laſſen, der dann zuerſt durch genauen Unterricht in geiſtigen Dingen und durch Anleitung zu vollkommener Selbſtver=läugnung eine ſichere Grundlage herbeiführen wird.

Was die Exercitien und den Empfang der heiligen Sakramente betrifft, ſo hat man ſich darin nach dem Ur=theile derjenigen zu richten, denen man ſein Vertrauen ge=ſchenkt hat. Es ſollen dabei unſere beſonderen Bedürf=niſſe, die Wirkungen der heiligen Sakramente auf uns und viele andere perſönlichen Rückſichten in Betracht genommen werden.

Vierter Theil.

Von den Skrupeln.

Erstes Kapitel

Was man unter Skrupeln versteht, — Unterschied zwischen der Skrupulosität und der wahren Frömmigkeit. — Kennzeichen der Skrupel.

Ein Skrupel ist ein Zweifel in Bezug auf sittliche Erlaubtheit, der wenig oder gar nicht begründet ist, obwohl er manchmal sich bis zur förmlichen Ueberzeugung steigert [1] und das Gewissen in die größte Verwirrung bringt.

Wer oft von Zweifeln dieser Art, sei es nun in einem oder in mehreren Punkten, beunruhigt ist, den nennt man skrupulös; dieses Wort hat einen geringschätzigen Nebenbegriff und da die meisten Skrupulanten zu den frommen Seelen gerechnet werden, so fällt die Verächtlichkeit dieses Namens oft auf die Frömmigkeit zurück. Dieß ist sehr unrecht, denn die wahre Frömmigkeit ist immer mit Klarheit gepaart, und unsere Ungewißheiten und Zweifel kommen nicht von ihr, sondern von unserer geistigen Finsterniß.

Man darf also die wahre Frömmigkeit nicht nach den falschen Begriffen beurtheilen, welche skrupulöse Seelen sich

---

[1] Vasquez in 2, 2. disp. 67, Art. 2.

davon machen. Zwei große Meister des inneren Lebens sollen uns in wenigen Zeilen ihr erhabenes Bild nochmals entwerfen.

„Man muß," sagt der heilige Franziskus von Sales, „Alles aus Liebe und Nichts aus Zwang thun und mehr den Gehorsam lieben, als den Ungehorsam fürchten."

Und der berühmte Erzbischof von Cambrai fügt bei: „Wehe der kleinlichen, in sich selbst verstrickten Seele, die stets fürchtet, und der die Furcht keine Zeit läßt, um zu lieben und großmüthig vorwärts zu eilen! O mein Gott! ich weiß, es ist Dein Wille, daß das Herz, welches Dich liebt, weit und frei sei. Deshalb will ich mit Vertrauen handeln und wirken, wie das Kind, das auf dem Arme der Mutter spielt; ich will mich in dem Herrn erfreuen und will suchen, auch die Andern zu erfreuen. Ich will mein Herz erheitern in der Versammlung der Kinder Gottes und will mich bestreben, die kindliche Offenherzigkeit, Unschuld und Freude des heiligen Geistes zu erlangen. Weit von mir, o mein Gott, jene trübselige und ängstliche Weisheit, die immer von sich selbst zehrt und stets die Wage in der Hand hält, um jedes Stäubchen zu wiegen! Es ist ja beleidigend für Dich, wenn man nicht mit mehr Einfalt mit Dir verkehrt, eine solche Strenge ist Deines Vaterherzens unwürdig."

Der Skrupel ist also nichts Vollkommenes, sondern ein Mangel, eine Schwäche, über die man sich vor dem Herrn verdemüthigen muß, und deren man sich keineswegs zu rühmen hat; denn es ist ganz unvernünftig, schwachen, unsicheren Vermuthungen nachzugeben und da Sünden zu sehen, wo keine sind. Dieser Fehler ist ebenso unheilbringend, als lächerlich, und man zählt ihn mit Recht zu den größten Gefahren, denen eine Seele ausgesetzt sein kann.

„Ein skrupulöses, zu enges Gewissen" sagt Gerson, „hat oft schlimmere Folgen, als ein zu weites: denn es ist ein Weg ohne Ende, der nur ermüdet, ohne zu dem ersehnten Ziele, dem ewigen Heile, zu führen! Muthlosigkeit und leider zu oft sogar Verzweiflung sind der Ausgang."

Wir wollen jetzt, nach P. Alvarez Paz, die Hauptmerkmale des Skrupels angeben. Daß eine Seele skrupulös ist, erkennt man 1. vor Allem (und auf dieses Kennzeichen soll man sich am meisten verlassen), wenn ihr Seelenführer es ihr sagt. — 2. Wenn sie in der Beicht glaubt, sie habe sich schwere Sünden vorzuwerfen, während der Beichtvater ihr versichert, es sei nicht Stoff genug zur Absolution vorhanden, oder es handle sich doch höchstens nur um geringe läßliche Sünden. — 3. Wenn sie sich bei einem erfahrenen Führer über eine Schwierigkeit Raths erholt hat und trotzdem nach wie vor unruhig bleibt. — 4. Wenn sie oft wegen geringfügiger und leicht zu entscheidender Sachen fragt. — 5. Wenn sie gewisse Unvollkommenheiten, über welche die meisten frommen Seelen leicht hinweggehen, mit übertriebener Aengstlichkeit und Sorgfalt zu meiden sucht. — 6. Wenn sie über Dinge im Zweifel ist, über die selbst ängstliche Seelen sich nicht beunruhigen. — 7. Wenn sie traurig und niedergeschlagen ist, beständig über ihre vergangenen Sünden und früheren Beichten nachgrübelt und von tausend lächerlichen Gedanken geplagt ist, in denen sie Sünden erblicken will, obwohl ihr Wille keinen Antheil daran hat. — Endlich 8. wenn sie sich einbildet, ihre Seelenführer verständen sie nicht hinreichend, um sie zu leiten, und wenn sie unter diesem Vorwande ihren Entscheidungen und Befehlen eigensinnig widersteht, daß sie sich zum Beispiele weigert, sich in der Beicht auf die ihr vorgeschriebenen Punkte zu beschränken, oder zur heiligen Kommunion zu gehen, wenn man es ihr befiehlt. — Wer nach seinem eigenen Urtheile oder nach dem seines Seelenführers eines dieser Kennzeichen in sich wahrnimmt, der muß sich eingestehen, daß er skrupulös ist; er muß sich selbst mißtrauen, der Leitung seines eigenen Gewissens entsagen, und sich besseren Händen anvertrauen, wie der Kranke Alles der Einsicht und Fürsorge des Arztes überläßt.

Zweites Kapitel.
Allgemeine Ursachen der Skrupel.

1. Schwäche des Geistes.

Eine sehr gewöhnliche Ursache der Skrupel und unbegründeten Zweifel ist die natürliche Schwäche eines Geistes, auf den Alles Eindruck macht und für den eine Kleinigkeit hinreicht, ihm den Frieden zu rauben.

Diese Geistesschwäche kann in größerem oder geringerem Grade vorkommen; im höchsten Grade vorhanden, hemmt sie den freien Willen und die gesunde Vernunft oder vernichtet dieselben sogar gänzlich. Allein von der Geistesschwäche in solchem Grade rede ich hier nicht, denn diese bedarf nur des Mitleids und nicht des Rathes.

Ich verstehe hier unter Geistesschwäche einfach einen natürlichen Fehler, der mit großer Redlichkeit und Tugendhaftigkeit gepaart sein kann, und der nur darin besteht, daß man leicht in Unruhe geräth und nachher nicht zu unterscheiden vermag, wie weit man in der Unruhe gegangen ist.

2. Ein verwirrter Kopf.

Es gibt Seelen, denen es eine große Erleichterung wäre, wenn sie sich auszusprechen wüßten, und die sich aus-

sprechen könnten, wenn sie selbst nur einmal klar und deut=
lich wüßten, was sie beunruhigt; allein sie haben einen
verwirrten Kopf, der nichts mit Bestimmtheit unterscheidet,
und ihre Worte sind natürlich so verworren und unklar,
wie ihre Gedanken. Zuerst meint man, man habe sie ver=
standen, aber einen Augenblick nachher kommt wieder etwas
ganz Anderes heraus. Man beruhigt sich für einen Augen=
blick, es folgen aber stets neue Erklärungen und neue un=
erschöpfliche Fragen.

Diese Verworrenheit der Gedanken kommt oft von
einer übertriebenen Spitzfindigkeit des Verstandes her, der
nicht zur rechten Zeit seine Grübeleien einzustellen weiß
und über die Schranken des gesunden Menschenverstandes
hinausgeht. Ein gesunder Geist nimmt einen guten Be=
weis an und gibt sich damit zufrieden; ein spitzfindiger,
zu hoch geschraubter Kopf aber findet Schwierigkeiten, wo
keine sind, hat immer neue Bedenken und neue scharfsinnige
Gründe, um sich selbst zu peinigen und will sich nie ruhig
auf die gegebene Entscheidung verlassen. Wer auf diesem
Wege, statt in christlicher Einfalt und Gelehrigkeit, Er=
leuchtung und Klarheit sucht, der begräbt sich immer mehr
und mehr in die Finsterniß; denn es fehlt ihm an Demuth,
und diese ist das einzige Mittel, das zum wahren Lichte
führt. „Wenn Ihr nicht werdet wie die Kinder‘“ sagt der
Heiland, „so werdet Ihr nicht in das Himmelreich ein=
gehen.“ [1] Die Kinder aber hören auf das, was man ihnen
sagt, sie thun es mit der größten Gelehrigkeit, nehmen in
aller Einfalt Belehrungen an und so hellt sich ihr Geist
nach und nach auf, und ihr Urtheil bildet sich allmälig.
Geradeso sollten ängstliche Seelen sich von ihrem geistlichen

---

[1] Matth. XVIII. 3.

Führer leiten lassen, um zu dem Frieden zu gelangen, der sich mit eitler Spitzfindigkeit des Geistes nicht verträgt.

3. Eine ungezügelte Einbildungskraft.

Eine leichte und flüchtige Einbildungskraft, die gleich Alles auffaßt, was ihr nur kommt, und allem Möglichen nachjagt, ist eine reiche Quelle von Skrupeln, und Dieses nur um so mehr, wenn diese Einbildungskraft zur Uebertreibung geneigt ist und nichts in seiner wirklichen Gestalt zu erblicken weiß. Ist sie dazu noch eigensinnig, so daß Widerspruch sie erbittert und nur in ihren eigenen Ansichten bestärkt, bringt sie die Sinne dermaßen in Aufregung, daß man deßhalb kaum zu unterscheiden vermag, ob der Wille Antheil an der Sache nimmt, und auf welcher Seite er steht, so ist das ein Zustand, der im höchsten Grade Bedauern verdient. Dennoch ist auch dieser Fehler mit einer aufrichtigen Frömmigkeit nicht unvereinbar; denn diese hat ihren Sitz in dem Herzen; das Innerste unseres Herzens aber ist der Einbildungskraft unzugänglich, so lange wir uns davon unabhängig halten wollen.

Personen, welche ihre Einbildungskraft mit sich selbst verwechseln, müssen belehrt werden, daß diese Seelenkraft für sie gleichsam eine fremde, außer ihnen liegende ist; daß sie keine andere Gewalt über dieselbe besitzen, als sich nicht von ihr beherrschen zu lassen; daß die Tollheiten derselben ihnen nicht als Fehler angerechnet werden, da sie nur für ihr Herz verantwortlich sind; daß dieses aber mitten unter tausend unreinen Vorspiegelungen der Einbildungskraft doch unschuldig bleibt, sobald es kein Wohlgefallen an denselben nimmt, und endlich, daß es kein besseres Mittel gibt, um solchen Versuchungen ein Ende zu machen oder um sie wenigstens zu mäßigen, als daß man sich nicht darüber ängstigt und beunruhigt, denn die Angst verdoppelt ihre Heftigkeit und Hartnäckigkeit, während die Verachtung sie beseitigt. Insbesondere ist der Geist der Unlauterkeit für die, welche ihn verachten, nur ein Kind, für die aber, welche ihn fürchten, wird er zum Riesen.

Wer mit der Einbildungskraft geplagt ist, der muß nicht nur lernen, sie von dem Willen zu unterscheiden, sondern auch, sie zu zügeln. Fenelon sagt hierüber: „Du meinst vielleicht, es hänge nicht von Dir ab, Deine Einbildungskraft zu beschwichtigen; ich bitte aber um Entschuldigung: es hängt sehr viel von Dir ab. Wenn man allen freiwilligen Aufregungen ein Ende macht, so vermindert man die unfreiwilligen um Vieles. Je weniger man sich freiwillig aufregt, desto mehr setzt man sich in Stand, in keiner Weise mehr aufgeregt zu werden und seine aufgeregte Einbildungskraft zu zügeln. Fällt ein Steinchen ins Wasser, so setzt es dasselbe für einige Zeit in Bewegung, und anfangs konntest Du diese Bewegung nicht hindern; allein höre nur auf, es noch mehr zu bewegen, und es wird allmälig von selbst wieder ruhig. Gott wird schon für Deine Einbildungskraft sorgen, sobald Du sie nicht mehr mit Deinen skrupulösen Grübeleien in Aufregung erhälst. . . Enthalte Dich der langen Verhandlungen mit Deiner Einbildungskraft; bekämpfe Deine Träumereien, nicht mit Gewalt; denn das hieße einen reißenden Storm aufhalten wollen, sondern wenn Du fühlst, daß Deine Einbildungskraft aufgeregt wird, und Deinem Geiste Bilder vorspiegelt, die er zu sehen gezwungen ist, so wende Dich einfach zu Gott hin und versuche es gar nicht, diesen eitlen Vorspiegelungen entschieden Trotz zu bieten. Laß sie unbeachtet, und beschäftige Dich mit irgend einer nützlichen Arbeit.“

4. Das Ideal einer fehlerlosen Tugend und Vollkommenheit.

Manche Personen von ganz gesundem Verstande und von ruhiger Einbildungskraft leiden dessenungeachtet an Skrupeln, weil sie sich von der Tugend einen Begriff machen, der sich mit dem Zustande des Menschen in diesem Leben nicht verträgt. Sie denken nicht an die schlimmen Folgen der Erbsünde, die auch nach unserer Rechtfertigung in uns zurückbleiben; sie entsetzen sich zu sehr über die vielen entgegengesetzten und widerstrebenden Neigungen und Gefühle, die sie in sich wahrnehmen. Sie wissen nicht zu entscheiden, was sie bessern sollen, und was sie ertragen müssen; was sie schuldig macht, und was ihnen nur zur Verdemüthigung gelassen ist; was freiwillig ist und was nicht. Sie erkennen ihre wahren Pflichten nicht, sie wollen das ausreißen, was zur Prüfung ihrer Geduld in ihnen bleiben soll; so sind sie beständig in Unruhe, machen Anstrengungen, welche nur zu ihrer Abmüdung dienen, ihnen den inneren Frieden rauben und sie schließlich in Muthlosigkeit und Verzweiflung stürzen, weil es ihnen unmöglich ist, das Ideal zu erreichen, das sie in ihrem Unverstande verfolgen.

Wer das Vertrauen solcher Seelen besitzt, der belehre sie, daß über sein Elend seufzen und es Gott klagen, das gewöhnlichste Gebet der Gerechten ist, daß der Geist willig das Fleisch aber schwach ist; daß der alte Mensch noch immer neben dem neuen in uns fortlebt; daß der freie Wille des Menschen von der Sünde erlöst wurde, die Begierlichkeit aber zurückbleibe; daß unsere Einbildungskraft und unsere Sinne Widersacher der Gerechtigkeit sind; daß wir den kostbaren Schatz des Heils in einem gebrechlichen Gefäß von Staub, ja in einem Leibe der Verwesung und des Todes tragen; daß wir bis zum letzten Augenblicke unseres

Lebens kämpfen müssen, und daß endlich, nach den Worten des heiligen Augustinus, unsere Vollkommenheit hienieden weniger darin besteht, daß wir keine Fehler begehen, als daß wir die, welche wir begehen, bereuen.

5. Unvollkommene Religionskenntniß.

Manche Seelen wissen das Ebengesagte sehr wohl; allein sie sind dennoch von Gewissenspeinen verzehrt, weil ihnen die hinreichende Kenntniß von dem großen Ganzen der Religion fehlt, und weil sie keinen richtigen Begriff haben von dem inneren Zusammenhang jener moralischen Wahrheiten, welche in scheinbarem Widerspruche miteinander stehen.

Solche Seelen fassen eine Wahrheit allein ins Auge und vergessen darüber die andere, welche der ersteren die richtigen Grenzen setzt. Sie kennen die Uneigennützigkeit und die Nothwendigkeit des Almosengebens; allein sie wissen nichts von weiser Sparsamkeit. Sie sind bereit zu ver= zeihen; aber sie wollen nicht zurechtweisen. Sie zittern in heiliger Gottesfurcht, und dem Troste des Gottvertrauens bleibt ihr Herz verschlossen. Sie erkennen die Gefahren des Redens, nicht aber die des Schweigens. Sie lieben das Gebet und die Bußübungen; allein es fehlt ihnen die Mäßigung, welche die Andachts= und Bußübungen mit den andern Pflichten in Einklang zu bringen weiß.

Diese ausschließliche Aufmerksamkeit auf eine einzelne Tugend setzt die Seelen tausend Zweifeln aus; die einseitige Auffassungsweise, nach der sie handeln, treibt sie zu hundert gar sonderbaren Dingen, denen ihre gesunde Vernunft nicht traut, die aber ihr Gewissen gebieterisch von ihnen verlangt, und sie sehen es als einen großen Fehler an, wenn sie diese innere Regung dem äußeren Anstande opfern, obwohl sie in ihrem Innern ebenso wenig ruhig sind, wenn sie dieser Regung folgen; denn sie fühlen bei mehr als einer Gelegenheit, daß dieselbe sie zu weit führt.

Um Solche zu beruhigen, muß man ihnen erklären, wie alle Tugenden unter sich im Zusammenhang und Einklang stehen, und wie man nie eine ganz aufgeben darf, um sich ausschließlich einer anderen zu widmen.

Ebenso unterrichte man sie auch über den Unterschied zwischen den bloßen Rathschlägen und den Geboten, zwischen den kleinen Gebrechlichkeitsfehlern und den Todsünden. Jede Seele bemühe sich, die genaue Linie ihrer Verpflichtungen kennen zu lernen; nicht damit diese Kenntniß das Streben nach höherer Vollkommenheit ausschließe oder uns zur Vernachläßigung der darüber hinausgehenden Tugendakte führe, sondern damit wir diese höhere Vollkommenheit und diese Tugendakte mit freiem Geiste und weitem Herzen umfassen, wie es nöthig ist, und wie es sich mit der steten, übertriebenen Furcht, gesündigt zu haben, nicht verträgt.

Der heilige Antonin stellt in dieser Hinsicht zwei Verhaltungsmaßregeln auf, welche den Seelen die richtige Pflichtauffassung erleichtern, und welche wir ihnen deshalb zur reiflichen Erwägung empfehlen.

I. „Wenn eine Vorschrift zwei Deutungen, eine strengere und eine mildere, zuläßt, so soll man, wenn sonst Alles auf's Gleiche herauskommt, die letztere vorziehen; denn die Gebote Gottes und der Kirche sind nicht gegeben worden, um uns die innere Tröstung und Salbung zu rauben; eine skrupulöse und zu ängstliche Deutung aber müßte nothwendiger Weise diese Wirkung haben." — So soll, zum Beispiele, das Fastengebot nicht für alle Christen, für die Schwachen, wie für die Starken, für die Kranken, wie für die Gesunden, in derselben Strenge gelten; sondern es gilt nur im richtigen Maße und Ziele von denen, welche fasten können, ohne bedeutend ihre Gesundheit zu beeinträchtigen.

II. Weder Gott noch die Kirche wollen uns je etwas Unmögliches befehlen, weil vernunftgemäß nie Jemand zu Etwas verpflichtet sein kann, was er nicht zu thun vermag. Die Auslegung des Wortes „unmöglich" scheint mir aber im neuen Testamente die zu sein: „kaum möglich, wegen zu großer Schwierigkeit," — denn wie könnte sonst der Herr sagen: „Mein Joch ist süß." — So verpflichtet uns die Vorschrift, andächtig zu beten, nicht zu einer ununter= brochenen, wirklichen Aufmerksamkeit, welche die menschliche Schwäche nicht zuläßt; sondern sie legt uns nur die Auf= merksamkeit auf, die uns möglich ist, das heißt, die in ihrem Entstehen wirklich vorhanden, später in unserer guten Ab= sicht fortdauert, so lange sie nicht durch eine freiwillige, vor= sätzliche Zerstreuung widerrufen wird; einer solchen Zer= streuung macht sich aber eine skrupulöse Seele sehr selten schuldig.

III. Diesen beiden Verhaltungsmaßregeln des heiligen Gottesgelehrten läßt sich noch folgende dritte beifügen, die einstimmig von allen Theologen anerkannt wird. „Eine skrupulöse Seele ist ihrer Schwäche wegen nicht verpflichtet, so sorgsam auf ihr sittliches Betragen zu wachen, wie An= dere; eine mäßige Sorgfalt genügt für sie.

Schließlich ist es aber für solche Seelen am allerwich= tigsten, daß sie sich einen richtigeren Begriff von Gott machen. Denn wenigstens praktisch betrachten sie ihn fast immer als einen harten Herrn, der die größten Anforderungen an sie stellt, als einen unerbittlichen Richter, den nichts erweichen kann, und, soll ich es sagen, fast als einen Spion, der ihnen Fallstricke legt und es darauf absieht, sie über einem Fehler zu ertappen. Heißt das, den Herrn ehren, wie er geehrt

sein will? Ist er nicht der zärtliche, erbarmungsreiche Vater,
der Hirte, der sein Leben hingibt, um seine untreuen Schafe
zu retten, der Gott, der selbst seine Barmherzigkeit über
alle seine übrigen Vollkommenheiten hervorhebt?[1] Dürfte
man von einem rechtschaffenen Menschen so denken, wie man
von Gott denkt? Es ist leicht zu begreifen, wie sehr ein
so falscher und für den Menschen so trostloser Begriff von
der Gesinnung Gottes gegen uns die Seelen ängstigen und
verwirren muß und wie nöthig es ist, vor Allem diesen
Irrthum zu berichtigen.

6. Zu vieles Nachgrübeln über sich selbst und über seine Absichten.

Uebertriebenes Nachforschen über sich und über seine
Absichten artet schließlich in Ungewißheit aus. Je näher
und je länger man sich betrachtet, desto weniger lernt man
sich kennen. Man muß sich in einer gewissen Entfernung
von einem Gegenstande befinden, um ihn recht zu unter=
scheiden; steht er uns zu nahe, so erscheint er uns ebenso
undeutlich, ja unsichtbar, als wenn er zu weit entfernt wäre.

Dieß muß man denjenigen recht vorstellen, welche sonst
fromm und eifrig sind, dabei aber die Schwäche der mensch=
lichen Vernunft nicht kennen und nicht wissen, wie leicht
dieselbe verwirrt und verblendet wird, wenn sie hartnäckig
darauf besteht, einen Gegenstand lange fest ins Auge zu
fassen. Sie werden sich weit besser kennen lernen, wenn
sie sich von Zeit zu Zeit und von einer gewissen Entfernung
aus betrachten; denn den richtigen Einblick erhält man nur
in der Mitte zwischen den beiden Extremen, daß man sich
entweder immer oder nie betrachtet.

---

[1] Ps. CXLIV. 9.

7. Die Schwierigkeit, sich selbst richtig zu beurtheilen.

Ueberdieß ist es sehr schwer, sich selbst richtig zu beurtheilen. Dieses geht uns selbst zu nahe an, und darum ist unser Urtheil hierin stets verdächtig. Die Einen sind zu nachsichtig, und die Anderen, aus Furcht vor diesem Fehler, zu genau; die Einen vermeiden es, sich kennen zu lernen; die Anderen meinen, sie kennen sich nur dann, wenn sie sich verdammen.

Der goldene Mittelweg zwischen diesen beiden Extremen ist, daß man sich über sein Gutes und sein Böses treue Rechenschaft gibt; daß man weder die Gaben Gottes unter sein Elend begräbt, noch sie mißbraucht, um sein Elend dahinter zu verbergen; daß man seufzt und dankt; daß man das Böse nicht entschuldigt, aber auch dem Guten keine schlechte Auslegung unterschiebt.

Sei billig und gerecht mit Dir selbst, wie mit jedem Andern; sei demüthig; allein sei auch gerade und einfach; mache Dich, um den Stolz zu meiden, nicht des Undanks schuldig, und ziehe den inneren Frieden, der Dich zum Vertrauen und zu einer wärmeren innigeren Liebe ermuntert, der argwöhnischen Unruhe vor, die Dich stets in Furcht hält und zuletzt zur Muthlosigkeit führt.

Da man aber nicht leicht selbst diese goldene Mittelstraße findet, so ist es das Vernünftigste, wenn man sein Urtheil über sich selbst einem einsichtsvollen Führer vorlegt. Dieser ist uneigennützig, frei von unseren eigenen Vorurtheilen und von Allem, was uns verwirrt; deßhalb ist es nicht mehr, als billig, daß wir sein verständiges Urtheil unserem eigenen verworrenen und verdächtigen vorziehen.

8. Die Schwierigkeit, den Gedanken von dem Eindrucke, und den Eindruck von der Einwilligung zu unterscheiden.

Wenn es sich um bloße Theorien handelte, so würde man die Sache viel leichter dem Urtheile eines Andern an= heimstellen. Allein die meisten Skrupel beziehen sich nicht auf die bloßen Gedanken=Versuchungen, sondern auf jene, welche zugleich irgend einen Eindruck hervorbringen und sich mit dem Geiste auf mehr oder minder lebhafte Weise verbinden.

Hier gilt es zu unterscheiden, ob und in wie weit man in das, was man gefühlt, eingewilligt hat; ob der freie Wille das gebilligt hat, woran unsere Begierlichkeit Wohl= gefallen fand; ob das, was uns in den Sinn kam und in unserem Geiste verweilte, in seinem Entstehen oder in seinem Fortgange freiwillig war.

Die Einbildungskraft liegt dem Herzen und dieses dem Verstande so nahe, daß dieser Unterschied sehr schwer und sehr undeutlich ist, und Dieses veranlaßt tausend Zweifel in sonst wohl unterrichteten und oft sehr unschuldigen Seelen.

Wenn die Personen, welche sich hierüber beunruhigen, in derselben Sache bei Jemand anders zu entscheiden hät= ten, so würde ihr Urtheil meistens nicht so streng ausfallen, als bei ihnen selbst; und sie würden nicht selten einem Freunde rathen, das zu verachten, was sie selbst in Schrecken und Verwirrung setzt; denn sie beurtheilen dann die Dinge der reinen Wahrheit gemäß und nicht nach ihren Gefühlen. Der Eindruck, den die schlechten Gedanken auf sie gemacht haben, verwirrt sie, und doch würden sie bei Andern im nämlichen Falle gerade diesen gar nicht in Betracht ziehen.

Frage solche Seelen, was sie machen würden, wenn ein Anderer ihnen dieselbe Schwierigkeit vorlegte; gewiß, sie würden auch nicht in den Tag hinein urtheilen, sondern genau den Vergleich anstellen, zwischen den bösen Gedanken und den sonstigen Handlungen der Person, zwischen den Eindrücken der Versuchung und ihren eigentlichen Wünschen und Gesinnungen, zwischen der unvermeidlichen Wirkung der schlechten Vorspiegelungen und dem, was von dem freien Willen abhängt, und erst nach diesem Vergleiche würden sie die Versuchung von der Einwilligung unterscheiden, und erklären, daß die Versuchung, wenn auch stark gefühlt, doch dem freien Willen fremd geblieben ist, und daß folglich keine Einwilligung statt gefunden hat.

Demnach muß man solche Seelen bitten, in ihren eigenen Angelegenheiten denselben gemäßigten und sicheren Grundsatz zu befolgen und Andere weniger zu fragen, da sie im Stande sind, sich selbst so weisen verständigen Rath zu ertheilen.

Möchtest Du doch das Gefühl der Sünde von der Einwilligung in dieselbe unterscheiden lernen. Ersteres ist das Feuer, das sich im Herzen entzündet, das nicht leicht zu löschen ist, und das oft sinnliche Eindrücke hervorruft; letztere aber ist ein freier Akt unseres Willens, durch den wir die Sünde wollen. Ersteres führt uns bis an den Rand des Abgrundes; allein nur letztere stürzt uns hinein, und ohne sie kann das Gefühl uns nicht schuldig oder strafbar machen. Und sage mir nur nicht: „Wenn ich auch nicht gerade ausdrücklich einwillige, so fürchte ich doch wegen der langen Dauer der Versuchung, daß ich indirekt eingewilligt habe;" denn man kann lange kämpfen, ohne daß man deßhalb besiegt wird; nicht nach der Dauer der Versuchung, sondern nach dem Verhalten Deines Willens hast Du zu urtheilen, ob Du unterlegen bist oder nicht.

Gerson sagt: „Wir begehen keine Todsünde, weil uns

schlechte Gedanken kommen; sondern wir sündigen nur dann,
wenn wir in diese Gedanken einwilligen, das heißt, wenn
unser Wille sie begünstigt, sich mit Wohlgefallen damit beschäftigt und Freude daran hat; denn wir haben nichts zu
befürchten, so lange unser Wille das Böse mißbilligt und
verabscheut. Ohne diese Einwilligung besudeln die schmutzig-
sten Bilder die Reinheit der Seele ebenso wenig, als das
ungestalte Angesicht eines Ungeheuers den Spiegel trübt, in
den es blickt; ja im Gegentheil sie vermehren ihr Verdienst.
Das Gewissen hat es nur mit dem freien, vernünftigen
Willen zu thun, der dem höheren Theil der Seele angehört,
und der sich in dem Abscheu vor der verbotenen Lust erhalten kann, selbst wenn die grobe Begierlichkeit der verdorbenen Natur auf's Heftigste den Reiz des Bösen empfindet.
Letztere Eindrücke sind, nebenbei bemerkt, oft so stark, daß
eine skrupulöse Seele sich nicht nur einbildet, sie habe eingewilligt, sondern auch, sie sei jetzt schon in einer Art von
Hölle, wo sie wegen ihrer vergangenen Sünden von Gott
verstoßen sei und stets am Rande eines Abgrundes von
Verzweiflung schwebe." — Alles Vorausgehende zeigt, wie
unbegründet diese Beängstigungen sind.

9. Ein zartes, ängstliches Gewissen.

Ein zartes Gewissen wird leicht ängstlich, und bis wohin kann die Angst nicht gehen, wenn es sich um das ewige
Heil handelt! . . .

Man bekämpfe daher die Skrupel durch dieselben Grundsätze, aus denen sie oft entstehen; man sage ängstlichen
Seelen, wie sehr die Skrupel der wahren Frömmigkeit zuwider seien und die Vollkommenheit hinderten, welche auf
Liebe und Vertrauen beruht.

„Nichts," sagt Fenelon, „widerspricht so sehr der christlichen Einfalt, als die Skrupulosität; sie birgt, ich weiß nicht was Zweideutiges und Falsches. Man meint, man betrübe und ängstige sich aus besonders zarter Liebe zu Gott; allein im Grunde ist man nur um sich selbst un= ruhig; man ist eifersüchtig auf seine eigene Vollkommenheit aus natürlicher Anhänglichkeit an sich selbst. . . . Nicht Gott flößt uns solche aufregende Rückblicke auf uns selbst ein. Wenn er uns unsere Fehler zeigt, so geschieht es stets sanft und milde; er macht Vorwürfe und tröstet zugleich; er demüthigt uns, ohne uns aufzuregen; er vereinigt in uns die tiefste Beschämung mit dem innigsten Frieden. Der Herr ist nicht im Sturme.

Das Heilmittel gegen dieses furchtsame Wesen ist die vernunftgemäße Verachtung all dieser unbegründeten Beun= ruhigungen. Die gesunde Vernunft, hat man mit Recht gesagt, ist das Grab der Skrupel, deren Wiege die Ein= bildungskraft ist. Machen Skrupel sich fühlbar, so wende man sich Gott zu und lasse sie kommen und vorübergehen, ohne sich freiwillig damit zu beschäftigen; man zerstreue sich durch andere Gedanken; denn ein Skrupulant, der auf sich hört, und der nachgrübelt, findet stets Ursache, um sich wegen Nichts und wieder Nichts zu ängstigen, und er verschlimmert stets sein Uebel. Man muß seine Skrupel wie einen Be= dienten behandeln, den man, ohne ein Wort zu verlieren, im Zimmer aus= und eingehen läßt.“

Lansperg fügt bei: „Lasse ganz verächtlich alle diese lächerlichen und unsauberen Gedanken an Dir vorüberziehen, wie eine Heerde junger Gänse, die Dir den Kopf voll= schnattern. Du bleibst gewiß nicht stehen, um Dich mit jungen Hunden, die Dich anbellen, herumzustreiten; so mache es auch mit Deinen Skrupeln. Verachtung befreit Dich leicht davon; sie würden aber sich stets Deinem Geiste noch tiefer einprägen, wenn Du ihnen Rede und Antwort gibst, wenn Du Dich vor ihnen fürchtest, oder wenn Du sie mit Gewalt bekämpfen willst."

10. Die Bosheit des Teufels.

Der Teufel, der noch besser als wir die schlimmen Folgen der Skrupel kennt, weiß uns in seiner List stets neuen Stoff dazu zu geben, und er sucht mit ausgesuchter Bosheit stets die gefährlichen Wirkungen derselben in uns rege zu halten.

Er, der Feind alles Friedens, ist stets darauf bedacht, die Gewissensruhe der Gerechten zu stören; er, der zu ewiger Verzweiflung Verdammte, findet seinen Trost darin, ihre Hoffnung zu erschüttern; er, der alles Heils Beraubte, will ihnen durch eiteln Schrecken die Mittel des Heils un= nütz machen. Es verzehrt ihn der Neid gegen Jene, welche in der Tugend voranschreiten, und deshalb bemüht er sich, sie mit tausend Hindernissen aufzuhalten. Hartnäckig ver= stockt in seiner Finsterniß und in seinem Stolze, bietet der Widersacher Alles auf, um skrupulöse Seelen vom Gehor= sam abzuhalten, damit sie ja nicht die Einsicht ihrers Füh= rers ihrer eigenen Geistesfinsterniß, und friedliche Demuth dem stolzen und aufgeregten Bestehen auf ihren eigenen Ansichten vorziehen.

Es ist dieß eine Versuchung, die unter gleißnerisch ver= führerischem Anscheine argliftige Bosheit verbirgt, und ich meine, sie bloszustellen müßte genügen, um den größten Abscheu davor einzuflößen, und eine Seele, welche ernstlich auf ihre ewige Rettung bedacht ist, zum Gehorsam und zur Unterwürfigkeit zu führen. Allein dieser Punkt ist zu wich= tig, um nur so kurz berührt zu werden; ich behalte mir deshalb vor, ihn im nächsten Kapitel weiter zu entwickeln.

Drittes Kapitel.

Gefährliche Folgen der Skrupel.

Das eigensinnige Bestehen auf seinen eigenen Ideen und der Stolz sind meistens die geheimen Quellen der Skrupel. Der Weg Gottes ist einfach und gerade für die Demüthigen und für die, welche ein reines aufrichtiges Herz haben. Die Umwege und Besorgnisse kommen nur von unserer Unklarheit und noch mehr von unserer Eigenliebe her. Letztere ist unerschöpflich im Vernünfteln; sie kann keinen Schritt vorwärts thun ohne auf sich selbst zurück zu sehen; sie verliert sich selbst nur höchst ungern aus den Augen und diese Vorliebe für die eigene Person ist es, welche sich in den Skrupeln äußert. Durch die Skrupel vergeudet man seine Zeit und die des Seelenführers; all diesen unnützen Zeitverlust ladet man auf sein eigenes Gewissen.

Durch die Skrupel lenkt man seine Aufmerksamkeit auf eitle, nichtige Dinge, anstatt sie auf wichtigere Gegenstände zu richten; so gewöhnt man sich daran, Kleinigkeiten nachzujagen, statt die gründlichen Wahrheiten zu erwägen, welche unserer Seele kräftige Nahrung bieten.

Durch die Skrupel ermüdet man Geist und Herz in fruchtlosem ewigen Nachgrübeln, so daß uns weder Thatkraft, noch Freiheit und Muth bleibt, um das Gute zu unternehmen und durchzuführen.

Durch die Skrupel macht man sich selbst die Frömmigkeit zur Last; denn man findet nur Beschwerden und Qual darin.

Durch die Skrupel kommt man dazu, daß man sich förmlich vor allen Andachtsübungen fürchtet; denn keine bringt uns mehr Trost; jede wird uns zur mühevollen Arbeit, und das Ende davon ist stets der Vorwurf: „Ich habe doch nur Fehler dabei begangen!" . . .

Durch die Skrupel bahnt man der Nachläßigkeit und Lauigkeit den Weg. Denn es ist uns nicht möglich, lange das auszuhalten, was wir nicht lieben, oder lange das zu lieben, was uns nur Leiden bringt. So führt die über= triebene Gewissenhaftigkeit zum entgegengesetzten Extrem; man konnte kleine oder blos eingebildete Unvollkommen= heiten nicht an sich ertragen, und jetzt verfällt man in wirk= liche Fehler, die nicht zu entschuldigen sind.

Durch die Skrupel erstirbt der Eifer der Seele. Die Quellen des Eifers sind geistliche Freude und geistlicher Trost; Alles aber erschlafft, wenn das Herz matt und müde ist. Die Traurigkeit verbirgt der Seele alles, was die Religion Großes, Erhabenes und für uns Tröstliches hat; man sieht nur noch, was sie Schreckhaftes bietet.

Der Weise ermahnt uns, gegen Gott solche Gesinnungen anzunehmen, welche seiner unendlichen Güte entsprechen, und der heilige Geist ladet uns ein, zu kosten, wie süß der Herr ist; aber anstatt Dieses zu befolgen, sieht die skrupulöse Seele in Gott nur einen erbitterten Richter; sie meidet seinen Blick, statt ihn zu suchen; sie flieht vor ihm und ver= gißt, daß er ihr höchstes Gut und der Gott ihres Herzens ist. Sie wendet alle seine Drohungen auf sich an und läßt seine Verheißungen nur für Andere gelten. Ungerecht ver= theilt sie die Worte der heiligen Schrift und behält nur die für sich, welche Schrecken einflößen.

So sind die Skrupel, die sich unter dem Deckmantel des Eifers für die Gerechtigkeit verbergen, in Wirklichkeit Feinde und Widersacher der Gerechtigkeit; denn sie rauben der Seele die Stütze, deren sie bedarf, um sich im Guten aufrecht zu halten; sie öffnen gefährlichen Versuchungen wider den Glauben und wider die heilige Reinigkeit die Thüre und versetzen die Seele in jene düstere Traurigkeit, die dem Teufel als Larve dient und es ihm leicht macht, sich unerkannt dem Herzen zu nähern.

Endlich halten die Skrupel die Seele gleichsam in dem engen Kerker ihres Elendes gefesselt, so daß sie nur sich selbst und ihren Leiden lebt und Jesu Christo fremd bleibt. Eine gründliche und erleuchtete Frömmigkeit würde sie antreiben, ganz ihrem Heilande zu leben, sich in seinen göttlichen Wunden zu verbergen, sich selbst darüber zu vergessen und in seiner Gerechtigkeit und Heiligkeit die Heilung ihrer Uebel zu suchen, die sie stets beklagt und nie bessert.

Viertes Kapitel.

Allgemeine Heilmittel gegen die Skrupel.

In dem Kapitel über die allgemeinen Ursachen der Skrupel haben wir zugleich einige Mittel dagegen kurz angegeben; da aber dieser Gegenstand so wichtig ist, so wollen wir hier noch Einiges über die allgemeinen Mittel gegen die Skrupel sagen, ehe wir zu den einzelnen Gattungen derselben und den besonderen Heilmitteln übergehen.

1. Beschäftigung und Arbeit.

Den Personen, welche fast anhaltend mit Gewissensängsten geplagt sind, weil sie sich selbst zu lange und zu nah betrachten, ist nichts heilsamer, als wenn sie recht beschäftigt sind. Gerson sagt: „Das Herz des Müßiggängers gleicht einer Mühle, die beständig in Bewegung ist und sich deßhalb selbst aufzehrt, wenn sie kein Korn zu mahlen hat."

Körperliche Thätigkeit, besonders wenn sie recht verdemüthi=
gend und mühsam ist, bietet oft ein besseres Heilmittel
gegen Skrupel, als die gelehrtesten Abhandlungen.

Ernstliche Studien haben denselben Erfolg, wenn man
denselben gewachsen ist; das anfangs so dornenvolle Stu=
dium der Sprachen ist eine heilsame Zerstreuung; das Ueber=
setzen eines schweren Schriftstellers hat auch seinen Nutzen.
Die leiblichen Werke der Barmherzigkeit lenken ebenfalls
die Seele von ihren Grübeleien ab und beschäftigen sie mit
anziehenden Gegenständen.

2. Heiterkeit.

„Die Melancholie ist ein natürlicher Anlaß zu Skru=
peln, deßhalb muß die Seele sich davor zu bewahren oder
davon zu heilen suchen. Sie muß ernstlich an sich selbst
arbeiten, um Herr zu werden über den Geist der Traurig=
keit, der bei melancholischen Temperamenten sehr häufig ist,
und die Seele in einen Zustand der Erschlaffung, des Ueber=
drusses und der Aengstlichkeit versetzt, durch den der böse
Feind sie von der Tugend abhält. Eine skrupulöse Seele
muß sich aus sich selbst herausarbeiten, und energisch ihrer
Traurigkeit widerstehen, auch wenn sie fast davon übermannt
wird. Sie muß an Gesprächen und Unterhaltungen Theil
nehmen, so lästig dieselben ihr auch fallen mögen, und sie darf
niemals ihrer Neigung zur Einsamkeit folgen, wo sie ihren
schwarzen Gedanken freier nachhängen kann. Der Umgang
mit frommen und geistlichen Personen hat anziehenden und
wirksamen Einfluß auf ängstliche Seelen. Die heilige The=
resia wollte ihre geistlichen Töchter stets heiter und zufrie=
den sehen, weil Dieß den Andern Eifer und Frömmigkeit
mittheilt. „Meine lieben Schwestern,“ sagte sie, „seid freund=
lich und leutselig, so viel Ihr könnt, wenn nur Gott nicht

beleibigt wird; macht Euren Umgang Allen liebenswürdig, damit sie sich Euer Glück wünschen, und damit Eure Tugend sie nicht einschüchtere und erschrecke. Je heiliger die Klosterfrauen sind, desto freundlicher soll ihr Umgang und desto ungezwungener ihre Unterhaltung sein. Ihr möget deßhalb noch so traurig und bekümmert sein, so sollt ihr nicht der Erholungszeit und der Unterhaltung mit Euren Schwestern aus dem Wege gehen. Wir müssen ernstlich daran arbeiten, liebenswürdig zu werden und Alle, die mit uns verkehren, besonders aber unsere Schwestern zufrieden zu stellen. Führt Euch diese Wahrheit recht zu Herzen: Gott gibt nicht Acht auf all' die tausend Kleinigkeiten, über die ihr Euch oft grämet.“ ...

3. Demuth und kindliche Einfalt.

Unter den Tugenden, um welche sich die Skrupulanten bemühen sollen, sind ihnen folgende zu empfehlen: vor Allem die Demuth, die Einfalt, die Kindlichkeit, die Verleugnung der eigenen Ansichten, der Wunsch nach Abhängigkeit und Gehorsam, die Furcht vor Selbstleitung und vor geheimer Anhänglichkeit an ihre Freiheit und an ihre eigenen Ideen, die Treue im Gebet, die Pünktlichkeit und der Eifer in Erfüllung der Standespflichten.

Skrupulanten meinen gleich, Gott habe sie verlassen, wenn sie Trockenheit, Ekel und andere Versuchungen empfinden. Hören sie deßhalb von Eifer sprechen, so müssen sie wohl den Unterschied zwischen dem Eifer des Gefühls und dem Eifer des Willens beachten. Den ersteren verlangt niemand von ihnen, der letztere ist viel dauerhafter und Gott weit angenehmer. Eine Seele besitzt den Eifer des Gefühls oder den fühlbaren Eifer, wenn sie, getragen von der Gnade, auf den Wegen des Heils mit Lust und

Freudigkeit voraneilen kann; sie läuft dann, wie die Braut im hohen Liede, nach dem süßen Dufte der Lieblichkeit Gottes. Dieser Zustand ist allerdings ein sehr beseligender, allein es ist zu befürchten, daß die Seele zu viel Wohlgefallen daran findet, daß ihre Treue ein wenig eigennützig ist, daß sie die Gabe Gottes so sehr liebt, als Gott selbst, und daß sie schon einen Theil ihres Lohnes hienieden empfängt durch die Freude, die sie an der Ausübung des Guten findet.

Der Eifer des Willens dagegen ist rein geistig; er macht, daß wir Gott selbst dann näher treten, wenn wir uns von ihm zu entfernen scheinen. Wir fühlen die ganze drückende Last des Kreuzes, und doch tragen wir es mit Geduld. Wir stoßen jeden Augenblick auf Hindernisse; allein in der Tiefe unseres Herzens lebt ein Muth ohne Vermessenheit und eine geheime Kraft, die Alles überwindet. Wir besitzen nicht die Zärtlichkeit, wohl aber die Entschlossenheit der Andacht. Dieser Zustand ist freilich mühevoller, allein er ist auch vollkommener; denn er macht uns unserem gekreuzigten Jesu ähnlicher; wir bringen tiefer in die Kenntniß unseres Nichts und unseres Elendes ein, und unsere Gottesliebe ist nie größer, als wenn sie, jeder Nahrung beraubt, sich so zu sagen von sich selbst nährt und trotz aller Kälte und Dunkelheit in dem Inneren des Herzens fortlebt.

Wie gut sah Dieses nicht die heilige Theresia ein! Zwanzig Jahre hindurch hatte Gott sie die Bahn der inneren Leiden geführt, und nie flehte sie zu ihm, er möge sie begünstigen, sondern nur, er möge sie ertragen. Und als ihr einst in großer innerer Trockenheit die Bitte um einen Tropfen himmlischen Gnadenthaues entschlüpfte, so

warf sie sich Dieß als einen Mangel an christlicher Demuth
und Beharrlichkeit vor.

Dieser Eifer des Willens ist es also, den ängstliche
Seelen als die höchste Tugend ansehen müssen, wenn sie
sich in geistiger Dürre und Verwirrung befinden und glau=
ben, dieser Zustand, den Gott seinen Auserwählten sendet,
sei ein Zeichen der Verwerfung. Wir können sie darüber
beruhigen. Treue in den Pflichten, die sie zu erfüllen
haben, das ist der wahre Eifer, den Gott von ihnen ver=
langt.

4. Der richtige Begriff vom Gewissen.

Das Gewissen ist die innere Stimme, die uns sagt,
was gut und was schlecht ist; sein Urtheil bezieht sich theils
auf das, was wir zu thun im Begriffe stehen, und theils
auf das, was wir schon gethan haben; im letzteren Falle
ist die Wichtigkeit eine weit geringere; denn das Gewissen
ist dann auf das Urtheil beschränkt und kann das Geschehene
nie ungeschehen machen, während es vor einer Handlung
auf ihren moralischen Werth Einfluß hat. So glaube ich
zum Beispiel im Augenblicke, wo ich handle, daß das, was
ich thue, erlaubt ist. Entdecke ich nun später, daß ich mich
getäuscht hatte, und daß meine Handlung eine unerlaubte
war, so werde ich dadurch nicht schuldig, da ich es im Au=
genblicke des Handelns nicht war. Halte ich aber in diesem
Augenblicke irrthümlich Etwas für schlecht und thue es doch,
so macht mich die spätere Entdeckung meines Irrthums
nicht weniger strafbar; ich bin und bleibe meines schlechten
Willens wegen schuldig.

Das Gewissen ist die natürliche Richtschnur unseres
Thuns. Stimmt es mit der Wahrheit überein, so soll man
ihm immer Folge leisten; Ja, wir sollen selbst unserem

irrigen Gewiſſen folgen, ſo lange uns die Mittel fehlen,
es beſſer heranzubilden; denn man hat ja in dieſem Falle
keine andere Regel des Handelns. Allein wenn man ſein
irriges Gewiſſen verbeſſern kann, ſo ſoll man die Mittel
gebrauchen, die uns dazu zu Gebote ſtehen; denn wer einer
Richtſchnur folgen wollte, die er für falſch hält, und die er
berichtigen könnte, der würde ſich der Gefahr, zu ſündigen,
ausſetzen. Iſt man aber ungewiß, wie man eine Handlung beurtheilen ſoll, weil uns hinreichende Gründe fehlen,
um ſie in gutem oder in ſchlechtem Sinne auszulegen, ſo
iſt Dieſes ein Zweifel, deſſen man ſich entledigen ſoll, indem man bei Andern Licht ſucht. In dieſem Falle iſt man
thatſächlich ohne Richtſchnur. Iſt man aber in der Unmöglichkeit, ſich Raths zu erholen, ſei es wegen Eile oder
einer anderen Urſache, ſo kann man thun, was man will.
Die Betheuerung des Willens: „Ich würde das nicht thun,
wenn ich wüßte, daß es eine Sünde wäre!" genügt, um
unſer Gewiſſen in Sicherheit zu bringen.

„Dieſes iſt für ſkrupulöſe Perſonen ſehr wichtig; denn
ſie ſind oft im Zweifel und haben nicht immer Jemand bei
der Hand, der ſie aufklären könnte. Oft auch haben ſie die
beſten Gründe, ihre Handlung nicht als ſündhaft zu betrachten, ja, ſie haben darüber ſogar eine moraliſche Gewißheit, die jeder anderen vernünftigen Perſon genügen würde,
um in aller Ruhe zu handeln; allein ihre ſchlechte Gewohnheit, Alles bis ins Kleinſte zu zerſplittern und zu unter-
ſuchen, und die Argliſt des böſen Feindes, der ihre Schwäche
mißbraucht, hindert ſie, ſich auf dieſe triftigen Gründe zu
verlaſſen, wie ſie es thun ſollten. Sie geben ſich tauſend
nichtigen und oft lächerlichen Befürchtungen hin; dadurch
wird das rechte Licht, das ſie zuerſt hatten, wieder ver-
dunkelt. Allein alle dieſe Beängſtigungen, die nur auf

schwachen und trügerischen Vermuthungen beruhen, verdie=
nen nicht, daß man sie in Erwägung zieht, und sollen
die zweifelnde Seele nicht von der vorliegenden Handlung
abhalten, als wenn sie die wahre Stimme des Gewissens
wären; sie sind nur dessen Schatten.

Ein Skrupulant handelt folglich nicht gegen sein Ge=
wissen, wenn er seine unbegründete Aengstlichkeit verachtet,
und selbst wenn er im Nothfalle trotz eines sehr begründe=
ten Zweifels handelt; er muß nur, wie wir es oben gesagt
haben, seine gute Absicht betheuern. Ueberdieß soll er das
Urtheil seines irrigen Gewissens, wenn es ihm noch so be=
stimmt scheint, stets der Autorität seines Seelenführers un=
terwerfen, und hierin handelt er nach seinem wahren Ge=
wissen, welches ihm vorschreibt, die rechtmäßige Auto=
rität des geistlichen Führers der persönlichen Ansicht der=
jenigen vorzuziehen, denen es, wie allen Skrupulanten,
jeden Augenblick an praktischer Erleuchtung fehlt, um ihre
Handlungsweise zu bestimmen. Wollen die Skrupulanten
das „gegen ihr Gewissen handeln“ nennen, gut! so will ich
nicht um Worte streiten; allein es ist deswegen nicht we=
niger erlaubt, ja selbst nothwendig, so zu handeln; denn
der sonst richtige Grundsatz, daß man nicht gegen sein
Gewissen handeln dürfe, kann hier nicht in Anwendung
kommen.

Aus dem Gesagten ergibt sich leicht, was man unter
Bildung des Gewissens versteht. Sein Gewissen bilden,
heißt, sich mit Hülfe eines allgemeinen Princips, das man
„reflex“ nennt, eine praktische Regel aufstellen für diejeni=
gen aufstoßenden Zweifel, die man direkt nicht entscheiden
kann. Du sollst Dich zum Beispiel zwischen Zweierlei ent=
scheiden, wovon Du unbedingt eines ergreifen mußt. Es
ist Sonntag, soll ich bei einem Schwerkranken bleiben und

die heilige Meſſe verſäumen? oder ſoll ich in die heilige
Meſſe gehen, und das Wohl des Kranken auf das Spiel
ſetzen? Eine wohlunterrichtete Perſon weiß wohl, daß ſie
bei dem Kranken zu bleiben hat; allein ich ſetze jetzt vor=
aus, daß Du nicht wohlunterrichtet biſt, und daß Du kei=
nen Ausweg findeſt, um Dich ohne Sünde aus der Ver=
legenheit zu ziehen. In dieſem Fall brauchſt Du die Frage
nicht zu entſcheiden; denn dazu biſt Du nicht im Stande,
ſondern Du mußt den Grundſatz zur Hülfe rufen, der Dir
ſagt: „Es gibt und kann keine Sünde aus Nothwendigkeit
geben;" denn die Freiheit iſt eine weſentliche Bedingung
der Sünde; es fehlt mir dieſe Freiheit; denn ich muß ge=
zwungener Weiſe Eines oder das Andere von den beiden
Dingen thun, die mir gleich ſündhaft erſcheinen: ich muß
entweder den Kranken verlaſſen, oder aus der heiligen Meſſe
bleiben. Aus dieſem Prinzip kannſt Du dann leicht ſchlie=
ßen, daß Du, wozu Du Dich auch entſcheideſt, doch nicht
eine Sünde begehen kannſt. So bildeſt Du in vorliegen=
dem Falle Dein Gewiſſen nach dem allgemeinen Grund=
ſatze: „Die Sünde ſetzt Freiheit voraus." Der beſte
Grundſatz dieſer Art iſt der, immer nach der Autorität
des Beichtvaters oder Seelenführers zu handeln. Wenn
dem Ausſpruch desſelben auch Dein Gefühl oder Deine
Ueberzeugung widerſtrebt, ſo wirſt Du doch immer das
Richtige, ja das einzig Richtige thun, indem Du Dich ſei=
ner Entſcheidung unterwirfſt.

**5. Ueberzeugung von der Nothwendigkeit, von Andern abzuhängen
und deren Rath zu befolgen.**

Skrupulöſen Seelen iſt vor Allem unumgänglich noth=
wendig, daß ſie fremdem Rathe folgen. Sie müſſen ja
unvermeidlich handeln; dabei können ſie aber nicht ihrer

eigenen Ansicht folgen, weil sie keine zuverlässige haben, darum macht Gott ihnen den Gehorsam zur Pflicht. Ein Skrupulant handelt demnach geradezu dem Willen Gottes entgegen, wenn er sich nach eigener Einsicht leiten will, statt den Rathschlägen zu folgen, die Gott ihm ertheilen läßt.

Nein, ich muß es Dir sagen, um aus Deinen Skrupeln herauszukommen, hast Du keine andere Wahl, als den Vorschriften Deines Beichtvaters zu gehorchen. Allein wenn Du zu diesem glückseligen Gehorsam gelangen willst, so darfst Du Dich nicht damit begnügen, Dir diese Tugend zu wünschen und ihre Nothwendigkeit zu erkennen; die Unfügsamsten selbst sind dieses Wunsches und dieses Geständnisses fähig; sondern Du mußt auch selbst Deine Gefühle und Eindrücke der Einsicht Deines Seelenführers unterordnen, seine Vernunft und nicht die Deinige gelten lassen, Dein Widerstreben besiegen, seinen Entscheidungen folgen und mit einem Worte aufhören, Dich selbst zu leiten. Dieses Opfer kommt dem Stolze hart an, die Demuth aber weiß es zu versüßen.

Leider ist Dieß nicht die Art vieler Skrupulanten. Allerdings verfolgen sie unabläßig ihren Seelenführer und haben ihn tausenderlei zu fragen; allein sie bestehen dabei auf ihrem Eigensinne, folgen ihren Vorurtheilen nach wie vor statt seinen Entscheidungen, trauen ihm nicht recht, bilden sich ein, er mache ihnen den Weg zum Himmel viel zu breit und sei nicht streng genug; kurz, sie unterwerfen sich seinen Aussprüchen, nur insoweit dieselbe ihnen behagen. Oft glauben sie, wo anders mehr Einsicht zu finden, und wandern mit ihren Gewissensfragen von Beichtstuhl zu Beichtstuhl, wie ängstliche Kranke, die alle Aerzte berathen, und sich keinem anvertrauen. Nichts schadet der Gewissensruhe mehr, als diese ewigen Berathungen; jeder Kranke

15*

braucht nur einen Arzt, und jede Seele nur Einen Beicht=
vater. Von Einem zum Andern laufen, das steigert nur
die inneren Leiden und verleidet nach und nach ganz den
Empfang der heiligen Sakramente. „Wehe Euch, die Ihr
weise seid in Euern Augen und klug vor Euch selbst!" [1]
sagt der Herr. Unterwerfet Euch dagegen, „verlasset Euch
nicht auf eure Klugheit," [2] bringet Eure Eigenliebe zum
Schweigen, die Euch hindert, Eure Anschauung der Eures
Beichtvaters oder Seelenführers zu unterwerfen, und ihr
werdet an Euch die Wahrheit dieses anderen Ausspruchs
erfahren: „Ein Mann der gehorsam ist, wird siegreich
reden." [3] Der innere Friede ist die Frucht des Gehor=
sams; Dieß war schon zur Zeit des heiligen Bernhard
wahr. Als dieser heilige Abt erfuhr, daß einer seiner
Mönche wegen Skrupel die heilige Messe nicht mehr lese,
so sagte er zu ihm: „Gehe hin, mein Bruder, und lies die
Messe auf mein Wort hin!" Der Mönch gehorchte, und
seine Skrupel waren für immer entschwunden. Gott be=
lohnte seinen Gehorsam, indem er ihm den inneren Frieden
wieder schenkte. Ja, erwiedert mir jetzt ein Skrupulant,
ich wollte gleich gehorchen, wenn ich einen Seelenführer
hätte, der die Frömmigkeit und Einsicht des heiligen Bern=
hard besäße, aber wenn ich an die geringe Einsicht meines
Beichtvaters denke, so wage ich es nicht, ihm mein ewiges
Heil und mein Gewissen anzuvertrauen. Allein wer Du
auch sein mögest, der Du so sprichst, so antworte ich Dir:
„Du bist im Irrthum; Du sollst Deine Seele in die
Hände Deines Führers niederlegen, nicht wegen seiner
Frömmigkeit, seines Wissens und seiner Klugheit (obwohl
es gut ist, wo möglich einen Führer zu wählen, der diese

---

[1] Is. V. 21.   [2] Spr. Sal. III. 5.   [3] Spr. Sal. XXI. 28.

koftbaren Eigenschaften besitzt), sondern weil er von Gott aufgestellt ist, um Dich im Bußsakramente mit dem Herrn auszusöhnen, und ihm dazu göttliche Gewalt verliehen ist. Deßwegen sollst Du ihm gehorchen, nicht wie einem Menschen, sondern wie Gott selbst, der durch seinen Mund zu Dir spricht." Und nicht selten ist dieser gläubige Gehorsam um so verdienstvoller und gottgefälliger, je weniger derjenige, dem Du Dich Gott zu Liebe unterwirfst, durch seine persönlichen Eigenschaften Dein Vertrauen verdient. Verfährst Du anders, so handelst Du rein menschlich; Du ahmst damit den Irrgläubigen nach, welche nur glauben und thun wollen, was sie für richtig erachten und sich Niemanden unterwerfen wollen. Gewiß keine nachahmungswürdigen Vorbilder für Seelen; die als fromm gelten wollen.

Ich schließe mit den Worten eines einsichtsvollen Geistesmannes: „Ich bin fest überzeugt, daß alle Heilmittel gegen Skrupel nur denen nützen, welche ihrem Führer gehorchen und sich von ihm leiten lassen. Denn ein Skrupulant, der sich seinem Seelenführer nicht anvertraut, wird nie und nimmer geheilt werden; man muß einen solchen als einen Kranken betrachten, an dessen Aufkommen zu verzweifeln ist, bis er sich endlich zur Unterwerfung und zum Gottvertrauen entschließt. Alle Theologen insgesammt machen den Skrupulanten den Gehorsam zur unabweislich strengen Pflicht."

6. Aufopferung der innersten Ueberzeugung.

Wähle Dir also einen Führer, den Du für einsichtsvoll genug hältst, um sein Urtheil dem Deinigen vorzuziehen: allein hast Du Dich einmal entschieden, so nimm Deine Wahl nicht zurück, und ergreife nicht wieder selbst Deine Leitung. Trete der Vernunft Deines Führers die Stelle

Deiner eigenen ab, wenigstens für einige Zeit, und versuche einmal, welche von beiden mehr zu Deiner Beruhigung dient. Höre nicht mehr auf Dich selbst oder doch nicht mehr nur auf Dich allein; Alles, was Du Dir bis jetzt gesagt hast, hat Dich ja nur noch mehr verwirrt. Beherzige das wahre Wort Fenelons: „Wie der Durst eines Wassersüchtigen zunimmt, wenn er trinkt, so nehmen auch die Skrupel zu, wenn man ihnen Gehör gibt, und der Skrupulant verdient diese Strafe. Das einzige Heilmittel ist, sich selbst und seiner eigenen kranken Vernunft Schweigen zu gebieten! Und da Du einmal bei all Deinem Thun ängstlich sein mußt, so ist Angst im Gehorsam doch besser als Angst im Eigensinne. Gott wird Deinen ersten Versuch demüthiger Unterwerfung segnen, und vielleicht wirst Du Dich so erleichtert fühlen, wenn Du Deiner eigenen Leitung überhoben bist, daß Du Dich wohl hüten wirst, eine so schwere Last wieder auf Deine Schultern zu laden.

Die innere Ueberzeugung des Skrupulanten, daß er sündige, wenn er thun würde, was ihm gesagt worden, darf ihm keineswegs als Vorwand dienen, um nicht zu gehorchen. Er darf nicht nur, sondern er soll und muß dieser Ueberzeugung, die er fälschlich sein Gewissen nennt, entsagen, um im Gehorsam gegen seinen Seelenführer selbst das Gegentheil dessen, was sie von ihm fordert, zu thun. Dieses ist für ihn der sicherste, ja nach dem einstimmigen Urtheile der Theologen der einzige Weg, den er nach Gottes Absicht einschlagen soll, und der ihn zum Heile führen kann. Indem er gegen diese ängstliche und irrige Ueberzeugung handelt, gelangt er nach und nach dahin, dieselbe zu zerstören, was ihm den inneren Frieden wiedergibt. Vergebens würde er den Grundsatz einwenden, man dürfe nicht gegen sein Gewissen handeln; denn dieser Grundsatz findet bei ihm keine Anwendung; im Gegentheile er kehrt sich gegen ihn; denn das wahre Gewissen des Skrupulanten, gegen das ihm nicht zu handeln erlaubt ist, bilden nicht seine lächerlichen Befürchtungen zu · sündigen, sondern die ihm beigebrachte Erkenntniß seiner strengen Verpflichtung, sich im Geiste des Gehorsams der Autorität des Führers zu unterwerfen. Dieß ist wirklich eine göttliche Autorität, weil Christus zu seinen Priestern gesprochen hat: „Wer euch höret, der höret mich, und wer euch verachtet, der verachtet mich." [1] Der Skrupulant, der trotz all' seiner Aengstlichkeit doch seinem Seelenführer gehorcht, gehorcht also Gott selbst, und wer dürfte sagen, Gott gehorchen sei gegen sein Ge= wissen handeln? — Derjenige dagegen, welcher seine Ueber= zeugung dem Gehorsame vorzieht, der gehorcht nur sich selbst und lehnt sich auf ebenso thörichte, als gefährliche Weise gegen die Autorität Gottes auf; „denn wer sein eigener Lehrer sein will," sagt der heilige Bernhard, „der ist Schüler eines Thoren."

Fünftes Kapitel.

Besondere Gattungen von Skrupeln und deren Heilmittel.

Im Grunde genommen könnten die vorhergehenden allgemeinen Belehrungen über die Skrupel genügen; allein die Sache ist doch wichtig genug, um das Eingehen auf das Einzelne zu rechtfertigen.

Ich werde suchen, die Skrupel auf einige gewöhnlichere und bekanntere Hauptgattungen zurückzuführen; denn es ist nicht möglich, der Einbildungskraft auf allen ihren Irrfahrten

---

[1] Luk. X. 16.

zu folgen; überdieß ist es meine Absicht, mich kurz zu fassen und mich deßwegen auf das Nöthigste zu beschränken.

1. Skrupel über frühere Beichten.

Hat der Beichtvater Grund zu glauben, daß die früheren Beichten gültig waren, oder hat eine Generalbeicht die Mängel der früheren Beichten schon gut gemacht, ist diese Generalbeicht sogar schon öfters wiederholt worden, so kann von fernerer Wiederholung der früheren Anklagen keine Rede mehr sein.

Der Glaube, daß unsere Rechtfertigung von der Genauigkeit unserer Anklage abhängt, ist ein Irrthum; das ausführlichste Geständniß unserer Sünden löscht dieselben so wenig aus, als die Aufzählung einer Schuld dieselbe tilgt. Allerdings ist es nothwendig, daß man Alles bekenne, was das Gewissen beschwert; allein durch diese Selbstanklage thut man noch nichts, als daß man sich als Schuldner anerkennt, und wer sein größtes Vertrauen auf sein Sündenbekenntniß setzt, der ist sich nicht bewußt, wie sehr er zahlungsunfähig ist. Das Blut des unbefleckten Gotteslammes ist unser Lösegeld und unsere Rechtfertigung; auf Jesus Christus allein hoffen wir, und der Sünder thut nicht viel, wenn er das Bekenntniß seiner Ungerechtigkeit noch einmal von vorn anfängt und mehr von seinem Gedächtniß, als von dem Erlösungstode des Heilandes erwartet.

Die ewigen Wiederholungen der früheren Beichten sind aber nicht nur unnütz, sondern auch gefährlich.

Die Wiederholungsbeichten sind erstens gefährlich, weil die langen vorausgehenden Gewissenserforschungen in der Einbildungskraft Bilder hervorrufen, welche neue Versuchungen und Fehltritte veranlassen können; denn sie frischen die Erinnerung an gewisse Sünden auf, welche für · immer ver-

gessen sein sollten. So führen oft bei Kranken die besten
Heilmittel den Tod herbei, wenn sie zur Unzeit oder un=
nöthiger Weise genommen werden. Die gefährlichsten Er=
läuterungen, die Manche immer wieder von vorn anfangen
wollen, waren nicht einmal in der ersten Beicht nothwendig,
und so soll jetzt um so weniger davon die Rede sein.

Die ewigen Wiederholungsbeichten verwirren zweitens
die Skrupulanten vollends; denn sie geben ihrer meistens
sehr lebhaften Einbildungskraft neue Nahrung und ihrem
Geiste neuen Stoff zu Beängstigungen, denen man schon
mehr als eine Seele unterliegen sah. Ein Skrupulant fängt
leicht eine Generalbeicht an; wann wird er aber damit
fertig? Man hatte Fälle gehabt, daß eine Beicht Jahre lang
dauerte, und daß dann der Beichtvater noch all seine Ent=
schlossenheit aufbieten mußte, um sie glücklich zu Ende zu
bringen. Und was kommt dann schließlich dabei heraus?
Aergere Schwierigkeiten und Unruhen, als zuvor; sie haben
nicht Alles gesagt, die Sachen nicht dargelegt, wie sie sind,
sie haben nähere Umstände weggelassen; sie wollen über ge=
wiße Sünden nochmals angehört werden. Ist der Beicht=
vater schwach genug, um die Wiederholungen zu gestatten,
so haben sie dann keine Reue gehabt . . . neue Verlegen=
heit . . Wie soll man aus einem solchen Labyrinthe heraus=
kommen?

2. Skrupel über die gewöhnlichen Beichten.

Einige Skrupulanten sind über das Vergangene ruhig;
allein die Gegenwart ist für sie eine unerschöpfliche Quelle
von Schwierigkeiten: ihrer Ansicht nach erklären sie sich in
der Beicht nie deutlich genug; sie sind stets bereit, ihr Sün=
denbekenntniß von vorn anzufangen; sie foltern ihr Gedächt=
niß, um ja nichts auszulassen. Immer kommt ihnen wieder

etwas Neues, wegen dessen sie den Zuspruch des Beichtvaters unterbrechen, das sie während der Lossprechung beschäftigt und nach derselben ängstigt, das ihnen am Tische des Herrn keine Ruhe läßt und sie antreibt, in den Beichtstuhl zurückzukehren. Alles dieses geschieht nicht aus Noth, sondern bloß um ihrer Aengstlichkeit zu genügen; denn sie haben derselben so oft nachgegeben, daß dieselbe sie schließlich ganz beherrscht.

Diese Kleinlichkeiten sind unserer heiligen Religion unwürdig und stammen meistens aus mangelhafter Kenntniß derselben. Es gibt eine Zeit zur Gewissenserforschung, eine Zeit zum Sündenbekenntniß, eine Zeit zum demüthigen und unterwürfigen Anhören der nöthigen Ermahnungen und endlich eine Zeit zur Verrichtung der auferlegten Buße und zur Danksagung für die erhaltene Absolution. Diese Zeiten soll man nicht mit einander verwechseln, nicht Alles durcheinander werfen und so die Früchte des einen Aktes verderben, indem man sich zur Unzeit mit einem anderen beschäftigt.

Man muß sich gewöhnen, sich klar, bestimmt und pünktlich anzuklagen und nachher an nichts Anderes mehr zu denken, als daß man dem Beichtvater zuhört und andächtig die Lossprechung empfängt. Ist die Absolution einmal gegeben, so darf man keine Anklage mehr vorbringen. Selbst die Fehler der Gerechten sind so zahlreich, daß sie sich nie über alle anklagen können, daß ihnen oft die bedeutendsten unbekannt bleiben, und daß sie in den Augen Gottes ganz anders dastehen, als in ihren eigenen. Die Gültigkeit der Beicht hängt weder von dem Grade der stets beschränkten Selbstkenntniß, noch von der Treue des Gedächtnisses, sondern von der Geradheit des Herzens und der Aufrichtigkeit der Buße ab; auf diese wichtigen und wesentlichen Punkte muß man also hauptsächlich achten. Gott der Herr selbst achtet wenig auf die kleinen Fehler, die sie beichten wollten, die ihnen aber bei der Gewissenserforschung oder bei dem Bekenntnisse entgangen sind, und über die sie sich leicht ein anderes Mal anklagen können.

Der heilige Franz von Sales sagt hierüber: „Man muß sich nicht ängstigen, wenn man sich bei der Beicht seiner Fehler nicht erinnert; denn es ist nicht denkbar, daß eine Seele, die oft ihr Gewissen erforscht, schwere Sünden vergißt. Man muß auch nicht so kleinlich sein, und jede kleine Unvollkommenheit beichten wollen: ein Akt der Demuth, ein Stoßseufzer tilgt diese ohne Beicht. . . Du mußt nicht zu ängstlich sein und Alles sagen wollen und zu den Obern laufen und viel Wesens machen über das Geringste, was dir Mühe macht, und was vielleicht in einer Viertelstunde vorüber ist. Du mußt solche Kleinigkeiten großmüthig ertragen lernen; wir können einmal nicht über dieselben hinauskommen; denn sie sind meistens Folgen unserer unvollkommenen Natur. Daß Deine Stimmung, Dein Wille, Deine Wünsche so unbeständig sind, daß Du Dich einmal ärgerst, daß Du bald Lust oder Unlust zum Sprechen oder Schweigen empfindest, und tausend dergleichen Vorkommnisse sind Dinge, denen wir unterworfen sind und bleiben, so lange dieses vergängliche Leben dauert. . . Es ist nicht nothwendig, daß wir uns in der Beicht über die kleinen Gedanken anklagen, die wie Mücken an uns vorüberfliegen, oder den Ekel und Widerwillen, den wir in unseren Gelübden und Andachtsübungen empfinden, in unser Bekenntniß einzuschließen; denn Dieses Alles sind keine Sünden, sondern nur Unannehmlichkeiten und Beschwerden. . . Nach der Beicht ist es nicht Zeit nachzugrübeln, ob man Alles, was man gethan recht gesagt habe; vielmehr soll man dann ruhig bei dem lieben Heilande verweilen, mit dem man wieder ausgesöhnt ist, und ihm für diese Wohlthat danken. Was Du vergessen

haben kannst, laß auf sich beruhen. . . . Aengstige Dich nicht
darüber, daß Du nicht alle Deine kleinen Fehler entdeckst,
um sie zu beichten, denn Du fällst gar oft, ohne es nur
zu bemerken. Auch sagt die heilige Schrift nicht, der Gerechte sieht oder fühlt, daß er des Tags siebenmal fällt,
sondern nur: er fällt siebenmal: er steht wieder auf, ohne
weder den Fall noch das Aufstehen zu bemerken. Mache
Dir also keine Sorgen, sondern gehe hin und sage aufrichtig
und demüthig, was Du bemerkt hast, und was Dir entgeht,
das überlasse getrost der milden Barmherzigkeit Dessen, der
seine Hand ausstreckt unter die, welche ohne Bosheit fallen,
damit sie sich nicht weh thun, und der sie so sanft und
schnell wieder aufhebt, daß sie weder ihren Fall, noch ihr
Aufstehen bemerken.". . .

Diesen heilsamen Belehrungen eines großen Heiligen
füge ich nach das Urtheil eines ernsten Gottesgelehrten
bei;[1] er sagt: „Wenn ein Skrupulant durch das Nicht-
Beichten gewisser Sünden, von denen er nicht weiß, ob es
Todsünden sind, oder ob er sie schon gebeichtet hat, sich der
Gefahr aussetzen würde, wirkliche Todsünden auszulassen
und folglich der materiellen Vollständigkeit des Bekenntnisses nicht zu genügen, so würde er sich dadurch dennoch
nicht versündigen; denn Skrupulanten sind nicht zu dieser
Vollständigkeit verpflichtet, weil diese Verpflichtung sie augenscheinlich in einen beständigen Zustand der peinlichsten Aengstlichkeit und der grausamsten inneren Qual versetzte, und
dieser Schaden weit bedeutender ist, als gewisse andere
Geistesbeschwerden, die dem Urtheile aller Theologen zu-
folge schon hinreichend sind, um von dieser Vollständigkeit
zu dispensiren.”

---

[1] Reginald, de prudentia confessarii, lib. II. § 131.

Und Collet setzt hinzu: „Die Beicht ist nicht zur Folter des Gewissens, sondern zu seiner Erleichterung eingesetzt; darum muß ein Skrupulant die Beunruhigungen über die Giltigkeit der Beicht und über die Genauigkeit der Gewissenserforschung und des Bekenntnisses verachten, und jenen blinden Gehorsam ausüben, der das wirksamste Heilmittel der Skrupel ist."

Schließlich noch ein Wort über die Skrupel hinsichtlich der näheren Umstände. Aengstliche Seelen bilden sich nicht selten ein, sie müßten in der Beicht stets den ganzen Hergang ausführlich erzählen und dem Beichtvater ein Bild entwerfen, das bis in die kleinsten Einzelnheiten geht, während es doch genügt, die Sünde einfach bei ihrem Namen zu nennen. Handelt es sich um Gedanken (die oft nur Versuchungen geblieben sind, in welchem Falle man gar nichts davon zu sagen brauchte), so meinen die Skrupulanten, sie müßten unbedingt aufs Genaueste Alles beschreiben, was eine überreizte Phantasie nur Unanständiges, Ueberspanntes und Undenkbares vorspiegeln kann; sie bilden sich ein, sie müßten den Beichtvater gleichsam zum Zuschauer dieser inneren Vorgänge machen, und da Unmöglichkeit und Schamgefühl sich gleicherweise dieser angeblichen Verpflichtung wiedersetzen, so meinen sie deßwegen, ihre Beichten seien unvollständig. Je mehr sie gesagt haben, desto mehr glauben sie sagen zu müssen; und doch ist in Wirklichkeit nichts leichter, als die Anklage solcher Gedankensünden. Man nennt einfach die dadurch verletzte Tugend, und nur in einigen höchst seltenen Fällen fügt man ein Wort über den besonderen Gegenstand dieser Gedanken bei, wenn derselbe nämlich die Gattung der Sünde ändern kann; dann sagt man, ob man bestimmt eingewilligt hat. Ist man über seine Einwilligung im Zweifel, so ist es stets hinrei=

chend, wenn man diesen Zweifel im Allgemeinen so angibt: „Ich weiß nicht gewiß, ob ich in diese oder jene schlechten Gedanken eingewilligt habe; ich fürchte, sie nur nachläßig bekämpft zu haben." Man kann in diesem Falle auch ganz schweigen und soll es sogar thun, wenn man ein Skrupu= lant ist. Alles Uebrige ist zu viel, besonders in Bezug auf die heilige Reinigkeit, wo diese endlosen Erklärungen noch mehr gefährlich, als unnütz sind, da sie die Versuchungen mit doppelter Gefahr zurückrufen. Dieß sind die richtigen Grundsätze: wie weit sind sie nicht von den Irrthümern eines skrupulösen Gewissens entfernt! Und wie viel süßer und leichter ist nicht das Joch des Herrn, als dasjenige, wel= ches sich der Mensch in seiner Beschränktheit selbst auflegt!

Wir geben hier noch drei Belehrungen, die vielen Skrupeln vorbeugen können.

Erstens. Wer gegen seinen Beichtvater selbst gefehlt hätte, wie durch ungünstige Beurtheilung, durch Klagen, Murren, üble Nachreden u. dgl., ist nicht verpflichtet, ihm bei Anklage dieser Sünden zu sagen, daß er selbst der Gegenstand derselben war; es genügt, wenn man diese Fehler im Allgemeinen beichtet, ohne die Person zu nen= nen. Dasselbe gilt von der Abneigung oder zu natür= lichen Zuneigung, die man gegen seinen Beichtvater em= pfinden könnte.

Zweitens. Man kann in Bezug auf den Nächsten sei= nem Beichtvater Alles sagen, was er wissen muß, um unsere Schwierigkeiten zu lösen und um uns Rath und Trost zu spenden. Das Beichtsiegel sichert ja hinreichend den guten Namen der betreffenden Personen.

Drittens. Eine Lüge in der Beicht selbst macht dieselbe nur dann ungültig, wenn man dadurch Etwas verheimlicht, was man unter schwerer Sünde zu beichten verpflichtet ist.

Außer diesem Falle ist man auch in der folgenden Beicht nicht verbunden, bei der Anklage über diese Lüge beizufügen, daß sie in der Beicht geschehen ist. Dasselbe gilt für die anderen läßlichen Sünden, die man im Beichtstuhle begehen kann, wie Argwohn, Murren, Ungeduld über das Verfahren des Beichtvaters u. s. w.

3. Skrupel über die Aufrichtigkeit der Reue und des guten Vorsatzes.

Gewisse Seelen machen sich besonders viele Besorgnisse über die wesentlichsten Bedingungen des heiligen Bußsakramentes; sie meinen, sie klagten sich ohne wahre Reue und ohne aufrichtigen Vorsatz an, weil sie in ihrem Leben keine Aenderung wahrnehmen, und sie stets dieselben Fehler in den Beichtstuhl bringen. Solche Seelen muß man belehren, daß ihr Schluß ein richtiger wäre, wenn es sich um Verbrechen handelte; allein davon ist nicht die Rede, sobald es sich um Skrupel handelt.

Die Reue der Gerechten über ihre täglichen Fehler kann tief und wahr sein, ohne daß sie sich vollständig von ihren Schwächen bessern. Gott kennt die Wünsche seiner treuen Kinder und erhöht sie stets, aber erst zur rechten Zeit. Für gottliebende Seelen ist es wichtiger, in der Demuth befestigt zu werden, als von ihren Fehlern befreit zu sein, darum läßt der liebe Gott sie oft lange Zeit vergeblich gegen dieselben ankämpfen, bloß damit sie recht demüthig werden. Man kann also die Reue der Gerechten über ihre Fehler nicht nach demselben Maßstabe beurtheilen, wie man den Schmerz der groben Sünder über ihre Verbrechen beurtheilt. . . . . Die Fehler der Ersteren tasten das christliche Leben in seinem wesentlichen Gehalte nicht an; durch die göttliche Güte werden sie sogar nicht selten zum

Anlasse erhabener Tugenden und zum Schutzmittel wider große Gefahren, und man würde vermessen urtheilen, wenn man aus seinem Rückfalle in dieselben den Schluß ziehen wollte, daß man sie liebt oder sie nicht genug bereut.

Darüber sagt der heil. Franziskus von Sales: „Gott hat wohl manche Sünder plötzlich vollkommen geheilt, wie die heil. Magdalena, welche in einem Augenblicke aus einem Ausbund aller Verdorbenheit zu einer lautern und von Stunde an ungetrübten Quelle der Vollkommenheit wurde. In seinen Jüngern aber hat der Herr nach ihrer Bekehrung noch viele Ueberbleibsel ihrer früheren bösen Neigungen zurückgelassen, und das zu ihrem wahren Besten; ich erinnere bloß an den heil. Petrus, der nach seiner ersten Berufung mehr, als einmal, strauchelte und endlich durch seine dreimalige Verleugnung elendiglich tief sank."

„Eine Seele, die nach langer Sklaverei in den Ketten ihrer Leidenschaften augenblicklich vollkommen Meister darüber würde, stünde in großer Gefahr, eitel und stolz zu werden. Wir müssen nach und nach, Schritt für Schritt, eine solche Herrschaft erringen, an deren Eroberung auch die Heiligen Jahrzehnte lang gearbeitet haben. Sei so gut, und habe mit Allen Geduld, vor Allem aber mit Dir selbst."

„Du beklagst Dich, daß Du trotz Deinem Wunsche nach Vollkommenheit und nach reiner Gottesliebe doch noch Unvollkommenheiten an Dir wahrnimmst. Darauf antworte ich Dir, daß wir in diesem Leben unser Ich nie ganz verleugnen können: wir müssen es immer mit uns herumtragen, bis Gott uns in den Himmel trägt. Und so lange wir uns selbst schleppen müssen, schleppen wir Etwas, das nichts werth ist. Also Geduld! Du kannst nicht in einem Tage all die bösen Gewohnheiten ablegen, die Du aus Nachläßigkeit für Deine Seele angenommen hast. Ich bitte

Dich, sieh doch nicht soviel herum, halte Deinen Blick fest auf Gott und auf Dich geheftet, und Du wirst ihn nie ohne Güte, Dich nie ohne Elend und Dein Elend stets als den Gegenstand seiner Güte und Erbarmung sehen."

„Früher," sagt Fenelon, „fehlte Dir die Erleuchtung, um viele Regungen Deiner verdorbenen Natur zu entdecken, die Du jetzt erst wahrnimmst. Je mehr das Licht zunimmt, desto mehr sieht man, daß man schlechter ist, als man es dachte; allein Du mußt Dich deßwegen nicht entmuthigen; Du bist nicht schlechter als zuvor; im Gegentheile, Du bist viel besser; aber während Deine Uebel abnehmen, wächst das Licht, das Dir dieselben zeigt."

Das Gesagte muß denen zur Beruhigung dienen, die an der Aufrichtigkeit ihrer Reue zweifeln, weil sie in ihre Gebrechlichkeitsfehler zurückfallen. Jetzt noch ein Wort für diejenigen, welche keine Reue zu haben glauben, weil sie in sich kein so lebhaftes Gefühl des Schmerzes über ihre Sünden empfinden, als sie über den Verlust ihres Vermögens oder ihrer Anverwandten empfinden würden. Solche Seelen suchen ganze Stunden lang dieses Gefühl in sich zu wecken, meistens ohne Erfolg, und dann — welche Herzensangst beim Empfang der Absolution! . . . Diesen Seelen kann ich nichts Besseres anrathen, als folgende Worte des heil. Franziskus von Sales recht zu beherzigen:

„Du willst wissen," sagt er, „wie Du in kurzer Zeit Reue und Leid gut erwecken kannst. — Ich antworte Dir: Dazu braucht man gar keine Zeit; man muß sich nur im Geist der Demuth und der Reue über die Beleidigungen Gottes vor dem Herrn niederwerfen. . . . Vor Gottes Augen vermagst Du viel, wenn Du nur zu wollen vermagst; Du hast schon die Reue dadurch, daß Du sie zu haben wünschest. Allerdings fühlst Du sie nicht; allein Du siehst und

fühlst auch das Feuer unter der Asche nicht, obwohl es vor=
handen ist."

4. Skrupel über die Andachtsübungen, zu denen man verpflichtet ist.

Die Andachtsübungen, zu denen sie verpflichtet sind,
verursachen Manchen tausend Aengstlichkeiten, während sie
sich über die freiwilligen, selbstgewählten viel weniger be=
unruhigen und dieselben oft besser verrichten, weil sie weniger
von der Furcht geplagt sind, denselben schlecht nachzukommen.

Sonst sehr verdienstreiche und einsichtsvolle Männer
lassen sich manchmal von dieser übertriebenen Aengstlichkeit
beherrschen und werden sich selbst zur Last und Andern un=
nütz, weil sie die unglückliche Gewohnheit annehmen, sich
vor Allem zu fürchten und in allen ihren Standespflichten
Schwierigkeiten zu finden.

Die nothwendige Intention ist insbesondere Vielen eine
unerschöpfliche Quelle von Skrupeln. Sie meinen zum
Beispiele, sie würden die vom Priester auferlegte Buße nicht
verrichten, wenn sie nicht vorher eine Viertelstunde, was
sage ich, eine Stunde und noch mehr damit zubringen, daß
sie durch alle nur denkbaren Formeln betheuern, sie wollten
jetzt wirklich die ihnen vom Beichtvater bei dieser Gelegen=
heit, zu diesem Zwecke u. s. w. auferlegte Buße verrichten,
und sie hätten gewiß keine andere Meinung dabei! . . . .
Wenn diese armen, geplagten Seelen doch ganz einfach das
Gebet sprechen oder das Kapitel lesen wollten, das ihnen
angegeben worden ist, ohne all diese lächerlichen Vorkehrungen
und ohne sich auch nur im Geringsten um ihre Meinung
zu bekümmern, so würde die rechte Meinung gewiß nicht
fehlen, und sie entsprächen gewiß viel sicherer und leichter
der Absicht ihres Beichtvaters.

Es ift fehr wichtig, daß die Seelenführer sich gleich Anfangs und mit aller Entschiedenheit solchen Schwächen widerseßen, die sehr weit führen können, und bei denen Mancher schon seine gesunde Vernunft ganz eingebüßt hat.

Solche Personen dürfen nie etwas von ihren pflicht= mäßigen Gebeten, z. B. vom Offizium, wiederholen; der Ungehorsam in diesem Punkte ist ein sehr großer Fehler. Nichts seßt uns so sehr den Zerstreuungen aus, als der Gedanke, man könne bei schlechter Verrichtung das Gebet wiederholen. Fängt man einmal wieder von vorn an, so kommt man bald dazu, dieß immer und immer wieder zu thun, weil das lezte Mal nicht besser ausfällt als das erste. So wird das Gebet, mit dem man nicht mehr fertig wird, zulezt zum unerträglichen Joch, und vor lauter Pünktlich= keit kommt man dahin, daß man es ganz unterlassen muß.

Zerstreuungen kann kein Mensch in diesem Leben ganz vermeiden; sie können uns aber nur dann im Gebete hin= dern, wenn sie freiwillig sind oder vernachläßigt werden. Das beste Mittel dagegen ist, wenn man sich nicht damit abgibt, sondern schnell zu seinen vorherigen Gedanken zu= rückfehrt, ohne zu erforschen, durch was und wie wir auf einige Augenblicke davon abgelenkt worden sind. Die läftig= ften Zerstreuungen gelten als Gebet, wenn sie uns miß= fallen; es heißt aber den Zerstreuungen nachgeben, wenn man wegen derselben seine Andachtsübungen von Vorn an= fängt oder unterläßt.

Die heilige Therefia selbst gestand, daß sie oft kein Credo ohne Zerstreuungen beten konnte! Wir müssen uns also bemüthig in unser Schicksal ergeben und nicht mehr von uns verlangen, als Gott selbst, dem unsere Demuth und unser Gehorsam tausendmal wohlgefälliger sind, als

unsere thörichten Anstrengungen nach Erreichung eines un=
möglichen Zieles.“

5. Skrupel über die Beweggründe zum Gutesthun.

Von den Handlungen gehe ich auf die Beweggründe
über, wegen derer so Viele ängstlich sind, weil sie einerseits
wissen, daß die Heiligkeit der Handlung von der reinen Ab=
sicht abhängt, und weil sie anderseits befürchten, Alles,
was sie thun, sei von geheimem Stolze, von menschlichen
Rücksichten oder von Regungen der Eitelkeit befleckt.

Gewiß muß die Liebe Gottes und der Wunsch, ihm zu
gefallen, jede gute Handlung beleben. Gewiß ist auch die
Furcht berechtigt, daß die Verdorbenheit unseres Herzens
sich in unsere guten Werke einmische und sie ihres Ver=
dienstes beraube. Ein wesentlicher Theil der Frömmigkeit
besteht in dieser lautern Furcht, die von der Liebe unzer=
trennlich ist. Gewiß gibt es auch kaum ein sicheres Mittel,
zu unterscheiden, ob Etwas aus reiner Liebe geschehe, oder
ob nicht auch andere Beweggründe mit unterlaufen. Der
innerste Grund unsers Herzens ist uns unbekannt, und er
wäre es nicht, wenn wir mit Bestimmtheit unterscheiden
könnten, was das Herz liebt. Wir wüßten, ob wir des
Hasses oder der Liebe würdig sind, [1] wenn wir wüßten,
welche Liebe uns beherrscht und leitet; und wir könnten
dann uns selbst richten, was doch der heil. Paulus nicht zu
thun wagte. [2]

Allein gerade diese Ungewißheit, die uns unser innerstes
Sein verborgen hält, bietet denjenigen, welche sich mit Be=
fürchtungen über ihre vermeintlichen schlechten Absichten
peinigen, den besten Trost. Woher weißt Du denn, daß

---

[1] Ecclef. IX. 1.   [2] I. Cor. IV. 4. u. 5.

Deine Handlungen nicht aus der Gnade Jesu Christi entspringen? Hat er Dir vielleicht ein ganz besonderes Zeichen gegeben, an dem Du sein Wirken in Dir erkennen könntest? Täuschet man sich nicht hierin ebenso gut aus verkehrter Demuth, als aus Vermessenheit? Vermagst Du es, die Gaben Gottes genau von Allem, was Dir eigen ist, zu unterscheiden und so zu erkennen, wie weit Dein Elend geht? Fürchtest Du Dich nicht, die Gnade Gottes zu beleidigen, wenn Du das Gute, wozu sie Dir den Willen verleiht, der Bosheit des Feindes zuschreibst? Und Du, der Du Dich so tief darüber betrübst, daß der Stolz all Dein Thun beflecke, meinst Du, es sei kein Stolz, wenn Du klagst, anstatt Dank zu sagen?

Aber, erwidern solche Personen, wie können wir es uns verhehlen, daß Eitelkeit und andere schlechte Beweggründe die meisten unserer Werke anstecken, da wir doch fühlbar den Eindruck dieser Regungen in uns wahrnehmen? Diese unreinen Beweggründe belagern uns, umgeben uns, mischen sich in all unser Thun, und folgen uns überall gleich einem lästigen Schatten auf dem Fuße nach, und Dieses trotz all' unseren Anstrengungen, sie zu entfernen.

Du gibst Dir also Mühe, um sie los zu werden, und Du bist untröstlich darüber, daß Deine Bemühungen nicht von dem gewünschten Erfolge begleitet sind? Geh, Du bist nicht so sehr zu beklagen, wie Du es meinst; Deine Betrübniß gereicht mir zum Troste, und Deine Wachsamkeit beruhigt mich für Dich!

Sage mir außerdem einmal: thust Du nie im Stillen etwas Gutes? Suchst Du stets Augenzeugen? Kannst Du nie über ein Almosen, über ein Gebet oder über eine Abtödtung schweigen? — Gott behüte! antwortest Du mir; im Stillen Gutes thun, ist mir der größte Trost;

denn dadurch büßt der Stolz den Vortheil gegen uns ein, den ihm die Oeffentlichkeit gewährt. O könnten wir doch ohne Zeugen leben, dann wären wir im Frieden, oder der Sieg würde uns wenigstens leichter werden!

Da siehst Du jetzt, daß nicht aller Anschein gegen Dich ist, wie Du es glaubtest; denn Du hast hierin den Beweis, daß Du die Versuchung fliehst, die Verborgenheit liebst, und daß der Grund Deines Herzens demüthig ist, oder es doch zu sein wünscht.

Was die lästigen Anfechtungen Deines Stolzes betrifft, so stehe ich Dir nicht dafür, daß sie aufhören; Gott ist der Herr darüber, und er hat uns in diesem Punkte keine Verheißung gegeben. Er steht uns im Kampfe bei; aber der Kampf dauert fort, so lange es ihm gefällt, und meistens bis ans Lebensende.

Man darf nur die Versuchung nicht mit der Sünde verwechseln; der Stolz ist vor, hinter und neben uns; allein deßwegen noch nicht in unserem Herzen; dieses bleibt trotz den lästigsten und anhaltendsten feindlichen Angriffen verschlossen, und wenn es nur den Eindrücken, die der Stolz auf die Einbildungskraft macht, nicht nachgibt, so ist all der Lärm nur außen, und das Gewissen bleibt rein.

Ein sehr richtiger Vergleich soll Dir Dieses anschaulich machen. Dein Schatten folgt Dir überall, und doch ist er kein Theil Deines Körpers; er macht alle Bewegungen und Handlungen nach, ohne der Urheber derselben zu sein; Du kannst ihn nicht meiden und nicht verjagen; allein das thut Dir auch nichts. Geradeso verhält es sich mit den zudringlichen Anfechtungen des Stolzes. Wider unseren Willen folgt er uns überall auf dem Fuße nach und will an all unseren Absichten und Handlungen so viel Antheil, als möglich haben; allein dieses Alles bleibt uns fremd;

so lange wir nicht einwilligen. Und anstatt mit großem Zeitverluste wider einen Schatten zu kämpfen, der unseren Streichen stets entschlüpft, oder ihn durch vergebliche Anstrengungen entfernen zu wollen, müssen wir ihm bloß den Eingang in unser Herz verweigern und unsern Blick auf Jesus Christus gerichtet halten, in dessen Macht es allein steht, den Stolz zu besiegen und zu vertreiben.

Alle diese Belehrungen lassen sich in die wichtige Warnung zusammenfassen, welche der heilige Ignatius den Skrupulanten in seinen „geistigen Exercitien" gibt; er sagt:

„Wünscht eine fromme Seele Etwas zu sagen oder zu thun, das weder von den Gebräuchen der heiligen Kirche, noch von der Ueberlieferung der Väter abweicht, und das sie für geeignet hält, um die Ehre Gottes, unseres Herrn, zu befördern, und kommt ihr dabei von außen, (das heißt von dem bösen Feinde) der Gedanke oder die Versuchung, es doch nicht zu sagen oder zu thun, weil sie sich dabei des eiteln Ruhms oder eines anderen Fehlers schuldig machen könnte, so erhebe sie ihren Geist zu ihrem Herrn und Schöpfer; sieht sie dann, daß dieses Wort oder diese Handlung zur Ehre Gottes gereicht oder ihr wenigstens nicht zuwider ist, so thue sie das, was der Versuchung geradezu entgegengesetzt ist, indem sie mit dem heiligen Bernhard zu dem Widersacher spricht: „Ich habe nicht für Dich angefangen, und werde auch nicht für Dich vollenden!"

6. Skrupel über angeblich unumgängliche Pflichten.

Die Skrupel sind um so schwerer zu heilen, wenn sie sich auf vermeintlich unumgängliche Pflichten gründen, die man nicht den Muth hat, zu erfüllen. Solche Skrupel sind unzweifelhaft quälender, als viele andere; denn einerseits können wir uns unsere scheinbare Verpflichtung nicht verheßlen, und anderseits uns dennoch nicht entschließen, derselben nachzukommen und denken dann wieder: „Ich liebe also Gott nicht über Alles, ich kann ihm nicht wohlgefällig sein und meine Seele nicht retten, wenn ich meine Willensstimmung nicht ändere, und dazu ist wenig Anschein vorhanden."

Es läßt sich in wenigen Zeilen nicht Alles zusammenfassen, was Manche mit mehr Zartheit, als Klarheit, sich Alles zur Pflicht machen, ohne daß sie es ausführen könnten. Es ist Sache des Beichtvaters, solch ängstliche Seelen zur Einsicht zu bringen und ihre Zweifel zu lösen; sie aber sollen Alles seinem Urtheile anheimstellen und nie vergessen, daß oft Manches für Seelen, die den inneren Frieden besitzen, Pflicht sein würde, was für diejenigen keine Pflicht ist, welche durch übertriebene Aengstlichkeit bis zu einem gewissen Grade des freien Gebrauchs ihrer Seelenkräfte beraubt sind. Sie sind unfähig, gewissen Pflichten recht nachzukommen, und dadurch sind sie von denselben dispensirt. Dieses kann zum Beispiele in Bezug auf die brüderliche Zurechtweisung der Fall sein; denn schüchterne oder unruhige Seelen können dieser Vorschrift schwerlich recht nachkommen. Sie dürfen es sich deßhalb zur Regel machen, daß sie schweigen, sobald sie im Zweifel sind, ob sie zurechtweisen sollen oder nicht.

7. Skrupel hinsichtlich der Hoffnung, weil man sich in einem schlechten Zustande glaubt.

„Ich möchte mir selbst gern meine Lauigkeit und Feigheit verbergen können," sagt manche bis zum Tode betrübte Seele, „allein wie kann ich mein Gewissen und meine Augen Lügen strafen? Meine Werke sind es, die wider mich zeugen; mein Leben verfliegt in erfolglosen Wünschen. Ich sehe das Gute ein und thue es nicht. Ich fühle gegen dasselbe ein geheimes, inneres Widerstreben, das mit der Zeit nicht abnehmen will. Mein träges, schläfriges Herz kommt nicht aus seiner Erschlaffung und Mattigkeit heraus. Ich richte mich einmal auf, und nachher begehe ich wieder nichts, als Fehltritte; mein Wille ist nicht nur schwach, sondern schlecht, und ich ertappe mich auf beständiger Untreue gegen Gott, den ich gleichsam durch mein Aeußeres zu täuschen suche, während meine wahren Gesinnungen mit seinem Gesetze in gänzlichem Widerspruche stehen. Dieses Alles erfüllt mich mit Zweifel über mein Heil und benimmt mir oft alle Hoffnung. Ich weiß wohl, daß diese unselige, verzweifelte Stimmung meinen Uebeln nicht abhilft, sondern im Gegentheile das Maß derselben voll macht; aber wie kann ich einem Gefühle widerstehen, das sich so offenbar auf die Wirklichkeit gründet? Das Evangelium hat keine Verheißung für einen Feigling, wie ich; es verdammt die Rückfälle: und mein Leben ist eine Kette von Rückfällen; es verlangt Früchte der Buße, und ich fördere keine zu Tage. Alles, was ich Gutes lese, spricht wider mich, weil ich so weit davon entfernt bin, und wenn ich auch sage, ich hoffe noch, weil es sein muß, so weiß ich doch nicht, ob die wirkliche Gesinnung meines Herzens diesen Worten entspricht!"

Lassen wir diese trostlose Seele ihren Schmerz ausgießen; denn das erleichtert sie, und Worte des Trostes bringen leichter in das Herz ein, wenn es weniger voll von Bitterkeit ist. Nun aber wollen wir sie mit ihren eigenen Worten schlagen.

„Ich setze voraus," antworte ich ihr, „daß Deine Uebel so groß sind, als sie Dir scheinen, ja ich denke mir dieselben noch größer, als Du sie mir schilderst. Allein, verräth denn die Betrübniß darüber, daß man nicht tugendhaft ist, keine Liebe zur Tugend? Ist der Durst und Hunger nach der Gerechtigkeit nicht ein günstiges Zeichen des Heils? Sind die Thränen, welche selbst die Gerechtesten über sich selbst weinen, nicht ein Beweis, daß die Gerechtigkeit in diesem Leben nicht vollkommen ist?

Worin bestehen denn Deine Fehler? Sie gehören zu denen, welche selbst bei den Gerechten unvermeidlich sind. Nun gut! was würdest Du von Dir selbst denken, wenn Du gar keinen Fehler mehr begingest? wenn alle Deine frommen Wünsche sogleich mit Erfolg gekrönt würden? wenn Du Dich mit solcher Leichtigkeit zum Guten hinge-zogen fühltest, daß es Dir keine Mühe mehr kostete? wenn Du immer so geduldig und so sanft wärest, wie Du es sein möchtest? wenn Du mit Einem Worte plötzlich so voll-kommen würdest, daß Du Andern ein Gegenstand der Be-wunderung wärest und beständig in Gefahr stündest, Dich auch selbst zu bewundern?"

„Ach!" antwortest Du mir, „ich würde vor einem solchen Zustande zittern; und schenkte mir Gott nicht die Demuth und Dankbarkeit der seligen Geister, so würde ich ihn inständigst bitten, mir eine Vollkommenheit, deren dieses Leben nicht würdig ist, für das Jenseits vorzubehalten; denn ihr Glanz würde mich unfehlbar noch rascher verblen-den, als die ersten Menschen und die gefallenen Engel."

Du siehst also, wie nothwendig Dir die Verdemüthi-gung zur Demuth ist. Betrachte also die Unvollkommen-heiten, die Gott Dir läßt, nicht mehr als ein Zeichen sei-nes Zornes, sondern als einen Beweis seiner milden Ab-sichten über Dich, in denen er Dich sicher heilen und Deine Tugenden vor dem Stolze bewahren will.

Beweine Dein Elend; danke aber Gott, daß Du es

erkennſt und fühlſt. Es könnte ja auch Verblendung und
Herzenshärtigkeit damit verbunden ſein. Aus Barmherzig=
keit überließ der Herr Dich nicht, wie ſo viele Andere, der
Blindheit und Gleichgültigkeit. Erkenne in der Strafe
der Andern das, was Dir gebührte, und ſei recht dank=
bar dafür, daß die Güte Gottes Dich aus der Zahl derer,
welche vermeſſen und ruhig in ihren Sünden dahinleben,
gerettet hat.

Grüble nicht immer über das nach, was Dir fehlt;
bewundere lieber die Güte Gottes, die einem unwürdigen
Sünder, wie Du, ſo viele Gnaden und Wohlthaten erwie=
ſen hat. Sammle mit dem kananäiſchen Weibe die Bro=
ſamen, welche von dem Tiſche der Kinder Gottes fallen,
anſtatt Dich zu beklagen, daß Du nicht wie ſie zu Tiſche
ſitzeſt. Nach dem Beiſpiele der frommen Ruth begnüge
Dich mit dem Aehrenleſen, und murre nicht, daß man Dich
nicht nach Luſt ernten läßt. Denn alle Deine Klagen ent=
halten ein geheimes Murren, das ein Hinderniß an der
Erfüllung Deiner Wünſche iſt. Werde dankbarer und de=
müthiger, und Du wirſt bald auch reicher werden. Du
ſiehſt nur auf Deine Bedürfniſſe und nicht auf Deine Un=
würdigkeit. Wiſſe einmal Beides zu vereinigen. Alles iſt
Dir nöthig; aber nichts iſt man Dir ſchuldig. Du ſollſt
Alles begehren und Alles hoffen; allein ohne Jeſus Chri=
ſtus haſt Du auf nichts ein Recht.

Du biſt untröſtlich darüber, daß Dein Wille zum Gu=
ten ſo ſchwerfällig, und Dein Herz vor Gott ſo wenig ge=
rade und offen iſt, und daß Du in Dir eine Art von
Doppelſinn und Falſchheit wahrnimmſt, die Deine äußeren
frommen Werke Lügen zu ſtrafen ſcheinen; aber weißt
Du denn nicht, daß der gute Wille von der Gnade Jeſu
Chriſti herkommt, und daß Chriſtus hauptſächlich deßhalb

unſer Erlöſer iſt, weil er uns von der Verdorbenheit unſeres eigenen Willens befreit? Haſt Du Deinen Heiland
zuerſt geſucht, ihn zuerſt geliebt? Kannſt Du ihm Etwas
geben, das Du nicht von ihm empfangen hätteſt? Du
ſiehſt, was er an Dir gethan; warum hoffſt Du nicht, daß
er ſein Werk vollenden wird? In ſeiner Güte hat er es
begonnen, als Du es nicht einmal wünſchteſt; wird er jetzt
davon ablaſſen, wo Du ihn ſo inſtändig bitteſt, das Feh-
lende zu ergänzen? Weißt Du nicht, daß er ſelbſt Dir
Deine Gebete einflößt und der Urſprung Deiner Seufzer
iſt? Wie kannſt Du nun glauben, er verachte ſeine eigenen
Gaben, er erhöre Deine Gebete nicht oder ſei gleichgültig
gegen Deine Thränen?

Dein träges, laues Leben betrübt Dich; meinſt Du
aber, es ſei ein gutes Beſſerungsmittel, wenn Du die
Hoffnung, welche die Quelle alles Eifers iſt, ſinken läßt?
Kommt man jemals ſchnell und munter voran, wenn man
ſo auf's Geradewohl hingeht oder ſich einredet, jeder Schritt
ſei doch vergeblich? Liebt man ein Ding, das man als
fremdes Eigenthum, als für Andere beſtimmt betrachtet?
Und hat man Kraft genug, um zur Erreichung ſeines Zieles
Alles zu thun und Alles zu leiden, wenn man den Gedanken nährt, man werde vielleicht nie zu dieſem Ziele
gelangen? Die Hoffnung allein ergreift ein Gut, ſieht es
als für ſich beſtimmt an, und ſetzt alles ins Werk, um es
zu erringen. Laß deßhalb die Hoffnung nur etwas that-
kräftiger und lebendiger in Dir werden; dann wirſt Du
Dich ſchon ermannen und Deiner Schlaffheit ein Ende
machen können.

Als letzten Grund Deiner Muthloſigkeit fügſt Du noch
bei, daß Dir der Bußeifer fehle. Allein das Geſagte muß
Dich zur Ueberzeugung bringen, daß Du nur aus Mangel

an Hoffnung und Vertrauen so wenig Kraft in Dir fühlst,
um ein abgetödtetes, bußfertiges Leben zu führen. Denn
die Geduld in der Trübsal, und der Wunsch, mit Christus
zu leiden und mit ihm seinen Leib zu kreuzigen, entspringen
nur aus der zuversichtlichen Erwartung der ewigen Güter,
und aus der vollen Ueberzeugung, daß, wenn wir mit
Christus leiden, wir auch mit ihm verherrlichet werden.
Gegen all' Deine Versuchungen gibt es also kein besseres
Heilmittel, als das Vertrauen.

8. Skrupel, die uns in allem eine Strafe Gottes erblicken lassen.

Manche Seelen glauben, Alles, was ihnen zustoße, sei
eine Strafe der göttlichen Gerechtigkeit; durch diesen Gedanken erschweren sie sich die Geduld im Leiden und berauben sich der größten Vortheile des Kreuzes.

Solche Seelen müssen beherzigen, daß Alles während
dieses Lebens zu unserem Heile gereicht. Nimmt Gott uns
Etwas, was wir zu unserer Vollkommenheit nützlich glaub-
ten, so thut er es nur, um uns auf einem noch sicherern
Wege dahin zu führen. Nichts ist uns hienieden nothwendig, als der Gehorsam gegen die göttlichen Anordnungen, und nichts ist uns wahrhaft heilsam, als seine
Gnade. Wir verlieren Nichts, ja im Gegentheile, wir
machen einen großen Gewinn, wenn Gott selbst den Platz
dessen einnehmen will, was er uns nimmt; würden wir
allein mit ihm auf der Welt bleiben, so besäßen wir in
seiner Güte eine unerschöpfliche Hülfsquelle.

Niemand weiß, ob er zu der Zahl der Auserwählten
gehört; aber es ist Allen geboten es zu hoffen, und hiemit
auch zu glauben, daß sämmtliche Anordnungen der Vorsehung uns zum Besten gereichen. Der Herr thut ja nichts,
was nicht zum Heile der Auserwählten wäre. Nur für sie

besteht die Welt, und sie wird untergehen, wenn der letzte Auserwählte zu seiner Vollkommenheit gelangt ist. Ja, würde das ganze Weltall einer allgemeinen Umwälzung preisgegeben, so hätte dieser volle Umsturz alles Bestehenden nur das größte Beste der Auserwählten zum Zwecke.

Allein ängstliche oder mangelhaft unterrichtete Seelen mißverstehen nicht selten, was sie sagen hören: es gebe ein Maß der Gnade, über das hinaus Gott keine mehr verleihe. Finden sie deßhalb neue Schwierigkeiten in der Tugend, oder meinen sie, sie seien in einen etwas bedeutenderen Fehler gefallen, so bilden sie sich ein, sie gehörten zur Zahl derjenigen, denen nur beschränkte Gnaden zu Theile werden, und hätten von nun an keine mehr zu hoffen.

So aufgefaßt ist die Lehre von dem Maß der Gnade ganz falsch. Die heilige Schrift gibt dem Sünder Hoffnung bis zu seinem letzten Augenblicke; die Kirche raubt keiner Seele dieses kostbare Gut, und sie hat die Ueberzeugung, daß man die Sterbenden nie vergeblich zur Buße ermahnt, obwohl die Bekehrung auf dem Todbette oft zweifelhaft ist. Nur mit unserem letzten Athemzuge endigt für uns die Zeit der Langmuth und Barmherzigkeit, und bis dahin muß man die Quelle der Gnade nie für versiegt halten; ebenso wenig darf man die oben angegebene Lehre als einen allgemeinen Glaubenssatz betrachten oder davon Anwendungen auf einzelne Fälle machen; denn es ist augenscheinlich, daß, selbst wenn der allgemeine Grundsatz wahr wäre, es doch stets eine Vermessenheit und ein Fehler wider die christliche Hoffnung sein würde, wofern man denselben auf sich oder auf Andere bestimmt anwenden wollte.

9. Skrupel, die uns antreiben, geringe Fehler als einen Anlaß zu größeren zu betrachten.

Einige ängstliche Seelen sehen stets in ihren kleinen Fehlern einen Anlaß zu größern; denn sie reden sich ein, Gott strafe sie für dieselben dadurch, daß er sie in schwere Sünden fallen lasse. Hierbei berufen sie sich gewöhnlich darauf, daß sie gehört und sogar in der heiligen Schrift gelesen haben, die kleinen Fehler führten zu großen, man fiele unmerklich in diese, wenn man jene vernachläßige, und Unvollkommenheiten, die man wenig beachte, könnten oft zu den größten Verirrungen verleiten.

Der Grundsatz ist, richtig verstanden, wahr; allein man geht viel zu weit, wenn man behauptet, kleine Gebrechlichkeitsfehler seien die nächste Gelegenheit zu großen Sünden oder gar Verbrechen.

Die heilige Schrift sagt nirgends, daß Schwachheitsfehler durch bedeutendere Sünden bestraft würden; denn wo wäre dann der Gerechte, der in seiner Gerechtigkeit ausharrte? Hat der Jünger der Liebe nicht im Namen Aller gesagt: „Wenn wir sagen, wir haben keine Sünde, so verführen wir uns selbst, und die Wahrheit ist nicht in uns. Bekennen wir aber unsere Sünden, so ist Gott treu und gerecht, daß er uns unsere Sünden vergibt und uns von aller Ungerechtigkeit reinigt." [1] Die Drohungen Gottes beziehen sich nur auf die Verachtung der kleinen Fehler: „Wer das Wenige nicht achtet, geht nach und nach zu Grunde!" [2] sagt uns der Weise. Die Gleichgültigkeit wird bestraft; denn sie ist mit Stolz verbunden. Die Unbußfertigkeit reizt den Zorn Gottes; denn sie ist eine Verachtung

---

[1] I. Joh. I. 8.   [2] Eccli. XIX.

seiner Barmherzigkeit, die man nicht anruft, und seiner Gerechtigkeit, die man zu sühnen versäumt. Dagegen stehen in der Schrift die trostvollsten Verheißungen für die demüthige und getreue Seele, welche sich durch ihre Schwäche zu größerer Wachsamkeit angetrieben fühlt, und ihre Unterlassungs- und Uebereilungsfehler weder liebt noch vertheidigt. Dieß ist die richtige Auffassung des oben angegebenen Grundsatzes, der falsch verstanden manchen Skrupeln zum Anlaß dient.

Aber gesetzt den Fall, die Fehler, welche solche Skrupel verursachen, seien keine bloßen Uebereilungsfehler, gesetzt, das Herz hänge ganz daran, und man meide sie weder sorgfältig genug, noch tilge man sie durch demüthige Buße, so wäre man trotzdem im Irrthum, wollte man sie als nächste, das heißt gewöhnliche und fest bestimmte Veranlassung wesentlicher Uebertretungen betrachten. Es gibt keine Stelle in der heiligen Schrift oder Ueberlieferung, die uns das sagt. Eine solche Behauptung würde den Rathschlüssen des Allmächtigen, die wir nicht ergründen sollen, vorgreifen. Wäre sie wahr, so würden gerade die reinsten, unschuldigsten Seelen dadurch in Verzweiflung gestürzt; denn diese beurtheilen ihre Fehler stets strenger, als Andere, und befürchten immer, dieselben seien freiwillig gewesen, oder sie hätten sie nicht durch hinreichende Herzensreue ausgelöscht.

Gerade zur Muthlosigkeit will der Widersacher die Seelen bringen, wenn er ihnen ihre Fehler und deren Folgen im Vergrößerungsglase zeigt. So lange sie ruhig sind, darf er es nicht wagen, ihnen etwas augenscheinlich Schlechtes vorzuhalten; ist es ihm aber gelungen, sie nach einer begangenen Unvollkommenheit in Ruhe zu versetzen, so kann er sie kühner anfechten. Er weiß wohl, daß das Vertrauen auf den göttlichen Beistand und die demüthige Ueberzeugung,

Gott werde sie wegen leicht zu entschuldigender Nachläßig=
keiten und Sünden noch nicht verwerfen, ihnen als Schirm
gegen seine Angriffe dient; darum bemüht er sich, ihnen
diese Gesinnungen zu rauben, indem er ihnen Alles ins
Gedächtniß ruft, was sie je gegen Nachläßigkeit und Lau=
heit haben sagen hören. Sie sollen dadurch zu ihren eigenen
Versuchern werden und sich vor lauter Nachgrübeln über
die Unvermeidlichkeit ihres Verderbens wirklich in den Ab=
grund hineinstürzen.

Dieser höllische Fallstrick scheint grob genug angelegt;
allein, wie die Erfahrung beweist, ist er sehr gefährlich.
Seelen, welche unüberwindlich gewesen wären, wenn sie ihr
Vertrauen auf Gottes Hülfe bewahrt hätten, werden oft
erschüttert und manchmal zum Falle gebracht, weil sie sich
fälschlicher Weise einbilden, sie hätten durch anfänglich ge=
ringe Fehler verdient, von Gott verlassen zu werden. Mit
heiliger Eifersucht würden sie den kostbaren Schatz ihrer
Unschuld bewahrt haben, wenn sie gewußt hätten, daß sie
ihn noch besaßen. Man muß daher Alles aufbieten, um
derartigen Skrupeln Einhalt zu thun; denn sie gehen in
Versuchungen über, und führen durch eiteln Schrecken bis
zu großen Sünden.

**10. Skrupel über den Glauben, zunächst darüber, ob man wirklich
glaubt oder nicht.**

Unser Glaube soll thätig und lebendig sein. Für das
Ueberirdische soll er uns dasselbe sein, was uns unsere
Sinne für die sichtbaren Dinge sind; der heil. Paulus
nennt ihn „einen festen Grund für das, was man hofft,
eine feste Ueberzeugung für das, was man nicht sieht." [1]

---

[1] Hebr. XI. 1.

Aengstliche Seelen aber finden, daß ihr Glaube nicht diese großen Eigenschaften besitzt, und deßhalb wissen sie nicht, ob sie überhaupt Glauben haben oder nicht. Lesen sie dann erst in den Briefen desselben Apostels, Moses' Glaube sei so weit gegangen, daß der unsichtbare Gott ihm gegenwärtig und sichtbar gewesen, so geben sie sich der Traurigkeit und Entmuthigung hin, weil sie weit entfernt sind, Etwas dergleichen zu empfinden. Solchen Seelen werden folgende Belehrungen zum Troste gereichen.

Erstens. Der Glaube kann wirklich und sogar sehr groß sein, obwohl er nicht von lebhaftem Gefühle begleitet ist, und obwohl wir nicht stets das wirkliche Bewußtsein desselben haben.

Zweitens. Es ist, in Bezug auf den Glauben, wie auf jede andere Tugend stets zu wünschen, daß man neben dem Besitze derselben auch das Bewußtsein davon im Gefühl hat; denn dieß hält die Seele in den Schwierigkeiten aufrecht, tröstet sie in den Leiden, erhebt sie über das Sinnliche und erfüllt sie mit heiliger Freude.

Drittens. Ist das Gefühl des Glaubens nur noch schwach vorhanden, oder scheint es sogar ganz erloschen, so dürfen wir uns darüber betrüben; denn die innere Trockenheit artet leicht in Lauigkeit aus, läßt den Versuchungen mehr Gewalt und bringt die Seele in Gefahr, nach Außen hin jeden Trost zu suchen, dessen sie im Innern entbehrt. Doch sei unsere Betrübniß stets ruhig und störe nie unsern Seelenfrieden: Gott läßt ja oft diese Prüfung zu unserm Besten zu.

Viertens. Das lebhafte Gefühl des Glaubens ruft man nicht durch Unruhe und Aufregung und noch weniger durch vergebliche Anstrengung, die Geist und Gesundheit aufreiben, zurück. Nur Demuth, Gebet, pünktlichere Pflicht=

erfüllung und Verzichtleistung auf allen menschlichen Trost, geben uns auf's Neue und verstärken in uns diese tröstlichen Empfindungen.

Fünftens. Läßt Gott, aus ihm wohlbekannten Grün= den, uns in dieser Finsterniß, so sollen wir uns verde= müthigen, ohne uns zu beunruhigen. Die Treue in diesem Zustande ist ein großer Beweis, daß Gott durch den Glau= ben und durch das Walten seines heil. Geistes in unserm Herzen wohnt, obgleich er uns seine Gegenwart und seine Gaben verborgen hält.

Sechstens. Es ist äußerst wichtig, daß man über den Besitz oder Verlust dessen, was uns ohne Aenderung unserer wahren Gesinnung genommen oder gegeben werden kann, wenig vernünftle oder nachgrüble. Das Wesentliche der Frömmigkeit besteht nicht in diesen unsichern und von unserm Willen unabhängigen Dingen. Sage Dank, wenn Du sie besitzest; verdemüthige Dich, wenn Du sie verlierst; aber suche dabei trotz der Unebenheiten des Weges stets gleichen Schrittes in der Tugend voranzuschreiten.

Siebentes. Es ist höchst gefährlich, sich selbst und seinen Seelenzustand nach zweideutigen Kennzeichen zu be= urtheilen, die auf die Wirklichkeit unseres Glaubens oder unserer Liebe keinen unmittelbaren Bezug haben; solche Be= urtheilungen führen nur zur Vermessenheit oder zur Muth= losigkeit und sind größtentheils gar nicht begründet.

Achtens. Es ist Nichts dem Geiste des Glaubens mehr zuwider, als wenn man Alles empfinden, Alles fühlen, sich über Alles vergewissern und so zu sagen Alles mit Händen greifen will. Dieß heißt, die Religion auf seine Erfahrung und auf seine sinnlichen Wahrnehmungen gründen wollen; es heißt verlangen, Gott solle uns von all seinem Thun Rechenschaft geben, er solle seine Gnadenschätze vor uns ausbreiten und uns über unsere Reichthümer belehren. Es heißt, den Worten und Verheißungen Gottes sein Vertrauen versagen, wenn er uns nicht durch fühlbare Empfindungen dafür bürgt. Es heißt endlich, uns seiner Leitung nur unter der Bedingung hingeben, daß er uns zu Richtern über sein Verfahren mit uns aufstelle.

Alles Gesagte findet leicht seine Anwendung auf diejenigen, welche sich über den Mangel an fühlbarem Glauben beklagen und meinen, sie hätten gar keinen Glauben, weil derselbe sich für einige Zeit in der Tiefe ihres Herzens verbirgt, wo doch sein Wohnsitz und seine Wurzel ist.

Es ist im Gegentheil das Kennzeichen eines festen, gediegenen und verdienstvollen Glaubens, wenn wir in Nacht und Finsterniß, wo Alles uns zu entgehen scheint, handeln und wirken. — „Weil Du mich gesehen hast, Thomas, hast Du geglaubt; selig die nicht sehen und doch glauben!" [1] — Daß aber in diesen ängstlichen Seelen der Glaube wohnt und wirkt, dafür spricht ihr Leben, das beweisen tausend Handlungen, die sie täglich aus Gehorsam gegen das göttliche Gesetz verrichten, und die keine andere Quelle als den Glauben haben können; davon zeugt am besten ihre Aengstlichkeit selbst, die nicht denkbar wäre, wenn die Religion in ihren Augen als eine Fabel dastünde.

Uebrigens umfassen die hier aufgestellten Grundsätze ein noch viel weiteres Feld; sie sind ein Heilmittel wider die Skrupel aller derjenigen, die gewisse unentbehrliche Tugenden nicht zu besitzen glauben, weil sie dieselben nicht nach Wunsch fühlen.

---

[1] Joh. XX. 29.

11. Skrupel über Versuchungen wider den Glauben.

Eine andere Art von Skrupeln wegen des Glaubens, als die besprochenen, beruht auf durchaus unfreiwilligen Gedanken und Zweifeln, welche meist unbestimmt und verworren, manchmal aber auch direkt und unmittelbar den Glauben im Allgemeinen oder einzelne Glaubenssätze anfechten.

Diese Versuchung betrübt ängstliche Seelen und verwirrt sie zugleich; denn sie unterscheiden nur mit Mühe, wie weit der Gedanke oder Zweifel gegangen ist. Der Eindruck desselben bleibt ihnen zurück; sie fürchten, ein geheimer Unglaube sei die Wurzel der Versuchung, oder sie denken wenigstens, diese zudringlichen und häufigen Anfechtungen würden schließlich ihren Glauben schwächen, und endlich fragen sie sich, ob sie in diesen Kämpfen auch stets ihre Schuldigkeit thun oder in Zukunft thun werden.

Allein jeder so versuchten Seele sage ich: „Ich stehe Dir gut für die fromme Gesinnung Deines Herzens und für die Aufrichtigkeit Deines Glaubens; ich kann Dich versichern, der ganze Sturm geht nur außer Dir vor sich, und durch Gottes Barmherzigkeit wird er sogar dazu dienen, Dich im Glauben zu befestigen."

Solche Seelen machen sich aus dieser mehr lästigen als gefährlichen Anfechtung viel zu viel, und verstärken durch ihre übertriebene Furcht nur die Gedanken, wovon einfache Verachtung sie befreien würde. Gott will sie bloß durch diese Versuchung ermahnen, um Demuth und kindlich einfachen Sinn zu beten. Thun sie dieß, so benehmen sie dem Teufel alle Hoffnung auf Erfolg; denn wie könnte eine Versuchung den Glauben schwächen, wenn man sie als Heilmittel gegen seinen Stolz benützt?

Niemals dürfen diese Seelen ferner ihre Beschäftigungen und noch weniger ihre Gebete unterbrechen, um diese Glaubenszweifel zu bekämpfen und von sich zu stoßen; würden sie dieses thun, so entsprächen sie der Absicht des Feindes, der sie nur versucht, um sie in ihren Uebungen zu stören. „Solchen Anfechtungen gebe man keine Antwort!"

Das Kreuzzeichen auf Stirne, Mund und Herz ist eine mächtige Waffe wider den Versucher; der Name Jesu treibt ihn in die Flucht; das bloße Andenken an den Tod Christi und an seine Siege über Hölle und Unglauben genügt schon, um der Seele den Frieden wiederzugeben.

Auch kann die versuchte Seele von Zeit zu Zeit sprechen: „O mein Gott, ich glaube! — Hilf Du meinem Glauben! Gib mir einen Glauben, der Deiner würdig sei! — Weise Du mich zurecht über die Unvollkommenheit meines Glaubens! Vermehre in mir den Glauben! — Erhalte Du selbst in mir die Gabe des Glaubens! — Deine Gnade hat mich gläubig gemacht; sie bewahre mir auch diesen Glauben, der die Welt und den Fürsten dieser Welt überwindet!" Auch können sie sagen: „Ich vereinige mich mit dem Glauben der heiligen Kirche! Ich stimme Allem bei, was sie glaubt! Ich erkenne von ganzem Herzen Alles für wahr an, was ihr geoffenbart worden ist."

Die Versuchung verachten und sich zerstreuen ist das wirksamste Mittel. Will man Betheuerungen des Glaubens gebrauchen, was auch nicht oft geschehen soll, so sind die kürzesten und einfachsten entschieden die besten und wirksamsten. „Ich glaube, was die Kirche glaubt, frage mich nicht weiter." Vor Allem hüte man sich vor einem Wortstreit mit dem bösen Feinde, man suche gegen die aufsteigenden Zweifel keine Einwendungen zu machen; denn bei der Unruhe, in der man sich befindet, wäre Dieses das unfehlbare Mittel, uns in noch tiefere Geistesfinsterniß und vielleicht ins Verderben zu führen.

Man sage solchen geängstigten Seelen: „Der Herr kennt die Aufrichtigkeit Deines Herzens; er hat Dich gehört und verstanden, ehe Dein Flehen zu ihm emporstieg. Er scheint zu schlafen und doch ist er Deiner Mühe und Anstrengung gewärtig. Ein Wort bei seinem Erwachen, — und Wind und Wellen schweigen stille. Halte Dich an ihn, achte mehr auf ihn, als auf die Wellen und auf das Schwanken des Schiffleins. Mit ihm ist der Schiffbruch unmöglich."

12. Skrupel über die Versuchung zur Gottesläſterung.

Wenn es eine recht fürchterliche Anfechtung gibt, die aber dabei dem Willen des Versuchten fast immer fremd bleibt, so ist es die der Gottesläſterung. Ich brauche dieselbe hier nicht näher zu erklären. Wer von dieser schweren Prüfung heimgesucht ist, weiß am besten, worin sie besteht, und es wäre gefährlich, die Einbildungskraft Anderer mit Bildern zu schrecken, deren Abscheulichkeit einen starken Eindruck machen müßte.

Der Geist der Finsterniß sinnt stets darauf, wie er uns die Frömmigkeit überdrüssig und verhaßt machen kann; und während er die in Ruhe läßt, welche ihren Leidenschaften folgen und dahin leben, ohne an ihr ewiges Heil zu denken, ist er rastlos bemüht, diejenigen zu ängstigen, welche in innerer Sammlung und Herzensreinheit zu leben suchen.

Die Anfechtungen, welche ihm meistens am besten gelingen, sind die verdeckten und verborgenen, die zugleich mit den natürlichen Neigungen und den Resten des alten Menschen in geheimem Einklang stehen. Eitelkeit, Eigenliebe,

Sehnsucht nach irdischem Glück, Unlauterkeit, das sind die gewöhnlichen Waffen, die er mit einigem Erfolge führt.

Allein Gott gibt nicht immer zu, daß der Widersacher gegen die Gerechten die Arglist der Schlange gebraucht; manchmal läßt er ihm nur das minder gefährliche Brüllen des Löwen. Dann verbreitet der Teufel Schrecken und Verwirrung; allein er richtet mehr Lärmen als Schaden an, weil er sich selbst in seiner Häßlichkeit zu sehr bloßstellt, und weil die Versuchung offen den Namen Gottlosigkeit und Gotteslästerung auf der Stirne trägt.

Gott bringt dann das Herz in Sicherheit, und über=läßt dem Feinde nur die ihm zu nichts dienenden äußeren Vorposten der Einbildungskraft und der Sinne. Er ver=schließt ihm den Tempel und das Heiligthum und gestattet ihm nur den Eintritt in den Vorhof; nicht damit er darin herrsche, sondern nur damit er sich dort durch seine Ent=weihungen verhaßt mache und den Menschen zeige, welches Ungeheuer er ist, zu welchen Abscheulichkeiten er antreibt, wie entsetzlich seine Gesellschaft wäre, zu welch furchtbarer Verzweiflung er verdammt, und wie ohnmächtig seine Wuth gegen Gott ist, und endlich welchen Dank wir Jesu Christo schulden, der uns durch seinen Tod dem Rachen dieses Löwen entrissen hat.

Fromme Seelen sollen sich deßhalb gar nicht ängsti=gen, und noch weniger entmuthigen oder gottverlassen glau=ben, wenn sie von gotteslästerlichen Gedanken angefochten werden, mögen nun diese Versuchungen auch noch so abscheu=lich und scheinbar für Gott und die Heiligen noch so ent=würdigend und dem Glauben oder der Reinigkeit noch so sehr zuwider sein.

Es ist am besten, wenn sie sich so wenig als möglich mit dem beschäftigen, was wider ihren Willen in ihnen

vorgeht, die Sache gar nicht beachten, und noch weniger mit
Anstrengung und Zwang gegen die Versuchung zu protesti=
ren suchen. Auch hier wieder sind Verachtung und Zerstreuung
das wirksamste Heilmittel, denn nach dem Ausspruche Ger=
sons „überwindet man die Versuchung der Gotteslästerung,
wie alle Gedanken=Versuchungen, am leichtesten, wenn man
sie verachtet, nicht darüber nachdenkt und seinen Geist da=
von ablenkt, um sich mit andern Dingen zu beschäftigen;
es ist gefährlich, sie unmittelbar zu bekämpfen, ihr gewalt=
sam zu widerstehen und insbesondere mit ihr zu streiten."
Solche schwer versuchte Seelen mögen also entweder zer=
streuende und erheiternde Beschäftigungen aufsuchen oder sich
mit frommen Gedanken unterhalten, Psalmen und geistliche
Lieder singen und darunter vorzugsweise diejenigen wählen,
welche Hoffnung und Liebe in uns erwecken. Das Almosen
hat ebenfalls große Gewalt, den Geist der Finsterniß zu
verscheuchen.

15. Skrupel darüber, daß die Einbildungskraft Allem einen zweideutigen Sinn gibt.

Ich weiß nicht, ob ich es dem bösen Feinde oder einer
krankhaften Einbildungskraft oder aber dem Zusammen=
wirken beider zuschreiben soll, daß uns manchmal alle Aus=
drücke der geistigen Lesung und der mündlichen Gebete in
einem doppelten Sinne erscheinen, einerseits wahr und ernst,
anderseits komisch oder gottlos.

Dauert diese Erscheinung nur kurz, so erstaunt man
sich darüber, ohne sich zu beunruhigen. Kommt sie öfters
wieder, so betrübt man sich und wird etwas unruhig; wird
sie aber endlich zur hartnäckigen Gewohnheit, so gibt man
Gebet und Lektüre, als Veranlassung derselben, auf und
fragt sich, woher eine solche Gedankenrichtung komme, der

selbst die Religion nicht Einhalt zu thun vermag; man wird ängstlich über seinen Seelenzustand und meint, man müsse in sich die geheime Ursache einer so sündhaften Sinnesrichtung finden.

So handeln, heißt der Sache viel zu viel Tragweite beimessen und schlechterdings einer Versuchung nachgeben, der man nichts, als die tiefste Verachtung, entgegensezen sollte. Ja, diese Anfechtung sollte uns in der Liebe zur Lesung und zum Gebete bestärken; denn sie beweist uns, wie sehr der Teufel diese Uebungen haßt. Man muß ihnen während der Versuchung nur mit noch größerer Treue und Beharrlichkeit nachkommen, auch wenn es uns vorkommt, als nützten sie nichts. Verdemüthigen wir uns dabei über die Verkehrtheit und Verdorbenheit unserer Einbildungskraft; gestehen wir vor Gott ein, wie ohnmächtig wir sind, sie zu zügeln, und erkennen wir zugleich in dieser Prüfung eine gerechte Strafe für die oft freiwillige Empörung unseres Willens wider sein Gebot.

Alles, was nicht freiwillig ist, ist auch keine Sünde. Christus selbst sagt: „Was nicht aus dem Herzen kommt, das kann das Herz nicht beflecken." Alles aber, was der Mensch nicht zu hindern im Stande ist, das ist auch nicht freiwillig. In der hier besprochenen peinlichen Prüfung sei man besonders darauf bedacht, sich im Vertrauen auf Gott und in der Gemüthsruhe zu befestigen; weiß man diesen kostbaren Schatz zu bewahren, so vereitelt man die Pläne des Versuchers, und die Anfechtung wird bald aufhören.

14. Skrupel hinsichtlich der christlichen Nächstenliebe.

Die Pflichten der christlichen Nächstenliebe sind gewissen Seelen eine unerschöpfliche Quelle von Skrupeln, und Dieß, weil es ihnen an Einsicht fehlt, um ihre Gefühle, Worte und Handlungen richtig zu beurtheilen. Wir können hier nicht auf Alles eingehen, allein wir werden wenigstens einige Hauptgrundsätze angeben, welche vielen Zweifeln Lösung verschaffen werden.

Bei den Gefühlen wider die Nächstenliebe unterscheide man stets recht, was aus natürlichem Gefühl und was aus freiem Willen hervorgeht. Zu Ersteren gehören gewisse Abneigungen, welche sich auf die widerwärtigen Launen Anderer, auf physische Fehler an ihnen, auf ihren Ton beim Sprechen, auf ihre Haltung, ihre Manieren und auf tausend Kleinigkeiten gründen, die nicht aufzuzählen sind, und von denen man sich selbst kaum Rechenschaft geben kann. Was' immer die Ursache sein mag, die Wirkung bleibt eine thatsächliche: man findet keinen Geschmack an der Person, welche der Gegenstand dieser Abneigung ist, und der unvermeidliche Umgang mit ihr wird uns manchmal zu einer wahren Qual. Es ist äußerst schwer, oft sogar unmöglich, eine solche Antipathie aufzuheben. Allein Dieß ist auch nicht nothwendig; da dieselbe nicht freiwillig ist, so geht sie das Gewissen nichts an. Kein Gebot Gottes oder der Kirche verpflichtet uns dazu, daß wir Jemanden nach unserem Geschmack finden. Man braucht sich also nicht zu beunruhigen, wenn die angegebene Stimmung in uns fortdauert, und wir sie nicht überwinden können. Demnach ist es gut, sie mittelbar zu bekämpfen, indem man für die Person, welche der Gegenstand derselben ist, betet, indem man zuvorkommend gegen sie ist und jede Gelegenheit benützt, um ihr nützlich oder angenehm zu sein. Es ist selten, daß diese Mittel ohne den Erfolg bleiben, unsere Antipathie zu besiegen. Allein das Gewissen fordert von uns nichts anders, als daß wir unser Betragen nicht nach unserer Abneigung einrichten, und daß unser Verhalten

gegen die betreffenden Personen äußerlich nicht die unfrei=
willige und unschuldige innere Bitterkeit kund gebe. Auf
diese Weise wird uns diese Versuchung, wie alle andern zu
einer Gelegenheit, Verdienste zu erwerben.

Außer diesen natürlichen Antipathien entsteht oft in
den Seelen eine Abneigung gegen diejenigen, über welche
man sich zu beklagen hat. Diese zeitweisen Antipathien sind
gefährlicher, als die ersteren; denn gewöhnlich begleitet sie
eine Regung von Rachsucht, der es nicht erlaubt ist, nach=
zugeben. Wer so etwas empfindet, sei auf seiner Hut, da=
mit er sich nicht zu Handlungen hinreißen lasse, welche der
Nächstenliebe zuwider sind. Die oben angegebenen Mittel
gegen die natürlichen Antipathien sind hier noch nothwen=
diger; allein gelingt es uns trotz derselben nicht, die unfrei=
willige Abneigung zu ersticken, so soll man sich nicht mehr
darüber beunruhigen; denn wer ihr treu widersteht, hat
sich nichts über das vorzuwerfen, was er wider seinen Willen
empfindet.

Andere machen sich Skrupel, weil sie sich manchmal
geneigt fühlen, das Glück gewisser Personen zu bedauern
und ihnen irgend etwas Böses zu wünschen. Solche Ge=
fühle sind allerdings sündhaft, wenn sie aus Haß, Neid
oder Racheluft herstammen; allein sie können auch aus einem
Beweggrunde der Nächstenliebe, der Gerechtigkeit oder irgend
einer anderen Tugend hervorgehen und somit unschuldig
sein. So kann man mit gutem Gewissen einem Verbrecher,
des abschreckenden Beispiels wegen, eine Strafe und einem
Sünder ein Mißgeschick wünschen, das ihn bekehre oder ihm
Macht und Reichthum raube, die er zur Unterdrückung oder
zur Verführung Anderer mißbraucht; man darf selbst, zum
Heil der Seelen, denjenigen den Tod wünschen, welche
Andere verderben und lasterhaft machen, und darf es gewiß

bedauern, wenn wichtige Aemter unwürdigen Männern an=
vertraut werden. Bei allem diesem ist nichts, das der
Nächstenliebe zuwider wäre. Das einzige Uebel, das man
dem Nächsten nie und nimmer wünschen darf, das ist das
absolute Uebel, das weder ihm noch Andern irgend einen
Nutzen bringen kann, wie der Verlust Gottes und der über=
natürlichen Gnaden oder die ewige Verdammniß.

Die ungünstigen Urtheile über den Nächsten sind eben=
falls für ängstliche Seelen eine oft wiederkehrende Ursache
der Beunruhigung. Indeß ist nicht jede ungünstige Mei=
nung von dem Nächsten schon ein freventliches Urtheil. Ein
einfacher liebloser Gedanke, der uns durch den Sinn fährt,
ohne daß man sich mit Ueberlegung dabei aufhält, kann
ebensowenig unser Gewissen verletzen, als jede andere vor=
übergehende Versuchung. Verwirft man diesen Gedanken
aber nicht, sondern unterhält man ihn durch Nachdenken
über das Betragen des Betreffenden, gibt man demselben
einen gewissen Beifall, ohne jedoch ein Urtheil festzustellen,
so ist Dieses erst ein Argwohn, der aber strafbar sein kann,
wie wir gleich sagen wollen. Geht man dann so weit, daß
man sich mit Bestimmtheit sagt, die Sache sei so, wie sie
unserm Geiste vorschwebt, dann erst hat man ein eigent=
liches Urtheil gefällt; am besten zeigt sich, ob Dieses der
Fall ist, wenn man eine Frage über den betreffenden Punkt
ohne Zögern bejahen würde.

Nicht alle ungünstigen Urtheile und nicht aller Arg=
wohn ist strafbar, sondern nur diejenigen, welche nicht vor=
sichtig sind, das heißt, bei denen die Thatsachen, nach wel=
chen man urtheilt, mit der Bestimmtheit des Urtheils nicht
im richtigen Verhältnisse stehen; nur diese sind unter dem
Namen „freventliches Urtheil" verboten.

Folglich ist kein auch noch so ungünstiges Urtheil über

den Nächsten eine Sünde, wenn es auf moralischer Gewiß=
heit beruht. Wie könnte es auch etwas Böses sein, wenn
man das sieht, was auf der Hand liegt? Was den bloßen
Argwohn angeht, so bedarf er zu seiner Rechtfertigung keiner
bestimmten Gewißheit, sondern nur mehr oder minder großer
Wahrscheinlichkeit, er ist demnach nur dann freventlich, wenn
unsere Zustimmung den Grad der wahrscheinlichen Anzeichen
überschreitet; denn ein Argwohn ist vieler Abstufungen fähig,
und jede derselben entspricht, nach den Regeln der Klugheit,
einem entsprechend wichtigen Beweggrunde. Uebrigens geht
der Argwohn, selbst wenn er freventlich ist, selten über eine
läßliche Sünde hinaus.

Dasselbe gilt von dem freventlichen Urtheile, wenn es
sich um einen Gegenstand von geringer Bedeutung handelt,
wenn Zögern eintritt oder wenn die hinreichende Ueber=
legung fehlt; denn zur Todsünde müßten volle Erkenntniß
des Bösen und gänzliche Zustimmung des Willens sich ver=
einigen.

Um jedem Skrupel vorzubeugen, fügen wir noch bei:
es ist keine Sünde, wenn man auf hinreichende Beweise
hin ein ungünstiges Urtheil fällt, obwohl es vollkommener
ist, wenn man die Handlungen Anderer nicht beurtheilt, so
lange nichts es uns zur Pflicht macht. — Es ist im All=
gemeinen auch das Beste, die Handlungen Anderer, so viel
als möglich, auf die günstigste Weise auszulegen; allein
diese lobenswürdige Einfalt darf nicht von der Klugheit ab=
sehen. Letztere aber verlangt, daß man einen Schaden oder
eine Gefahr verhindere, indem man diejenigen, gegen welche
man begründeten Argwohn hat, so behandelt, als wären
sie wirklich so schlecht, wie es den Anschein hat. Es genügt,
wenn man in solchen Fällen sein Urtheil zurückhält, dabei
aber handelt, als wenn es ungünstig wäre.

Aengstliche Seelen machen sich auch oft Skrupel über die brüderliche Zurechtweisung, das heißt über die Pflicht, den, der sündigt, zu ermahnen und zu warnen (natürlich wenn es nicht Eltern oder Vorgesetzte sind), üble Nach= reden und andere Fehler zu verhindern. Solche Beängsti= gungen sind schnell beseitigt; man sage dem Skrupulanten nur: „Die Regeln, die man meistens über diesen Punkt gibt, gelten nur für diejenigen, welche im Stande sind, sie vernünftig und ohne Verlust ihres inneren Friedens in An= wendung zu bringen. Die christliche Zurechtweisung ist aber keine Pflicht für Solche, welche sie nicht ausüben könnten, ohne sich beständig zu beunruhigen, und durch unvorsichtiges Verfahren die Sache eher zu verschlimmern, als besser zu machen. Wie könnte der, welcher sich selbst nicht zu leiten vermag, noch Andere leiten?

Wir können uns nicht weiter über die christliche Näch= stenliebe verbreiten; die hier entwickelten Lehren werden hoffentlich den geängstigten Seelen den Frieden geben. Wir rathen ihnen, daran festzuhalten, trotz aller Anforderungen ihres unzuverläßigen eigenen Gewissens.

15. Skrupel über die heilige Reinigkeit.

Es bleibt nur noch eine Gattung von Skrupeln zu besprechen übrig; die aber am öftesten zur Sprache gebracht wird: es sind die Skrupel über die heilige Reinigkeit.

Es ist hier nicht die Rede von dem, was wirklich diese Tugend verletzt; denn ich spreche nicht von Sünden, sondern bloß von Skrupeln, das heißt, von Zweifeln, welche unschuldige Seelen ohne Grund oder auf sehr geringfügigen Anschein hin beängstigen.

Allein welche Herzensangst ergreift nicht die Seele bei dem leisesten Zweifel über diesen empfindlichen Punkt! Und

wie kann man bei einer Tugend, welche Leib und Seele angeht, die Mitwirkung jedes einzelnen Theiles unterscheiden?
Wie kann man erkennen, was beiderseits freiwillig ist, und
was es nicht ist, wenn auch nahe daran?

„Die Entscheidung ist hier allerdings schwer: denke
Dir nur eine sehr empfängliche Seele (wie die meisten
Skrupulanten es sind); ihre feurige Einbildungskraft, noch
mehr erhitzt durch die Angst vor der Versuchung, ist voll
von den unanständigsten, sonderbarsten und hartnäckigsten
Bildern, die selbst in den Sinnen unlautere Eindrücke und
Empfindungen hervorrufen; zugleich reizen die bösen Neigungen der verdorbenen Natur den Geist mächtig an, sich
der sinnlichen Befriedigung hinzugeben, und bestürmen gewaltsam den vernünftigen Willen damit er in diese schlechten
Gefühle des niederen Begehrungsvermögens einwillige. Die
Seele wird durch einen so furchtbaren Kampf bestürzt und
ganz verwirrt; — der Lärm, der, nach dem Ausdrucke des
heiligen Franziskus von Sales, die feste Burg ihres Willens umtobt, während alle anderen Kräfte schon in der
Hand des Feindes sind, bringt sie auf das Aeußerste: fast
verliert sie das Bewußtsein des Widerstandes, den die
höchste Spitze ihres Geistes noch leistet; denn diese Spitze
ist so fein, daß sie in der sie umhüllenden inneren Finsterniß
dem geistigen Auge beinahe entgeht. Dieses erklärt uns die
Beängstigungen einer Seele während der Versuchung und
nach derselben; es ist ja so schwierig, sich genau von dem
Rechenschaft zu geben, was in dem innersten Heiligthume
der Seele vorging.

Meistens ist also der so geprüften Seele nicht möglich,
selbst zu entscheiden, und sie soll deßhalb das Urtheil ihrem
Seelenführer überlassen. — Dessenungeachtet folgen hier
einige Grundsätze, welche ihnen behülflich sein können, wo-

fern ihre Beängstigungen ihnen Geistesfreiheit genug lassen, um sie anzuwenden. Dabei dürfen sie aber niemals vergessen, daß Gehorsam und Unterwerfung gegen den Beichtvater für sie das höchste Gesetz und der erste Grundsatz sind.

I. Es läßt sich nicht auf die Reinheit einer Seele dadurch schließen, daß ihre Einbildungskraft und ihre Sinne keine unlauteren Eindrücke empfinden; denn man kann diese Tugend in sehr hohem Grade besitzen, obwohl man fast anhaltend im Kampfe ist, und man kann sie auch anderseits nur sehr wenig lieben, obwohl man selten dagegen angefochten wird. Wie man den wahren Helden auf dem Schlachtfelde erkennt, so zeigt sich auch die Reinheit einer Seele nie in höherem Glanze, als wenn sie von den gefährlichsten Versuchungen bestürmt ist. Die heilige Reinigkeit wohnt vor Allem in dem Herzen. Die Liebe zu dieser Tugend ist es, die uns rein macht; wir sind stets in dem Grade rein, als wir sie lieben: Der Kampf stärkt und belebt oft unsere Liebe noch mehr; während der Frieden sie einschläfert und verweichlicht. Man ist glücklicher, wenn man nicht versucht wird: allein damit ist nicht gesagt, daß man auch reiner sei. Die Zweifel einer Seele, die fast immer im Frieden ist, verdienen gewöhnlich mehr Beachtung, als die einer Seele, welche fast in beständigem Kriege ist; denn ein langer Waffenstillstand setzt uns eher einigen leichten Wunden aus, als die Gewohnheit des Kampfes.

II. Alles, was der heiligen Reinigkeit Feind ist, vermag nichts wider sie ohne die Zustimmung unseres freien Willens. Die entsetzlichsten und noch so oft wiederkehrenden Versuchungen sind ebenso viele Siege, wenn nur der Wille im Guten fest bleibt, und alle Anstrengungen des Feindes im Bündnisse mit den heftigsten Lockungen der Leidenschaft dienen der Seele nur zur Läuterung, wenn sie mitten in allen

17

diesen Angriffen in ihrem Herzen den kostbaren Schatz bewahrt, den die Gnade dort niedergelegt hat.

Man kann sogar sagen, daß die unlauteren Gedanken um so weniger zu befürchten sind, je übertriebener und abscheulicher sie sind; denn das sind grobgelegte Fallstricke für eine Seele, welche die Furcht Gottes und den Wunsch ihres ewigen Heiles im Herzen trägt. Daher sagen die Meister des inneren Lebens mit Recht, daß Versuchungen zur Eigenliebe, zum Stolze, zum Eigenwillen und zur Selbstgefälligkeit in den guten Werken einer frommen Seele weit gefährlicher sind, als alle Anfechtungen der Unlauterkeit, der Gotteslästerung und der Gottlosigkeit, welche eine krankhafte Einbildungskraft oder der Teufel ihr vorspiegeln. Die Seele darf sich also sagen: „Je ungestümer ich angegriffen werde, desto mehr Hoffnung habe ich, daß ich in einem guten Zustande bin." Man macht doch wahrhaftig keinen solchen Lärm, um eine offen stehende Thüre zu erbrechen. Hört man keinen Kanonendonner mehr um die belagerte Stadt herum, so ist dieses meist ein Zeichen, daß sie mit Sturm eingenommen worden ist oder sich dem Feinde ergeben hat. Dauert dagegen der Angriff fort, so ist dieß ein untrüglicher Beweis von ihrer Stärke und ihrem kräftigen Widerstande. Gerade so ist es mit der geprüften Seele: hätte sie durch feiges und sündhaftes Wohlgefallen den Einflüsterungen des Feindes ihr Herz geöffnet, so würde er sie nicht länger belästigen, sondern sie vielmehr in falschem Frieden einschläfern. Würde er Herrscher über das Herz, so würde er keine Anstrengungen mehr machen, um in dasselbe einzudringen; denn, sagt die Nachfolge Christi, die Sünder, die er ohne Widerspruch besitzt, versucht er nicht so. Kampf und Beängstigung sind demnach ein sicherer Beweis, daß keine Einwilligung stattgefunden hat. Gäbe die Seele den unlautern Gedanken nach, wie sie es jeden Augenblick fürchtet, so würde sie auch keinen Anstand nehmen, zu den sündhaftesten Handlungen zu schreiten. In dem Zustande der Trostlosigkeit, in dem sie sich befindet, kann nur ihr guter Wille mit dem Beistand der göttlichen Gnade sie vor böser That schützen; denn dieser Zustand treibt uns natürlicher Weise an, in der Befriedigung unserer Leidenschaften Trost zu suchen. So lange man sich also über keinen äußern Fehler gegen die Reinheit anzuklagen hat, darf man auch an die Unschuld der Seele glauben.

III. Am sichersten verstopft man die Quelle aller Skrupel über die Reinigkeit, wenn man gleich beim Beginne der Versuchung sich so verhält, als wie man in jeder Versuchung thun soll, nämlich wenn man gleich im ersten Augenblicke den gefährlichen Gedanken, Regungen, Empfindungen oder Gefühlen widersteht. Man enthalte sich aller Neugierde über unerlaubte Dinge; man lasse sich nicht durch einen gewissen Reiz der Neuheit, den diese Gedanken für uns haben, verführen; man lasse sich anfangs nicht so davon fesseln, daß man sich nachher nur mit Mühe losreißen kann; und endlich gebe man sich nicht durch anfängliche Nachläßigkeit Anlaß zu peinlichen Gewissenserforschungen: „Wie weit ist die Versuchung gegangen, welche Folgen hat sie gehabt, welchen Antheil hat der Wille daran genommen? Gewissenhaftigkeit und Ernst beim Beginn des Kampfes erspart uns nachher viel Unruhe und Aufregung.

IV. Der Mangel an Wachsamkeit und Treue im Anfang ist allerdings ein Fehler; allein damit will ich nicht sagen, daß jede Nachläßigkeit eine schwere Sünde sei. Unsere Gebrechlichkeit ist groß, und Gott, der sie kennt, urtheilt nicht mit der Strenge über uns, wie wir oft denken. Freilich bleiben die kleinen Fehler immer Fehler. Gott verzeiht sie, aber er will nicht, daß wir sie entschuldigen.

V. Uebertriebene Vorsicht und Aengstlichkeit rufen die Versuchung gerade herbei und machen, daß Alles Stoff und Anlaß dazu wird. Bewahre darum Deine Freiheit in den Dingen, in welchen Gott sie Dir läßt; setze nicht peinlichen Zwang an die Stelle weiser Zurückhaltung; verwechsle nicht das Erlaubte, Gleichgültige, ja selbst Nothwendige mit dem Unnöthigen oder Gefährlichen. Untersage Dir nicht gewisse, an und für sich unschuldige Dinge, weil Deine zügellose Einbildungskraft — ich weiß nicht was für Versuchungen darin findet; setze nicht unter dem Vorwande der Gewissenhaftigkeit die Klugheit und Vernunft bei Seite. Verwende Deine Aufmerksamkeit und Sorgfalt darauf, das Böse zu meiden, und nicht, überall Böses zu sehen; wähle nicht Deine unbestimmte und unsichere Aengstlichkeit zur Richtschnur Deines Verfahrens, sonst würde es Dir gehen, wie den ungerechten und verdorbenen Menschen, denen nach dem Worte des heiligen Paulus nichts rein ist, weil sie Alles durch ihr unreines, schuldbeladenes Gewissen beflecken. [1] Dieser Punkt ist unbedingt der wichtigste für Dich, den Du deßwegen ganz besonders beherzigen mußt.

VI. Weder Vorsicht noch Zurückgezogenheit, weder Abtödtung noch Gebet können den Satan hindern, uns „Faustschläge zu geben" und sich gegen uns des Stachels eines noch nicht vollkommen unterworfenen Fleisches zu bedienen. Gott allein vermag ihm Einhalt zu thun und ihm zu verbieten, daß er die Heiligen belästige; allein nicht

---

[1] Tit. I. 15.

selten sieht Gott, daß eine verdemüthigende Versuchung für sie ein nothwendiges Gegengewicht ist, damit sie sich wegen ihrer hohen Gnaden nicht überheben, und so läßt er sie ihre eigene Schwäche fühlen, auf daß dieses Gefühl das Reich seiner Gnade auf vollkommenere Weise in ihnen befestige. Denn nichts ist wahrer, als das Wort des heiligen Augustinus: „Die Liebe ist die Wächterin der Jungfräulichkeit, und die Demuth ist der Thron der Liebe." [1]

So unterwarf einst der Herr den Völkerapostel selbst der verdemüthigenden Versuchung des Fleisches; dreimal flehte der Heilige um Befreiung; allein der Herr entgegnete ihm nur die tröstlichen Worte: „Meine Gnade genügt Dir!" [2]

Auch sehen wir, wie der heilige Hieronymus in seiner Einöde mitten unter seinen erschreckenden Kasteiungen und der heilige Augustinus zur Zeit seines größten Eifers sich über die Pein unreiner Versuchungen beklagten; ja sie gestehen, daß sowohl wachend, als schlafend in ihren Sinnen Dinge vorgingen, welche die heilige Schamhaftigkeit ihnen nicht einmal zu nennen erlaube. Urtheile nun selbst, fromme Seele, ob Du Ursache hast, zu verzweifeln und zu glauben, Du seist von Gott verlassen, wenn Du Aehnliches empfindest, wie diese großen Heiligen. Anfechtungen dieser Art hängen überdieß oft mit rein natürlichen Ursachen zusammen und werden nicht selten gerade durch die zu große Furcht davor verursacht: Ruhe und Verachtung sind darum am meisten anzurathen, um uns davon zu befreien, oder um uns wenigstens vor Schaden zu sichern.

Zum Schlusse fügen wir noch einige Stellen aus den Briefen des heiligen Franziskus von Sales bei; er schreibt:

„Du hast ganz recht, meine liebe, arme Tochter Maria,

---

[1] De sancta virginitate, cap. II. [2] II. Cor. XII. 9.

Du haſt zwei Menſchen in Dir; . . . und dieſe zwei be=
kämpfen ſich; der, welcher nichts taugt, iſt ſo böſe, daß der
gute manchmal alle Mühe hat, um Stand zu halten, und
dann meint er, er ſei beſiegt und der böſe Menſch ſei tapferer
als er. Aber gewiß nicht, meine liebe, arme Maria, der
Böſe iſt nicht ſtärker, als Du, ſondern er iſt nur verdor=
bener und halsſtarriger; wenn Du anfängſt zu weinen,
dann iſt er froh, weil doch immer viel Zeit verloren geht,
und er iſt ſchon zufrieden damit, daß Du ſeinetwegen die
Zeit verlierſt, da er Dich nicht dazu bringen kann, die
Ewigkeit zu verlieren.

„Muth, liebe Seele! ich wiederhole dieſes Wort mit
dem größten Nachdruck und im Namen Jeſu Chriſti: Muth,
liebe Seele! ſage ich. So lange wir, wenn auch ohne Ge=
fühl, entſchloſſen ausrufen können: „Es lebe Jeſus!“ ſo
lange iſt nichts zu fürchten. Sage mir nicht, es käme Dir
vor, als rieſeſt Du es nur ſo feige, ohne Kraft und ohne
Muth, gleichſam gezwungen und gewaltſam. O mein Gott!
das iſt ja gerade jene heilige Gewalt, die das Himmelreich
an ſich reißt! Sieh, meine Tochter, das iſt das Zeichen,
daß der Feind die ganze Feſtung eingenommen hat bis auf
den unzugänglichen, uneinnehmbaren Thurm, der nur durch
ſich ſelbſt verloren gehen kann; ich meine nämlich Deinen
freien Willen, der in der höchſten und geiſtigſten Spitze
Deiner Seele thront, der nur von Gott und von ſich ſelbſt
abhängt, und der, wenn alle übrigen Seelenkräfte in der
Macht des Feindes ſind, allein Herr über ſich ſelbſt bleibt
und ſeine Einwilligung verſagen kann.

„Sieh jetzt, wie die Seele ſich betrübt, weil der Wi=
derſacher im Vorhof ſein Gepolter und ſeinen furchtbaren
Lärmen treibt. Kaum kann man noch unterſcheiden, was
der höhere Wille ſagt und thut; ſeine Stimme iſt zwar

klarer und lauterer, als die des niederen Willens; allein diese ist so rauh und so grob, daß sie die Klarheit der ersteren überschreit.

„Endlich merke Dir noch das: so lange die Versuchung Dir mißfällt, ist nichts zu fürchten; denn warum mißfällt sie Dir, als weil Du sie nicht willst! . . .

„Weißt Du, wie Gott es in solchen Gelegenheiten macht? Er läßt den boshaften Schmied solcher schlechten Waaren sie Dir zum Kaufe bieten, damit Du Anlaß habest, durch Verachtung derselben Deine Liebe zu den göttlichen Dingen an den Tag zu legen. Und man sollte sich ängstigen, man sollte seine Stellung ändern? O mein Gott, nein! Es ist ja nur der Teufel, der Alles durchstöbert, der Alles durcheinander macht, der überall um uns herum geht, um eine offene Thüre zu erspähen. Soll man sich deßwegen ärgern? Laß ihn nur umsonst aufpassen, und halte alle Eingänge wohlverschlossen; zuletzt wird er genug bekommen, und wenn nicht, so hebt Gott selbst die Belagerung auf und zwingt ihn, das Handwerk niederzulegen.

„Diese Unruhe und alle Deine andern Beängstigungen wundern mich gar nicht; es ist ja, Gottlob! nichts Schlimmes vorgefallen. Beunruhige Dich also nicht, geliebte Tochter; muß man sich denn von dem Strome oder von dem Sturme fortreißen lassen? Laß den Feind vor der Thüre wüthen und rasen; laß ihn klopfen, poltern, schreien, heulen und es so arg treiben, als er nur will; wir wissen, daß er nur durch die Thüre unserer Einwilligung in unsere Seele eindringen kann. Halten wir nur diese fest zu, und sehen wir oft nach, ob sie auch gut verschlossen ist; um alles Uebrige haben wir uns nicht zu bekümmern, und es ist gar nichts zu befürchten.“

Sechstes Kapitel.

Schluß und kurze Wiederholung alles dessen, was über die Skrupel und ihre Heilmittel gesagt worden ist.[1]

Kein Gedanke, auch nicht der schlechteste kann uns straf-
würdig machen, so lange er uns mißfällt. „Betrachte einen
Spiegel,“ sagt der berühmte Bischof von Belley in seinem
„Geistlichen Kampfe,“ „er gibt ganz einfach den vorgehal-
tenen Gegenstand wieder; aber dieser Gegenstand ist deshalb nicht in dem Glase. Gerade so ist es mit unserem
Herzen: es ist ein Spiegel, . . . in dem der Teufel in seiner
Arglist Alles abspiegeln kann, was es nur Abscheuliches,
Schändliches und Entsetzliches gibt; allein nur unser Wille
kann dem Bösen die Thüre öffnen und alle diese Greuel
in die Seele einlassen. Der Versucher mag so viel Gaukel-
spiel treiben, als er nur will; er mag Deinem Herzen die
unlautersten Bilder vorführen; er mag vor Deinem geistigen
Ohre die verabscheuungswürdigsten Lästerungen und Gott-
losigkeiten ausstoßen. — Dies Alles kann Dich dennoch
nicht strafbar machen. Und sollten diese Anfechtungen Dein
ganzes Leben lang dauern, sagt der heilige Franz von Sales,
so wären sie doch nicht im Stande, Dich mit der geringsten
Sünde zu beflecken.“ — „Ja, aber ich fürchte mein Gefühl.“ . . . Darauf antworte ich Dir: Ich stimme der ge-
sammten Theologie bei, die gewiß zuverläßiger ist, als Deine
Befürchtungen, und mit ihr sage ich Dir, daß es ebenso
unmöglich ist, Einwilligung und Zweifel zusammen zu haben,
als sich das Gewisse mit dem Ungewissen vereinigen läßt.

---

[1] Dieses Kapitel ist von Boudon: Die heiligen Wege des
Kreuzes. III. B. 5. Kap.

Die Einwilligung setzt eine so volle Beistimmung, einen so entschiedenen Entschluß der Seele voraus, daß sie keinem Zweifel unterliegen kann. Das sicherste Zeichen, daß man nicht einwilligt, ist der Zweifel, ob man einwilligt oder nicht. Ich möchte die Todsünde nur in einem Willensentschluß bestehen lassen, an dessen Bosheit man nachher keinen Augenblick zweifeln kann. — „Ja," sagst Du mir, „so viel Versuchungen und so viel Kreuz, als da will, wenn ich nur Gott nicht beleidige!" — Aber ist denn möglich, daß Du nicht einsiehst, wie Du nur das Leiden fliehst? Hierin spielt Deine Eigenliebe eine große Rolle und täuscht Dich hinterlistig. Verdemüthige Dich vor Gott und erkenne an, daß er besser weiß, was Dir nöthig ist, als Du."

Nach Ludwig von Granada kommen die meisten derartigen Skrupel entweder von der Unfähigkeit, die Versuchung von der Einwilligung zu unterscheiden, und dann ist Gehorsam das einzige Heilmittel, oder sie kommen von mangelhafter Erkenntniß der göttlichen Güte. Man weiß nichts von dem innigen Verlangen, mit dem Gott das Heil unserer Seele wünscht und sieht in ihm nur einen strengen Richter, keinen Vater. In diesem Falle muß man der Mahnung des heiligen Geistes folgen und Gesinnungen in sich erwecken, die der Güte eines allbarmherzigen Gottes würdig sind; man muß den Herrn in aller Einfalt suchen. Die Skrupulanten machen sich von Gott einen Begriff, der für jeden rechtschaffenen Menschen schon beleidigend wäre. Es ist ihnen, als sinne Gott nur auf ihr Verderben, und doch sind die Erbarmungen des Herrn unendlich größer, als wir es uns je denken können!

Manchmal stammen die Skrupel von einem melancholischen Temperamente her; dann sind erlaubte Zerstreuungen und ärztliche Hilfe nöthig; oder sie hängen mit der Geistes-

17**

beschaffenheit zusammen, und dann sind sie schwer zu heilen; allein die Unterwerfung des eigenen Urtheils vermag selbst hier viel. Ferner können die Skrupel auch von dem Lesen ungeeigneter theologischer Schriften, z. B. über Gnaden= wahl u. dgl., oder übertriebener Schilderungen der ernsten Wahrheiten herrühren. Gegen diese Skrupel gibt es kein anderes Mittel, als das gänzliche Opfer solcher Lektüre und der daraus entstehenden Grübeleien. Man entferne die be= treffenden Bücher; man meide darauf bezügliche Unterhal= tungen; man halte sich nie freiwillig bei den Gedanken dar= über auf. Der Vorwitz in solchen Dingen bringt großes Unglück und große Leiden; die Erfahrung zeigt uns, daß solche neugierige Seelen in beständiger Aufregung leben und nie zu vollkommenem Frieden gelangen. — Manchmal sind die Skrupel auch eine besondere Schickung Gottes, der den Verstand dadurch läutern und bemüthigen will; dann sind Geduld und Ergebung in den Willen des Herrn die besten Heilmittel. — Bei andern Seelen kommen die Skrupel vom bösen Feinde her, der uns zu verwirren und zu entmuthigen sucht, und der uns die Frömmigkeit unerträglich machen will. Endlich kann auch ein unentschlossener und unerfahrener Beichtvater die Skrupel veranlassen oder vermehren; ist dieß der Fall, so muß man unbedingt und ohne Verzug wechseln.

Woher aber auch die Skrupel stammen mögen, so gelten für die betreffenden Seelen folgende Regeln:

Erstens. Generalbeichten taugen durchaus nicht für die Skrupulanten, wenn sie einmal eine solche abgelegt haben. Sie wähnen, die Wiederholung derselben werde sie beruhigen; allein sie täuschen sich gewaltig. Mit Recht sagt hierüber der heil. Franziskus Xaverius: „Die unnöthigen Wiederholungen rufen, statt einen Skrupel zu heben, zehn andere hervor. Es ruht kein Segen auf diesen Beichten, die trotz aller schönen Vorwände doch nur aus Eigenliebe und Selbstbefriedigung entspringen; sie mißfallen Gott und sollen daher untersagt werden. Selbst alljährliche Wieder=holungsbeichten sind den Skrupulanten nicht heilsam. Sie dürfen auch nicht zweimal vor einer hl. Kommunion beichten; denn dazu treibt sie oft der Gedanke an, sie hätten das erste Mal ihre Sache nicht gut gemacht. Sie dürfen nicht in den Beichtstuhl zurückgehen, selbst dann nicht, wenn sie eine Sünde vergessen zu haben glauben; denn es genügt, das Vergessene das nächste Mal zu sagen. Sie müssen kommuniziren, wann der Seelenführer es für gut hält, und dabei über alle ihre Schwierigkeiten hinweggehen.

Zweitens. Es ist für Skrupulanten eine Hauptregel, daß sie alle zweifelhaften Sünden weglassen; Andere können diese Sünden beichten, ängstliche Seelen aber sollen es nicht thun; denn für sie ist dazu gar keine Verpflichtung. Würden sie diese Regel befolgen, so wären sie mit ihren endlosen Beichten bald fertig; denn sie sind sich kaum einer Sünde sicher bewußt. Für sie ist es kein triftiger Grund, wenn sie sagen, daß sie es nur um größerer Sicherheit willen thun; denn einerseits verpflichtet Gott sie nicht dazu, ander=seits taugt es nicht für ihren Zustand. Eine solche Anklage ist nichts, als Eigenliebe. Versuchungen dürfen sie nur beichten, wenn sie auf das Evangelium schwören können, eingewilligt zu haben. Die Skrupulanten sollen auch die Gewissenserforschung nicht übertrieben lang machen; ihr Zustand erfordert eine nur sehr kurze Erforschung; denn sie haben ihre Sünden nur zu sehr vor Augen. Möchten sie doch eingedenk sein, daß die Beicht nicht, wie gewisse Irr=lehrer behaupten, zur Gewissensfolter eingesetzt ist, sondern daß sie uns im Gegentheil zur Erleichterung und zum Troste gereichen soll. Gott verlangt nur von uns, daß wir nichts freiwillig verschweigen, sondern offen und ehrlich bekennen, was uns bei einer vernünftigen Gewissenserforschung einfällt. Er läßt uns die vergessenen Sünden mit den gebeichteten nach; sonst wären vergeßliche Leute zu etwas Unmöglichem verpflichtet. Alles Uebrige überlasse man ruhig dem Urtheile eines einsichtsvollen Beichtvaters, und sollte dieser sich auch irren, so kann die gehorsame Seele doch stets in vollkommener Gewissenssicherheit sein. Du meinst zum Beispiel Deine Generalbeicht oder gewöhnliche Beicht sei ungiltig gewesen; Dein Beichtvater sagt Dir das Gegentheil; gesetzt er habe Unrecht, und Deine Beichten seien in der That mangelhaft, so bist Du, wenn Du gehorchst, vor Gott nicht verantwortlich dafür und wirst dem Herrn nicht weniger angenehm sein.

Drittens. Ein Skrupulant vermeide vor Allem, auf seinem eigenen Urtheile zu beharren; er entsage seinen eigenen Ideen und handle nicht nach seinen irrigen Ansichten. Nicht an ihm selbst ist es, seine Heilmittel zu wählen; die Arznei zu bestimmen, überläßt man nie den Kranken. Sogar ein Arzt befragt andere Aerzte, wenn er krank ist; der geschickteste Advokat zieht in seinen eigenen Angelegenheiten andere Advokaten zu Rath. Die Unterwürfigkeit des Geistes ist den Skrupulanten unbedingt nothwendig; man gewinnt mehr durch einfachen Gehorsam, als durch tausend Belehrungen oder Bußwerke und andere Uebungen. Der heilige Ignatius fastete einst, von Skrupeln geplagt, ganze acht Tage, ohne irgend Etwas zu sich zu nehmen, um die göttliche Barmherzigkeit zu bewegen und um Befreiung von seinen Leiden zu erlangen; allein Alles war vergeblich, nur der einfache Gehorsam gegen seinen Beichtvater erlöste ihn von seiner Pein. Gott verlangt die Unterwürfigkeit des

Geistes; man mag sonst machen, was man will, ohne sie
ist Alles umsonst. Kommt aber den Skrupulanten der Ge=
danke, sie erklärten sich nicht recht, der Beichtvater verstehe
sie nicht und erkenne ihren Zustand nicht recht, so müssen
sie dieß als reine Erfindungen der Eigenliebe herzhaft ver=
achten. Sage aufrichtig, was in Deinem Innern vorgeht;
sage es, so gut Du kannst; zu mehr bist Du nicht ver=
pflichtet. Es ist die Aufgabe des Beichtvaters, zu unter=
suchen, ob er Dich recht versteht; die Deinige besteht im
pünktlichen Gehorsam.

Endlich mußt Du großmüthig Deinen Skrupeln ent=
gegenhandeln. Verlangen sie, Du sollst Dein Offizium oder
das auferlegte Bußgebet wiederholen oder an Sonn= und
Feiertagen einer zweiten heiligen Messe beiwohnen, weil sie
Dir vorspiegeln, Du habest Deiner Verpflichtung nicht Ge=
nüge geleistet, so thue es gerade deßwegen nicht. Kommt
Dir der Gedanke, Du begehest einen Gottesraub beim
Empfang der heiligen Sakramente, oder gewisse unschuldige
Dinge seien Todsünden, so setze Dich darüber hinaus, und
handle muthig, ungeachtet Deiner Schwierigkeiten und Be=
ängstigungen. Du erwiederst mir: „Aber es ist ein Ver=
brechen, wenn ich Etwas thue, das an und für sich gut
sein mag, das ich aber meinem irrigen Gewissen nach für
eine Sünde halte." — Hierauf antworte ich: In diesem
Falle mögen Andere allerdings wirklich sündigen; allein bei
Dir verhält es sich ganz anders; denn Dein Beichtvater
hat Dich versichert, daß es keine Sünde sei. Deshalb be=
gehst Du nicht nur kein Verbrechen, wenn Du gegen Dein
eigenes Urtheil handelst, sondern Du thust sogar etwas Gott
Wohlgefälliges. Ein Priester war der Verzweiflung nahe;
denn er glaubte, beim Lesen jeder heil. Messe einen Gottes=
raub zu begehen und überdieß bei fast all seinem Thun zu

sündigen. Da sandte die Vorsehung ihm einen erfahrenen, heiligmäßigen Mann, der zu ihm sagte: „Gehen Sie, mein Herr, setzen Sie sich über diesen vermeintlichen Gottesraub hinweg; thun Sie herzhaft, was Ihre Skrupeln Ihnen als große Sünden vorspiegeln, und was nach der richtigen Einsicht verständiger Leute nichts Böses ist.“ Der Priester gehorchte ganz einfach, ungeachtet seiner widerstrebenden Gefühle, und so wurde er von seinen Gewissensqualen befreit. Ich habe eine Person gekannt, welche mehrere Generalbeichten abgelegt hatte, um einige wirklich ungültige, frühere Beichten wieder gut zu machen; allein umsonst suchte sie Gewissensruhe in diesen Wiederholungen. Da wollte sie sich auf's Neue mit ganz besonderer Aufmerksamkeit auf eine Generalbeicht vorbereiten, und verwendete viel Zeit dazu; sie schrieb ihr Bekenntniß mit größter Weitläufigkeit und unglaublicher Sorgfalt nieder und beichtete dann in einer besondern Kapelle, um desto ungestörter zu sein. Allein nach all' diesem Fleiß und nach all' dieser Mühe war sie unruhiger als je, und sie gelangte nur zum Frieden, indem sie ihr Urtheil dem ihrer Beichtväter unterwarf und den Generalbeichten entsagte, obwohl die letzte, ihrer Meinung nach, wieder ungültig gewesen war. Durch ihre Unterwürfigkeit wurde ihr eine bewunderungswürdige Ruhe zu Theil; aber nicht ohne harten Kampf wider sich selbst, bis sie sich entschließen konnte, ihre angeblich unwürdigen Beichten nicht von Neuem anzufangen. Gott schenkte ihr den Frieden zur Belohnung ihres Gehorsams: ohne diesen wäre sie, trotz all' ihrer Anstrengungen und Bemühungen, jetzt noch in Aufregung und Unruhe.

Siebentes Kapitel.

Beispiel von den Gefahren, welche das eigensinnige Beharren auf seinen Skrupeln bringt.

Ein abschreckendes Beispiel möge zum Schlusse noch die Skrupulanten von der Nothwendigkeit des Gehorsams überzeugen. Dieses Beispiel gibt ihnen der so traurig berühmte Luther. Dieser Irrlehrer brachte den ersten Theil seines Lebens in genauer Befolgung seiner Ordensregel zu; allein stets beunruhigt durch Skrupel, die er nicht in demüthigem Gehorsam gegen seine Obern beseitigen wollte, unterlag er der Versuchung und gerieth in jene beklagenswerthen Verirrungen, die leider nur zu bekannt sind. Wir entnehmen die folgenden Einzelheiten dem vortrefflichen Werke von Cazalès.

„Luther," sagt einer seiner Biographen, „war im höchsten Grade, was die Seelenführer als Skrupulanten bezeichnen, und hierin liegt, meiner Ansicht nach, die Erklärung seiner späteren Lehre über die Rechtfertigung und seiner daraus hervorgegangenen Auflehnung gegen die Autorität der Kirche."

Ein Schriftsteller seiner eigenen Partei schildert uns folgendermaßen Luthers Zustand während seiner ersten Lebensperiode:[1] „Obgleich ein von Natur aus offener und heiterer Charakter, war Luther doch in seinem Kloster stets traurig und unruhig. Dieß kam anfangs daher, weil sein Vater mit seinem Eintritte in den geistlichen Stand nicht zufrieden war und ihn durch seine heftigen Aeußerungen hierüber beunruhigt hatte. Außerdem konnte Luther über

---

[1] Walch, 24. Band der Ausgabe von Luthers Werken.

die Verzeihung seiner Sünden nicht zur Gewißheit gelangen und in nichts, was er that, Trost finden. . . . Einer seiner Seelenführer im Kloster sagte zu ihm: „Mein Sohn, was willst Du denn? Weißt Du denn nicht, daß Gott uns befohlen hat, auf ihn zu hoffen?" — Als Johann von Staupitz nach Erfurt kam, klagte ihm Luther seine Noth und vertraute ihm an, daß ihn furchtbare Gedanken plagten; wie er selbst sagt, war er fest überzeugt, nur er allein habe solche Versuchungen und Kämpfe, von denen, fügte er bei, weder Staupitz noch seine anderen Seelenführer Etwas verstehen und wissen wollten." — Da sieht man so recht den unverstandenen Skrupulanten, der nicht dahin gelangen kann, daß irgend Jemand ihn recht kenne! „Als ich immer unsinnige Sünden hersagte," erzählt er selbst weiter, „da sprach einmal ein Beichtvater zu mir: „Du bist ein Narr; nicht Gott will mit Dir streiten, sondern Du mit ihm; er ist nicht zornig über Dich, sondern Du über ihn!" —

„Du willst ohne Sünde sein," sagte seinerseits Staupitz zu Luther, „und doch hast Du Dir keine wahren Sünden vorzuwerfen. Christus verzeiht den wahren Sündern, den Vatermördern, den Gotteslästern, den Abtrünnigen u. s. w. Nimm einen Beichtspiegel zur Hand, dort sind deutlich Sünden bezeichnet, halte Dich doch nicht an Deine Dummereien und lächerlichen Sünden, und mache nicht aus jeder Kleinig-keit eine Todsünde." — Wie vortrefflich passen nicht diese Ermahnungen des Doktors Staupitz auf so viele Seelen, die immer mit ihrem ängstlichen Gewissen zu thun haben! — Man kann wirklich sagen, bemerkt hier Cazales sehr richtig, daß grobe Sündhaftigkeit, wenn man sie nur erkennt, beichtet und wahrhaft bereut, leichter zu heilen ist, als dieses dä-monische Wesen des Skrupulanten, der in seiner Ueber-spannung aus eigenen Kräften sündenfrei sein will und sich so zu einem Zustande emporzuschwingen strebt, der hienieden nicht möglich ist.

„Um sich jedoch durch sich selbst innern Frieden zu verschaffen, beobachtete Luther genau und beständig seine Ordensregel und führte ein sehr strenges Leben. Er selbst legt hievon Zeugniß ab: „Es ist wahr," sagt er, „daß ich ein frommer Mönch und meinem Orden von Herzen zu= gethan war, so daß ich sagen kann: wenn je ein Mönch durch das Mönchthum in den Himmel gekommen ist, so wollte ich auch auf diesem Wege dahin gelangen. Dieß werden alle Klosterbrüder bezeugen, die mich gekannt haben. Denn hätte es länger gedauert, so würde ich mich mit Wachen, Beten, Lesen und anderen Arbeiten zu Tode ge= martert haben." Melanchthon berichtet uns ebenfalls, daß Luther sich in allen Uebungen, wie im Lesen, Fasten und Beten ausgezeichnet habe, und Johann Mathesius setzt hinzu, daß er sich mit Wachen und Fasten ganz erschöpft und halb getödtet habe. Endlich erzählt uns Seckendorf, Luther habe sich ohne Nahrung zu nehmen eingeschlossen, um seine kano= nischen Tagzeiten zu beten, wenn seine Studien ihm keine Zeit gelassen hatten. Diese Lebensweise schwächte den Un= glücklichen so ab, daß er während sieben Wochen keinen Schlaf finden konnte, und daß er fast den Gebrauch seiner geistigen Fähigkeiten einbüßte.

Ueberhaupt Alles, was uns während diesem Zeitpunkte von seiner Gesundheit berichtet wird, zeugt von tiefer, hy= pochondrischer Abspannung und verräth eine innere Ge= müthsstörung, deren Quelle ein unter dem Deckmantel fal= scher Demuth verborgener Stolz war. Auf seiner Reise nach Italien befielen ihn solche Betäubungen und Schwindel und ein solches Sausen und Klingen in den Ohren, daß

er sich seinem Ende nahe glaubte. Seine Biographen be=
merken uns, daß damals sehr heftige Beängstigungen über
die Nachlassung seiner Sünden seine körperlichen Leiden
noch vermehrten. In Rom selbst las er die heil. Messe so
ungeheuer langsam, daß während derselben sieben andere
Messen angefangen und vollendet werden konnten, wenn
seinem eigenen Berichte keine Uebertreibung unterliegt. Der
Ministrant rief ihm zu: «Passa! Passa!» (Mache voran!),
was ihn sehr ärgerte.

Das heißt doch, sich mit aller Gewalt verdammen.
Wie viele Ordensgeistliche wirkten unterdessen auf dem
Wege des gelobten Gehorsams ihr Heil in demselben Klo=
ster, wo dieser Unglückliche sich auf solche Weise quälte und
doch nur seinem Verderben entgegen ging. Was fehlte ihm,
daß er sich durch ein so strenges Leben nicht heiligte? Nichts
als ein wenig Demuth und Gehorsam; diese beiden Tu=
genden hätten ihn reich gemacht an Verdiensten vor den
Augen des Herrn, der vor allem die Unterwürfigkeit des
Herzens verlangt, und der die ihnen von seinem Volke
dargebotenen Opfer mit den Worten verwarf: „Ich habe
kein Wohlgefallen an euch, und ich werde kein Opfer von
eurer Hand annehmen, weil der Eigenwille in euren Fa=
sten ist.“

Ach! wie viele Skrupulanten richten, wie Luther, für
nichts und wieder nichts ihren Leib und ihre Seele zu
Grunde; sie bringen dem Herrn tausend Opfer, die er gar
nicht verlangt; verweigern ihm aber dabei hartnäckig das
Einzige, das er fordert: sie wollen nämlich ihrem eigenen
Willen und Urtheile nicht entsagen und sich von ihrem
Seelenführer nicht leiten lassen, oder, kurz gesagt, sie ver=
sagen dem Herrn jenen demüthigen Gehorsam, der ihm weit
angenehmer ist, als alle Opfer. Werden sie denn nicht

endlich einsehen, um welchen Preis sie sich das Wohlgefallen Gottes und Frieden und Heil erwerben können?

Mehrere der Tischreden Luthers gewähren uns einen Einblick in sein geängstetes Gewissen und zeigen, wie schon im Kloster sein Beichtvater ihm das Falsche und Irrige seiner Gedankenrichtung vorgestellt hatte. Es ist nur seine Schuld, daß er sich aus eigener Kraft retten wollte und der göttlichen Barmherzigkeit nicht zu bedürfen glaubte. Seine Obern und Beichtväter setzten ihm die Lehre der Kirche auseinander, wie sie damals, heute und zu jeder Zeit dieselbe war, ist und sein wird. Sie ermahnten ihn, sich der Barmherzigkeit des Herrn anheimzustellen, die uns um der Verdienste Jesu Christi willen unsere Sünden nach= läßt, an die wir aber auch glauben und auf die wir hoffen müssen. Man nährte seine unsinnigen Skrupel nicht, son= dern man forderte ihn auf, sich zu beruhigen und auf Gott zu vertrauen, was nach den Grundsätzen der katholischen Wahrheit die einzig richtige Behandlungsweise dieser See= lenkrankheit ist. Allein an Luthers Eigensinn scheiterte Alles, und so mußten diese Versuchungen, welche ihn immer mehr der Verzweiflung preis gaben, früher oder später eine entscheidende Seelencrisis herbeiführen. In einem Anfalle von Melancholie hatte er sich einst mehrere Tage in seine Zelle eingeschlossen und wollte Niemand sehen. Da kam Lukas Enderger mit einigen Kindern, die hübsch an seiner Thüre musizirten, und klopfte an; es wurde ihm nicht ge= öffnet; er schlug die Thüre ein und fand Luther in Ohn= macht daliegend. Die Musik der Kinder brachte ihn wie= der zu sich. Später ging der eigensinnige Mönch mit dem Gedanken des Selbstmordes um, und er äußerte sich einst bei Tische, der Anblick des Messers rufe peinliche Vor= stellungen in ihm hervor. Doch führte sein unglücklicher

Zustand keine Katastrophe dieser Art herbei, die Sachen nahmen eine andere, nicht minder beklagenswerthe Wendung; seine moralische Verwirrung ging auf Geist und Gedanken über, und eine förmliche Häresie war das traurige Ende.

Nach langen Anstrengungen, um sich aus eigenen Kräften zu retten, ergriff Luther plötzlich das entgegengesetzte Extrem, was eine bei solchen Zuständen nicht seltene Erscheinung ist. Auf Ueberreizung folgte Erschlaffung, auf übertriebenen, leidenschaftlichen Bußeifer das Aufgeben jeden Bemühens nach Besserung und Heiligung. Er warf sich mit der ganzen leidenschaftlichen Heftigkeit seines Charakters auf die Glaubenswahrheit, daß Jesus Christus durch seinen Tod am Kreuze uns das Heil erworben hat. Er begnügte sich nicht damit, daß er an der Rettung aus eigenen Kräften verzweifelte, wie er es sollte; sondern er ging so weit, daß er jede Mitwirkung des Menschen an seinem Heile verwarf; als wollte er zu Gott sagen: „Weil ich nicht Alles kann, weil ich mein Ideal nicht zu erreichen vermag, so will ich gar nichts thun, nicht einmal das, was in meinen Kräften steht!" Traurige und unsinnige Schlußfolge, zu der ein Skrupulant es nicht selten bringt, wenn er der Qualen eines vergeblichen Kampfes müde ist und sieht, daß er seine eiteln Vollkommenheitspläne nicht ausführen kann.

Wir halten hier inne und überlassen die genauere Betrachtung dieses furchtbaren Beispiels den Seelen, an welche diese Zeilen gerichtet sind; denn es ist beredter, als alle Warnungen, die man ihnen geben könnte. Wenn auch wenige eigensinnige Skrupulanten, wie Luther, Stifter einer Häresie werden, so gehen doch Viele derselben auf minder auffallende, aber auf eben so schreckliche Weise zu Grunde:

sie verwerfen schließlich alle Pflichten, und Verzweiflung oder Wahnsinn sind nicht selten das traurige Ende ihres hochmüthigen Eigensinnes. Sollten die Skrupel aber auch nicht zu solchen Extremen führen, so machen sie wenigstens das Leben unnütz und unglücklich; sie hemmen jeglichen Fortschritt und geben die Seele anhaltenden Aengsten preis. Gegen dieses Uebel gibt es nur ein einziges, aber unfehl= bares Heilmittel; daß man nämlich unbedingt seiner eige= nen Leitung entsage, und so nach dem Rathe des Evange= liums sich selbst verliere, um sich besser wiederzufinden. Dieses Opfer kostet Mühe; es ist aber nothwendig; unser Friede und manchmal unser ewiges Heil hängen davon ab. Muth und Kraft zu diesem Opfer ist für die skrupulöse Seele die Gnade aller Gnaden; lasset darum nicht nach im Gebete; flehet inbrünstig zur göttlichen Güte durch die Fürbitte der allerseligsten Jungfrau Maria und des heili= gen Josephs, dieser beiden demüthigsten und gehorsamsten Seelen. Ihrem Schutze empfehlen wir auch vertrauensvoll alle unsere Bemühungen, um den unglücklichen Seelen den verlorenen Frieden wieder zu geben.

A. M. D. G.

Anhang.

Vorbemerkung.

Man hört oft, wie fromme Seelen sich beklagen, daß sie nicht beten, nicht betrachten oder ihr Gewissen nicht erforschen können. Sie fragen, wie sie es anstellen müssen, um sich diese Uebungen leicht und nützlich zu machen. Wir antworten hierauf, indem wir ihnen im Folgenden dazu die Methoden angeben.

Wir geben auch eine Anweisung, wie man mit Erfolg jeden Montag die eintägigen Exercitien machen kann. Die Seelen, denen ihre Vervollkommnung am Herzen liegt, werden sich gerne dieser frommen Uebung unterziehen, die durch das Beispiel der Heiligen gutgeheißen ist, und deren Nutzen die Erfahrung bestätigt.

Allgemeine Bemerkungen,

die auf jede der verschiedenen Gebetsweisen anzuwenden sind.

I. Versäume nie die entferntere Vorbereitung zur Betrachtung, die in der bleibenden inneren Sammlung besteht. Meide folglich so viel als möglich jeden Anlaß zur Zerstreuung: eine Seele, welche die meiste Zeit über zerstreut ist, taugt nie gut zur Betrachtung.

II. Befleiße Dich der näheren Vorbereitung, das heißt: lies, ehe Du schlafen gehst, die Betrachtung für den andern Morgen; denke Abends beim Einschlafen und Morgens beim Erwachen ein wenig darüber nach, und suche Dir in der Zwischenzeit ernstlich alle andern Gedanken auszuschlagen.

III. Die unmittelbare Vorbereitung ist nicht weniger nothwendig. Sie schließt folgende Punkte in sich: 1. Versetze Dich in die Gegenwart Gottes und durchdringe Dich recht lebhaft mit diesem Gedanken. — 2. Opfere ihm alle Kräfte Deiner Seele, Dein Gedächtniß, Deine Einbildungskraft und Deinen Willen auf, und bitte ihn inständig um die Gnade, sie ganz und ungetheilt auf den Gegenstand Deiner Betrachtung zu richten. — 3. Wenn Du über einen sinnlich wahrnehmbaren Gegenstand betrachtest, zum Beispiele über die Geburt Christi, so versetze Dich im Geiste an den Ort, wo das Geheimniß vor sich geht, in den Stall zu Bethlehem, an die Krippe.... Wenn Du eine rein geistige Wahrheit betrachtest, zum Beispiele: das Elend, in welches uns die Sünde stürzt, so kannst Du Deine Aufmerksamkeit dadurch leichter fesseln, daß Du Dir ein Bild vorstellst, zum Beispiele das einer Seele, wie sie in dem Kerker ihres Leibes festgehalten und in diesem Thränenthale in die Gesellschaft der Thiere verbannt ist.... Dieses nennt man die erste Vorübung oder die Vorstellung des Ortes. Der Zweck dieser ersten Vorübung ist, in der Seele jenen Eindruck hervorzubringen, den der Anblick eines wahrheitsgetreuen Gemäldes des zu betrachtenden Gegenstandes oder der des Geheimnisses selbst, wenn es vor unseren Augen vor sich ginge, auf sie machen würde, und dieser Eindruck dient dazu, die Einbildungskraft zu fesseln und uns dadurch die Betrachtung zu erleichtern.

Diese Vorübung soll aber kurz und ungezwungen sein; Du sollst Dir den Kopf dabei nicht zu sehr anstrengen. Wenn sie einer Seele beschwerlich fallen oder gar hinderlich sein sollte, so wäre es besser, sie ganz wegzulassen. — 4. Bitte Gott um eine Gnade, die dem Gegenstand Deiner Betrachtung entspreche, damit Du sie recht verstehen und in Ausübung bringen mögest: Dieses ist die zweite Vorübung.

IV. Fühlst Du Dich durch Gottes Gnade von einer Erwägung besonders angezogen, so verweile dabei, ohne Dich um die übrigen Punkte Deiner Betrachtung zu bekümmern. Eine Aehrenleserin bleibt auf einem Felde, so lange sie Aehren aufzulesen findet, und denkt nicht daran, weiter zu gehen. Sei weniger darauf bedacht, viel über eine Wahrheit nachzudenken, als dieselbe recht zu beherzigen und innerlich recht zu verkosten.

V. Wenn Du Dich eines Buches bedienst, in dem schon ganz fertige ausgeführte Betrachtungen stehen, so lese nicht zu viel auf einmal, sondern halte nach jedem Satze, nach jedem Punkte oder nach jedem Absatze inne, um das Gelesene zu beherzigen; sonst wäre es eine Lesung und keine Betrachtung mehr.

VI. Sei nicht unstät in der Wahl Deiner Betrachtungen, sondern gehe die des einmal gewählten Buches der Reihe nach durch. Ist das Buch aus, so fange es wieder von vorn an oder nimm ein anderes.

Gebet des heiligen Ignatius für den Schluß der Betrachtung.

Empfange, o Herr, all meine Freiheit; nimm hin mein Gedächtniß, meinen Verstand und meinen Willen. Alles, was ich habe und besitze, hast Du mir gegeben. Dir gebe ich Alles zurück und stelle Alles ganz zur Verfügung Deines göttlichen Willens. Schenke mir nur Deine Liebe und Deine Gnade: dann bin ich reich genug und begehre nichts mehr. Amen.

Gebetsweisen.

Erste Gebetsweise.
Die eigentliche Betrachtung.

Anmerkung. Wir setzen voraus, daß man die entferntere, nähere und unmittelbare Vorbereitung stets pünktlich so verrichtet, wie wir es weiter oben angegeben haben.

Betrachten heißt die drei Kräfte unserer Seele auf einen frommen Gegenstand richten, um uns dadurch zu Gott zu erheben und besser zu werden. Die Betrachtung ist also eine Uebung des Gedächtnisses, des Verstandes und des Willens.

Uebung des Gedächtnisses.

Die Uebung des Gedächtnisses besteht darin, daß man sich zuerst den schon vorbereiteten Gegenstand der Betrachtung kurz und in seinem Gesammtinhalte in die Erinnerung zurückruft, als wenn man das Ganze einer anderen Person erzählen sollte. Dann kommt man auf den ersten Punkt zurück, stellt sich denselben recht vor und kann dann über die darin enthaltene Wahrheit oder über das darin enthaltene Geheimniß einen Akt des Glaubens erwecken. Das Gedächtniß ist auch von Zeit zu Zeit während der Betrachtung thätig, und zwar so oft man sich an irgend

eine Begebenheit oder an irgend Etwas, das auf den Ge=
genstand der Betrachtung Bezug hat, erinnert, um daraus
Stoff zu neuen Erwägungen und Anmuthungen zu schöpfen.

Uebung des Verstandes.

Die Uebung des Verstandes besteht in der Erwägung
und in der Anwendung.

I. Die Erwägung geschieht, indem man nachdenkt über
das, was man in Bezug auf die betrachtete Wahrheit oder
auf das betrachtete Geheimniß glauben, thun oder meiden
soll, über die Beweggründe der Nützlichkeit, der Nothwen=
digkeit, der Gerechtigkeit, der Leichtigkeit u. s. w., die uns
dazu antreiben, über den Schaden, den die Vernachläßigung
derselben uns bringen würde. Man kann sich auch fragen,
was man seinem besten Freunde in diesem oder jenem
Stücke rathen würde, oder was man auf seinem Todbette
wünschte, gethan zu haben. Hierauf geht man über zur
Beherzigung einiger Beweggründe oder einiger Folgen, die
geeignet sind, unser Herz zu rühren, und sagt sich selbst
Alles, was man einer anderen Person sagen würde, um
sie zur Ausführung des Erwägten zu bestimmen.

II. Die Anwendung ist eine zweifache: die allgemeine
und die besondere.

1. Die allgemeine Anwendung geschieht, indem man
beherzigt, wie sich die meisten Menschen hinsichtlich dieser
Wahrheit verhalten, und wie man selbst ihr Verhalten be=
urtheilt. Findet man, daß man selbst zu der Zahl der
Verblendeten gehört, so wendet man dieses Urtheil auch auf
sich selbst an. Aber man verweile nicht zu lange bei dieser
Anwendung und sei auf seiner Hut, damit sie nicht zu Zer=
streuungen Anlaß gebe.

2. Bei der besonderen Anwendung denkt man nach,

welchen Werth man selbst bis jetzt der betrachteten Wahr=
heit beigelegt hat, ob man gewöhnlich sein Betragen nach
derselben eingerichtet, oder ob man dieses vernachläßigt hat.
Ist letzteres der Fall, so erforscht man, in welchen Punkten
man gefehlt, und bedenkt, welchen Schaden man sich da=
durch zugefügt hat; man geht auf die Ursachen, Absichten
u. s. w. zurück; man vergleicht seine eigene Nachläßigkeit
mit dem Eifer, den die Weltleute in ihrem Streben nach
Reichthum und Ehre an den Tag legen, und schließlich
sieht man noch, was man von nun an zu thun oder zu
unterlassen hat.

Uebung des Willens.

Die Thätigkeit des Willens, welcher sich meist nach
der Ueberzeugung des Verstandes richtet, äußert sich bei der
Betrachtung in verschiedenen Akten, welche den vortrefflich=
sten und wesentlichsten Theil derselben bilden.

I. Der Wille bringt fromme Anmuthungen hervor,
wie sie gerade dem Gegenstande der Betrachtung, dem Zu=
stande und der augenblicklichen Gemüthsstimmung der Seele
und den Regungen des heiligen Geistes entsprechen.

Die gewöhnlichsten Anmuthungen sind: 1. Reue und
Leid, 2. Demuth, 3. Bewunderung, 4. Dankbarkeit, 5. Miß=
trauen gegen sich selbst, 6. Geduld, 7. gänzliche Hingabe
seiner selbst an Gott, um Alles, was er will, zu thun, zu
opfern, zu leiden, 8. Vertrauen auf Gottes Güte und auf
die Verdienste Jesu Christi, 9. Selbstaufopferung, 10. Ent=
sagung dessen, was den Fortschritt in der Tugend hemmt
oder verzögert, 11. Annahme aller vorauszusehenden Leiden,
12. Eifer, 13. Liebe, 14. Gleichförmigkeit mit dem Willen
Gottes, 15. Ergebung in die Fügungen der göttlichen Vor=
sehung. Man beschränke sich jedesmal auf die Anmu=

18*

thungen, zu welchen der Gegenstand der Betrachtung An=
laß gibt.

II. Der Wille faßt Vorsätze, die das Ergebniß der
vorausgegangenen Erwägungen sind. Man fasse 1. einen
allgemeinen Vorsatz, 2. einen oder zwei besondere Vorsätze,
welche den allgemeinen auf die gegenwärtigen Bedürfnisse
der Seele anwenden, und 3. kann man noch einen ganz
besonderen, praktischen Entschluß hinzufügen, indem man sich
vornimmt, dieses oder jenes Mittel zu ergreifen, um am
heutigen Tage seine besonderen Vorsätze desto sicherer in
Ausführung zu bringen.

III. Auch das, was man bei der Betrachtung Collo=
quium nennt, ist Sache des Willens. Das Colloquium ist
ein vertrauliches und ehrerbietiges Gespräch mit Gott, in
welchem wir ihn loben, ihm danken, uns ihm aufopfern,
ihn um Gnade bitten u. s. w. In diesen Colloquien redet
man zu Gott, bald wie das Kind zu seinem Vater, bald
wie der Diener zu seinem Herrn, bald wie der Kranke zu
seinem Arzte u. s. w. Das Colloquium kann auch an Je=
sus Christus, an die allerseligste Jungfrau Maria oder an
einen Heiligen gerichtet sein. Man schließt die Betrachtung
mit einem Vater unser und einem Gegrüßet seist Du, Maria.

Schlußübung nach der Betrachtung.

1. Man prüfe einen Augenblick, ob man seine Betrach=
tung gut oder schlecht gemacht hat, und letzteren Falls sehe
man, was schuld daran gewesen ist; man erinnere sich auch
nochmals der Erleuchtung, die uns zu Theile geworden ist,
der Gnadenregungen, die man empfunden, und der Ent=
schlüsse, die man gefaßt hat.

2. Man opfere Gott seine Vorsätze auf, bitte ihn um
Verzeihung wegen der bei der Betrachtung begangenen Feh=

ler und rufe die allerseligste Jungfrau Maria und seine heiligen Schutzpatronen um ihren Beistand an.

3. Dann kann man unter seinen wesentlichen Erwägungen und Anmuthungen einige zum geistlichen Strauße wählen, um sich unter Tags von Zeit zu Zeit daran zu erinnern und um sich dadurch wieder in jene heilige Seelenstimmung zu versetzen, in welcher man sich durch Gottes Gnade während seiner Betrachtung befand.

Ein Beispiel der eben angegebenen Methode.

Ein Handelsmann erfährt durch einen Freund, daß gewisse Waaren an einem gewissen Orte zu verkaufen sind (das ist der Stoff zur Betrachtung und die Vorbereitung); hierauf denkt er nach, er sammelt sich; ja es ist ihm, als sähe er die Sachen vor Augen (das ist die nähere Vorbereitung, das sind die Vorübungen oder Präludien); er stellt sich nun Alles im Einzelnen recht deutlich vor, die Waaren, ihre Güte, ihren Preis, die Stadt, wo sie zu kaufen sind (das ist die Uebung des Gedächtnisses); dann erwägt er, welch verschiedenen Gebrauch er davon machen kann, welche Beweggründe ihn veranlassen können, diese Waaren zu kaufen, welche glückliche Folgen der Ankauf für ihn haben kann, welchen Gewinn er ihm bringen wird, u. s. w. (das ist die Uebung des Verstandes, der die Sachen in Erwägung zieht); er sieht ferner, wie viele andere Handelsleute schon ähnliche günstige Gelegenheiten benützt und viel dabei gewonnen haben, und er kann nicht umhin, sie zu billigen (das ist die allgemeine Anwendung); er erkennt nun auch, wie er es aus eigener Schuld versäumt hat, diese Gelegenheit früher ausfindig zu machen und zu benützen, obwohl er das Geld dazu hatte oder sich verschaffen konnte; er berechnet, welchen Verlust seine Nachläßigkeit ihm zugezogen hat, und denkt darauf, wie er den Schaden wieder gut machen kann, welche Hindernisse er da zu beseitigen und welche Mittel er anzuwenden hat (das ist die besondere Anwendung); er wirft sich seine Saumseligkeit vor, er be= reut sie, und nimmt sich vor, sie ohne Verzug wieder gut zu machen, und beschließt dann bei sich, daß er für so und so viel Geld so und so viele Waaren auf diese oder jene Weise kaufen will (das sind die Anmuthungen und die all= gemeinen und besonderen Vorsätze). Wenn er nun sein Vorhaben einem Gönner oder einem Freunde mittheilt, so ist Dieses das Colloquium, und wenn er sich schließlich fragt, ob er jetzt Alles wohl überlegt hat, und sich in sei= nem Entschlusse noch bestärkt, so sind dieß die Schlußübun= gen nach der Betrachtung.

Man nehme statt des Handelsgeschäftes eine Heilswahr= heit, ein Geheimniß unserer heiligen Religion, eine Tugend oder dergl.; und mache es gerade wie der Handelsmann, nur daß man noch Gott um seinen Beistand bittet, und so wird man gut betrachten.

Dieser Vergleich beweist es, daß Jedermann betrachten kann, daß die angeführte Methode der richtigen Gedanken= folge des menschlichen Geistes ganz entspricht, und daß sie leichter ist, als man es oft meint.

Zweite Gebetsweise.

Die Beschauung.

Anmerkung: Die zweite Gebetsmethode oder die Beschauung ist bei den Betrachtungen über ein Geheimniß aus dem Leben Jesu oder Mariä oder im Allgemeinen über jede geschichtliche Thatsache anzuwenden.

Nachdem man sich recht von dem Gedanken an die Gegenwart Gottes durchdrungen hat, soll man die unmit=

telbare Vorbereitung folgender Weise verrichten: 1. Man
rufe sich die Begebenheit oder das Geheimniß, über das
man betrachten will, im großen Ganzen in das Gedächtniß zurück, ohne irgendwie in Einzelnheiten einzugehen.
2. Man stelle sich den Ort vor, wo die Begebenheit stattgefunden hat, zum Beispiele den Tempel, den Saal des
letzten Abendmahls, den Calvarienberg, das Meeresufer,
die Wüste, einen Berg, je nach dem Gegenstande der Betrachtung. 3. Man bitte Gott um eine Gnade, die dem
Geheimnisse, das man betrachtet, entspricht, zum Beispiele
die Gnade der Demuth, der Geduld, des Mitleids, der
geistlichen Freude, je nachdem man die Geburt Jesu Christi,
sein Leiden, seinen Tod oder seine Auferstehung betrachtet.

Hat man das in Kürze gethan, so geht man zu der
eigentlichen Betrachtung über, die dann gewiß ebenso einfach
und leicht, als erfolgreich sein wird. Man hat jetzt nur
die Personen, ihre Worte und ihre Handlungen in Erwägung zu ziehen. Nehmen wir zum Beispiele die Taufe
Jesu Christi.

I. Welche Personen sind dabei zugegen? Der ewige
Vater, der die Gottheit seines Sohnes bezeugt, — Jesus
Christus, der Sohn Gottes, welcher wie die Sünder die
Bußtaufe empfängt, der heilige Geist, der unter der Ge-
stalt einer Taube herabsteigt, — der heilige Johannes, der
Täufer, welcher Buße predigt, — eine Menge Sünder
von jedem Stande und Geschlechte. — Fragen wir uns,
wer diese Personen sind. Zuerst: wer ist der himmlische
Vater? wer ist Jesus Christus? und so die Uebrigen.

II. Was sprechen diese Personen? Der heilige Johannes sagt zu Jesus: „Ich habe nothwendig von Dir getauft
zu werden, und Du kommst zu mir?" — Jesus antwortete
ihm: „Lasse es jetzo geschehen; denn so geziemt es sich,

daß wir jegliche Gerechtigkeit erfüllen." — Kampf der Demuth, wo Jesus den Sieg davonträgt. — Wir können uns auch die verschiedenen Gespräche der Menschenmenge denken, welche den Vorläufer des Herrn umgibt. — Endlich betrachten wir die Worte des himmlischen Vaters. „Dieser ist mein geliebter Sohn, an dem ich mein innigstes Wohlgefallen habe." — Feierliche Worte, die reichen Stoff zum Nachdenken geben mußten.

III. Was thun diese Personen? Jesus naht sich; — er steigt in den Jordan hinab. — Siehe seine innere Sammlung, seine Demuth. — Er bedurfte dieser Taufe nicht. — Der heilige Johannes nimmt Wasser und gießt es über sein Haupt aus. — In demselben Augenblicke öffnet sich der Himmel; — der heilige Geist steigt herab; — die Stimme des himmlischen Vaters ertönt. — Denke Dir die Bewegung unter dem ganzen versammelten Volke, das mit der gespanntesten Aufmerksamkeit diesem erstaunenswerthen Wunder zusieht.

Welche Frucht kann man aus dieser Betrachtung ziehen? Die natürlichste scheint die Demuth. Sollte man sich jedoch durch Gottes Eingebung mehr zu einer anderen Tugend hingezogen fühlen, so darf man sich nicht weigern, dem Drange der Gnade zu folgen; denn der heilige Geist weht, wo er will.

Man beschließt die Betrachtung mit dem Colloquium, dem Vater unser und den Schlußübungen.

Anmerkung. 1. Man betrachte nicht zuerst einzeln alle Personen, welche bei dem Geheimnisse vorkommen, und dann erst ihre Worte und ihre Handlungen; sondern man muß das Ganze zusammen betrachten und den Begebenheiten folgen, indem man bei jeder derselben die betheiligte Person und das, was sie thut und spricht, ins Auge faßt;

denn so würde man ja die Sache vor sich gehen sehen, wenn man wirklich dabei zugegen wäre. Man folge also dem natürlichen Gang der Dinge und bemühe sich dabei, im Geiste bei dem betreffenden Geheimnisse gegenwärtig zu sein und es zu beschauen. Hat man einen Umstand desselben nach allen Seiten hin betrachtet, so geht man zu dem folgenden über und macht es gerade so. Die oben angegebene Trennung der Personen, der Worte und der Handlungen deutet mehr den Stoff der Beschauung an, als die Ordnung, die man dabei einzuhalten hat.

2. In Ermanglung wirklich gesprochener Worte betrachte man die inneren Gefühle. Bei dem Geheimnisse seiner Geburt zum Beispiele spricht das Kind Jesu nicht; aber wir können uns leicht denken, welche Gefühle seine Seele bewegten, als es in die Krippe niedergelegt wurde, als seine heilige Mutter es liebkoste und ihm die ersten Liebesdienste erwies, als die Hirten und Weisen es anbeteten und ihm ihre Geschenke darbrachten.

3. Bietet uns eine Person, ein Wort oder eine Handlung Stoff genug, um uns die ganze Zeit der Betrachtung über zu beschäftigen, so halte man sich dabei auf, ohne weiter zu gehen.

Dritte Gebetsweise.

Die dritte Gebetsmethode ist eine Art Gewissenserforschung, verbunden mit Anmuthungen und mit Erweckung von Reue und Vorsatz. Man kann diese Gewissenserforschung entweder über die zehn Gebote Gottes oder über die sieben Todsünden oder über die drei Kräfte der Seele, Gedächtniß, Verstand und Willen, oder über die fünf Sinne, Gesicht, Gehör, Geschmack, Gefühl und Geruch anstellen, und man verfährt dabei auf folgende Weise:

1. Bevor man beginnt sammelt man sich und stellt

sich die Frage: Was will ich jetzt thun? — Ich will über diesen oder jenen Gegenstand betrachten.

2. Man bittet Gott um die Gnade, die Sünden zu erkennen, welche man zum Beispiel gegen die zehn Gebote Gottes begangen hat, und man verspricht ihm zugleich, diese Gebote von nun an treu zu beobachten.

3. Jetzt beginnt man die Gewissenserforschung, aber nicht wie vor der Beicht, sondern in Form einer Betrachtung, einer kurz zusammengefaßten Rechenschaft über sein eigenes Gewissen, die man sich selbst vor Gott ablegt. Man fragt sich also: Wie habe ich mich versündigt gegen das erste Gebot? — gegen den Glauben? — gegen die Hoffnung? — gegen die Liebe? — gegen die Religion? Man erforscht sich während einer oder zwei Minuten, bittet dann Gott um Verzeihung wegen der begangenen Fehler und verspricht ihm, sich zu bessern. Man fügt auch fromme Anmuthungen hinzu, je nachdem man sich innerlich dazu angetrieben fühlt; zum Beispiele, o mein Gott, ich glaube; aber vermehre Du meinen Glauben! — Mein Gott, verzeihe mir, daß ich nicht immer genug auf Dich vertraue! — Mein Gott, ich will Dich immer mehr und mehr lieben! — Nach der Gewissenserforschung über das erste Gebot geht man zum zweiten über und beobachtet ganz dasselbe Verfahren, und so fort für die übrigen Gebote.

Ist die zur Betrachtung bestimmte Zeit vorüber, so hört man für heute auf und schließt mit dem Vater unser. Am folgenden Tage kann man das Uebrige vornehmen.

Wenn man anstatt der Gebote Gottes die Todsünden, die fünf Sinne oder die drei Seelenkräfte zum Gegenstande seiner Betrachtung wählt, so bleibt die Methode dieselbe, nur der Stoff ist ein anderer. Anstatt sich also zu fragen: Wie habe ich gegen den Glauben gesündigt? — fragt man

fich: Habe ich mich des Stolzes, des Neides u. f. w. schuldig
gemacht?... oder: Habe ich mit den Augen, mit der Zunge
u. f. w. gefehlt?... oder: Habe ich mich mit dem Gedächt=
niffe, mit dem Verstande, mit dem Willen verfündigt?...
und dann schließt man wie immer mit dem Vater unfer.

Eine vortreffliche Art der Betrachtung ist es auch,
wenn man erwägt, wie Jesus Christus und seine aller=
reinste Mutter ihre äußeren Sinne gebrauchten. Welche
Bescheidenheit in ihren Blicken!... Welche Zurückhaltung,
welche Nächstenliebe in ihren Worten!... Welch strenge
Wachsamkeit über ihre Ohren, um nur Erbauliches zu
hören!... Welche Mäßigkeit bei ihren Mahlzeiten!... End=
lich welche Vorsicht und welche Eingezogenheit bei dem Ge=
brauche all ihrer Sinne!... Man frage sich dann selbst,
welchen Gebrauch man bis jetzt von feinen Sinnen gemacht
hat. Bin ich hierin ein treuer Nachahmer Jesu und Mariä
gewesen?... Wenn man sich Vorwürfe zu machen hat, so
erweckt man Reue und faßt den festen Vorsatz, in Zukunft
wachsamer zu sein und seine Sinne mehr im Zaume zu halten.

Vierte Gebetsweise.

Die vierte Gebetsweise ist die leichteste und oft auch
die erfolgreichste; sie besteht darin, daß man irgend ein
mündliches Gebet, zum Beispiele das Vater unser, das Ge=
grüßet seist Du oder jedes andere nimmt und Wort für
Wort betrachtet, so daß man erst zu dem nächstfolgenden
Worte übergeht, wenn uns das vorhergehende keinen Stoff
zu frommen Gedanken und Empfindungen mehr bietet. Man
kann hiebei mit großem Nutzen auch andere passende Ge=
danken und Vergleiche einflechten und dadurch den Gegen=
stand weiter entwickeln. Wenden wir diese Methode auf
das Gegrüßet seist Du, Maria, an.

Bevor man niederkniet:

Was will ich jetzt thun? — Ich will das Gegrüßet seist Du, Maria, betrachten. — O allerseligste Jungfrau, erhalte mir die Gnade, diese Betrachtung gut zu machen.

Jetzt kniet man nieder:

Gegrüßet seist Du!" — Wer spricht diese Worte? — Der Erzengel Gabriel. — Zu wem? — Zur allerseligsten Jungfrau Maria. Diese Worte bezeugen tiefe Ehrfurcht; — der Erzengel war Maria diese Ehrfurcht schuldig; denn sie sollte die Mutter seines Königs, seine Königin werden. Welche Ehre für Maria! — O heilige Jungfrau, ich wünsche Dir Glück zu dieser Ehre, deren Du Dich durch Deine Tugenden so würdig erzeigt hast. — Gegrüßet seist Du auch von mir als meine Königin, als meine Mutter, als die Mutter meines Herrn! — Es ist billig, daß ich Dich in tiefster Ehrfurcht grüße, da selbst ein Engel vor Dir sich gedemüthigt hat! — Wenn ich sage: Gegrüßet seist Du! so vereinige ich mich mit dem Himmel und mit der Erde; denn allüberall tönt Dir dieser schöne Gruß entgegen! . . .

„Maria!" — O der schöne Name! der liebenswürdige, trostreiche Name! überall wird er mit Liebe wiederholt. — Maria! Maria! dieser süße Name ist die Stütze der Schwachen, der Trost der Betrübten, die Hoffnung der Sünder, die letzte Hülfe der Sterbenden! — Maria! — Wenn ich die ganze Zeit meiner Betrachtung damit zu= brächte, ihn zu wiederholen, zu kosten und mich daran zu erfreuen, so wäre diese Zeit sehr nützlich angewendet. — Der Name Maria bedeutet Meeresstern. Sieh, wie sie diesen Titel rechtfertigt, indem sie uns durch die Klippen dieses Lebens glücklich hindurchgeleitet. — Maria bedeutet Herrin, Königin, und ist sie es nicht in der That? —

Maria bedeutet Erleuchterin, und kommt uns nicht durch sie das göttliche Licht? — O Maria, sei mein Stern, meine Königin, mein Licht! . . .

„Du bist voll der Gnaden!" — Ein volles Gefäß vermag nichts mehr in sich aufzunehmen; wenn man noch mehr Flüssigkeit hineingießt; so läuft es über. So Maria! Ihr Geist war voll Gnaden, voll Licht und Erkenntniß; — ihr Herz war voll Gnaden, voll Liebe und heiliger Wünsche; — ihr jungfräulicher Leib war voll Gnaden, voll Reinheit und Heiligkeit! — Du bist voll der Gnaden! — Also war in ihr keine Leere; die Sünde konnte keinen Platz in ihr finden. — O unbefleckte Jungfrau, Alles in Dir ist Gnade, Nichts ist Sünde! — Du bist voll der Gnaden von dem Augenblicke Deiner unbefleckten Empfängniß an. — Später erhieltest Du durch Deine treue Mitwirkung jenes volle, gehäufte, reichliche, überschwängliche, von allen Seiten überfließende Maß von Gnaden, von dem in der heiligen Schrift die Rede ist. — In dem Geheimnisse der heiligen Menschwerdung ist das Maß der Gnade in Maria unaussprechlich; sie besaß ja den Urquell aller Gnaden selbst. — Du bist voll der Gnaden! — Maria wurde so mit Gnaden überhäuft, damit ihr Ueberfluß auf uns sich ergießen möge. — Ich will, o ja, ich will recht oft zu dieser heiligen Quelle eilen, die nie aufhört, die belebenden Ströme der göttlichen Gnade über die Menschen auszugießen. . .

„Der Herr ist mit Dir!" — Er ist in allen gerechten Seelen, aber auf noch viel vorzüglichere Weise in Maria, dem gerechtesten und vollkommensten aller Geschöpfe. — Der himmlische Vater ist durch sein göttliches Wohlgefallen in ihr als in seiner geliebtesten Tochter. — Der Sohn Gottes ist in ihr als in seinem reinsten Tabernakel, den er sich von Ewigkeit her auserwählt und vorbereitet hat. — Der heilige Geist ist in ihr als in seinem Tempel, den er mit seinen reichsten Gaben geziert und ausgestattet hat. — Der Herr ist mit Dir! — Er ist immer mit Dir; — er war immer mit Dir, weil nie eine Sünde ihn gezwungen hat, sich von Dir zu entfernen. — O mein Gott! sei immer mit mir und laß nicht zu, daß ich mich jemals von Dir trenne! . . .

„Du bist gebenedeit unter den Weibern!" — Maria verkündigt uns selbst in ihrem Lobgesange, daß sie von nun an alle Geschlechter selig preisen werden; — und wirklich überall hat sie Heiligthümer; auf alle mögliche Weise äußert sich die Liebe und die innige Verehrung ihrer Kinder. — Welches Weib wurde je geehrt, wie Maria! Aber welches Weib hat es auch je so verdient! . . .

„Und gebenedeit ist die Frucht Deines Leibes, Jesus!" Jesus! göttlicher Name, den der Erzengel vom Himmel brachte! — Jesus, Retter der Welt, Jesus, Sohn des Allerhöchsten, ist auch der Sohn Mariä, die Frucht ihres keuschen Leibes. — O heilige Jungfrau, ich wünsche Dir Glück, daß Du die Mutter Jesu, die Mutter Deines Gottes, bist! — Jesus sei gebenedeit, gebenedeit im Himmel, gebenedeit auf Erden! — O Jesus, ich preise Dich, ich liebe Dich, ich bete Dich an! . . .

Man kann auch das Gegrüßest seist Du Maria auf andere Weise umschreiben; aber dieses Beispiel genügt zum Verständnisse der Methode. Daß sich diese Methode auch auf jedes andere mündliche Gebet anwenden läßt, brauchen wir nicht nochmals zu erwähnen.

Reichen zwei oder drei Worte des gewählten Gebetes hin, um die ganze Zeit der Betrachtung auszufüllen, so hält man sich dabei auf, betet dann fließend und ohne inne zu halten den Rest des Gebetes und fährt am folgenden Tag da fort, wo man zu betrachten aufgehört hatte.

Fünfte Gebetsweise.

Die fünfte Gebetsmethode besteht darin, daß man ein mündliches Gebet langsam spricht, das heißt nach jedem Worte so lange anhält, daß man Athem holen kann. — Wenden wir diese Methode auf das Gebet: „Die Seele Christi heilige mich!" an.

1. Man sammelt sich und stellt sich die Frage: Was will ich jetzt thun?

2. Man bittet Gott um die Gnade aus dieser Uebung recht großen Nutzen zu ziehen.

Man fängt nun das Gebet an: „Die Seele Christi — heilige mich! — Der Leib Christi — mache selig mich! — Das Blut Christi — tränke mich! — u. s. w.

Man denkt dabei entweder an den Sinn des Wortes, das man ausspricht, oder an die Würde der Person, zu der man betet, oder an seine eigene Unwürdigkeit.

Diese Methode paßt für alle Seelen, für alle Stun=den des Tages; selbst während der Arbeit ist sie anwend=bar. Sie wird Jenen besonders heilsam sein, welche die schlechte Gewohnheit haben, ihre mündlichen Gebete zu schnell herzusagen. Man kann mehrere Gebete nach einander nach der fünften Methode durchgehen; man kann absetzen und wieder anfangen, wie man will. Wie gewöhnlich schließt man die Betrachtung mit dem Vater unser und dem Gegrüßet seist Du, Maria. —

Sechste Gebetsweise.

Geistliche Lesung in Form einer Erwägung.

Sollte eine Seele sich in solcher Gemüthsstimmung befinden, daß ihr die Betrachtung trotz den fünf angegebenen Methoden doch noch zu schwer fiele, so nehme sie ihre Zuflucht zu der sechsten Methode; diese wenigstens kann man immer anwenden; denn sie ist viel leichter als die vorhergehenden und gewährt dennoch fast denselben Nutzen.

Die sechste Gebetsmethode, auch Erwägung genannt, ist eine Uebung, welche zwischen der geistlichen Lesung und der Betrachtung die Mitte hält. Man bedient sich dabei jener Erbauungsbücher, welche in wenig Worten viel Sinn enthalten, wie die „Nachfolge Christi", „der geistige Kampf" und verschiedene andere kleine Werke, welche von den Seelenführern je nach Bedürfniß angerathen werden. Hat man einmal ein solches Buch gewählt, so bleibe man dabei und gehe es ganz der Reihe nach durch, ohne leichthin zu wechseln, zu überschlagen oder hin und her zu blättern. Will man nun die Erwägung beginnen, so sammelt man sich zuerst vor Gott und ruft ihn um seinen Beistand an, um rechten Nutzen aus dieser Uebung zu ziehen: dann nimmt man das gewählte Erbauungsbuch und liest aufmerksam einige Zeilen. Sobald man einen Gedanken findet, der die Seele anspricht, und eine nützliche Erleuchtung, Warnung, Mahnung oder auch einen innerlichen Vorwurf für sie enthält, oder irgendwie ihren Bedürfnissen entspricht, so hält man mit dem Lesen inne und erwägt und verkostet diesen Gedanken, bis das Herz recht davon durchdrungen ist und einen heilsamen, bleibenden Eindruck davon empfangen hat. Geräth die Einbildungskraft auf Abwege, so führt man sie auf den betreffenden Gedanken zurück, indem

man die Stelle, die denselben wach rief, zum zweiten Male
und, wenn es sein muß, je nach ihrer Wichtigkeit, zum
dritten Male liest. Mit Einem Worte, man läßt diese
geistige Nahrung nicht eher liegen, als bis man ihre ganze
Würze gekostet hat, und man bekümmert sich dabei gar
nicht darum, ob man mit seiner Lesung vorankommt oder
nicht. Man wendet die Wahrheit, von der man sich ange=
zogen fühlt, auf sich selbst an, und erst, wenn man sie ganz
erschöpft hat, fährt man mit seiner Lesung fort. Findet
man einen zweiten Gedanken, der ähnliche Anhaltspunkte
bietet, so verweilt man wieder bei demselben und zieht ihn,
wie den ersten, in Erwägung, dann geht man zum dritten,
vierten, fünften Gedanken über und fährt so fort, bis die
zu dieser Uebung bestimmte Zeit verflossen ist. Auf diese
Weise wird man bald mehr und bald weniger lesen; denn
einmal wird uns eine halbe Seite hinreichen, während man
ein anderes Mal eine ganze Anzahl von Seiten braucht.
Was man aber liest, wird immer, es sei viel oder wenig,
großen Nutzen stiften. Was kann es nützen, wenn man
in den besten Büchern und Schriften noch so lange, aber
ohne die nothwendige reifliche Ueberlegung liest? So reich
eine Quelle auch sein mag, so wird doch der, welcher
mit einem Siebe daraus schöpfen will, nur wenige Tropfen
Wassers erhalten. Man lese also langsam und lasse sich
stets Zeit, das Gelesene gleichsam zu verdauen; denn die
geistige Nahrung gleicht der leiblichen darin, daß sie auch
nicht gut anschlägt, wenn man sie zu schnell genießt.

Die sechste Gebetsmethode hat viele Aehnlichkeit mit
der vierten; nur tritt an die Stelle eines Gebetes ein
Buch, das man vor Augen hat und das deßhalb um so ge=
eigneter ist, nicht nur uns neuen Gedankenstoff zu geben,
sondern auch unsere unstäte Einbildungskraft zu fesseln.

Diese Methode ist demnach besonders jenen Seelen zu em=
pfehlen, welche über Trockenheit und Zerstreuung bei der
Betrachtung klagen. Die heilige Theresia sagt, sie selbst
habe sich derselben lange und mit großem Nutzen bedient;
ja sie sei während mehrerer Jahre gar nicht im Stande ge=
wesen, auf eine andere Weise zu betrachten.

Methode der Gewissenserforschung.

Zu der Gewissenserforschung gehören fünf Stücke:
1. Danksagung, 2. Bitte um Erleuchtung, 3. eigentliche Ge=
wissenserforschung, 4. Reue und 5. Vorsatz.

1. Danksagung. Nachdem man sich in die Gegenwart
Gottes versetzt hat, gedenkt man all der unzähligen Wohl=
thaten, die Gott uns erwiesen hat, und vergleicht dieselben
mit seinem eigenen Undank, ein Vergleich, der uns tief be=
schämen muß. Hierauf dankt man dem lieben Gott für
alle seine Gnadengaben, für die allgemeinen und für die
besonderen, für die geistigen und für die leiblichen, für die
bekannten und für die unbekannten, insbesondere für die,
welche uns am heutigen Tage geschenkt worden sind; —
aber dieses Alles kurz und inbrünstig.

2. Bitte um Erleuchtung. Man bittet um die Gnade,
seine Sünden recht zu erkennen und zu verabscheuen. Unser
Herz ist ein unerforschlicher Abgrund; die Eigenliebe ver=
breitet dort die tiefste Finsterniß. Ohne die Erleuchtung
von Oben kann man sich selbst nie recht erkennen, darum
muß man inständigst um diese Erleuchtung bitten.

3. Eigentliche Gewissenserforschung. Entweder erforscht
man sich über seine Gedanken, Worte und Werke, und
fragt sich, ob Gott, der Nächste und wir selbst damit zu=
frieden sein können; oder man geht seine verschiedenen Be=
schäftigungen seit der letzten Gewissenserforschung der Reihe

nach durch und prüft sich selbst, ob man nicht in seinen Beweggründen, in seiner Absicht oder in der äußeren Handlung gesündigt hat. Doch soll Dieß, wenigstens gewöhnlich, nicht länger als drei bis vier Minuten dauern.

4. Reue. Dieser Punkt und der folgende sind bei der Gewissenserforschung die wichtigsten, und es muß deßhalb auch die größte Sorgfalt darauf verwendet werden. Irgend eine sinnliche Vorstellung, ein aus dem Leben gegriffener Vergleich oder ein rührendes Beispiel erleichtern uns die Sache sehr. Unter den geeigneten Beispielen heben wir hervor: den heil. Petrus, dem der Heiland nach seiner Verleugnung einen zärtlichen und vorwurfsvollen Blick zuwirft; die heil. Magdalena zu den Füßen Jesu bei dem Mahle des Pharisäers; — den Zöllner, der in Demuth an der Pforte des Tempels steht. — Es ist gut, wenn man in diesem Augenblicke das Cruzifix oder ein anderes Bild von dem Leiden unseres Erlösers oder seiner heil. Mutter betrachtet, zum Beispiel, ein Bild der Todesangst Jesu im Oelgarten, seiner Geißelung, einer der Kreuzwegstationen oder der schmerzhaften Mutter Gottes, — oder endlich wenn man über die verschiedenen Gründe nachdenkt, die uns zur Reue bewegen können. Jede Uebung dieser Art ist gut, und Jeder folge hierin seiner besonderen Andacht. Schließlich erwecke man mit aller Inbrunst einen Akt der Reue, wobei es für manche Seelen heilsam ist, wenn sie die Worte wirklich mit dem Munde aussprechen.

5. Vorsatz. Hier kann man sich eines Vergleiches bedienen, der unserer Schwachheit zu Hilfe kommt, und der in unserem Herzen heilige Gefühle anfacht. So fragt man sich zum Beispiele: „Wird ein zum Tode verurtheilter Majestätsverbrecher, den sein Fürst großmüthig begnadigt hat, diesem Fürsten jetzt nicht mit aller Treue dienen? — Wird

ein Schiffer, der aus Unachtsamkeit fast Schiffbruch gelitten hätte, nicht in Zukunft vorsichtiger sein?" — Nach diesen oder anderen kurzen Erwägungen verspricht man dem lieben Gott, mit dem Beistande seiner Gnade nicht mehr zu sündigen; man bedenkt zum Voraus, welchen Gelegenheiten zur Sünde man bis zu der nächsten Gewissenserforschung ausgesetzt sein wird; man bittet Gott, uns in denselben aufrecht zu erhalten; man kann auch noch zu der lieben Mutter Gottes und zu seinem heil. Schutzengel um Beistand flehen; zum Schlusse betet man ein Vater unser und ein Gegrüßet seist Du, Maria.

Wir wollen jetzt diese Methode in Anwendung bringen und praktisch durchführen.

Bevor man niederkniet:

O mein Gott, gib, daß ich Dich erkenne und daß ich mich erkenne! (Heil. Augustinus.) Verleihe mir die Gnade, diese Gewissenserforschung gut zu machen.

Man kniet nieder:

I. Punkt. Danksagung. O mein Gott, ich danke Dir von ganzem Herzen für alle Deine Wohlthaten. Du hast mich erschaffen und in Deiner unendlichen Barmherzigkeit bis jetzt auch am Leben erhalten. Du hast mich vor so vielen Anderen zu der Gnade des wahren Glaubens berufen, und nachdem Du mir im Lichte Deines heil. Evangeliums den Weg der Tugend gezeigt hast, leitest Du mich auch noch auf demselben durch Deine heilige Gnade. (Hier erinnert man sich an eine besondere Wohlthat, die man von Gott empfangen hat.) Welch hohe Gnaden sind mir nicht auch heute wieder von Deiner göttlichen Güte zu Theil geworden! (Zum Beispiele, heilige Messe, Beicht, Communion, Predigt, heilige Einsprechungen, gutes Beispiel.) O mein

Gott, ich erkenne es, Du willst mein Heil, meine Voll= kommenheit; o sei tausendmal dafür gepriesen!

II. Punkt. Bitte um Erleuchtung. Nach allen diesen Wohlthaten, o Herr, schenke mir jetzt auch noch die Gnade Deiner göttlichen Erleuchtung, damit ich alle meine Sün= den und insbesondere die, welche Dir am meisten in mir mißfällt, erkennen möge. O göttliche Sonne der Gerech= tigkeit! erleuchte die Finsterniß, welche Zerstreuung, irdi= sche Neigungen und Eigenliebe in meinem Geiste und in meinem Herzen erzeugt haben. Laß mich erkennen, wie schwer und wie oft der Feind meine Seele verwundet hat, damit ich das Heilmittel aufsuche und anwende, ehe es zu spät ist!

III. Punkt. Gewissenserforschung. Wie habe ich heute meine täglichen Beschäftigungen verrichtet?

Morgens: das Aufstehen, das Morgengebet, die Be= trachtung, die heilige Messe, das Frühstück, die Arbeit, die Gespräche mit Andern u. s. w.

Mittags: das Mittagessen, die Erholungszeit, die Be= suche, die ich gemacht oder empfangen habe, die Arbeit, die geistige Lesung, die Gebete u. s. w.

Habe ich bei allem diesem nicht Gott oder den Näch= sten beleidigt? nicht eine Tugend verletzt?

IV. Punkt. Reue. O mein Gott, wie tief beschämt muß ich mich nicht fühlen, wenn ich Deine Wohlthaten mit meinem Undank, Deine Liebe mit meiner Gleichgül= tigkeit, Deine liebevollen und zuvorkommenden Gnaden= erzeigungen mit meinem endlosen Zögern vergleiche! Ja, ich erkenne es, ich habe Deinem göttlichen Herzen wehe gethan; und dieser Gedanke erfüllt mich mit Schmerz und Scham. Verwirf nicht, o Herr, die Reue eines demüthi= gen und zerknirschten Herzens. Gib meinen Augen eine

Quelle der Thränen und ich werde Tag und Nacht das Unglück, Dich beleidigt zu haben, beweinen. Verleihe mir den Reueschmerz eines heil. Petrus, die Thränen einer heil. Magdalena, die Demuth des Zöllners, weil ich schuldbeladen bin, wie sie es waren. O heiliger Vater, blicke auf Deinen eingebornen Sohn Jesum Christum, der für uns zum Sühnopfer geworden ist! Siehe seine mit Nägeln durchbohrten Hände und Füße, sein mit Dornen gekröntes Haupt, sein mit der Lanze durchbohrtes Herz! Alle seine Wunden sind eben so viele beredte Zungen, die um Gnade für mich flehen. O mein Gott, verzeihe mir, auf den Knieen bitte ich Dich darum. Und Du wirst mir meine Bitte gewähren, denn Du hast gesagt: „Ich will nicht den Tod des Sünders, sondern daß er sich bekehre und lebe!" (Ezech. XXXIII. 11.)

V. Punkt. Vorsatz. Von nun an, mein Gott, keine Sünde mehr! Ich will ihr sorgfältigst alle Thüren meines Herzens schließen. Ich will die Gelegenheit zur Sünde, ja wo möglich selbst jeden Gedanken daran meiden. Allerdings war ich bis jetzt meinen Vorsätzen immer so untreu, daß ich sie kaum zu erneuern wage; aber ich hoffe in Zukunft wachsamer und muthiger zu sein, und ich habe das feste Vertrauen, daß Du mir Deine heilige Gnade schenken wirst, damit ich mit ihrem Beistande meine guten Vorsätze bis zu meinem Tode treu und beharrlich erfüllen möge. — O allerseligste Jungfrau Maria, segne diese Entschlüsse, die ich unter Deinen Schutz und Schirm stelle! — Vater, unser. Gegrüßet seist Du, Maria.

Anmerkung. Dieselbe Methode gilt für die besondere Gewissenserforschung oder das Partikularexamen, bei welchem man es sich zur Aufgabe macht, eine böse Gewohnheit abzulegen oder eine besondere Tugend zu erwerben. Man kann die besondere Gewissenserforschung mit der allgemeinen verbinden, indem man sich am Schlusse dieser noch fragt, ob man seit seiner letzten Gewissenserforschung den betreffenden Fehler begangen oder die betreffende Tugend verletzt hat.

Anweisung,
mit Erfolg jeden Monat die eintägigen Exercitien zu machen.

Man wählt den Tag im Monate, an welchem man am besten Zeit hat und am wenigsten beschäftigt oder zerstreut ist. Am Vorabende der Exercitien betet man andächtig das „Komm, heiliger Geist," um sich die Erleuchtung des heiligen Geistes zu erflehen, und ein Gegrüßet seist Du, Maria, um seine Exercitien dem Schutz der allerseligsten Jungfrau Maria zu empfehlen; dann mache man folgende Betrachtung, die als Vorbereitung zu den Exercitien dient.

Betrachtung am Vorabende der Exercitien.
Ueber die Tugenden, die zur Vorbereitung auf die Exercitien nothwendig sind.

I. Vorübung. Stelle Dir die Heilung des Blinden von Jericho vor. Er fällt vor Jesus auf seine Kniee nieder; der Heiland fragt ihn: „Was willst Du, daß ich Dir thun soll?" — „Meister, daß ich sehend werde," antwortete der Blinde. — Und Jesus spricht: „Gehe hin, Dein Glaube hat Dir geholfen!" (Marc. X. 49—52.) Stelle Dir vor, Jesus richte die nämliche Frage an Dich; antworte ihm mit dem Blinden: Meister, gib, daß ich sehend werde, daß ich in diesen Exercitien sehe, was mir fehlt und was Du von mir verlangst.

II. Vorübung. O mein Gott, versetze Du selbst mich in die Seelenstimmung, in der ich mich befinden muß, um reichliche Früchte aus meinen Exercitien zu ziehen.

I. Punkt: erste Tugend.

Der aufrichtige Wunsch, sich selbst recht zu erkennen.

Habe ich diesen Wunsch? — Ist es mir nicht heimlich bange, mich selbst im wahren Lichte zu sehen, da ich fürchte, ich müßte mir selbst Vorwürfe machen? — Wenn ich wirklich aufrichtig wünsche, mich selbst zu erkennen, so muß ich mich ernstlich fragen: Welche Fortschritte habe ich bisher in der Vollkommenheit gemacht? — Welchen Nutzen habe ich aus dem Empfange der heiligen Sakramente gezogen? — Welchen Sieg habe ich über mich selbst, über den bösen Feind und über die Welt davongetragen? — Welche Tugenden habe ich ausgeübt? — Welche Verdienste habe ich gesammelt? Welchen Eifer habe ich für mein ewiges Heil an den Tag gelegt? — Könnte ich jetzt ohne Bangigkeit vor dem Richterstuhle Gottes erscheinen? —

II. Punkt: zweite Tugend.

Ein großes Vertrauen auf Gott und ein großes Mißtrauen auf uns selbst.

Ohne Gott vermag ich Nichts; aber mit ihm vermag ich Alles! Seine Gnade ist mächtiger als die ganze Hölle, — und diese Gnade ist schon in Bereitschaft für mich; ich darf nur darum bitten. — Gott liebt mich trotz meiner bisherigen Untreue, und aus Liebe verleiht er mir wieder dieses Heilmittel, die Exercition. — „Komm' in die Einsamkeit," spricht er zu mir, „dort will ich zu Deinem Herzen reden!" (Osee, II. 14.) Welche Güte! und ich sollte nicht auf ihn vertrauen! — O mein Gott, ich vermag Nichts; aber Du vermagst Alles! Stehe mir bei mit Deiner Gnade!

III. Punkt: dritte Tugend.

Die Großmuth.

Der Herr wird während diesen Exercitien zu Deinem Herzen reden. Versetze Dich in die Gemüthsstimmung, in welcher der heil. Paulus sich befand, als er auf dem Wege nach Damaskus niedergeschmettert wurde: „Herr, was willst Du, das ich thun soll?" (Apgsch. IX. 6.) Oder sprich mit Samuel: „Rede, Herr, Dein Diener höret!" (I. Kön. III. 9.) Oder mit David: „Bereit ist mein Herz, o Gott, bereit ist mein Herz!" (Ps. LVI. 8.) — Welches Opfer erwartest Du von mir? Ich will es Dir ohne Zögern bringen. — Welche Bande muß ich lösen? — Sie sollen gelöst werden. — Rede, o Herr, mein Herz ist bereit!

Beschließe die Betrachtung, wie Du sie angefangen hast, mit dem Gebete: „Herr, gib, daß ich sehend werde, daß ich meine Seele sehe, wie sie ist, mit ihren Schwach=heiten, ihren Unvollkommenheiten und ihren Sünden. — O heilige Jungfrau Maria, erlange mir die Gnade, mich recht zu erkennen und wahrhaft zu bessern!" — Vater unser, Gegrüßt seist Du, Maria. —

Ehe man sich schlafen legt, liest man die Punkte seiner Betrachtung für den andern Morgen. Man wählt dazu irgend ein gutes Buch und darin einen ernsten Gegenstand, zum Beispiele das Ziel und Ende des Menschen, die Noth=wendigkeit des Heils, die Häßlichkeit der Sünde, den Miß=brauch der Gnaden, die glückselige oder die unglückselige Ewigkeit u. s. w. Oder wenn man kein Buch hat, so stellt man sich folgende drei Fragen:

1. Was hat Gott für mein Heil gethan? — Taufe, christliche Erziehung, Gnaden, Sakramente, gutes Beispiel,

Exercitien. Schon mit weniger Gnaden hätte ich heilig werden können.

2. Was verlangt Gott von mir? — Ich soll seinen Einsprechungen treu folgen, die Sünde meiden, meine Leidenschaften, besonders meinen Hauptfehler bekämpfen; — ich soll bescheiden, eingezogen, demüthig, eifrig sein. — Bin ich allen diesen Forderungen Gottes nachgekommen?

3. Was habe ich von Gott zu erwarten? Er segnet die, welche ihm treu sind; aber den unfruchtbaren Feigenbaum läßt er abhauen und den unfruchtbaren Weinstock reißt er aus und übergibt ihn den Flammen. — O mein Gott, wende dieses Unglück von mir ab! Ich will Dich lieben und Dir dienen. Stärke Du mich und verleihe mir die Gnade, alle Vorsätze, welche ich in diesen Exercitien fassen werde, treu zu halten. — Vater unser, Gegrüßet seist Du, Maria.

Uebungen am Tage der Exercitien selbst.

Beim Aufstehen opfert man Gott den Tag auf und bittet ihn um die Gnaden, denselben heilig zuzubringen.

Nach dem gewöhnlichen Morgengebete verwendet man eine halbe Stunde auf die Betrachtung, zu welcher man sich am Vorabende auf die oben angegebene Weise vorbereitet hat. Dann wohnt man der heiligen Messe bei, in welcher man zum Tische des Herrn geht.

Den ganzen Tag über beobachtet man das Stillschweigen und gibt sich der inneren Sammlung hin, so weit unsere Umgebung, unser Stand und unsere Beschäftigungen es gestatten. Es ist gut, wenn die Umgebung nicht bemerkt, daß man Exercitien macht; es sei denn, daß Dieß gar keine Unannehmlichkeiten hervorrufe.

Im Laufe des Morgens liest man aufmerksam seine

Tagesordnung und die in den vorigen Exercitien gefaßten Entschlüsse durch, oder wenn man nichts niedergeschrieben hat, so ruft man sich die Zusprüche seines Beichtvaters und besonders die, auf denen er am dringendsten bestand, ins Gedächtniß zurück. Man sieht, wie man mit Gott steht, und nimmt sich fest vor, Alles aus seinem Herzen zu entfernen, was ihm mißfällt, um fortan ganz nach seinem heiligen Wohlgefallen zu leben. Man kann sich dabei der unten folgenden Erwägungen über den gegenwärtigen Zustand seiner Seele bedienen und je nach Umständen eine ganze oder eine halbe Stunde darauf verwenden.

Wenn man Zeit dazu hat, besucht man Nachmittags das hochwürdigste Gut und eine Kapelle der Mutter Gottes, wobei man sich mit großem Nutzen des vortrefflichen Buches bedienen kann, das der heilige Alphons von Liguori zu diesem Zwecke verfaßt hat. Dann liest man während einer halben Stunde in einem guten Erbauungsbuche und gegen Abend bereitet man sich auf die S. 440 ff. angegebene Weise zum Tode vor.

Erwägungen
über seinen gegenwärtigen Seelenzustand.

Nachdem man den heiligen Geist um Erleuchtung angefleht hat, so erwägt man vor dem Angesichte Gottes, wie man seine wichtigsten Handlungen verrichtet und wie man gegen Gott, gegen den Nächsten und in Bezug auf die wesentlichsten, nothwendigsten Tugenden gesinnt ist. Man beobachtet dabei die Reihenfolge, die wir hier angeben.

I. Andachtsübungen. Schätze ich sie höher als alles Andere? — Verrichte ich sie treu und pünktlich? — Ist meine äußere Haltung ehrerbietig? — Bin ich gesammelt, bescheiden und eingezogen, besonders mit den Augen? —

Unterlasse ich es nicht, mich auf jede meiner Andachtsübungen sorgfältig vorzubereiten, indem ich mich einige Augenblicke vorher sammle, meine Sinne und meine Einbildungskraft zum Schweigen bringe, mich in die Gegenwart
Gottes versetze und daran denke, was ich zu thun im Begriffe stehe? Schlage ich die Zerstreuungen ohne Aengstlichkeit und Aufregung aus, sobald ich sie gewahr werde?
— oder versage ich ihnen wenigstens meine freiwillige Zustimmung, wenn es mir nicht möglich ist, ihrer gleich los
zu werden? — Werde ich bei geistiger Trockenheit nicht ärgerlich, statt dieselbe als eine Strafe meiner Nachläßigkeit
geduldig und demüthig zu ertragen? — Gebe ich mich nicht
gleich der Muthlosigkeit hin?

Jetzt geht man seine wesentlichsten Andachtsübungen
einzeln durch und sieht, wie man sie verrichtet, und welchen
Nutzen man daraus zieht. — Die Betrachtung: die Vorbereitung dazu, die gewöhnlichen Ursachen ihres Mißlingens
oder ihres geringen Erfolges, Zerstreutheit, zu große Anhänglichkeit an die Geschöpfe. — Allgemeine und besondere
Gewissenserforschung: nehme ich sie recht ernstlich vor?
— Sind sie begleitet von dem aufrichtigen Wunsche der
Besserung, oder gehe ich dabei mit Nachläßigkeit und mit
feiger Nachsicht zu Werke? — Lege ich mir für jeden begangenen Fehler eine kleine Buße auf? — Geistige Lesung:
richte ich mich dabei nach meinen Bedürfnissen, oder folge
ich meiner Neugierde? — Lese ich mit Ausdauer und Beharrlichkeit fort, oder bin ich unbeständig, indem ich jede
Minute einen anderen Gegenstand suche oder ein anderes
Buch zur Hand nehme? — Lese ich mit wahrem Gebets-
geiste? — Wünsche ich aufrichtig, Nutzen aus meiner Lesung
zu ziehen? — Bitte ich Gott um diese Gnade? — Halte
ich beim Lesen inne, wenn ich fühle, daß eine Stelle mich

besonders angeht? — Sammle ich mich am Schlusse meiner Lesung einige Augenblicke, um die wichtigsten Gedanken derselben noch einmal zusammenzufassen und sie mir recht einzuprägen?

Heilige Messe. — Mündliche Gebete. — Oeffentlicher Gottesdienst. — Kirchliche Andachten. — Mit welcher Aufmerksamkeit, Ehrfurcht und Andacht wohne ich denselben bei? — Mit welchen Gesinnungen höre ich das Wort Gottes? —

Beicht: beichte ich nicht aus Gewohnheit? — ohne Vorsatz und Wunsch der Besserung? — ohne sorgfältige Erweckung der Reue? — Ist meine Anklage offen, großmüthig, klar und frei von tausend unnützen Geschichten, die zu nichts dienen, als Alles durcheinander zu machen? Fasse ich jedesmal bei der Beicht einen besonderen Vorsatz? —

Kommunion: unterlasse ich sie aus Aengstlichkeit? — Wünsche ich aus Eitelkeit, sie oft zu empfangen? — Bereite ich mich sorgfältig darauf vor? insbesondere durch ein jedesmaliges kleines Opfer? — Wie verrichte ich die Danksagung? — Welchen Nutzen ziehe ich aus der heiligen Kommunion? — Vernachläßige ich die geistige Kommunion nicht? —

II. Das Verhalten gegen Gott! Erzeige ich ihm die gebührende Ehrfurcht, Liebe, Ergebung, Zuversicht und Dankbarkeit? und suche ich, ihm zu gefallen, wie ich es ihm als Herrn, Vater, Freund und Bräutigam schuldig bin? — Verrichte ich meine Handlungen in der guten Meinung: Alles für Gott! . . .? — Erneuere ich diese gute Meinung oft? — Denke ich daran, daß ich stets unter den Augen Gottes bin? — Welche Sorge verwende ich auf die Reinheit meines Gewissens? — Begehe ich nicht leichthin manche Fehler unter dem Vorwande, sie seien ja nur läßlich? —

Wie beschaffen ist meine Liebe zu Jesu? meine Andacht zu dem allerheiligsten Altarsjakramente? — zu Maria? — zu den Heiligen? — zu meinem Namenspatron? — zu meinem heiligen Schutzengel? —

III. Das Verhalten gegen den Nächsten. Bin ich wohl= wollend, nachsichtig in meinem Urtheil, sanftmüthig und ge= duldig? — oder versündige ich mich durch Bitterkeit, — Eifersucht, — Abneigung, — Tadelsucht? — woraus so viele andere Fehler gegen die Nächstenliebe entspringen, als: üble Nachreden, — Verläumdungen, — freventliche Urtheile, — kleinere Schadenzufügungen, — Rachbegierde, Spötteleien, kleine geheime Ränke, — Ausbrüche schlechter Laune, — Aufwallungen der Heftigkeit? — Betrachte ich den Nächsten im Geiste des Glaubens, als Stellvertreter dessen, der da gesagt hat: „Was Ihr Einem dieser meiner geringsten Brüder gethan habt, das habt Ihr mir gethan!"? (Matth. XXV. 40.) Wie leicht werden wir uns gegenseitig ertragen, wenn wir von diesem Grundsatze des Glaubens ausgehen! —

IV. Sorge für mein Heil und für meine Vollkommen= heit. Betrachte ich diese Sorge als mein wichtigstes, ein= ziges Geschäft? — Welchen Fortschritt mache ich in der Tugend? — in der Selbstverleugnung? — in dem Buß= geiste? — Liebe ich das Kreuz? — oder benütze ich we= nigstens jede Gelegenheit, wo ich mit Ergebung und ohne Murren Etwas leiden, mein Kreuz tragen soll? — Welche Opfer lege ich mir auf, um Gott wohlzugefallen und meine Sünden und Fehler abzubüßen? —

Wie weit bin ich in den nothwendigsten Tugenden? — im Glauben, von dessen Geist mein ganzes Leben durch= drungen sein soll? — in der Hoffnung und in dem Ver= trauen? — in dem inneren Frieden, der auf dem Vertrauen

beruht und der Alles ausschließt, was Aengstlichkeit, Klein=
muth und Muthlosigkeit heißt? — in dem Gehorsame, je
nach meinem Stande, und in der Verläugnung meines
eigenen Willens? — in der Losschälung von irdischen Gütern
jeder Art? — in der Keuschheit und in der sorgfältigen
Vermeidung der gefährlichen Gelegenheiten, des Vorwitzes,
Leichtsinns, der zu natürlichen Liebe? — in der Demuth
und in dem Mißtrauen auf meine eigenen Kräfte? — Liebe
ich oder ertrage ich wenigstens ruhig Verdemüthigung, Ver=
achtung, Vergessenheit, Bevorzugung Anderer? — Wie steht
es mit der Eitelkeit? — mit der Selbstgefälligkeit? — mit
der Begierde zu glänzen und zu herrschen? — mit der Ver=
achtung des Nächsten? —

V. Wie entspreche ich der Gnade und den göttlichen
Einsprechungen? — Welche Siege habe ich über meinen
Hauptfehler davongetragen? — Welche Mühe habe ich mir
gegeben, um meinen Charakter zu beherrschen? — um mein
Herz von den Geschöpfen loszureißen? — Herrscht in mei=
nem Herzen nicht eine ungeordnete Neigung, welche ein
Hinderniß an meiner Vollkommenheit ist, und welche ich
nicht opfern will, obwohl Gott es schon lange von mir ver=
langt? — Welches ist diese Neigung? — Was habe ich zu
thun, um sie zu entfernen? — Worauf warte ich noch, um
Gott endlich dieses Opfer zu bringen? —

Wozu verwende ich meine Zeit? — Zu nützlichen
Dingen oder zu Tändeleien? — zu unnützen Geschwätzen?
— zu eiteln Einbildungen? — zu Luftschlössern? — zu
Träumereien, die in so vieler Hinsicht gefährlich sind? —
Jede Minute der Zeit kann uns die Ewigkeit erkaufen: was
gäbe nicht ein Verdammter für einen einzigen Augenblick? —

VI. Man erwäge auch, wie man den besonderen Pflich=
ten seines Standes und Amtes nachkommt; denn über den

allgemeinen Pflichten vergißt man seine besonderen nur allzu oft, und doch verlangen diese Sorgfalt, Eifer, Pünktlichkeit, Fleiß und Ausdauer, um sich zu überwinden, wenn man manchmal Ekel dagegen empfindet und Alles liegen lassen möchte.

In einem Worte: lebe ich, wie der Gerechte, nach dem Glauben und nach dem Geiste des Glaubens, der alle zeit= lichen Dinge im Lichte der Ewigkeit betrachtet? — oder lebe ich nach meiner Eigenliebe, nach dem Geiste der Welt, der sie nur in Bezug auf das irdische Leben ins Auge faßt? —

Ueber alles Dieses prüft man sich ernstlich vor Gott; dann tilgt man durch aufrichtige Reue seine begangenen Fehler; man denkt voraus, bei welchen Gelegenheiten man in dieselben zurückfallen könnte; man erneuert mit Demuth und Vertrauen seine Vorsätze, und endlich macht man sich mit frischem Muthe wieder auf den Weg und setzt all seine Hoffnung auf den Herrn, ohne sich je durch den Anblick seines eigenen Elendes entmuthigen und niederdrücken zu lassen.

Vorbereitung auf den Tod.

Kniee vor Deinem Kruzifixe nieder und stelle Dir vor, Deine letzte Stunde sei gekommen, und ein Engel spreche zu Dir, wie einst der Prophet zu Ezechias: „Bestelle Dein Haus; denn Du wirst sterben und fürder nicht mehr le= ben!" (IV. Kön. XX. 1.)

Bitte Gott um die Gnade einer glückseligen Sterbstunde.

I. Punkt: „Was heißt sterben?"

Ich werde sterben, das heißt: 1. ich werde Alles ver= lassen ... Eltern, Freunde, Familie, Haus, Güter, Ge= räthschaften, Alles ... An welchen Personen oder Sachen

hänge ich am meisten? Auch diese werde ich, wie alles
Uebrige, verlassen müssen. Schrecken ergreift mich bei dem
Gedanken an diese Alles umfassende Trennung, — und doch
ist der Tod nichts Anderes. — Und ich sollte mein Herz
an irdische Dinge hängen! ich sollte mich um so vergäng=
licher Güter willen abmühen und abplagen! — Nein, tau=
sendmal nein! —

Ich werde sterben, das heißt: 2. meine Seele wird
sich von meinem Leibe trennen; dieser Leib, dann ein ab=
schreckender Leichnam, wird ohne Leben, ohne Bewegung
daliegen, für Alle ein Gegenstand des Mitleids oder des
Abscheus; endlich wird man ihn begraben, und er wird
den Würmern zur Speise dienen. Ja, dieser Kopf, diese
Augen, diese Zunge, diese Füße, diese Hände werden der
Fäulniß anheimfallen. . . . Und diesem Leib von Staub
zu Liebe sollte ich meine Seele und meine Ewigkeit auf's
Spiel setzen? — Nein, tausendmal nein! —

II. Punkt: Wann und wie werde ich sterben?

Ich weiß es nicht. Man kann in jedem Alter, überall,
an allen Arten von Krankheiten sterben. Werde ich Zeit
haben, um mich auf den Tod vorzubereiten? Werde ich
die heiligen Sakramente empfangen können? Ich hoffe es;
aber ich weiß es nicht. Viele sind plötzlich vom Tode über=
rascht worden; es kann mir auch so gehen. — Wenn man
krank ist und besonders, wenn man sich im Todeskampfe
befindet, so ist man nicht leicht im Stande, sich gut auf
den Tod vorzubereiten; es bleibt uns dann nur wenig Ge=
dächtnißkraft, nur wenig Erkenntnißvermögen und vielleicht
nur wenig Willenskraft. Und doch handelt es sich um un=
sere Ewigkeit! . . .

III. Punkt: Bin ich bereit jetzt zu sterben?

Fesselt mich Nichts an die Erde? — Bin ich bereit vor dem Richterstuhle Gottes zu erscheinen? Aengstigt mich keine Sünde? Habe ich nichts für meine Beichten, für meine Kommunionen, für so viele empfangene Gnaden zu befürchten? . . . O furchtbarer Augenblick! gerichtet werden . . . von einem allgerechten . . . allwissenden . . . allmächtigen Gott, . . . der die Sünde über Alles haßt!

Nach diesen ernsten Betrachtungen fasse Deine Vorsätze und verrichte knieend folgende zwei Gebete.

Gebet,
in dem man sich freiwillig dem Gesetze des Todes unterwirft.

Allmächtiger Herr über Leben und Tod, o Gott, der Du zur Strafe der Sünde in Deinen unabänderlichen Rathschlüssen festgesetzt hast, daß alle Menschen einmal sterben müssen, siehe, wie ich heute demüthig zu Deinen Füßen liege und bereit bin, mich diesem Gesetze Deiner Gerechtigkeit zu unterwerfen. Ich beweine in der Bitterkeit meines Herzens alle meine Vergehen. Als hartnäckiger Sünder habe ich tausendmal den Tod verdient; ich nehme ihn als Sühne meiner unzähligen Sünden; ich nehme ihn an aus Gehorsam gegen Deinen göttlichen Willen; ich nehme ihn an in Vereinigung mit dem Tode meines Heilandes. . . . Ich will sterben, o mein Gott, wann es Dir gefällt, wo es Dir gefällt und wie es Dir gefällt! . . . Die Zeit, die Deine göttliche Barmherzigkeit mir noch schenkt, werde ich benützen, um mich loszuschälen von dieser Welt, in der ich nur einige Augenblicke zuzubringen habe, um alle Bande zu lösen, die mich an diesen Ort der Verbannung fesseln, und um meine Seele auf die Stunde Deines schrecklichen

Gerichtes vorzubereiten. . . . Ohne Rückhalt überlaſſe ich mich Deiner ſtets väterlichen Vorſehung. Dein heiliger Wille geſchehe in allen Dingen und immerdar! Amen.

Gebet,
um die Gnade einer glückſeligen Sterbſtunde zu erlangen.

O mein Gott, ich werfe mich vor dem Throne Deiner anbetungswürdigſten Majeſtät nieder und flehe Dich um die letzte aller Gnaden an, um eine glückſelige Sterb=ſtunde. Allerdings habe ich von dem Leben, das Du mir verliehen hatteſt, oft einen ſchlechten Gebrauch gemacht; aber deſſen ungeachtet bitte ich Dich: ſchenke mir die Gnade, mein Leben gut zu beſchließen und in Deiner Liebe zu ſterben.

Laß mich ſterben, wie die heiligen Patriarchen und ohne Klagen dieſes Thränenthal verlaſſen, um in meinem wahren Vaterlande ewige Ruhe zu genießen!

Laß mich ſterben wie der heilige Joſeph in den Armen Jeſu und Mariä, unter Anrufung dieſer ſüßen Namen, die ich in alle Ewigkeit zu loben und zu preiſen hoffe!

Laß mich ſterben wie die allerſeligſte Jungfrau Maria, vor Liebe glühend, entflammt von heiliger Sehnſucht, mich mit dem einzigen Gegenſtande all meiner Liebe zu ver=einigen!

Laß mich ſterben wie Jeſus an dem Kreuze in den lebhafteſten Gefühlen des Abſcheus gegen die Sünde, der Liebe zu meinem himmliſchen Vater und der Ergebung in=mitten all meiner Schmerzen!

Ewiger Vater, in Deine Hände empfehle ich meine Seele; erzeige an mir Deine Barmherzigkeit!

Jeſu, der Du aus Liebe zu mir geſtorben biſt, ver=leihe mir die Gnade, in Deiner Liebe zu ſterben!

O Maria, Mutter meines Gottes, bitte für mich jetzt und in der Stunde meines Todes!

Heiliger Engel des Herrn, treuer Hüter meiner Seele, große Heilige, die Gott mir zu Schützern gegeben, verlaßt mich nicht in der Stunde meines Todes!

Heiliger Joseph, erlange mir durch Deine mächtige Fürsprache die Gnade, daß ich den Tod der Gerechten sterbe! Amen.

Gebet zu Jesu.

Die Seele Christi heilige mich!
Der Leib Christi mache selig mich!
Das Blut Christi tränke mich!
Das Wasser der Seite Christi wasche mich!
Das Leiden Christi stärke mich!
O gütigster Jesu, erhöre mich!
In Deine heiligen Wunden verberge mich!
Von Dir laß niemals scheiden mich!
Vor dem bösen Feind beschirme mich!
In meiner Todesstunde berufe mich!
Zu Dir kommen heiße mich!
Mit Deinen Heiligen zu loben Dich
In Deinem Reiche ewiglich!

Amen.

A. M. D. G.

In der Herder'schen Verlagshandlung in Freiburg ist erschienen:

Gesammelte Werke von Alban Stolz.

Die Sammlung besteht **zunächst aus 8 Bänden, kostet zusammen Thlr. 7. — fl. 12.** statt Thlr. 8. 3 sgr. — fl. 13. 40 kr. — und bringt zum ersten Mal die von Alban Stolz verfaßten Gelegenheitschriften bis 1871 in der als 8. Band hier einverleibten zweiten Auflage der „Kleinigkeiten". Als 9. Band wird sich dieser Sammlung anschließen:

Die Pädagogik von Alban Stolz.

Die einzelnen Bände derselben werden zu den bisherigen Preisen separat geliefert, nämlich:

I. **Besuch bei Sem, Cham und Japhet.** Thlr. 1. 6 sgr. — fl. 2.

II. **Spanisches für die gebildete Welt.** 27 sgr. — fl. 1. 30 kr.

III. **Kompaß für Leben und Sterben.** Feine Ausgabe. 20 sgr. — fl. 1.

IV. **Das Vaterunser und der unendliche Gruß.** Feine Ausgabe. 20 sgr. — fl. 1.

V. **Witterungen der Seele.** Thlr. 1. 10 sgr. — fl. 2. 20 kr.

VI. **Wilder Honig.** Thlr. 1. 10 sgr. — fl. 2. 20 kr.

VII. **Die heilige Elisabeth.** Thlr. 1. — fl. 1. 45 kr.

VIII. **Kleinigkeiten.** (Sammlung der kleinern Schriften.) Zweite bis 1871 ergänzte Auflage. Circa Thlr. 1. — fl. 1. 45 kr.

Die **katechetische Auslegung des Hirscher'schen Katechismus,** die **Legende,** welche in zwei Ausgaben (Quart in einem Band — gr. Octav in 4 Bänden) und das Gebetbuch: **Der Mensch und sein Engel,** welches in sechs verschiedenen Ausgaben erschienen ist, sind dieser Ausgabe der Gesammelten Werke von Alban Stolz nicht beigefügt worden, um den Bestellern die Wahl der Ausgabe zu überlassen und keine Verpflichtung aufzuerlegen.

Bougaud, Em., Geschichte der heiligen Johanna Franziska von Chantal und des Ursprungs des Ordens von der Heimsuchung. Nach der dritten Auflage aus dem Französischen übersetzt. Mit dem Bildniß der Heiligen. **Volksausgabe.** 8⁰. In 10 Lieferungen à 6 sgr. — 18 kr. Preis vollständig: Thlr. 2. — fl. 3.

Dupanloup überhäuft dieses Werk mit den größten Lobsprüchen, nennt es geradezu eine vollendete Lebensbeschreibung der Heiligen und schreibt an den Autor u. A.:

„Einer der Hauptvorzüge Ihrer Lebensbeschreibung der heil. Johanna Franziska von Chantal besteht darin, daß man sich bei dem Lesen derselben in der Atmosphäre eines heiligen Lebens fühlt und, wenn ich so sagen darf, in den vollen Gewässern des reinsten Christenthums. Nein, Sie versetzen uns nicht aus dieser Welt hinaus, aus den Kämpfen und Anfechtungen des menschlichen Lebens. Und gerade das ist noch ein gewöhnlicher Hauptfehler der Hagiographen, daß sie uns den Heiligen von allem Menschlichen beraubt darstellen, so daß man sich oft fragen muß, ob das denn wirklich ein Mensch, ein Sohn Adams, ein Wesen sei von Fleisch und Bein wie wir. Die große Anziehungskraft und die große Wahrheit Ihres Buches liegt im Gegentheil darin, daß die übernatürliche Seite in diesem Leben seine natürliche Seite nicht verschlingt, daß das Weib, die Tochter, die Gattin, die Mutter, die Wittwe, die Klosterfrau und Ordensstifterin uns nach einander in der Heiligen erscheinen, daß der Kampf der Natur und der Gnade, sowie die Fortschritte in der Tugend fortwährend darin sichtbar sind."

Frassinetti, J., Gebetsschule der hl. Theresia oder Anleitung zum andächtigen Gebete nebst Erklärung des Vater unser. Aus den Schriften der hl. Theresia gesammelt und erläutert. Aus dem Italienischen übersetzt von Dr. **E. Bierbaum.** Mit Erlaubniß geistlicher Obrigkeit. 12⁰. (VIII und 426 S.) 20 sgr. — fl. 1. 12 kr.

Es findet sich in diesem Werke in der Hauptsache Alles, was die hl. Theresia über das Gebet geschrieben, in Kürze vereiniget. Der italienische Herausgeber hat verschiedene Erklärungen beigefügt, welche dessen gründliche theologische Bildung und große praktische Erfahrung bezeugen.

Jesus unsere Gnadenquelle. Andachtsübungen zu Ehren der breiunddreißig Lebensjahre des Heilandes. Mit oberhirtlicher Genehmigung. Dritte, vermehrte Auflage. Mit drei Bildern. 12⁰. (XIX u. 426 S.) 14 sgr. — 44 kr.

„In diesem Buche wird zuerst das ganze Leben Jesu in Gebetsform in 30 Betrachtungen in würdiger, erbaulicher Weise dargestellt; darauf folgen einige religiöse Gedichte an und über Jesus und Maria zc.; sodann eine Sammlung von Gebeten, welche in ächt katholischem Geiste abgefaßt, für die Privat-Andacht Einzelner in Kirche und Haus, auch wohl zum Vorbeten in Kirchen und Kapellen sich eignen.

„Die vorausgehende „Einleitung" bildet eine Einladung zu einem Gebetsvereine zu Ehren des Leidens Jesu, und es scheint dieser fromme Verein alle Empfehlung zu verdienen.

„Die drei beigegebenen Stahlstiche sind neu, originell und sehr passend. — Das Ganze ist ein gewiß empfehlenswerthes katholisches Erbauungsbuch." (Sion.)

Thomas von Kempen, die Nachfolge Christi. Aus dem Lateinischen übersetzt und mit dem Lebensabrisse des gottseligen Thomas, mit practischen und erbaulichen Uebungen, sowie mit den gewöhnlichsten Gebeten und Ablaßandachten auf's ganze Jahr versehen von Dr. Adolph Pfister. Dritte Auflage.

Klein Duodez fein. Ausgabe No. III. Mit zwei Stahlstichen. (XL u. 448 S.) 15 sgr. — 48 kr.

Klein Duodez gewöhnlich. Ausgabe No. IV. Mit einem Stahlstich. 10 sgr. — 36 kr.

Sedez fein. Ausgabe No. V. Mit einem Stahlstich. (XIX. u. 495 S.) 10 sgr. — 36 kr.

Sedez gewöhnlich. Ausgabe No. VI. Mit einem Titelbilde. 6 sgr. — 20 kr.

Lasserre, H., Unsere liebe Frau von Lourdes. Mit Genehmigung des Verfassers aus dem Französischen übersetzt von **M. Hoffmann.** 8⁰. (XVI u. 452 S.) 27 sgr. — fl. 1. 30 kr.

Von dem französischen Original dieses Werkes sind innerhalb drei Jahren über dreißig Auflagen erschienen.

Se. Hetligkeit Papst Pius IX. sagt in dem Breve vom 4. September 1869 an den Herrn Verfasser: „Darum haben Wir Dein Buch, welches den Titel hat: «Notre Dame de Lourdes», mit vielem Wohlgefallen aufgenommen, indem Wir vertrauen, daß die heilige Gottesmutter sich auch Deiner Schrift bedienen wolle, die Frömmigkeit der Gläubigen zu befördern. Für diesen voraussichtlichen Erfolg Deiner Arbeit und Mühe empfange zum Unterpfand Unsern apostolischen Segen ꝛc."

„Unter diesem Titel ist kürzlich ein aus dem Französischen frei übersetztes Werk erschienen, welches die angelegentlichste Empfehlung verdient. Der Verfasser entrollt uns mit Meisterhand das wahrhaft großartige Schauspiel, dessen Stätte die Felsengrotte von Lourdes im französischen Departement der Hoch-Pyrenäen geworden ist. Trotz des ansehnlichen Volumen des Buches fürchte man keine französische Weitschweifigkeit, keinen lästigen Ballast von subjectiven Zuthaten. Wo letztere angebracht werden, da bilden sie eine gesunde und geistreiche Pragmatik. In der Hauptperson, einem Kinde von 14 Jahren, tritt uns eine überaus liebliche Erscheinung entgegen. Die Beleuchtung der ebenso angestrengten als ohnmächtigen Agitationen von Seiten der philosophischen und büreaukratischen Wunderfeinde, von den Gesinnungstüchtigen des Städtchens Lourdes bis hinauf zum Cultusminister, von dem obscursten Localblättchen bis zu den Koryphäen der Pariser Presse, bietet ungemein viel Ergötzliches. Die Darstellung ist frisch, lebendig, warm; der Stil blühend und einfach."

(Blätter für kirchl. Wissenschaft und Praxis. 1871. Dez.)

Die zweite Auflage befindet sich unter der Presse.